21 世纪侦查新视角丛书

湖南省社会科学基金课题"侦查错案[

# 侦查错误论

尹伟中　著

（政法系统　内部发行）

中国人民公安大学出版社

·北　京·

**图书在版编目（CIP）数据**

侦查错误论/尹伟中著. —北京：中国人民公安大学出版社，2010.5

（21世纪侦查新视角丛书）

ISBN 978-7-5653-0020-2

Ⅰ.①侦… Ⅱ.①尹… Ⅲ.①侦查—研究 Ⅳ.①D918

中国版本图书馆 CIP 数据核字（2010）第 059305 号

## 侦查错误论

ZHEN CHA CUO WU LUN

尹伟中 著

| | | |
|---|---|---|
| 出版发行： | 中国人民公安大学出版社 | |
| 地　址： | 北京市西城区木樨地南里 | |
| 邮政编码： | 100038 | |
| 印　刷： | 北京兴华昌盛印刷有限公司 | |

| | | |
|---|---|---|
| 版　次： | 2010 年 5 月第 1 版 | |
| 印　次： | 2010 年 5 月第 1 次 | |
| 印　张： | 12.25 | |
| 开　本： | 880 毫米×1230 毫米　1/32 | |
| 字　数： | 330 千字 | |

ISBN 978-7-5653-0020-2/D·0012

定　价： 38.00 元（政法系统　内部发行）

| | | |
|---|---|---|
| 网　址： | www.cppsup.com.cn　www.porclub.com.cn | |
| 电子邮箱： | cpep@public.bta.net.cn　zbs@cppsu.edu.cn | |

营销中心电话（批销）：（010）83903254
警官读者俱乐部电话（邮购）：（010）83903253
读者服务部电话（书店）：（010）83903257
教材分社电话：（010）83903259
公安图书分社电话：（010）83905672
法律图书分社电话：（010）83905637
公安文艺分社电话：（010）83903973
杂志分社电话：（010）83903239
电子音像分社电话：（010）83905727

# 序

　　尹伟中博士的新作《侦查错误论》即将问世，邀我作序。他近年来著述颇丰，在侦查领域产生了一定的影响。面对这部颇有分量的著作和尹伟中博士的热情邀请，我欣然提笔。

　　改革开放以来，我国侦查事业取得了令人瞩目的成就，社会治安综合状况稳定，违法犯罪态势处于控制之中。尤其是 20 世纪末以来，稳步推行的刑侦改革更是进一步优化了侦查制度，并且显著地提高了侦查能力。

　　不过，近几年来见诸媒体报端的一些司法错误，尤其是错误定罪裁决，典型的如杜培武、李久明、滕兴善、佘祥林等人的冤错案件，引起了社会各界的广泛关注，成为国人社会生活中一个沉重的话题。公众在谈论，学者在思考。人们开始关注刑事司法系统的运作效果，质疑刑事司法系统的正当性；学者们也以之为切入点，针对死刑制度的存废展开了论争。

　　由于侦查是刑事司法系统的起始环节，决定着后续诉讼环节的启动与否及运作效果，因此，谈及司法错误问题，不可避免地要涉及侦查阶段的错误。尽管侦查并非导致司法错误的唯一环节，不过不容否认的是，很多司法错误也的确源于侦查阶段的错误。

　　如果秉承实事求是的态度，我们不能将司法错误简单地归咎于侦查机关，也不能回避侦查阶段存在的错误。本书倡导科学、理性地对待侦查错误，诚如作者所言："为什么研究侦查错误？简言

— 1 —

**侦查错误论**

之，就是要认真对待侦查错误，进而预防、减少甚至消除侦查错误。"

《侦查错误论》是国内第一部专门研究侦查错误问题的著作，在充分肯定我国侦查事业取得的辉煌成就的基础上，客观、理性、深入地分析了侦查错误问题。

总体上，该书对侦查错误的研究逻辑严密，思路清晰，围绕侦查错误展开了系统的论述，既关注理论又联系实际、既关注国外研究成果又重视本土经验、既立足于当下又放眼于未来，行文流畅，体现了作者较高的研究能力和学术造诣水平。

该著作广泛参考了国内外的相关著述，尤其对英美等国有关司法错误的最新研究成果进行了批判性的借鉴。在掌握大量研究资料的前提下，作者灵活运用了医错哲学、制度经济学等领域的最新理论和研究方法，并且密切结合中国侦查领域的实际情况，其针对侦查错误问题的研究不仅具有理论上的重要性，更具有实践上的指导意义。

综观全书，翔实的研究资料、全新的研究方法、精辟的分析结论都不失为该书的亮点。我希望通过此书能够促使我们更加重视侦查错误问题，更加关注侦查制度建设，从而逐步地提高侦查能力。

是为序。

2009 年 12 月 18 日

# 目　录

# 导　论

　　本书的主题是侦查错误问题，这是一个较为敏感的问题。侦查错误的存在，表明侦查工作存在一些不尽如人意之处，侦查制度存在一些弊端和缺陷，需要开展深入的改革。不过，诚如有学者所言："我们不能因为公安机关导致了侦查错误就对无数公安干警付出的辛勤劳动视而不见，就将国家赋予公安机关并已成功侦破了许多刑事案件的侦查手段随意否决。"①

　　尽管本书研究的是侦查错误问题，但是在针对该问题展开论述之前，有必要简要回顾一下侦查工作面临的情势以及侦查领域取得的成就。我们不能因为侦查错误的存在而否定侦查工作取得的成就，当然，也不能因为已有的成就而盲目乐观，无视侦查错误的存在及其负面影响。

## 一、近年来我国侦查事业取得的成就

### （一）侦查工作所处的社会环境

　　新中国成立以来，我国的刑事犯罪总体情况先后出现了四次高峰，前三次出现在 1978 年以前的计划经济时期。这四次刑事犯罪高峰期分别是：新中国成立初期、三年自然灾害时期、文化大革命时期、20 世纪 70 年代末 80 年代初期。

　　改革开放之后，社会处在转型过程中，维持社会生态平衡的一些功能要素部分丧失，导致刑事案件发案率增加。北京大学法学院

---

　　①　王达人、曾粤兴：《正义的诉求》，法律出版社 2003 年版，第 179 页。

## 侦查错误论

陈兴良教授根据公安部门公布的情况提出了"第五次犯罪高峰"的说法。

他认为,过去经济封闭,户籍限制了人口的流动,所以,犯罪率也相对较低。20世纪80年代中期,随着改革开放政策的推行,社会经济生活繁荣发展,国家对公民个人权利和自由的约束减弱,出现犯罪率大幅度升高是一种正常的趋势。究其原因,首先,流动人口犯罪非常突出。由于目前我国对于流动人口还缺乏有效的管理,所以,流动人口犯罪一直是一个非常突出的问题,流动人口犯罪导致侦查破案的难度加大。其次,青少年犯罪形势严峻。过去青少年接受的基本是传统思想的教育,而改革开放后,随着社会观念的多元化以及网络、游戏等方面不良信息对青少年的影响,使得青少年犯罪率居高不下。此外,从犯罪的种类上看,随着社会财富的增加以及人们物质欲望的膨胀,财产类犯罪数量大幅度增加,同时,由于权力缺乏监督,腐败类犯罪数量显著增加,卖淫、嫖娼、赌博等有伤风化的犯罪数量急剧增加。陈兴良教授认为,刑事犯罪率居高不下,是我国社会从计划经济到市场经济转轨、社会转型的必然伴随物。

不过,宋浩波教授并不支持"第五次犯罪高峰"的说法。他认为,中国刑事案发案率统计是:1985年为50多万起,1988年为80多万起,1989年骤升至197万起,之后逐年上升。刑事案件发案率没有回落,没有回落就没有高峰的说法。

无论"第五次犯罪高峰"的提法是否科学和适当,不可否认的是,改革开放以来,伴随着社会形态的变迁,我国的刑事犯罪也开始由传统型犯罪向现代型犯罪演化,并且产生了许多新情况与新问题,其中较为突出的两个问题就是:犯罪流动性增强,犯罪数量不断增加。在此种情势之下,侦查工作面临着巨大的挑战。

1. 犯罪的流动性增强。

犯罪的流动性增强,是社会开放度提高的必然结果。自改革开放以来，伴随着人、财、物的大流动，大批农村剩余劳动力涌入城市，形成了一股强大的"北上南下"流动人口潮。根据 2004 年国家统计局公布的流动人口数据，我国的流动人口数量已经达到 1.4 亿，其中主要成分是农民，数量约为 1 亿。实际上，我国现阶段的流动人口数量要大于这个数字，因为我国流动人口统计的基本依据是"三证"——身份证、暂住证、务工证，上述统计数据并未包含那些未能在城市中找到职业或者尚无住所的进城农民。流动人口数量猛增给城市带来了巨大的就业压力，许多进城务工人员没有稳定的职业，这些外来的无业人员极易成为违法犯罪的"后备军"。①

| 七省市流动人口犯罪比例统计 | | | |
|---|---|---|---|
| 犯罪率<br>省（市） | 查获的犯罪嫌疑人 | 流动人口中的<br>犯罪嫌疑人 | 流动人口犯罪人数占<br>总体犯罪人数的比例% |
| 上海市 | 30032 | 14744 | 49.19 |
| 江苏省 | 110519 | 41506 | 37.56 |
| 湖北省 | 62637 | 14427 | 23.03 |
| 广东省 | 26714 | 23151 | 86.66 |
| 辽宁省 | 12172 | 5379 | 44.19 |
| 厦门市 | 4342 | 3338 | 76.88 |
| 四川省 | 18550 | 10308 | 55.57 |
| 七省均 | | | 53.34 |
| 全国均 | | | 32 |

　　基于上述统计，在全国范围内，流动人口犯罪占犯罪总数的 1/3，在沿海沿边城市则高出一倍左右。除了流动人口犯罪之外，犯罪的流动性还体现在犯罪行为层面，即犯罪行为人逃离现场的能力增强。现代社会便利的交通条件以及先进的交通和通信工具，为犯罪嫌疑人迅速逃离现场创造了有利条件。

---

　　① 王大中：《透视流动人口中的犯罪现象》，中国人民公安大学出版社 2006 年版，第 44 页。

2. 犯罪数量不断增加。

刑事案件立案率一般以每万人口（有的国家以每 10 万人口）中发生的刑事案件起数作为计算单位。在 1978～1988 年的 11 年间，我国的刑事案件立案率一直在万分之五至万分之九之间波动。从 1989 年起，刑事案件立案率突破万分之十，骤升至万分之十八。此后刑事立案率始终未低于万分之十，处于居高不下的态势，而且 20 世纪 90 年代的刑事案件立案率是 20 世纪 80 年代初期的 2～4 倍。

自 2000 年以来，每年全国刑事案件立案率均保持在 400 多万起以上（参见下图公安部的统计数据）。[①] 犯罪数量的增长给公安机关带来了巨大的工作压力，促使公安机关寻求有效的对策。

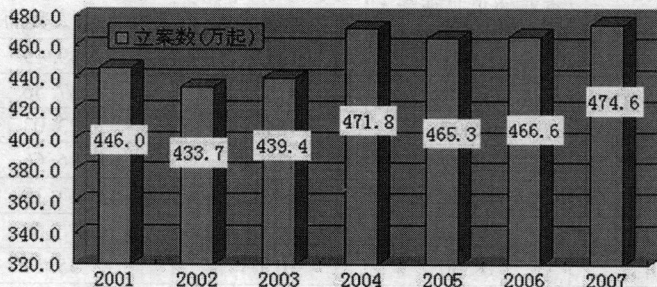

### （二）侦查改革的历程

从职能的角度来看，改革开放可以被视为我国警察体制改革的重要分水岭，此前，公安机关充满政治工具的色彩，改革开放之后，则日益重视刑事侦查与治安维护等职能。

自从改革开放以来，公安机关经历了三次较大的改革历程。具体包括 1979～1996 年的机构改革阶段、1997～2002 年的业务改革阶段和 2003～2007 年的打防控一体化建设阶段。

---

① 公安部：《中国刑事犯罪发展概述》，http://www.mps.gov.cn/n16/n944931/n947862/974482.html，2008－4－10。

1．机构改革阶段（1979～1996年）。

这一阶段的改革主要是以机构改革为主，其中以1983年和1991年最为突出。

在1981～1986年间，先后设立了民航总局公安局、中国人民武装警察部队、国家安全部、林业部公安局、交通安全管理局等单位；另外，从1983年11月起，公安机关和人民警察的编制正式从国家行政编制中单列出来。公安机关实行"统一领导、分级管理、条块结合、以块为主"的管理体制，因此，警察的编制可以分为两类："条"属于公安部本身的编制，"块"不属于公安部的编制，但是，接受公安部的领导。

1991年2月19日，中共中央、国务院作出《关于加强社会治安综合治理的决定》，并在同年3月21日成立中央社会治安综合治理委员会，随后各省、市、自治区相继成立了综合治理委员会。综合治理实行"谁主管、谁负责"以及"条块结合、以块为主"的管理原则。

这一阶段的机构改革丰富了公安机关的建制，并且将警察从国家行政编制中单列出来，力图强化公安机关的整体实力。同时，考虑到犯罪问题日益严峻，仅靠公安机关难以有效打击犯罪，因此，中央开始推行综合治理的政策。

2．业务改革阶段（1997～2002年）。

此次公安业务改革主要涉及公安派出所与社区警务、侦审一体化以及新警种的建立等方面。

由于此前公安派出所并没有刑事案件侦查权以及其他临场处理权，此次改革扩大了派出所的权力。另外，以派出所改革为基础，引进并推动社区警务建设，建立警务保障规范体系。

根据我国《刑事诉讼法》的规定，公安机关拥有侦查权与预审权，为了合法、有效行使上述职权，公安机关分别设立刑事侦查部门和预审部门负责侦查与预审工作，形成了侦审分离的侦查体制。就公安机关办理刑事案件的流程来看，形成了侦查与预审两道程序。

《刑法》与《刑事诉讼法》修订之后，公安部为了适应新法的要求，于1997年4月在江苏省苏州市召开了公安派出所勤务改革会议，同年6月在河北省石家庄市召开了全国刑事侦查工作会议，将原来的公安部预审局改制，预审业务移交刑事侦查局、国内安全保卫局和经济犯罪侦查局。1998年，为了更好的实施新修订的《刑事诉讼法》，公安部公布了《公安机关办理刑事案件程序规定》，共14章355条，重新规定了办案程序。

随着公安工作分工的进一步细化，公安部先后增设了一些新警种，包括缉私警察、缉毒警察、督察警察、网络警察、空警等。

此次业务改革，主要以公安派出所和侦审合一为重心，并通过新增警种来减轻勤务制度的压力。另外，由侦审分离到侦审合一再到侦审一体化的新制度，使刑警人数增加，强化了侦审功能，对于打击刑事犯罪和经济犯罪具有积极的作用。

3. 犯罪打防控一体化阶段（2003~2007年）。

这一阶段的改革主要是针对警政功能和警政业务进行的，并且归类在社会治安综合治理的框架下进行。

公安部在中央综治委2003年第一次全会上正式提出打防控一体化建设的计划。该计划旨在建构"社区治安防控网络、社会面治安防控网络、单位内部治安防控网络、行政区域边界地区治安防控网络"四个网络，完善"信息共享、指挥调度和快速反应"三个机制，并强化"实有人口和危险物品"两项管理。该计划试图在全国构建一个以基层派出所民警和巡警为骨干，以群防群治力量为补充，以社会面、社区和内部单位防范为基础，以可能影响社会治安的特殊人群、危险物品管理为重点，人、物、时、空控制相结合，点、线、面相结合，人防、物防和技防相结合，警民结合，形成有效的社会治安综合防控体系。

在社会治安综合管理的分工上，公安机关主要负责打击、防范和管理等项目。为了做好上述工作，公安机关也辅以相关的配合措施，如公安部的金盾工程、社区警务建设、派出所建设等。

4. 十年刑侦改革回顾（1997～2007年）。

在警察制度改革的过程中，侦查领域也进行了一次专门的改革，业内通常称为"97刑侦改革"。此次改革对新时期的侦查制度产生了深远的影响，因此，有必要专门予以介绍。

1997年6月，针对当时的社会治安形势和法制建设要求，公安部在河北省石家庄市召开了全国刑事侦查工作会议，从刑侦体制、工作机制、刑侦专门手段、刑侦基础工作、落实专群结合、刑警队伍建设六个方面，全面部署改革和加强刑侦工作。

当时推出的刑侦改革举措主要包括四个方面的内容：一是体制改革，包括建立覆盖社会面的刑警队和实行侦审一体化；二是机制改革，建立既有竞争激励又有责任约束的工作机制和快速反应机制；三是加强和改革侦查破案的专门手段和基础工作建设；四是加强和改革刑侦队伍建设，以提高刑警综合素质与执法办案水平。

中国人民公安大学郝宏奎教授指出，"97刑侦改革"的精髓主要体现在改革的目标和改革的手段两个方面。"97刑侦改革"的目标是：优质、高效。实现改革目标的手段是：通过体制改革和机制创新，推动侦查工作的正规化、法制化、现代化。[①] 所谓"优质"，包括追求侦查队伍的优质和侦查业务的优质。所谓"高效"，是指侦查办案活动的高效率和高效益。

十年来，各地公安机关按照公安部党委的统一部署，结合本地实际，大胆探索，不断创新，大力推进刑侦改革。尤其是近几年来，各地公安机关扎实开展"大讨论"、"大练兵"、"大接访"活动和"三基"工程建设，开展打黑除恶、侦破命案、打击"两抢

---

① 郝宏奎：《刑侦改革的考量》，载《人民公安》2007年第10期，第35页。

一盗"等专项行动，大力加强刑侦工作专业化、科技化和信息化建设，刑侦工作取得了长足进展，主要表现在以下几个方面：

第一，犯罪控制能力强化。十年来，全国连续组织开展了"追逃"、"打拐"、指纹破案会战、侦破命案、打黑除恶、打击"两抢一盗"等一系列专项斗争，持续强化犯罪控制能力。2006年，全国破获刑事案件284.8万起，是1997年的2.43倍。

第二，重大疑难案件侦查工作成效显著。十年来，新的刑侦体制和工作机制的优势逐步发挥出来，刑侦部门侦破重特大、疑难案件的能力显著增强。2006年全国命案破案率达到91.4%，其中杀人案件破案率比1997年上升了14.5%。十年来，全国公安机关成功侦破了河北石家庄爆炸案、陕西榆林爆炸案、清华北大爆炸案、河南杨新海系列杀人案、辽宁沈阳抢劫运钞车案等一大批重特大恶性案件，及时抓获了靳如超、马加爵、马汉庆、任晓峰、马向景等一大批重大逃犯，公安部 A 级通缉令通缉逃犯的抓获率达到66.4%，比1997年提高了十几倍。

第三，侦查法治水平不断提升。十年来，侦查工作逐渐规范化，侦查人员综合素质普遍提高，侦查工作质量明显提升。1997年与2006年相比，全国批捕率从83.5%上升到90.3%，起诉率从82.2%上升到97.8%，退查率从33%下降到16.4%。

2007 年 12 月，公安部在安徽省合肥市召开"全国公安机关深化刑侦改革座谈会"，全面总结十年来刑侦改革取得的成效和经验，深入分析当前刑侦工作面临的形势和存在的问题，研究部署当前和今后一个时期的刑侦工作。

公安部副部长张新枫指出，由 1997 年开始的刑侦改革取得了"打击犯罪能力、攻坚克难能力、执法办案水平"三方面明显提升的巨大成效，十年刑侦改革实现了"刑侦体制、工作机制、侦查手段、破案模式、队伍素质"五个方面的深刻转变。可见，公安部高层对"97 刑侦改革"所取得的成就给予了充分的肯定，并且表明了继续深化改革的决心。

就今后侦查制度的改革方向，张新枫副部长强调着力提高"六个水平"：一要坚持"严打"方针不动摇，切实提高新形势下公安机关落实"严打"方针的工作水平。二要创建打击犯罪新机制，提升全国公安机关打击犯罪整体水平。三要尽快建设强大的刑事科学技术队伍，切实提高现场勘查能力和检验鉴定水平。四要加强实战应用，不断提高刑侦信息化水平。五要加强执法制度建设和创新，切实提高刑事执法工作水平。六要坚持不懈地加强责任区刑警队建设，切实提高基层刑侦队伍专业化建设水平。

（三）侦查事业取得的成就

根据公安部 2007 年 2 月 6 日新闻发布会的情况介绍，在 2006年，从破案情况看，我国侦破命案工作达到了较高的水平，破案率再创历史新高。2006 年，全国 8 类命案破案率达到 91.40%，全国有 25 个省（区、市）的破案率超过 90%，其中，破案率最高的江苏省达到 95.38%，像北京这样的国际大都市破案率也达到了 89.40%。

根据该情况通报，"命案"是指故意杀人、故意伤害致死和爆炸、投放危险物质、放火、抢劫、强奸、绑架致人死亡 8 类案件，基本上包括了造成被害人死亡的各类刑事案件。命案犯罪是刑事犯罪活动中恶性程度最高、危害最为严重的犯罪，公安机关历来都把侦破命案工作摆在十分重要的位置。特别是自 2004 年以来，公安部提出了"命案必破"的理念，各地公安机关在党委、政府的坚强领导下，坚定信心，顽强拼搏。经过几年的不懈努力，我国侦破和遏制命案的工作取得了显著成效，已经初步实现了"全国命案发案数下降、命案逃犯数下降、命案破案率上升"的"两降一升"奋斗目标。

当前，在现有的警力、装备条件下，取得这样的成绩实属不易，它不仅凝聚了广大公安民警的心血和汗水，更是广大人民群众大力支持的结果。从发案情况来看，全国的命案发案率呈逐年下降趋势。全国 8 类命案发案率在 2005 年比 2004 年下降 6.2% 的基础上，2006 年又比 2005 年下降 8.2%，其中杀人案件下降 13.7%。从新增的故意杀人逃犯数量来看，也呈下降趋势。2006 年，全国新增网上故意杀人逃犯同比下降 22.3%。另外，很多单位实现了未发命案和命案全破的目标。2006 年，全国共有 501 个县、市、区级立案单位未发命案，共占全部县、市、区级立案单位的 14.48%。此外，还有 1785 个县、市、区级立案单位命案全破，占全部（县、市、区级）立案单位的 51.59%。

在侦破命案工作的有力带动下，公安机关打击刑事犯罪的整体能力也有了长足的进步。危害严重的放火、爆炸、劫持、杀人、伤害、强奸、绑架、抢劫等严重刑事案件得到了有效的遏制。2006 年，全国这 8 类案件发案总量同比下降 4%，全国"两抢一盗"等多发性侵财犯罪发案总量同比下降 1.6%。全国社会治安大局稳定，人民群众安全感增强。

取得这样的成效，主要得益于狠抓四个方面的工作：一是严格落实"一长双责制"等各项工作机制。各地公安机关按照公安部《侦破命案工作机制》的要求，坚决贯彻侦破命案的"一长双责制"，即"公安局长领导下的专案组长和技术组长负责制"。市、县两级公安局长对本地侦破命案工作负领导责任，只要发生命案，县级公安机关主要领导都要到犯罪现场，直接组织指挥侦破工作。二是充分发挥刑事技术和资讯侦查等科技手段的作用，提高侦查破案的科技含量。各地公安机关向科技要警力，向科技要战斗力，通过现代科学技术不断提高攻坚克难能力，破获了一大批大案及要案。三是各级刑侦部门充分发挥侦破命案的主力军作用，各警种、各部门充分发挥自身职能优势，实行责任捆绑，协同作战，提升了公安机关整体战斗力。四是依靠群众，专群结合，广泛利用社会资源服务侦破命案。各地公安机关不断探索新形势下发动群众、依靠群众的新方法，积极利用新闻媒体发布悬赏公告、开通举报电话和举报网站，利用一切可以利用的社会资源，为侦破命案工作服务。

除了上述工作机制之外，各地公安机关还结合实际，采取了一些针对性很强的措施：

第一，对于故意杀人、抢劫杀人、强奸杀人等恶性杀人案件，高度重视，快出警、细勘查，集中精干力量，全力以赴，力争在最短的时间内抓获犯罪嫌疑人。对于情节、手段相似的案件给予高度重视，加强信息研判，及时并案侦查，防止形成系列案件。在2006年发生的系列杀人案件，绝大多数犯罪分子都是在作案之后很快就被抓获。

第二，对于民间矛盾纠纷引发的命案，坚持预防为主、打防结合的原则，普遍开展了矛盾大排查、大调解，将其化解在萌芽状态。同时，通过开展集中整治爆炸物品、枪支弹药、管制刀具专项行动和打击街面抢劫、抢夺犯罪和入室盗窃犯罪等专项行动，加强人防、物防和技防，减少诱发命案的因素。

第三，针对青少年失踪、人车失踪、人和财物同时失踪的情况，各地都要主动开展工作，按照侦破命案的标准和要求，主动开展立线调查，将失踪人员的信息采集录入数据库，由此侦破了许多杀人案件。对未知名尸体也按照勘查命案现场的工作要求和程序，认真勘查，搜集证据。对自杀、高坠、溺水等非正常死亡事件，按照侦办命案的标准，开展现场勘查和法医检验鉴定，准确判明死因，依法妥善处理。

第四，很多地方公安机关从构建和谐社会的角度出发，坚持以人为本的理念，积极协调医疗部门，建立绿色抢救通道，对于刑事案件的受害人、犯罪嫌疑人，都采取无条件快速救治。不少基层公安机关一把手亲自坐镇医院协调抢救工作，挽救了许多人的生命。

根据公安部的指示，全国公安机关在保持"命案破案增多，发案减少"的强劲势头的同时，进一步提高办案质量，努力做到

## 侦查错误论

不出一起冤假错案。一要深化大练兵，苦练基本功，提高业务素质，从源头上保证办案质量。通过大练兵活动，落实内部培训等措施，提高队伍业务素质，增强证据收集、运用能力。树立信息导侦和科技强侦意识，充分发挥科技、信息手段的作用，加强现场勘查和检验鉴定工作，严格按照现场勘验规则勘查现场，做到"案件不破，勘查不停，研究不止"。二要牢固树立证据意识、程序意识和时效意识，规范证据收集，从程序上保证办案质量。严把证据的程序关，依法收集证据。坚决杜绝刑讯逼供等非法取证现象，有条件的地方对讯问、现场勘查等证据收集过程要全程录音录像。三要加强内外部监督，通过监督机制保障办案质量。强化内部监督制约机制，严格落实责任制，实行责任倒查。重大疑难案件商请检察机关提前介入，继续推行办案公开制度，主动接受监督。此外，继续重视命案信访案件，专人负责，督办到底。

2007 年，公安部已经部署各地公安机关在继续强化侦破命案工作的同时，始终保持对各类刑事犯罪活动的严打高压态势，全力推进各项打击犯罪工作。2007 年，全国各地公安机关以"三基"工程建设为载体，充实基层警力，维护社会治安稳定的能力进一步提升。

2007 年，全国刑事犯罪活动总体平稳，主要犯罪案件多呈下降趋势。一是严重危及公共安全的犯罪案件进一步减少。2007 年，全国公安机关共立危害公共安全犯罪案件 16.3 万起，同比下降 1.5%。其中，放火案件 6011 起，同比下降 11.3%；爆炸案件 586 起，同比下降 25.2%；投放危险物质案件 1007 起，同比下降 14.4%；破坏公共设备设施案件 9.5 万起，同比下降 3.6%。二是严重侵犯公民人身权利的暴力犯罪案件持续走低。杀人、强奸、绑架案件同比分别下降 10.3%、1.9% 和 1.5%；伤害案件致死、致伤人数同比分别下降 6.1% 和 2.6%。三是严重影响群众治安感受的入室盗窃、抢劫、抢夺案件明显下降。2007 年，全国公安机关共立入室盗窃、抢劫、抢夺案件367.5万起，同比下降0.5%。其中，入室盗窃案件104.6万起，同比下降2.8%；抢劫案件28.9万起，同比下降6.9%；抢夺案件17.1万起，同比下降11.4%。[1]

2007年，社会治安状况良性发展，多项综合性指标呈现积极变化，主要表现为"三减少、一提升"。一是青少年犯罪和无业人员犯罪明显减少。2007年，青少年作案比2006年下降1.3%，无业人员作案下降2.9%。二是集团犯罪活动有所收敛。2007年，全国公安机关共查获5.9万个犯罪集团，比2006年下降5%。三是遭受刑事犯罪不法侵害人数明显下降。2007年，直接遭受刑事犯罪侵害人员下降2.9%。其中，死亡下降4%。四是群众对社会治安环境的安全感又有新的提升。2007年全国群众安全感调查中，对于目前的社会治安环境，被调查群众认为"很安全"、"安全"和"基本安全"的占93.3%，比2006年上升1.3%；在影响群众安全感受的问题中，被调查人选择"刑事犯罪"的占24.8%，同比下降1.2%。[2]

针对部分省份接连发生恶性盗窃抢劫抢夺案件的犯罪情势，在公安部的部署下，全国公安机关开展了"打盗抢、抓逃犯"专项斗争。张新枫副部长指出，要统筹兼顾，打建结合，全面推进各项公安工作。各地公安机关要把各项公安工作结合好，安排好，统筹兼顾，全面推进。要抓好"三个结合"。第一，把开展"打盗抢、抓逃犯"与开展"打黑除恶"、"禁毒人民战争"、"侦破命案"等专项斗争结合好，把公安部部署的专项斗争和各地结合本地实际情况组织开展的专项斗争结合好。第二，要把"打盗抢、抓逃犯"专项斗争和"三基"工程建设结合好。搞好专项斗争，既是对各地"三基"工程建设成效的一次实际检验，也能促进"三基"工

---

[1]　http://www.china.com.cn/zhibo/2008 – 01/30/content_9605527.htm.

[2]　http://www.china.com.cn/zhibo/2008 – 01/30/content_9605527.htm.

程建设取得实实在在的成效。第三，要把"打盗抢、抓逃犯"专项斗争和打击防范犯罪的体制机制改革创新相结合。在推进专项斗争中，各地要注意总结成功经验，进一步解放思想、改革创新，积极研究创建"打击犯罪新机制"，同时结合本地实际情况，推进完善城市打防控日常机制建设，进一步提升公安机关打击、防范和控制犯罪整体能力和水平。①

社会转型对侦查活动的影响是巨大而深远的，一方面，它通过对犯罪活动的剧烈影响间接地对传统侦查活动形成了极大的冲击和挑战；另一方面，社会转型直接对侦查价值、侦查目的、侦查模式、侦查手段、侦查权力、侦查程序、侦查规则、侦查质量以及侦查主体提出了一系列新的标准和要求。

回顾改革开放三十年来中国侦查工作的改革与发展，特别是新旧世纪之交侦查工作的改革与发展，在社会转型期，中国的侦查工作已经并正在持续地沿着以下十个方面发展演进：② 由人力密集型侦查方式向信息密集型侦查方式演进；由粗分工向细分工演进；由侦查专业化的初级形态向侦查专业化的高级形态侦查职业化演进；由粗放型侦查向精确型侦查演进；由倚重"从案到人"侦查模式向多种侦查模式并举演进；由以口供为中心的侦查方式向综合收集利用证据的侦查方式演进；由片面追求实体真实的侦查观向实体真实与程序正当并重的侦查观演进、由单纯追求侦查效率的侦查观向侦查效率与人权保障并重的侦查观演进；由封闭型侦查向开放型侦查演进（强化区域协作与警种协作）；由注重侦查打击的暂时效果向注重侦查打击长效机制建设演进；由经验型侦查向科学型侦查演进。简言之，中国侦查工作正在朝着信息化、专门化、职业化、精

---

① 公安部召开电视电话会议对全国公安机关开展"打盗抢抓逃犯"专项斗争进行动员部署，http://www.mps.gov.cn/n16/n1252/n1687/n2197/143296.html.

② 郝宏奎：《中国社会转型期侦查工作的演进轨迹》，载郝宏奎主编：《侦查论坛》（第4卷），中国人民公安大学出版社2005年版，第10页。

确化、多元化、人性化、法制化、整体化、理性化、科学化的方向健步迈进。这种发展演进，显示出中国的侦查工作正在走向成熟，正在迈向可持续发展的科学道路；也充分显示出基层公安机关和刑事警察锐意进取的意识和开拓创新的胆识；同时也充分显示出公安机关和侦查部门最高决策层审时度势、与时俱进、驾驭全局的决策水平和能力。

诚然，受到社会整体经济发展水平和财政保障状况的影响，侦查工作良性发展演进的速度还不是很快，各地发展水平也不平衡，但已向人们展示了中国侦查工作的未来和希望。同时，侦查工作在不断发展演进的过程之中业已发挥出了重要的功能作用，确保了社会转型期侦查打击犯罪的质量、效率和效益，为维护社会治安秩序作出了重要的贡献。

### 二、研究侦查错误的重要性

对于任何一个倡导民主与法治的国家，正义不仅是一种值得追求的理想，而且是一种必须努力追求的目标。在现代社会，刑事司法系统对正义观念的关注点主要有两个：罪犯和被害人。针对罪犯而言，正义观念要求对罪犯施加应有的惩罚，防止其继续实施犯罪行为，并且帮助其回归社会。通过惩罚罪犯，被害人也实现了原初意义上的正义。目睹罪犯遭受应有的惩罚，被害人也切实感受到了正义，当然，被害人还包括社会中受到犯罪影响的其他人。当罪犯受到了应有的惩罚，公众的愤怒感得到了平息，社会秩序得到了维护，正义也就得到了实现。

不过，刑事司法系统通常忽视了另外一个群体，这个群体原本应当引起刑事司法系统的重视，但他们不仅未能通过刑事司法系统获得正义，相反，却承受着巨大的非正义，他们就是被错误定罪的无辜者。培根曾言："一次不公正的判决，其恶果相当于十次犯罪。"被错误定罪的无辜者由于种种原因而遭受非正义，最主要的

**侦查错误论**

原因在于他们缺乏能力为自己辩护。对于刑事司法系统而言，错误定罪裁决是一个难题，而侦查错误则是导致错误定罪裁决的重要原因。

（一）侦查错误涉及的重要问题

本书研究的侦查错误，不仅关注刑事司法系统之中被错误定罪的无辜者，还关注不当地放纵罪犯的情形。立足于整个刑事司法系统，侦查错误涉及诸多非常重要的问题。侦查错误，尤其是其所导致的错误定罪裁决，之所以备受重视，主要是由于其对刑事司法系统产生了深远的影响，具体体现在以下四个方面：第一，公共安全的考虑；第二，公众对刑事司法系统的信任；第三，个体正义的考虑；第四，对刑事司法系统弊端的反思。

1. 公共安全的考虑。

如果由于侦查错误最终导致无辜者被错误定罪，或者未能侦破案件，也就意味着真正的犯罪分子仍然逍遥法外，而无辜者则成为真正的犯罪分子的替罪羊。因此，在无辜者被错误定罪的同时，也就意味着逍遥法外的真正的犯罪分子仍然可能继续实施犯罪行为。侦查错误一方面给社会造成了现实或者潜在的危险，另一方面也极大地减少了公众的安全感。

此外，这些逍遥法外的犯罪分子可能更加轻视刑事司法系统，对警方侦破犯罪的能力产生怀疑。这种态度甚至可能影响其他边缘群体，尤其是那些处于不良环境中的青少年群体，从而造成潜在的不稳定因素，并且衍生其他复杂的社会问题。

2. 公众对刑事司法系统的信任。

Arnold 等人指出，一国刑事司法系统的道德水平是区分文明国家与野蛮国家的核心因素。每个国家的核心政治理念都体现在刑事司法系统之中，刑事司法系统是所有政治理念和原则的象征，与其他制度相比，司法制度更能反映出一个国家的道德与理性程度。每当由于侦查错误导致无辜者被错误定罪的消息见诸媒体报端，都会动摇刑事司法系统官员以及公众对刑事司法系统的信任，进而对整个刑事司法系统抓捕罪犯与实现正义的能力产生怀疑。错误定罪裁决也因此损害了刑事司法系统的正当性，从而对刑事司法系统的责任性、尊严、声誉、可信度以及成效产生负面的影响。

1996 年，时任美国联邦司法部长的 Janet Reno 指出，我们的刑事司法系统是为了查明真相。如果查明真相的工作存在缺陷，公众将对刑事司法系统丧失信心。如果公众对刑事司法系统的公正性与能力产生怀疑，将导致严重的后果。在民事领域，当事人可能不再诉诸法院解决纠纷，转而自己解决问题。在刑事领域，如果刑事司法系统无法准确地区分真正的犯罪分子与无辜者，公众将对警察、检察官与法官实现正义的能力丧失信心。

在良好的政治氛围内，如果刑事司法系统无法区分真正的犯罪分子与无辜者，公众可能认为这是打击犯罪不可避免的结果。不过，如果处于动荡与冲突的社会氛围之下，公众可能对这种系统性问题持怀疑态度，进而引发深层次的社会问题。

3. 个体正义的考虑。

1923 年，Learned Hand 法官在 U. S. V. Garsson（1923）案件中指出，我们的刑事司法系统经常萦绕着一个恶魔，即无辜者被错误地定罪。这是一个虚幻的梦境，许多无辜者都曾经面临这种虚幻的梦境，不过，一旦无辜者被错误地定罪，这就不再是梦境，而是真实的灾难。

一旦无辜者被错误地定罪，就将面临诸多的非正义。首先，被错误定罪的无辜者遭受了不公正的待遇。被错误定罪的无辜者通常被判入狱，被剥夺人身自由，甚至可能被执行死刑。所有被错误定罪的无辜者都因为其他人实施的犯罪行为而遭受惩罚。这就是无辜者实际面临的困境，在很多情况下，他们都将成为系列犯罪案件犯罪分子的替罪羊。其次，被错误定罪的无辜者的家庭也遭受了不公正的对待。一方面，其家庭成员面临着亲人蒙冤的痛苦，另一方面，还可能不得不耗费大量的资金开展漫长的上诉工作，此外，还可能面临社会的歧视。再次，刑事司法系统的其他参与人也遭受了不公正的对待。检察官与法官将不得不面对这一事实，即他们的行为导致无辜者入狱甚至被判处死刑。同时，如果被害人发现自己辨认或指认的犯罪分子其实是无辜者，真正的犯罪分子却逍遥法外，那么，她（他）也将面临内心的自责。

4. 对刑事司法系统弊端的反思。

研究刑事司法系统的错误定罪裁决，对于反思刑事司法系统的弊端具有重要的意义。因为通过研究，可以促使改革者意识到相应的问题。通过分析和研究错误定罪裁决问题，确定问题的成因及预防机制，能够更好地实现正义，并且提高刑事司法系统的公正性。因此，每一个已知的错误定罪裁决都可以被视为一次真实的实验。

Babbie 在 1992 年指出，我们通常认为实验是在实验室中进行的。不过，情况并非总是如此。社会科学家通常研究所谓的自然实验（natural experiments），即发现在日常社会事件过程中的实验。有时，自然界设计并开展我们可以观察与分析的实验，社会与政治决策者则履行这种自然的职能。

通过分析每个错误定罪裁决的案例，能够了解刑事司法系统产生异常结果的原因。例如，目击证人辨认程序的缺陷，警察与检察官追诉犯罪的热情过高，或者存在司法腐败，法庭科学分析存在错误，辩护不充分，等等。这些知识如果被应用于矫正司法错误，就能减少错误定罪情形的发生，提高刑事司法系统的整体能力。

（二）研究侦查错误的重要性

为什么研究侦查错误？简言之，就是要认真对待侦查错误，进而预防、减少甚至消除侦查错误。

哥白尼指出："人的天职在勇于探索真理。"但是，诚如莱辛所言："真理不是一种铸币，现成的摆在那里，可以拿来藏在衣袋里。"在探索真理的过程中，人们由于各种主客观条件的限制，难免会犯各种错误。不过，犯错误本身并不可怕，也并非真正的悲剧。"真正可怕的悲剧是，在错误面前陷入盲目性，对错误缺乏理性的批判能力，不能有效地超越错误，甚至用新的错误去掩饰旧的错误，导致错误的蔓延与流行。"①

与一般的科学认识活动不同，侦查认识活动具有内在的特殊性，侦查结果具有一定的价值承载。如果侦查认识的结果是错误的，就可能导致两种严重的后果：放纵罪犯或者冤枉无辜，这将严重损害刑事司法系统的合法性。Mark Moore 曾经指出，"如果刑事司法系统在公众的心目中丧失了正当性，那么，这种情况将对刑事司法系统的运作带来灾难性的后果"。因此，我们需要认真对待侦查错误，并且致力于预防、减少甚至消除侦查错误。

1. 理性对待侦查错误。

尽管错误可能导致各种负面的后果，但是，真正可怕的不是错误本身，而是不能正确对待错误，不能及时而迅速地超越错误。为了有效地减少或者避免错误，首先，必须理性地对待错误。②

列宁曾指出："公开承认错误，揭露错误的原因，分析产生错误的环境，仔细讨论改正错误的方法——这才是一个郑重的党的标志。"

马克昌教授指出："在中国法治进程中，出现错误不可避免，关键是要直面这些错误。"侦查活动是一种特殊的认识活动。由于复杂的犯罪情势和侦查情势以及侦查主体身心因素的影响，在探索认识的侦查过程中不可避免地存在某些误区，进而导致错误产生。③ 我们不能将忽视错误等同于没有错误，特定的领域未能对错

---

① 文援朝：《超越错误——医错哲学及其应用研究》，中南工业大学出版社 1997年版，前言部分。
② 文清源：《错误论》，辽宁人民出版社 1995 年版，第 326 页。
③ 杨宗辉：《侦查错误初论》，载《侦查论丛》（第 1 卷），法律出版社 2003 年版，第 339 页。

### 侦查错误论

误予以解释，这或者是由于不存在对问题的方法论研究，或者说明该领域尚未成熟。既然侦查错误是不可避免的，这就要求我们采取一种科学、理性的态度对待侦查错误。

首先，我们应当认识到，如同物理学中的误差一样，侦查错误有时是不可避免的，不能以侦查错误的存在简单地否定侦查工作的成效。其次，尽管我们承认侦查错误有时是不可避免的，但是，侦查工作仍然应当以查明案件事实真相为目标，并且按照法律规定的程序开展侦查工作。既不能因为侦查错误的存在放松了对侦查工作的严格要求，也不能为了达到查明真相的目的而不择手段。此外，如果侦查错误已然发生，就应当勇敢地面对错误，理性地对待错误，不能掩耳盗铃般地回避或者掩饰错误。公安部常务副部长杨焕宁在全国公安信访工作电视电话会议上曾强调："……要有自我纠错的勇气，对执法工作存在的瑕疵和偏差决不能讳疾忌医，更不能掩盖问题、回避责任。"汲取正负的经验和教训谓之聪明，总结成功与失败的原因谓之聪慧。因此，针对侦查错误问题，树立科学、客观、理性的态度，具有非常重要的意义。

2. 尽量避免侦查错误。

现阶段，"佘祥林案"、"滕兴善案"、"李久明案"等一系列错案见诸媒体报端，引起了社会各界对侦查错误问题的关注。不容否认，侦查错误的客观存在已经严重影响了侦查制度的合法性。因此，仅仅理性地认识侦查错误是不够的，还应当积极通过各项举措有效地预防、减少甚至消除侦查错误。陈光中教授指出："疑罪从无只是避免冤假错案的方式之一。司法与立法机构应当全面总结冤假错案的制度性根源，修改刑诉法等法律，从制度上防止刑讯逼供。"

侦查错误具有不同的成因，因此，为了尽量避免侦查错误，首先需要对侦查错误的现状和成因有一个科学的认识，从而对侦查制度的运作效果进行客观的评估。在此基础上，可以借鉴"医错哲学"的理念和方法，立足于不同类型的侦查错误，探索有针对性的解决方案。

同时，为了有效预防和纠正侦查错误，应当建立与完善相应的制度，不能"头痛医头、脚痛医脚"。由于各种侦查制度安排之间存在着密切的联系，因此，只有系统地推进侦查制度改革，才能从根本上解决侦查错误问题。目前，学界对"佘祥林案"等的反思，已经从个案走向制度性设计。例如，樊崇义教授就已指出，应当设立错案昭雪的调查委员会，专门纠正申诉不止的重刑案件，从组织上保证错案昭雪从偶然走向必然。

同时，错误也有较大的警示和教育功能。错误在使人受到惩罚的同时，也促使人反思已有的错误，从而由错误走向正确。爱因斯坦就曾经说过："在科学上，每一条路都应该走一些，发现一条走不通的道路，就是对科学的一大贡献。我们的科学史，只写某人某人取得成功，在成功者之前探索道路的，发现'此路不通'的失败者统统不写，这是很不公平的。"[①] 正是由于错误的警示功能，才降低了重复错误的概率。

### 三、研究方法和研究态度

本书是研究侦查错误问题的最新尝试，对于这样一个非常敏感、理论性与实践性很强的问题，需要特别重视研究的方法和态度。为了系统地研究侦查错误，本书采用了多种研究方法，具体包括医错哲学研究方法、社会学研究方法、比较研究方法和系统研究方法等。其中，以医错哲学研究方法为核心研究方法。

简言之，就医错哲学研究方法而言，本书借鉴医错哲学的研究进路和框架对侦查错误问题展开分析，从侦查错误的产生原因入手，全面、系统地考察治错与防错的对策和方法；就社会学研究方

---

① 转引自荣开明：《人怎样少犯错误》，湖北人民出版社 1983 年版，第 95 页。

**侦查错误论**

法而言，本书将侦查错误视为一种特殊的社会现象，受到各种内因和外因的影响，通过考察侦查错误产生与存在的社会背景，为侦查错误提供社会学方面的解释；就比较研究方法而言，本书通过考察英美等发达国家的侦查错误现状以及预防和消除侦查错误的相应措施，为我国的侦查错误研究和侦查错误防治提供积极的借鉴；就系统研究方法而言，本书认为，侦查错误是诸多因素共同作用的结果，只有将侦查制度视为一个系统，通过系统化的侦查改革，才能切实有效地预防和消除侦查错误。

就研究态度而言，本书有关侦查错误的研究，力图秉承科学的立场，反对"意识形态式"的研究，尽量采用一种"冷静而又客观"的态度，全面、系统地考察侦查错误问题。同时，在行文过程中，可能涉及一些敏感的问题，如相关的案例等，本书将对此作出一些技术处理，但仍然尊重事实真相。诚如周恩来所言："只有忠实于事实，才能忠实于真理。"

需要明确的是，本书有关侦查错误的研究，主要关注根本性的问题，无法面面俱到地论及侦查错误的各个方面，也没有必要面面俱到地提及所有的问题。同时，本书提出了防治侦查错误的诸多建议，仍然有待进一步的完善。

**四、整体框架**

立足于前文提及的各项研究方法，本书系统全面地介绍了侦查错误领域的相关问题。除导论外，本书共分七章。

导论部分，主要介绍了近年来我国侦查事业所取得的巨大成就，分析了侦查工作所处的社会环境，概括了侦查改革的历程和成果。接下来，文章分析了研究侦查错误的重要性。

第一章，侦查错误的概念、类型和特征。该章首先分析了哲学领域的错误理念，评析了"冤假错案"、"错案"等术语，进而提出了"司法错误"的概念。在此基础上，对侦查错误的概念进行了界定，并分析了侦查错误的类型和特征。

第二章，侦查错误的现状及危害。该章首先分析国外司法错误的现状，介绍了国外司法错误研究的相关成果，并分析了我国司法错误和侦查错误的现状。接下来，分析了侦查错误对刑事司法系统的影响，以及侦查错误的社会损害和职业影响。

第三章，侦查错误的成因及类型。该章首先分析了国内外有关错误定罪裁决问题的研究。然后，从行为和心理两个层面分析了侦查错误的成因，重点介绍了警察的无意错误、不法行为和腐败行为，以及侦查领域的观察者效应。随后，基于放纵犯罪错误和正当程序错误的分类，介绍了侦查错误的诸多成因。

第四章，侦查错误的产生环节和案件类型。该章首先分析了侦查错误的产生环节，包括立案、初步侦查、深入侦查和侦查终结等阶段。然后，分别分析了美国及我国侦查错误易发的案件类型。

第五章，侦查错误的识别机制。该章首先介绍了侦查错误识别机制的重要作用。然后，分别介绍了作为侦查错误识别机制的早期预警系统，案件审查和深入侦查管理制度，以及侦查诊断机制等，其中，后两个识别机制也与侦查错误的管理密切相关。

第六章，侦查错误的防治与救济机制。该章首先介绍了侦查错误的防治原则，然后，基于侦查错误的成因分析了侦查错误的防治机制。接下来，文章介绍了侦查错误的救济机制，包括我国和国外的相关机制，重点介绍了非法证据排除规则以及其他救济手段，最后，介绍了司法错误被害人的补偿问题。

第七章，通过侦查制度改革提高侦查能力。该章首先介绍了英美近期侦查制度改革的核心内容。在此基础之上，介绍了我国侦查制度改革的总体目标和制度环境，进而分析了我国侦查制度改革的方向以及重点。最后，强调应当通过侦查制度研究为侦查制度改革提供理论支撑。

# 第一章　侦查错误的概念、类型和特征

## 第一节　"司法错误"概念的提出

### 一、哲学领域的错误

何为"错误"？这一貌似简单的问题，却被视为哲学领域的一大难题。许多哲学家都尝试着给"错误"下一个定义，但至今也没有一个令人完全满意的答案。

例如，亚里士多德指出："凡以是为是、以不是为不是者，这就是真。谬误等于诡辩的反驳。"实际上，亚里士多德主要是从认识与事实的关系来界定错误，他所谈的错误只限于与真理相对的认识错误和与正确的演绎逻辑规则相违背的逻辑错误。[①] 洛克认为，错误是观念与它们的原型不相符，错误是判断力的误认，判断力之所以有些错误，乃是因为它同意于不真实的事理。[②] 洛克将错误视为判断领域的问题。

奥古斯丁、贝克莱、罗素等人均提出了相应的定义，诸如此类的定义很多，在此不再一一列举。

为了更好地理解哲学领域的错误，需要解决真假与对错的关系

---

[①] 文清源：《错误论》，辽宁人民出版社 1995 年版，第 13 页。

[②] ［英］洛克：《人类理解论》，关文运译，商务印书馆 1997 年版，第 371、707 页。

问题。"真"和"假"这两个词与"对"和"错"这两个词在许多场合可以被混用，这表明它们在语义上有相似之处。但是，真假与对错并不是一回事，不能混同。真假与对错的区别主要体现在以下三个方面：

第一，衡量真假的标准是某个关联自身是否属于实际的关联，而衡量对错的标准是某个关联与其他关联是否一致，而不考虑关联本身是否属于实际的关联。① 例如，我们说"张三是杀人犯"假时，是指张三实际上并不是杀人犯，即"张三是杀人犯"这一关联不是实际的关联。而当我们说"张三是杀人犯"错时，是指"张三是杀人犯"与另一关联"李四是唯一的杀人犯"这一关联不一致。

第二，命题的真假是一回事，判断的对错是另外一回事。判断之对或错不一定是命题的真或假。一个真命题永远是真的，一个判断不必永远是真的。命题的真假没有时地的限制，而判断的对错则有时地的限制。②

简言之，对错是与判断相关的范畴。金岳霖先生指出，判断是事体，有特殊的环境、历史的背景和特定时地的因果关系。判断也是有意识的活动，有特定的文化背景，包括证实、否证与对错标准。判断作为一种活动，存在对错之分。我们所关注的不在于判断是事体，而在于判断是有标准有对错的活动。③

判断既然是事体，判断者总是在时空、事体、东西、事实的关系网中。判断者有他的个性，有他特殊的生活环境，他的生活环境中有特别的历史背景，他也有特殊的当下情形。在一个判断中，无论断定的命题究竟是真是假，判断者总以它为真。对于判断，我们

---

① 刘永富：《论真假》，西安交通大学出版社 2002 年版，第 117~118 页。
② 金岳霖：《知识论》，商务印书馆 2003 年版，第 862 页。
③ 同②，第 861 页。

**侦查错误论**

需要加以证实，这就需要符合的标准。一方面，判断的对错和命题的真假其标准是一样，都是融洽、有效和一致，另一方面，对错的标准与真假的标准又存在差异，因为判断中的符合是判断者主观上认为的符合。[1]

第三，与真假不同，对错主要与行为相关，即对错实质上都是指行为的对错。人们有时会离开行为讲对错，把"对"与"错"这两个词直接用来描述行为的结果或行为的主体，而不是直接用来描述行为本身，例如，"错话"、"错误的结论"等，但实际上，这些都是省略的说法。所谓"错话"是指说错了的话，所谓"错误的结论"，是指下错了的结论。[2]

总体上，以往有关错误问题的研究，大多把错误等同于谬误，即认识错误或者逻辑错误，很少有人提及行为错误或者实践错误。因此，文援朝先生指出，错误是在同一关系中与事物的客观规律或状况不相符合的认识和行动。[3] 所谓认识错误或者逻辑错误，是指认识活动中发生的、对客观事物的状况或规律的不正确的反映。所谓行为错误或者实践错误，是指在实践活动中发生的、与客观规律不相符合的行动。

## 二、相关术语的介绍评析

任何理论研究在深入开展之前，都必须首先确定关键词的含义。本书所称的"侦查错误"是一个新词汇。我国学者已经针对刑事错案或者冤假错案开展了程度不同的理论研究。在科学界定"侦查错误"之前，有必要介绍相关的一些概念。为了实现该领域理论研究的科学化与规范化，首先应当明确相关的术语。

---

[1] 金岳霖：《知识论》，商务印书馆 2003 年版，第 855、932 页。

[2] 刘永富：《论真假》，西安交通大学出版社 2002 年版，第 117～118 页。

[3] 文援朝：《超越错误——医错哲学及其应用研究》，中南工业大学出版社 1997 年版，第 25 页。

（一）"冤假错案"

一直以来，我国的学界、新闻媒体通常使用"冤假错案"这一称谓。[①]"冤假错案"一词并非专业的法律术语，颇具政治意味，而且具有较为复杂的渊源。

在中国古代，人们通常使用"冤案"或者"冤狱"等称谓，例如，人们通常所称的"窦娥冤案"，"清朝四大冤案"——"杨乃武与小白菜案"、"杨三姐告状"、"张文祥刺马案"、"淮安奇案"，等等。著名的古籍著作，如《洗冤集录》、《案中冤案》等，也都使用"冤案"一词。时至今日，学者有关古代案件的研究，也多使用"冤案"一词。[②]

何谓冤案？东汉王充认为，"无过而受罪，世谓之冤"（《论衡·谰时》）。《现代汉语词典》将"冤案"一词定义为"误判的冤屈案件；被人诬陷，妄加罪名的案件"。

现在提及的"冤假错案"一词，与20世纪50~70年代的政治运动密切相关。戴煌指出：

"在20世纪50-70年代，以阶级斗争为纲，先后发生过镇反、肃反、反右派、反右倾、四清等一系列政治运动，直到十年'文革'浩劫。1980年9月20日，时任最高人民法院院长江华，在第五届全国人民代表大会第三次会议上报告说，'文革'中全国经过法律手续错误判处的'反革命'案件共17.5万多个、18.4万余人，已全部得到了平反或改正。'文革'中的所谓'反革命'案件，冤错比例一般占40%上下，有的地区高达60%-70%，数量

---

① 戴煌：《胡耀邦与平反冤假错案》，中国工人出版社2004年版，序言部分。刘斌：《20世纪末平反冤假错案案例纪实》，珠海出版社2000年版。陈春龙：《冤假错案与国家赔偿——佘祥林案的法理思考》，中国检察出版社2007年版。

② 崔利波，祝恩民：《中国古代典型冤案》，国家行政学院出版社2006年版，第56页。

**侦查错误论**

之大，比例之多，后果之严重，为建国以来所仅有。"①

十一届三中全会坚决纠正了党在指导思想上的"左"倾错误，否定了"两个凡是"的错误方针，确定了"解放思想、实事求是"的指导方针。为彻底纠正"文化大革命"及其以前的"左"倾错误，恢复党的实事求是的优良传统，全党遵循"有反必肃、有错必究"的原则，进行了大规模全面细致的复查与平反冤假错案的工作。

1978年12月29日，中共中央批转最高人民法院《关于抓紧复查纠正冤假错案认真落实党的政策的请示报告》。此后，平反冤假错案的工作全面展开。到1985年，全国规模的平反冤假错案的工作基本结束。

戴煌指出："据不完全统计，经中共中央批准平反的影响较大的冤假错案有30多件，全国共平反纠正了约300多万名干部的冤假错案，47万多名共产党员恢复了党籍，数以千万计的无故受株连的干部和群众得到了解脱。"②

由于"冤假错案"一词已经出现在官方文件之中，并且为新闻媒体所广泛使用，因此，但凡提及该段历史时期的此类案件，一般都使用"冤假错案"。这一称谓也一直沿用下来。不过，值得指出的是，该段历史时期的冤假错案大多是指政治性案件，尤其是指所谓的"反革命案件"。而当下所提及的冤假错案，则大多与政治无关。

（二）冤案、假案和错案的区分

有学者对笼统使用"冤假错案"一词的习惯提出了质疑，并且主张，必须"区分冤案与错案。正确的案件也可能是冤案，错

---

① 戴煌：《胡耀邦与平反冤假错案》，中国工人出版社2004年版，第76页。
② 同①，第203页。

— 28 —

案不一定是冤案"。① 其区分冤案与错案的逻辑在于：立足于预防错案的角度，现行司法工作绩效评价标准是司法实践中不可忽视的错案诱因。司法机关绩效评价标准的不科学其危害甚至大于一个或几个冤案的产生。因此，"在刑事诉讼中导入程序正义的理念，可以很自然地导出冤案不等于是错案的结论"②。

具体而言，所谓"错案"，是指根据绩效评价标准，所办理的案件被认定为不正确，主要是程序正义或者法律真实层面的问题；而所谓"冤案"，是指案件事实与法律定性的事实相反，主要是实质正义或者客观真实层面的问题。

基于此种区分标准，错案的避免，寄希望于纪律和制度执行的严明。而冤案的避免，则寄希望于科学技术、人员素质的提高和管理制度的科学，这是一个比较宏观、综合和长期的过程。

还有学者对冤案和假案进行了辨析："从字面意思上看，冤案就是发生了犯罪事实，但是事实真相没查清楚，冤枉了他人，使不应该受到刑事处罚的人受到了惩罚，但是真正的犯罪人却逍遥法外的案件。假案就是没有犯罪事实发生，办案人员出于非法目的自己制造案件。"③ 这种冤案与假案的区分，主要是基于犯罪事实是否存在或者是否查清。

此外，有学者从错案的视野下考察冤案与假案问题。因为司法机关工作失误或者其他客观原因造成的错案，如果被告人纯属冤枉，被认定为有罪的基本事实和基本证据根本不存在，或者根本不存在犯罪，那么，此类案件就属于冤案，一经发现，就应彻底平反并做好善后工作。如果某人（包括办案人员）出于某种原因或者为了达到某种目的而故意制造错案，此类案件就属于人为制造的假

---

① 许永俊：《必须区分冤案和错案》，载《新京报》2005 年 6 月 20 日。

② 许永俊：《必须区分冤案和错案》，载《新京报》2005 年 6 月 20 日。

③ 孙开炎：《冤假错案问题研究》，http：//www. law－lib. com/lw/lw_view. asp？no =8907。

案。此类假案对于被害人而言也属于冤案，因此，假案也是冤案的一种表现形式。①

由最初笼统地使用"冤假错案"的称谓，到试图对冤案、假案和错案做出区分，可以反映出学界认识水平的提高，也表明学界开始更为理性地看待这一问题。

（三）"错案"的特定化

根据我国现有的法律法规，只有"错案"一词有正式的法律界定。最高人民检察院《人民检察院错案责任追究条例（试行）》第2条规定："错案是指检察官在行使职权、办理案件中故意或者重大过失造成认定事实或者适用法律确有错误的案件，或者在办理案件中违反法定诉讼程序而造成处理错误的案件。"最高人民法院虽然没有明确错案的概念，但是，在1998年9月3日公布的《人民法院审判人员违法审判责任追究办法（试行）》第2条中规定，人民法院审判人员在审判、执行工作中，故意违反与审判工作有关的法律、法规，或者因过失违反与审判工作有关的法律、法规造成严重后果的，应当承担违法审判责任。

地方法院也先后对错案做出了具体的界定。例如，山西省高级人民法院认为，所谓错案，是指"审判人员在审理案件过程中，违反实体法或程序法，致使案件出现明显错误或造成不良影响，应由审判人员承担责任的案件。"② 内蒙古自治区高级人民法院则采用列举的方法，将认定的基本事实错误、是非责任颠倒造成裁判严重不公，适用法律明显错误导致错误裁判、严重违反诉讼程序影响案件实体公正裁判等7种情况列为错案。③

---

① 张军：《刑事错案研究》，群众出版社1990年版，第3页。
② 山西省高级人民法院：《坚持错案追究制度，保障审判方式改革的健康发展》，载《经济审判资料选读》（第2辑），人民法院出版社1996年6月。
③ 内蒙古自治区高级人民法院：《经济审判方式改革实施意见》，载《经济审判资料选读》（第2辑），人民法院出版社1996年6月。

由于错案界定本身的模糊性，在司法实践中如何判断某一具体判决是否为错案，必将成为一个难题。因此，各地法院通常将判定是否错案的权力赋予审判委员会，从程序上严格错案的确定。

在某种程度上，正是由于最高司法机关将"错案"一词加以特定化，学界和实务界也都开始频繁使用"错案"一词。

不过，在错案追究制度推行出来后，许多学者都否定"错案"概念的科学性。例如，有学者指出，"错案"不是一个严格的法律词汇，它多少与文化大革命中的"冤假错案"这一政治术语相似。从词义上讲，"错案"和"有错误的案件"几乎是无法区分的，除非把两个词人为地赋予不同的含义。同时，法律运行过程中存在来自三个方面的不确定性，即法律条文的不确定性、事实认定的不确定性和法律以外的其他社会和个人因素（甚至非理性的因素）的不确定性。由于有这些不确定性存在，想明确地界定什么是"错案"是一件十分棘手的工作。①

此外，有学者指出，审判独立是一项最基本的原则。法官对法律问题有最终的发言权，在法官之外，不再有一个评价法官行为合法性的力量。法官所裁决的正当性，源于法律程序的正当性、法官地位的中立性与法官身份的独立性，而不是通过对其所作裁决的实体审查与追究来实现。因此，只有违法审判，没有错案，错案是一个具有很大模糊性与流动性的非科学的概念。错案判断标准自身存在的不确定性，必然会带来错案界定的模糊性与不确定性。②

上述有关错案的研究主要是立足于错案追究制的背景之下，不过，有学者指出，错案与错案追究制度并没有必然的联系，也就是

---

① 王晨光：《法律运行中的不确定性与"错案追究制"的误区》，载《法学》1997 年第 3 期，第 4 页。

② 廖永安：《关于错案责任追究制度的反思》，载《江苏社会科学》1999 年第 3 期，第 43 页。

**侦查错误论**

说错案并不必然导致追究审判人员的责任。[①] 将这两个问题联系起来主要是受中外古代法律传统的影响，如古罗马初期就有错案追究制度，当时甚至允许不服判决的当事人同法官决斗。罗马帝政以后，设立上诉制度，一经败诉，原审法官便要受到刑事处分。《摩奴法论》中许多条文规定了审判者的责任，不公正地执行刑杖的国王"将被刑杖毁灭"、"在众目之下，一旦'法'被'非法'杀，一旦'真'被'伪'杀，那么法官也就被杀"[②]。

其实，我国古代也有司法官吏听讼断狱出入人罪。出入人罪，即错判人罪，把重罪判为轻罪或把有罪判为无罪，称为出罪；把轻罪判成重罪，或将无罪判成有罪称为入罪。[③]

可见，秉承"错误导致责任"的思路构建起来的"错案追究制度"，使得理论界对错案的提出持非常审慎的态度，这在某种程度上也妨碍了有关该问题的深入研究。

实际上，学者们也认识到无法回避错案问题，因此，尽管有学者认为难以准确界定错案，仍然认为在两种情况下会出现错案，一种是法制得不到根本重视甚至被践踏，如文化大革命时的情况；另一种是司法人员徇私枉法、违法犯罪。[④] 前一种情况基本上不会历史重演，而后一种情况已有相应的法律、规章和制度来约束，此类错案的纠正也必须以违法行为被追究为前提。

目前，围绕着错案追究制度下错案概念的界定，理论界已经提出了诸多不同的观点，大致可以归纳为以下几种：

第一种为客观说。此种观点认为，刑事错案，是指公、检、法

----

① 陈玉敏：《刑事诉讼错案界定及其防治新论》，载《社会公共安全研究》2002年第4期，第68页。

② 周永坤：《错案追究制与法制国家建设》，载《法学》1997年第9期，第40页。

③ 江平：《中国司法大辞典》，吉林人民出版社1991年版，第1150页。

④ 王晨光：《法律运行中的不确定性与"错案追究制"的误区》，载《法学》1997年第3期，第10页。

机关（包括国家安全机关）在办理刑事案件过程中，对于案件的基本事实或者基本证据认定错误，或者适用法律错误，进而导致刑事追诉或者定罪量刑出现错误的案件。[①] 错案，是指在认定事实或者适用法律上有错误，必须按照审判监督程序改判的案件。[②] 错案，是指对无罪或者不应当追究刑事责任的人，而错误地定罪追究刑事责任的案件，以及对构成犯罪应当追究刑事责任而不追究刑事责任的案件。[③] 此观点强调的是，判断错案的标准是案件最终的处理结果是否与客观事实不符，是否存在错误。

第二种为主观说。此种观点认为，错案的标准在于确定司法人员主观上有故意，应当把"对结果的关怀转移到对行为的监控上来"[④]。此种观点强调的是，判断案件是否为错案是司法人员主观上是否存在过错。如果司法人员正常行使职权，但在事实认定和适用法律上有所差异的，则很难简单地将其称为"错案"。有学者指出，我国的审理制度是允许这类"错案"出现的，不然我国程序法为什么要规定上诉审和审判监督制度呢？[⑤]

第三种为主客观统一说。此种观点认为，错案，是指审判人员在立案、审理、执行案件过程中，故意或过失违反程序法或实体法，导致处理结果错误并依法应当追究责任的案件。[⑥] 或将错案定义为"国家机关及其工作人员行使职权的行为违反法律规定，侵犯了法律所保护的权益的行为和事实……错案通常是因为侵犯了特定权利主体的合法权益才被确认的"[⑦]。

---

① 张军：《刑事错案研究》，群众出版社1990年版，第3页。
② 金汉标：《"错案"的界定》，载《法学》1997年第9期，第56页。
③ 陈永全：《什么是错案》，载《检察实践》1999年第6期，第61页。
④ 周永坤：《错案追究制与法制国家建设》，载《法学》1997年第9期，第50页。
⑤ 王晨光：《法律运行中的不确定性与"错案追究制"的误区》，载《法学》1997年第3期，第10页。
⑥ 于伟：《错案标准的界定》，载《法学》1997年第9期，第23页。
⑦ 杨立新：《错案赔偿实务》，法律出版社1997年版，第3页。

**侦查错误论**

此外，还有学者提出了刑事错案的三重标准，即错案纠正、错案赔偿和错案追究之错案的判断标准均不相同。[①] 所谓错案纠正之错案标准，是指对裁判已经生效的案件，在什么情况下应该视原判有错误而启动再审程序的标准。错案赔偿之错案标准，是指国家赔偿机关对什么样的案件应当认为是错案而对当事人作出赔偿决定的标准。错案追究之错案标准，是指公安司法机关对其办案人员办理的案件在什么情况下应当是错案而进行错案追究的标准。

可见，针对错案的界定问题，理论界提出了诸多不同的看法。但不容否认，由"冤假错案"的笼统称谓发展为"冤案、假案与错案"的区分，再发展到"错案"的统一称谓，无论是从概念层面还是从内容层面，都表明该领域研究的重大进步。

### 三、"司法错误"概念的引入及其意义

在详细分析"冤假错案"、"错案"等词汇的基础上，笔者认为，有必要引入国外提出的"司法错误"这一术语。

（一）"错误定罪裁决"

在美国，许多学者都倾向于认为，"误判"（miscarriage of justice）这一术语针对的是那些被判处死刑随后被认定无罪的被告。目前，学界主张将这种界定适用于其他类型案件的"错误定罪裁决"（wrongful conviction），即非死刑案件。从许多学者有关司法错误的著作中可以看出，他们仅仅将司法错误界定为那些导致无辜者被逮捕或定罪的情况。[②]

美国学界此前较为习惯使用的术语为"错误定罪裁决"。所谓错误定罪裁决，是指事实上的无辜者由于辩诉交易或者审判而被错

---

① 陈学权：《刑事错案的三重标准》，载《法学杂志》2005 年第 4 期，第 32 页。

② James W. Osterburg, Richard H. Ward. Criminal Investigation：A Method for Reconstructing the Past. Anderson Publishing, 2004，p. 469.

误定罪。此外，某些人可能遭到错误指控但未被错误定罪。这些人可能被错误羁押数日、数月甚至数年之久，然后案件被撤销，或者被无罪释放。基于案件的最终处理结果，可以将被错误定罪的无辜者分为四种类型：①

第一，最初被认为实施了犯罪行为，不过，事后幸运地被法官认定为无罪。通常情况下，这些人都是基于法庭科学证据、真正罪犯的供述、或者新发现的无罪证据而被无罪释放，如 People of State New York v. Marion Coakley（1983）案。

第二，被错误定罪者未能在法庭上"证明自己无罪"，但是，由于审判过程存在违法情形，定罪裁决被上诉法院推翻。此类裁决主要是由警察、检察官、法官、辩护律师的错误或者不适格所导致的，如 Oklahoma v. Robert Lee Miller（1987）案。

由于法院并未认定被定罪者是否真正有罪，因此，尽管此类被错误定罪者最终被释放，但是，仍然背负着不好的名声。

第三，某些被错误定罪者是由于得到州长的赦免而被释放。在此类案件中，审判之后，存在新证据表明定罪裁决的正当性存在疑问，由于涉及诉讼时限的证据规则的限制，法院无法通过常规上诉程序复审案件。在此类案件中，被告人也未被法院认定为无辜者，因此，也背负着不好的名声。

第四，那些从未被证实无罪的无辜者，他们始终面临着错误定罪裁决的困扰。真正的犯罪始终在逃，没有科学证据能够证明其无罪。上诉法院也未推翻定罪裁决，州长未能给予赦免。他们在狱中不公正地度过了多年生涯，甚至可能被执行死刑。

综观司法错误领域的研究，一个典型的特征就是，无论主张何

---

① Robert Joseph Ramsey, False Positives in the Criminal Justice Process – An Analysis of Factors Associated with Wrongful Conviction of the Innocent, Ph. D dissertation, University of Cincinnati, 2003 – 1 – 27.

**侦查错误论**

种错误定罪裁决，除非上诉法院取消了在先的定罪裁决，否则，就不能主张某个案件存在司法错误。例如，在英国，伯明翰六人案件可能是近期最为著名的一个案件，该案的定罪裁决经历两次上诉之后终于被成功推翻，此后，该案中的被告才被官方称为司法错误的受害者。

在英格兰和威尔士地区，目前有关司法错误的讨论并未包括针对定罪裁决的所有成功上诉。相反，它们几乎仅仅被定义为针对在先的定罪裁决实现成功申诉的"例外"（exceptional）情形，这些定罪裁决通过特殊的上诉后续（post – appeal）机制被推翻，目前，这个机制主要是指刑事案件审查委员会（Criminal Cases Review Commission）。①

不过，正义女神（Goddess of Justice）所持的天平上有两个盘子：其中一个支撑无辜者的合法权利，而另外一个则支撑着国内安宁的利益，保护人民免受犯罪侵犯，并且通过惩罚那些违法犯罪者来实现正义。如果未能采取有效的措施预防与应对犯罪，将给被害人与整个社会带来有形或无形的损害。因此，有些学者也意图将那些并未针对应受惩罚的罪犯作出定罪裁决的案件或者未能侦破的案件也纳入司法错误的范畴。

（二）以社会成本为基础的"司法错误"

Brian Forst 教授基于福利经济学（welfare economics）的研究视角，使用社会成本（social cost）这一理念作为界定司法错误的基础。他指出，所谓"司法错误"（error of justice），就是指法律的解释、实施程序或执行过程中出现的各种错误。② 基于 Herbert

---

① Michael Naughton，Redefining miscarriages of justice：a revived human rights approach to unearth subjugated discourses of wrongful criminal conviction，British Journal of Criminology，2005（2），pp. 165 – 182.

② ［美］布莱恩·福斯特：《司法错误论》，刘静坤译，中国人民公安大学出版社2007 年版，第40 页。

Packer 据以评估刑事司法惩罚的概念框架，即正当程序模式和犯罪控制模式，Brian Forst 教授将司法错误分为两个层面，即正当程序错误与放纵罪犯错误。

具体言之，如果特定的刑事案件中的无辜者遭到刑事司法系统的骚扰、拘禁或惩罚，就将导致"正当程序错误"（error of due process），此种错误所造成的社会成本包括施加于无辜者和依赖其生存的人的成本，以及因为未能惩罚真正的罪犯而施加于社会的成本。正当程序错误也包括针对某些违反法律的人所施加的过分侵扰。

如果未能针对"应受惩罚的罪犯"（culpable offender）施加应有的惩罚或根本未能对其施加惩罚，就将导致"放纵犯罪错误"（error of impunity），此种错误所造成的社会成本，是指因为未能充分惩罚罪犯或根本未能惩罚罪犯而产生的总体的社会成本以及与最优化惩罚相关的较小的社会成本之间的差额。

有关犯罪造成的社会成本的评估工作，我们将面临两个十分复杂的问题：第一，如何利用货币尺度来评估被害人所遭受的痛苦和不幸，尤其是针对强奸案件或虐待案件中的被害人而言？第二，如何评估因被害人不能明确而无法提起指控的犯罪案件所造成的社会成本，如滥用毒品、贩毒案件与白领犯罪等？[1]

谨慎的人们往往就这些问题的答案存在不同的意见。然而，尽管针对上述问题的评估工作颇有争议并且十分复杂，但也并不意味着应当忽略它们。我们目前无法更好地了解与其他干预措施相关的司法错误所带来的社会成本，或者不得不应对基于一系列不同的价值与假设进行多重评估所带来的复杂性，但是，尽管如此，也胜于对上述成本予以忽略不计。基于某些合理的方法来评估复杂的社会

---

[1] ［美］布莱恩·福斯特：《司法错误论》，刘静坤译，中国人民公安大学出版社 2007 年版，第 53 页。

### 侦查错误论

成本，我们可以发现某些决策规则与政策所存在的优势或劣势，同时，我们应当力图确定哪些决策规则与政策值得采用，或者并不足以采用。

传统的司法错误概念仅仅关注那些因为严重犯罪被错误定罪并判处监禁刑的无辜者。不过，更为全面的界定还包括未能将真正的罪犯绳之以法，以及不公正地适用法律和不人道的刑罚。归纳起来，司法错误是指：①

第一，基于不当的诉讼程序（包括伪造证据等），或者不当适用法律（如专门针对少数民族群体或者否认人权等），或者不具有事实基础（错误的鉴定或者错误的法庭科学证据），侵犯嫌疑人、被告人或者罪犯的权利；

第二，不当地对待嫌疑人、被告人或者罪犯，不当地侵犯他人权利（基于轻微行为施加严厉的惩罚）；

第三，未能保护被害人免受违法犯罪的侵害。

尽管公众关注的司法错误大多发生在严重刑事案件之中，不过，事实上，在普通的刑事案件中，可能存在更多的司法错误。如果嫌疑人由于缺乏律师帮助或者缺乏资源而做出辩诉交易，就可能导致司法错误。但是，这些案件与那些杀人案件中被判处监禁刑的罪犯相比，未能得到充分的关注。

在刑事诉讼的各个阶段都有可能存在司法错误，如侦查、审判和监禁过程。司法错误之所以值得关注，主要源于以下两个原因：

第一，在自由社会的法律传统中，个人的自治与权利具有至高无上的地位，自由社会通过一系列的法律机制保护个人自由，如无罪推定、控方承担证明责任、排除合理怀疑的证明标准以及陪审团审判的权利。司法错误损害了人的自由，尤其是个人自由、隐私、

---

① Tim Prenzleer, Janet Pansley, Police Reform – Building Integrity, Hawkins Press, 2002, Chapter two, Miscarriage of Justice, pp. 24 – 39.

家庭生活、经济状况以及生命权等。司法错误导致人们长期处于错误的监禁之下。

第二，司法错误暴露出刑事司法系统存在的缺陷。如果刑事司法系统未能或者不愿纠正这些错误，就可能导致公众丧失对刑事司法系统的信任感，甚至导致刑事司法系统处于危机之中。在 20 世纪 80 和 90 年代，英国就曾面临此类危机。一系列定罪裁决被推翻，引发了公众的高度关注，并且导致成立了 Runciman Royal Commission。持续发生的司法错误表明，刑事司法系统未能认真对待司法错误，改革者应当关注这些问题。

（三）以人权为基础的"司法错误"

目前，主流话语都是基于事实上无罪的错误定罪裁决界定司法错误，与此不同，基于人权视角的研究进路能够更加充分地理解司法错误问题，但是，这种研究进路却遭到了完全的忽视。对于理论研究者而言，核心的问题在于，"司法错误"（miscarriage of justice）的定义关键取决于"刑事司法"（criminal justice）的界定。立足于此种视角，沃克（1993）和格雷尔（1994）开展了补充性的分析，并指出，这是"司法"（justice）的问题，而不是"错误"（miscarriage）的问题，该问题需要进一步开展研究，从而确定反驳的思路。[①]

沃克的出发点在于，至少从明示的原则上来看，"司法"涉及分配的问题——赋予个体应得的份额和待遇。具体到刑事司法系统的影响，沃克指出，在自由、民主的社会，"公正的"（just）待遇是指同等地尊重个体的权利以及他人的权利：[②]

---

① Walker, C. (1993) 'Introduction', Walker, C. & Starmer, K. (1993) (Editors) Justice in Error, London: Blackstone Press Limited.

② Walker, C. (1993) 'Introduction', Walker, C. & Starmer, K. (1993) (Editors) Justice in Error, London: Blackstone Press Limited.

## 侦查错误论

"政府机构的职责在于公正地对待市民，如果未能有效地保护其他人的权利或者完全无视其他人的权利，那么，不仅会对特定的个体带来严重的损害，而且将会给整个社会带来严重的损害。"

因此，"一旦政府（或者政府机构）侵犯了个体的权利"，就可以认为司法错误的主要原因已经存在。针对可能的无辜者或者事实上的无辜者施加的定罪裁决，就属于侵犯个体权利的范畴，并且事实上可以被视为典型的情形。然而，诚如沃克所言，即使某人的确实施了犯罪行为，如果法院基于并不充分的证明而针对被告作出定罪裁决，这种做法也可以被视为侵犯了被告的权利：

"有些学者试图区分那些事实上无罪的被告和那些基于'技术缘由'（on a technicality）而被无罪释放的被告。然而，基于欺骗或者不法行为而作出的定罪裁决，违背了政府建立在正当程序和尊重人权基础上的合法性，并且可能造成非常严重的后果，削弱公众对法律和秩序的信心，导致公众不再积极配合警务工作，甚至导致陪审员不愿针对明显有罪的被告作出定罪裁决。相应地，即使某人事实上故意实施了某个犯罪行为，如果法院基于不具有可采性的证据或者未能提供排除合理怀疑的证据而作出定罪裁决，那么，也可以认为司法错误业已发生。"

这并不仅仅是一个理论或者抽象的问题。许多司法工作者都认同这种理念，即针对事实上有罪的被告作出定罪裁决也可能构成司法错误。例如，在撤销"卡迪夫三人案件"（Cardiff Three，British Broadcasting Company，2000）的定罪裁决时，泰勒勋爵指出，无论史蒂芬·米勒针对莱尼特·怀特被害案件的供述是否属实，该供述都不具有"相关性"（irrelevant）。讯问工作的强迫性质（他曾经

— 40 —

因为同一问题而被讯问 300 余次）使得讯问结果丧失了证据效力。① 类似的例子是上诉法院刑事法庭在撤销"M25 三人案件"的定罪裁决时所提出的观点，即"这并不意味着他们是无辜者"。此外，法院在撤销"布里奇瓦特案件"的定罪裁决时指出，上诉法院刑事法庭并不关注上诉人是否可能无罪，而是关注认定上诉人有罪的审判程序是否公正。

"法院并不关注上诉人是否有罪；而是仅仅关注定罪裁决的安全性。乍看起来，这可能不甚令人满意，然而，如果认识到，刑事诉讼程序的公正是法院在受理针对定罪裁决的上诉时最为重要的关注对象，那么，上述做法就不再难以理解。无罪与有罪都是公正审判的结果。如果审判程序不公正，如果审判因为欺骗或者实质性地违反证据规则或诉讼规则而遭到歪曲，那么，所有人的自由都将面临威胁。[England and Wales Court of Appeal（Criminal Division）Decisions，1997]"

"无辜"（Innocence）拥有多种含义。狭义上的无辜，或者技术层面的无辜，是指"免于特定的罪行；并未实施被指控的罪行；无罪"，该定义表明无辜是一种肯定的状态。不过，广义上的无辜，则超越了技术的范畴，进入道德的范畴，是指"免于罪恶、罪行或者道德错误；与罪恶无关的状态；道德上的纯洁"。这种广义的界定比狭义的界定更加具有说服力和影响力。这种界定不仅仅是指刑法意义上未能排除合理怀疑地证明有罪的无辜；也不仅仅是民事领域的不负法律责任的无辜。广义的界定并未显示出特定的法律状态，不过，仍然是具有规范后果的肯定特征。"无辜"类似于熟睡中的婴儿，缺乏独立性，思想与行为都非常纯洁。我们不应当

---

① Green, A.（1995）"Fitting up: an analysis of the manufacture of wrongful convictions" unpublished Phd thesis Keele University.

**侦查错误论**

对此类"无辜者"施加任何原本可以避免的损害。同时，婴儿还需要受到悉心的呵护，以便免于损害。[①]

因此，道德意义上的"无辜"不仅仅是一种被动的状态，还包括要求其他人审慎行为的权力，即需要审慎地保护这些无辜者。

格雷尔试图在人权的框架之下澄清司法错误理念的含义。与此同时，他区分了"不正当的定罪裁决"（unjustified convictions）以及"不正当地规避了的定罪裁决"（unjustified avoidance of conviction）。这种区分非常有助于明确"不公正的无罪裁决"（unjust acquittals）与"不公正的定罪裁决"（unjust convictions）之间的区别，这种区别也是围绕司法错误问题所产生的诸多争论的基础。[②]这是由于，"不公正的无罪裁决"并不包括那些放弃提起指控的司法决定所导致的非正义。基于与沃克类似的研究脉络，格雷尔进一步区分了"结构"（structure）和"机构"（agency），并且指出，司法错误并不仅仅来自于人类的错误、过失或者腐败。与此同时，它们也可能来源于刑事司法系统的现行运作程序："目前，刑事司法系统的运作程序所具有的某些特征本身也可能导致司法错误，无论这些程序如何加以运用，当然，其他类型的司法错误更加直接地来源于特定机构或者官员的决定或者行为。"立足于此种视角，格雷尔总结指出，该领域非常需要开展深入的研究，因为司法错误包含诸多的类型，针对事实上无罪的被告作出的定罪裁决仅仅是其中的一种而已：

"针对事实上无罪的被告作出的定罪裁决，仅仅是刑事司法错误的诸多类型之一而已。其他类型的司法错误包括四类'不正当

---

① SETH D. HARRIS, INNOCENCE AND THE SOPRANOS, NEW YORK LAW SCHOOL LAW REVIEW, Vol. 49,578.

② Greer, S. (1994) "Miscarriages of Criminal Justice Reconsidered" The Modern Law Review 57:1.

地规避了的定罪裁决'（源于实质性的刑法和诉讼程序的缺陷、决定不予指控的不当决定以及不正当的无罪裁决）以及六类'不正当的定罪裁决'（源于实质性的刑法和诉讼程序的缺陷、辩诉交易、反恐的刑事司法程序、不正当的事实裁决主体和其他机构以及错误），更不要说其他分支类型的司法错误了，例如错误的辨认结论以及警方对线人提供的证据的依赖等。"

沃克和格雷尔都试图扩展司法错误的定义，这种尝试可以被纳入到更为宏大的视野之下，即"两次错误并不等于正确"。他们认识到，这些司法错误可能在法律程序之下和不当的法律适用过程中逐渐实现定型化。此外，"司法错误必然涉及许多政府机构的某些缺点以及政府职责的不足"。相应的，即使是"基于堂皇理由的腐败"，刑事司法系统的官员将那些自己确信（或者实际上确实是）事实上有罪的犯罪嫌疑人绳之以法，也不能实现这种做法的正当化，因此，也可以被视为司法错误。这种主张可以得到上述针对错误定罪裁决的司法裁决的支持。这种主张也得到内政部赔偿委员会（Home Office Compensation Unit）的支持，因为如果证明"司法错误"业已发生，所有针对定罪裁决实现成功上诉的受害者都拥有类似的、获得赔偿的权利。

此外，以人权为基础的研究路径有助于更加充分地理解司法错误现象。特别值得指出的是，它将针对司法错误原因的现有研究扩展到刑事司法系统运作程序的领域，该领域此前并未得到应有的重视。同时，以人权为基础的研究路径非常重视如下理念，即特定的刑事司法系统运作程序可能产生障碍、妨碍或抵制的作用，从而很难在上诉阶段成功地撤销错误定罪裁决。

（四）"司法错误"概念的科学性

与"冤假错案"和"错案"相比，"司法错误"这一术语更加具有科学性。

首先，"冤假错案"和"错案"的词根均为"案"，而"司法

## 侦查错误论

错误"的词根为"错误"，显然，无论是理论界还是实务界，关注的焦点都是"案件中的特定错误问题"。例如，错误的辨认结论、错误的鉴定结论、错误的定罪裁决等，而非"案件本身"。因为严格来讲，对于存在司法错误的大部分案件，错误毕竟只是局部而非整体，只不过是某些案件中错误更加严重而已。

其次，"司法错误"更能体现与司法实践的关联。第一，"司法错误"是指刑事司法过程（包括法律的解释、实施程序或执行过程）中产生的各种错误；第二，刑事司法系统的各个主要职能机构（警察、检察官、法官或陪审团）都可能导致司法错误产生，在个案中，可能是某个机构导致特定的司法错误，也有可能是诸多机构一起导致特定的司法错误。

再次，"司法错误"的内涵更为丰富。司法错误包括放纵犯罪错误和正当程序错误。其中，正当程序错误囊括了所谓的"冤案"、"假案"和"错案"（错判有罪）等类型的案件，而放纵罪犯错误则涵盖了错判无罪案件等传统上被忽视的那部分案件。可见，司法错误这一概念较为科学地统摄了传统理论研究关注以及未能关注的各种类型的案件。

最后，"司法错误"这一术语并不具有"冤假错案"等词的意识形态意味，更加符合科学研究的用语规范。相关的哲学研究领域已经针对错误问题展开了较为深入的研究。例如，文援朝先生先后推出了《错误论》[①]、《超越错误——医错哲学及其应用研究》[②] 等著作，因此，使用"司法错误"这一术语，能够更好地体现该领域研究与相关领域之间的关联。

---

① 文清源：《错误论》，辽宁人民出版社 1995 年版，第 69 页。
② 文援朝：《超越错误——医错哲学及其应用研究》，中南工业大学出版社 1997 年版，第 120 页。

# 第二节　侦查错误的概念、类型与特征

前文简要地论及了哲学领域的错误概念以及刑事司法领域相关术语的含义，并引入了司法错误的概念。在应用司法错误理念界定侦查错误的概念之前，首先有必要介绍国内外学者有关侦查错误的认识。

## 一、侦查错误的概念

### （一）国内外学者有关侦查错误概念的界定

刑事案件发生后，便需要启动侦查程序，侦查错误就是伴随着立案、现场勘查、调查访问、讯问等侦查活动的进行而产生的，有侦查就有侦查错误。但从理论的角度而言，侦查错误问题是一个较为崭新的问题，因此，国内外学者有关侦查错误概念的界定并不常见。

白俄罗斯的索劳夫约夫教授指出，侦查错误，是指在追究某一公民刑事责任并限制其人身自由时，在中止、撤销案件时，在移送检察院起诉时，侦查人员的非法和无根据的行为。侦查错误的实质在于，由于某种原因，侦查人员的决定与侦查目的相矛盾。[①]

基于此种观点，侦查错误的形式表现为侦查人员的决定。具体包括：第一，侦查人员在没有尽可能收集证据并破案的情况下，作出了关于因为未能发现犯罪嫌疑人而停止案件侦查的决定；第二，侦查人员在缺少法律依据时作出终止案件侦查的决定；第三，在缺少足够的有罪证据的情况下，在尚未完整、全面地研究案件的情况下作出了关于把案件移送给检察院的决定；第四，侦查人员决定将案件移送给检察院，然而案件指控的只是共同犯罪中的部分参与

---

① 杨宗辉：《侦查错误初论》，载《侦查论丛》（第 1 卷），法律出版社 2003 年版，第 342 页。

## 侦查错误论

人，而对其他参与人只字未提；第五，侦查人员在实质性违反刑事诉讼法的情况下作出了关于把案件移送给检察院的决定；第六，侦查人员在未能正确适用刑法时作出了关于把案件移送给检察院的决定；第七，侦查人员非法地或者无根据地作出了对犯罪嫌疑人实施逮捕的强制措施的决定。[①]

此种观点关注侦查人员决策的非法性和无根据性，并且强调结果意义上的侦查错误，即只有那些造成严重后果的决定才被视为侦查错误，而其他不妨碍事实真相的查明的不当决定则并未被视为侦查错误。

此外，有学者还总结到，侦查错误不仅仅与直接违反刑事诉讼法的具体规定有关，还表现在对侦查的完整性、全面性和客观性原则的违反。[②] 换言之，侦查错误不仅仅涉及与侦查法律相关的问题，还涉及侦查原则本身的问题。

不过，帅依费尔指出，只有当检察院或者法院认为侦查人员所作决定具有非法性或无根据性时，侦查人员的在先决定才能被视为侦查错误。[③]

我国有学者基于上述学者的理论和哲学领域的错误定义，将侦查错误界定为：侦查人员在特定的侦查情势中，与案件事实情况及法律规范不相符合的认识和行动。该定义认为，侦查错误首先表现为侦查人员不符合案件客观事实的认识和行动，其次表现为不符合法律规范的认识和行动。[④] 此种侦查错误界定除了关注案件事实问题之外，还关注与侦查相关的法律规范。

---

① 杨宗辉：《侦查错误初论》，载《侦查论丛》（第1卷），法律出版社2003年版，第342页。

② 同①。

③ 同①。

④ 同①。

（二）犯罪与侦查的社会成本

本文沿用前文提及的司法错误的概念框架，基于福利经济学的研究视角，使用社会成本的理念来分析侦查错误。

1. 犯罪成本。

犯罪的基本特征之一——社会危害性表明，任何犯罪都会给社会带来一定的破坏、浪费和损失，尽管这些破坏、浪费和损失因不同的犯罪而在严重程度上有轻重之分，在作用方式上或直接或间接，在内容表现上形形色色。[①] 有学者将犯罪行为产生的相关社会耗费通称为犯罪的社会成本。具体言之，犯罪成本包括以下三个方面：[②] 第一，犯罪行为的成本，包括生产率损失、医学与精神健康护理、直接的财产损失、间接的被害成本、情感的损失、死亡、侵权法律成本、被害人服务、第二代成本9个方面。第二，社会应对犯罪的成本，包括避免犯罪的成本、犯罪带来的恐惧感、刑事司法系统、被害人服务、其他非刑事司法项目、被监禁的罪犯的成本、过于威慑的成本（包括无辜者）、司法的成本8个方面。第三，罪犯的成本，包括用于犯罪的社会成本、用于犯罪的资源2个方面。

不过，与犯罪相关的社会成本具有两个主要的组成部分：与犯罪相关的成本，以及与公共机构和私人机构预防与应对犯罪相关的成本。犯罪成本（crime costs）包括涉及人身伤害与死亡（医疗成本、遭受痛苦和折磨的成本）、财产损失与毁坏、收入减少等方面的成本。许多此类成本都来自于被害人，并且属于需要终生予以承担的成本，但是，有些成本——包括与医疗成本和财产损失相关的保险赔偿费用、与雇员相关的生产力损失、被害人服务机构的费用以及社区公众对犯罪产生的与日俱增的恐惧感——则主要是由社会

---

[①] 郭建安、周勇：《论犯罪耗费》，载《中国刑事法杂志》2001年第5期，第82页。

[②] Mark Cohen, The Costs of Crime and Justice, Routledge, 2005, pp. 10 - 11.

**侦查错误论**

承担的成本。预防和应对犯罪的相关成本（costs of prevention and response）包括刑事司法系统的开支（宣誓警察、文职官员、资金、原料、供给等）、保安人员的开支、私人和商业机构购买的安全与监控系统（锁具、加固的目标、着力保护的停车设备、照相机、移动感应器、警报器等）、给遭到处罚的罪犯的生活依赖者所带来的成本、证人耗费时间接受警方询问与出庭作证所带来的成本以及与社区的犯罪预防工作相关的成本。下图概要地介绍了上述类型的成本。①

| 犯罪和犯罪干预措施给公共机构和私人机构带来的成本 | | |
|---|---|---|
| | 私人机构的成本 | 公共机构的成本 |
| 犯罪的成本 | 保险公司未能赔偿的被盗或被损坏的财产<br>（生理和心理上的）痛苦和折磨<br>未承保的医疗费用<br>丧失收入<br>丧失生命<br>丧失接受教育的能力 | 针对失窃财产的保险成本<br>被害人服务机构的成本<br>医疗请求的保险成本<br>被害人生产力丧失的成本<br>犯罪高发区丧失商机的成本<br>社区公众对犯罪产生的与日俱增的恐惧感 |
| 犯罪预防和干预措施的成本 | 私人保安人员<br>锁具、加固的目标、监控和警报系统<br>参与社区犯罪预防工作（劳动、开支）<br>被处罚的罪犯的生活依赖者被剥夺了生活来源和服务<br>被刑事司法系统羁押的无辜的嫌疑犯所丧失的收入和自由<br>被害人和证人在接受询问、提供证言过程中耗费的时间 | 刑事司法工作人员<br>资金装备、警察机构、检察机构、法院、监狱和矫正机构的办公场所<br>对犯罪预防项目提供的公共支持<br>被处罚的罪犯以及在法庭上接受询问的证人所遭受的生产力损失 |

---

① ［美］布莱恩·福斯特：《司法错误论》，刘静坤译，中国人民公安大学出版社2007年版，第210页。

可见，犯罪成本问题涉及的领域十分广泛，基于本书的主旨，此处仅仅讨论犯罪行为本身以及侦查活动所产生的成本。具体言之，在侦查领域，犯罪成本主要包括以下几个方面：

第一，初始犯罪行为的成本。

这部分成本指犯罪分子开始实施某种具体的犯罪行为时给社会造成的各种资源浪费与损失。这种成本主要包括：犯罪分子预备实施犯罪行为所花费的资源以及实施犯罪行为给社会造成的资源损失。

由于这种初始的成本是由犯罪分子的初始犯罪行为导致的，对整个社会来说，只能是被动地承受，属于一种外部强加的、"不可避免的"资源浪费与损失。因为不论犯罪预防工作做得如何细致，犯罪行为仍如同"变异的社会基因一样"，会不以我们的意志为转移地发生。对于这种成本，抛开理论上的辩解，我们应当认为它是难以避免的。

第二，持续犯罪行为的成本。

犯罪分子自实施初始犯罪行为时起，并非能够继续进行正常的生活，而是面临着警方的追捕和政府以及公众的强大压力。而人类的趋利避害本能会促使其想方设法地逃避政府的打击，千方百计地与警方周旋。在这种周旋的过程中，犯罪分子轻则耗费了属于自己的所有资源和自己能够取得的资源，重则继续实施犯罪行为，以获取自己所需的资源。

持续犯罪行为的成本主要包括：犯罪分子为了逃避打击在其非正常的社会活动中所耗费的资源以及其接连的犯罪行为给社会造成的资源损失。由于这种成本是犯罪分子的继续犯罪行为所造成的，在一定程度上具有可减少性，可以采取相应的措施来尽量使这种成本降至最少。

第三，侦查机关打击犯罪的成本。

侦查机关的任务就是依照法定程序，充分利用各种侦查措施和

## 侦查错误论

手段，收集、审查各种证据材料，及时地查明犯罪事实，揭露证实犯罪；保障无罪人免受追诉，预防和减少各种刑事犯罪的发生，有效地维护社会秩序，保护国家、集体的利益和公民的合法权利。①因此，只要犯罪行为一经发现，就意味着侦查机关的介入并启动侦查活动。侦查机关打击犯罪的活动也是要耗费一定的人力、物力和财力的，所以，也应把侦查机关打击犯罪的成本计算在整个犯罪成本的体系之中。

这部分成本是指为了使犯罪行为的成本尽量控制在最低的范围内，尽量减少对社会资源的不必要的损耗与消费，尽量减少侦查机关在侦破犯罪活动的过程中产生的成本。主要包括：侦查机关自犯罪行为被发现而启动侦查工作时起，直到犯罪分子被缉拿归案时止，为了查明案情，抓捕、审讯和关押罪犯等所需要的费用。

第四，侦查机关预防犯罪的成本。

考虑到犯罪行为的突发性、破坏性以及犯罪后果的严重性，为了"防患于未然"，尽量减少犯罪行为的发生，应当不断强化犯罪预防工作。因此，在计算犯罪成本时，也应当把侦查机关预防犯罪的成本考虑在内。

为了有效地维护社会治安和侦查犯罪，侦查机关不能始终处于被动的局面。尽管侦查工作的启动要以刑事案件的发生为前提，但是，如果侦查工作纯粹处于一种被动的运作方式，那么，不仅导致犯罪行为造成的成本增加，而且也会增加侦查工作的成本。因此，为了尽量减少犯罪行为的发生，减少初始犯罪的成本，从而相应地减少犯罪持续造成的成本以及随之而来的侦查成本，我们应当强化犯罪预防工作。

这部分成本主要指侦查机关（包括社会公众）为了避免犯罪给社会带来的严重危害，力求实现犯罪行为发生的最低化、危害的

---

① 任惠华：《刑事案件侦查》，法律出版社 2001 年版，第 75 页。

最小化而采取的一系列的措施（情报建设、视频监控安装和治安巡逻等）和社会公众避免犯罪侵袭的相应成本（保安和各种防护措施等）。

第五，侦查机关的信誉成本。

不难发现，对犯罪成本所作出的上述分析是从单纯的经济利益的角度进行的。其实，最容易遭到忽视的，同时也是非常重要的一个问题就是犯罪成本在社会领域的表现，即侦查机关的信誉成本。事实上，侦查机关的信誉成本是蕴涵于上述几种成本之中的，在这里单列出来以示强调。

由于犯罪对社会造成了一系列的损失，扰乱了正常的社会秩序，如果犯罪得不到有效的遏制和打击，那么这种无序的情况就得不到改善，公众必然会对侦查机关产生一种普遍的不信任感，他们对侦查机关的期望就会贬值，甚至会导致公共道德的沦落、社会秩序的深层次混乱。

从这一层面上讲，犯罪也造成了侦查机关的信誉这一潜在的财富的耗费，而且这种非经济性成本造成的损失是巨大的、难以估量的。但是，这种非经济性成本也有一个不同于经济性犯罪成本的特点，那就是：经济性成本一旦形成，有时是不能予以弥补的而这种非经济性成本却是有可能予以弥补的。例如，某地发生了一起严重犯罪案件，公众产生的恐慌感随之而来，此时，侦查机关的信誉有所贬值，遇到了挑战，可以说犯罪已经造成了一定的犯罪成本，但是如果侦查机关的工作卓有成效，很快就抓获了犯罪嫌疑人，从而快速破案，消除了公众的这种恐慌感，维持了侦查机关的形象，那么，此时犯罪造成的信誉成本就已经得到了弥补，甚至可以说，侦查机关的信誉这一非经济性的财富得到了增值。

2. 侦查成本。

以上讨论了侦查领域与犯罪相关的社会成本问题。其中，与侦查工作直接相关的成本就是侦查机关开展犯罪预防和侦查工作的成

### 侦查错误论

本。从某种意义上说，这是一种单向度的成本分析视角，仅仅考虑了侦查工作的直接投入。基于本书研究的主旨，有关侦查成本的研究，还应当关注侦查错误带来的成本。

第一，直接成本与错误成本。

迈克尔·贝勒斯在研究法律原则时指出，如果将法律程序视为实现某一目的过程中的一种费用，那么，程序法的目的是实现费用最小化。根据迈克尔·贝勒斯提出的经济成本原则，我们应当使法律程序的经济成本最小化。如果将错误判决的成本称作错误成本，那么作出判决的成本就称作直接成本。① 程序法的目的可以概要地表述为：实现错误成本和直接成本最小化。②

具体到侦查领域，情况也是如此。如果将侦查工作的成本称为直接成本，将侦查错误的成本称为错误成本，那么，侦查工作的目的也可以表述为：实现侦查直接成本与错误成本的最小化。我们的目的不是只使其中一种成本最小化，而在于二者总额的最小化。如果仅仅实现直接成本最小化，错误成本可能升得很高。同样，在成本变化的某一点上，追求结果准确所增加的直接成本超过了其所减少的错误成本。

如果由于侦查错误导致最终作出了错误的判决，那么就产生了法律上的错误成本。如果实体法的目的之一是经济效益，那么每一个错误的判决都导致资源的无效率利用，因此这是一种不适当的费用。一定数量的错误定罪的错误，可能相当于更多数量的错误宣判无罪的错误。也就是说，错误定罪裁决的错误要比错误宣判无罪的错误严重得多。

除了侦查错误导致错误判决这种结果意义上的错误影响之外，

---

① 直接成本即法律系统运作的成本，包括公共成本与私人成本，前者如法官的薪金、陪审团的费用等；后者如当事人聘请律师、申请鉴定的费用等。

② ［美］迈克尔·贝勒斯：《法律的原则———个规范的分析》，张文显等译，中国大百科全书出版社1996年版，第26页。

侦查错误本身还涉及侦查活动本身的错误成本问题。如果侦查活动最终未能导致案件的侦破，或者错误地认定了犯罪嫌疑人，都意味着侦查活动产生了错误成本。

第二，道德成本。

不过，除了经济成本之外，法律程序还涉及其他价值。罗纳德·德沃金的道德成本分析方法认为，研究程序的功利主义方法（包括经济分析方法）忽视了权利问题。他重点分析了刑事案件，断言被告有一种无罪不治罪的权利。即：如果某个刑事司法制度故意惩罚无辜者，那么谁都无法完全避免刑罚的损害。我们将总是面临被惩罚的危险，这就使得旨在维护安全的刑法制度反而增加了不安全因素。根据所谓的无罪原则，没有实施犯罪行为的人不应当受到惩罚。[1] 刑事司法制度无法完全避免错误，这并不意味着我们赞同法官或其他官员故意惩罚无辜者的原则。

不过，德沃金又指出，被定罪的无辜者所遭受的纯粹损害，并不高于未对有罪者定罪所产生的纯粹损害。因此，我们既要防止冤枉无辜者，又要防止放纵有罪者，不能厚此薄彼。显然，这一观点贬低了无罪不治罪的权利（或称无罪原则）的重要性。

而法律经济分析学家波斯纳指出，冤枉无辜者比放纵有罪者的成本更大。这种成本的社会收益包括维持法律的威慑力，以及防止有罪被告在一段时间内重新犯罪，即基于对他的有罪判决而对其予以监禁。故在刑事案件中，第一类错误（积极性错误——如判决无辜的人有罪）比第二类错误（消极性错误——如错误的无罪判决）还要严重得多。因此，在前一情形下，必须通过将主要的说服责任分配给检控方，使得第一类错误显得更为重大。[2]

---

[1] ［美］迈克尔·贝勒斯：《法律的原则———一个规范的分析》，张文显等译，中国大百科全书出版社 1996 年版，第 336 页。

[2] ［美］理查德. A. 波斯纳：《证据法的经济分析》，徐昕、徐昀译，中国民主法制出版社 2001 年版，第 85 页。

因此，刑事诉讼的证明标准要高于民事诉讼的证明标准。放纵有罪者的错误成本之所以低于冤枉无辜者，原因之一就是放纵犯罪者可能并未对法律的威慑作用产生较大的影响，其主要的错误成本是犯罪率增加。不过，罪犯受到惩罚的比例越小，维持刑罚有效威慑作用的刑罚就越严厉。因此，随着证明责任的要求不断提高，为了维持同等的威慑作用，威慑的压力程度也必须随之提高。这种制度是否有利于无辜者，仍然很难得到确定的答案。[①]

不过，通过威慑来达到预防犯罪的目的，在道德和实证两个方面都面临着争议。道德方面的异议认为，无辜者有可能受到惩罚。人们当然不会赞同一个故意惩罚无辜者的刑事司法制度。根据前文提及的无罪原则，不允许故意惩罚无辜者。甚至许多持功利主义观点的人也承认无罪原则。虽然无罪原则可能并不比其他原则更加重要，但是，该原则支持了禁止故意惩罚无辜者的规则，也说明了反对惩罚无辜者的理由。

事实上，被告要么有罪要么无罪。在刑事诉讼中，可能产生四种结果：对有罪者定罪、对无罪者定罪、未对有罪者定罪、未对无罪者定罪。错误裁决表现为两种形式：对无罪者定罪和未对有罪者定罪，抛开这两类错误裁决的纯粹损害或者经济损害不谈，前者比后者更加有害，因为它侵犯了无罪不定罪的权利（即无罪原则）。这种侵权行为就是所谓的道德损害或者道德成本。例如，在侵权案件中，无辜的被告被迫缴纳损害赔偿金，就产生了道德成本。与之相类似，在刑事案件中，错误的裁决也将产生相应的道德成本。

与传统的经济成本分析方法不同，道德成本分析方法为错误成本的经济分析增加了另一个分析因素。错误成本除了包括经济损害成本或者纯粹损害成本之外，还包括道德成本。因此，法律程序的

---

① ［美］迈克尔·贝勒斯：《法律的原则——一个规范的分析》，张文显等译，中国大百科全书出版社 1996 年版，第 27 页。

目的可以进一步修正为：实现经济和道德错误成本及直接成本最小化。

根据德沃金的观念，道德成本是一种同类案件中普遍共有的、客观的和恒定的因素。只要侵犯了相同的权利，道德损害就相同。不过，由于实体和程序密切相关。无论是经济上还是道德上，实体问题越重大，错误成本就越大。进而，对于实体问题较小的案件，减少直接成本是合理的。

根据道德成本原则，我们应当使法律程序的道德成本最小化。在论证法律程序的合理性时，道德成本因素显得至关重要。因为针对无罪者定罪的错误成本比未能针对有罪者定罪的成本更高，因此，应当倾向于选择防止针对无辜者定罪的程序制度。换言之，未能针对有罪者定罪的错误，要轻于针对无罪者定罪的错误。为了实现上述目标，就需要转移证明责任，使定罪更加困难。

第三，程序利益。

由于经济和道德成本分析方法都是与避免错误发生的成本相关的工具主义方法，所以，它们主要的对象是查明事实真相。基于这种工具主义的观念，如果并不存在需要查明的真相，那么法律程序就失去了存在的理由。

除了这种工具主义的方法之外，研究法律程序的另外一种方法是要审思程序的价值和利益。即使公正、价值和尊严等价值并未增进判决的准确性，法律程序也要维护这些价值。这种方法被称为"程序内在价值"分析方法。道德和经济错误成本来源于错误的判决，而程序的内在价值不依赖于判决结果。程序价值在逻辑上与直接成本处于相同地位，直接成本也是不依赖于判决的。

基于和平原则、自愿原则、参与原则、公平原则、可理解原则、及时原则与止争原则等程序原则，法律程序有助于从心理和行动层面解决争执。法律程序的诸多内容无助于判决之准确性，但是有助于解决争议。因此，即使两种法律程序提供的结果同样准确，

**侦查错误论**

人们仍有可能认为其中一种程序优于另外一种程序。[①]

综合考虑直接成本、经济与道德领域的错误成本以及程序利益等因素，程序法的总体目的在于，实现经济与道德错误成本加上直接成本再减去程序利益所得的总额最小化。[②]

（三）侦查错误的界定

立足于哲学领域的错误概念以及司法错误的理念，可以认为，侦查错误与哲学领域的错误既有联系又有区别。侦查错误可以被视为哲学领域的错误在侦查领域的特殊表现。

侦查错误既包括侦查认识或者侦查逻辑领域的错误，又包括侦查行为或者侦查实践领域的错误。同时，侦查错误属于司法错误的一种，与其他主体在其他诉讼阶段导致的司法错误不同，侦查错误是侦查主体在侦查过程中出现的各种错误。

侦查错误既涉及经济学领域的社会成本问题，又涉及伦理学领域的人权问题，不过，也可以将其中涉及的人权问题视为一种道德成本，因此，有关侦查错误的界定，与经济学和伦理学存在着不可割裂的关联。

综上所述，所谓侦查错误，是指侦查主体在侦查认识、决策或者执行的过程中出现的各种错误。立足于福利经济学的社会成本理念，侦查工作的总体目的就是实现经济与道德错误成本加上直接成本再减去程序利益所得的总额最小化。侦查错误，是指与刑事案件的最优化侦查结果之间存在的任何偏离。最优化侦查结果的标准就是使得犯罪与侦查的总体社会成本最小化。

无论我们是否已经统计了犯罪以及作为干预措施的侦查的总体社会成本，都有必要建立一个适当的概念框架，据此来确定针对各

---

① ［美］迈克尔·贝勒斯：《法律的原则——一个规范的分析》，张文显等译，中国大百科全书出版社 1996 年版，第 35～37 页。

② 同①，第 37 页。

类犯罪的最优化（optimal）干预水平，即确保具体的干预措施能够实现犯罪以及干预措施本身的总体社会成本最小化。至少在概念层面上，此种分析框架也能够建立一个分析的基础，据以确定侦查工作的最优化水平以及刑事司法系统的整体收支水平。

最优化干预水平（optimal level）这种理念假定，随着干预措施逐渐严厉，干预成本逐渐加大，干预措施至少在某种程度上能够减少犯罪以及与其相关的成本。有关干预措施所具有的威慑效果和抑制犯罪效果的大量理论和经验信息都能够为上述假定提供大量的支持。①

至少在概念意义上，这一基本框架可以被用于评估特定的干预措施、刑事司法的构成要素或者刑事司法系统作为一个整体的总体收支水平。与最优化干预水平的任何偏离，都将导致系统性的侦查错误。对于特定的干预措施而言，如警方进行的任意性交通检查，如果干预措施的水平低于最优化惩罚水平，此种干预措施将可能会导致放纵犯罪错误，如果干预措施的水平高于最优化惩罚水平，则很可能会导致正当程序错误。如果干预措施始终处于无效率的水平上，尽管干预措施的强度不断增加，犯罪所带来的成本也不会随之降低，在有些情况下，干预措施还可能会激化问题，并导致犯罪数量增加。

此外，侦查错误与司法错误并不等同。诚如勒内·弗洛里奥所言，如果把导致裁判错误的所有责任都推给被告、证人或者鉴定人，那也是不公正的。法庭本身也往往对错误负有责任。② 就整个刑事司法系统的流程来看，侦查错误固然是导致司法错误的起始性原因，但后续的起诉和审判程序既可能纠正侦查阶段的错误，从而

---

① ［美］布莱恩·福斯特：《司法错误论》，刘静坤译，中国人民公安大学出版社2007年版，第120页。

② ［法］勒内·弗洛里奥：《错案》，赵淑美等译，法律出版社1984年版，第2页。

**侦查错误论**

避免最终的定罪裁决，也有可能单独导致司法错误产生。

不过，勒内·弗洛里奥也指出，有两种类型的问题是造成错误定罪裁决的重要原因。一种是，司法机关从确凿的材料出发，得出了错误的结论；另一种是，司法机关根据一些错误的材料（被告的虚假供述、不可靠的档案材料、伪证以及不符合规定的鉴定结论等）推断出合乎逻辑的结论。① 可见，在后一种情况下，侦查阶段的错误是后续的错误定罪裁决的原因所在。

### 二、侦查错误的类型

亚里士多德是西方哲学史上第一个较为系统地对谬误进行分类的哲学家。他在《辩谬篇》中将谬误分为依赖于语言的谬误和不依赖于语言的谬误两大类，共十三种。② 尽管亚里士多德有关谬误的分类为此后的哲学家和逻辑学家们所接受，不过，他主要是从演绎逻辑和修辞学角度展开分析，而逻辑错误和认识领域的错误并非错误的全部。依据不同的标准，可以将错误划分为不同的类型，划分错误的标准是多元而非一元的。

具体到侦查领域，侦查错误也包含不同的类型。依据不同的标准，可以对侦查错误进行类型学上的划分。研究侦查错误的类型，是正确辨别侦查错误，进而有效地预防、纠正和救济侦查错误的必然要求。

基于侦查错误的性质、程度、范围、原因和主体的不同，可以将侦查错误分为以下几种类型。

（一）正当程序错误和放纵罪犯错误

与司法错误相类似，基于 Herbert Packer 提出的正当程序和犯

---

① ［法］勒内·弗洛里奥：《错案》，赵淑美等译，法律出版社 1984 年版，第 7 页。

② 文援朝：《超越错误——医错哲学及其应用研究》，中南工业大学出版社 1997 年版，第 71 页。

罪控制两个模式，侦查错误也可以被划分为两类，一类是正当程序错误，一类是放纵罪犯错误。

具体言之，如果侦查主体针对无辜者开展侦查，采取相关的强制措施，就将导致正当程序错误。此种错误所造成的社会成本包括施加于无辜者和依赖其生存的人的成本，以及因为未能查获真正的罪犯而施加于社会的成本。正当程序错误也包括针对某些违反法律的人所施加的过分侵扰。

如果侦查主体未能及时查获应受惩罚的罪犯，就将导致放纵犯罪错误，此种错误所造成的社会成本，是指因为未能查获罪犯而产生的总体社会成本，或者因为未能及时查获罪犯而导致的与最优化侦查成本之间的差额。

这两种错误之间存在着一定的张力关系。如果侦查工作强调犯罪控制，就可能导致正当程序错误；如果强调正当程序，就可能导致放纵罪犯错误。因此，在具体的侦查工作，必须均衡考虑正当程序和犯罪控制的双重要求，尽可能地避免上述两类侦查错误发生。

不过，正当程序错误与放纵犯罪错误相比，并不总是具有对等性。如果因为正当程序错误导致了错误的定罪裁决，那么就将犯两个错误。以杜培武案为例，将杜培武错判有罪，就放纵了真正的犯罪嫌疑人，因此，这是一举导致了两个错误。因此，在面临错判或者错放的选择时，宁愿错放也不能错判。[①]

（二）事实错误和法律错误

由于刑事诉讼涉及事实与法律之间的复杂互动关系。在侦查阶段，也需要同时面对事实与法律两个层面的问题。一方面，侦查工作需要致力于查明案件真相，查获犯罪嫌疑人，收集犯罪证据。真相与法律诉讼存在着相关性，我们不仅需要裁决，而且需要公正的

---

[①] 陈兴良：《刑事法治的司法理念》，载《高级警官培训讲堂录》，中国人民公安大学出版社 2004 年版，第 239 页。

## 侦查错误论

裁决；同时，实质的正义也需要查明事实真相。另一方面，侦查工作需要遵守相关的法律规范，包括宪法、刑事程序法和刑事证据法等。只有遵守上述规范实施的侦查行为才具有法律效力，由此而获得的证据材料才具有证据效力。

如果侦查工作未能查明案件事实真相或者部分事实真相，或者错误地确定了犯罪嫌疑人，或者收集了虚假的犯罪证据，都将导致侦查结果在事实层面存在错误，如果未能在后续诉讼阶段得到纠正，就有可能导致错误的定罪裁决。同时，如果侦查工作未能遵守包括宪法在内的相应的法律规范，就可能导致侦查行为丧失法律效力，或者导致相关的证据材料丧失证据效力，这种法律层面的侦查错误也将对诉讼结局产生直接的影响，很可能导致错误的定罪裁决，或者导致放纵真正的罪犯，类似"佘祥林案"的案件就有可能重演。

（三）技术性错误与侵权性错误

侦查工作需要遵守相关的法律规范，也需要遵循一定的流程规范。与侦查相关的法律规范大多涉及犯罪嫌疑人的合法权利，如羁押期限、侦查讯问的录音记录等，也正是立足于这一层面，宪法统摄下的刑事程序法才被称为犯罪嫌疑人合法权利的保护法。除了此类涉及权利的法律规范之外，某些法律规范还涉及一些与犯罪嫌疑人的合法权利并无直接关联的问题，如笔录的制作、案卷的制作等，这些问题属于刑事司法管理领域的问题，侦查人员也应当遵守此类法律规范。

除了这些法律规范之外，侦查部门可能制定一些流程规范，包括犯罪现场勘查的统一规范、刑事技术鉴定的管理规范等，这些流程规范旨在提高侦查工作的标准化和正规化水平，很少涉及犯罪嫌疑人的合法权利。

如果侦查人员违反了涉及犯罪嫌疑人合法权利的法律规范，如利用非法手段开展侦查讯问，或者超期羁押犯罪嫌疑人，就将导致侵权性侦查错误。一旦产生此类侦查错误，侦查行为的合法性以及侦查结果的有效性就将面临法律争议，如果错误的性质非常严重，就很可能导致侦查行为无效，并导致相应的证据材料被排除。这种侵权性侦查错误一旦发生并产生严重的后果，一般无法采取其他补救措施。如果侦查人员违背了与犯罪嫌疑人合法权利并无直接关联的法律规范，或者违背了侦查部门制定的流程规范，就将导致技术性侦查错误。此类侦查错误一般不会导致侦查行为的合法性问题，不过，侦查结果的有效性将会受到质疑。与侵权性侦查错误不同，侦查人员对于此类技术性侦查错误，通常可以采取补救性措施，如重新按照规范程序实施特定的侦查行为。

（四）系统性错误与任意性错误

就侦查错误的产生机制而言，基于侦查错误成因之不同，可以将侦查错误分为系统性错误与任意性错误。

如果侦查错误是那些导致结果向正当程序错误或放纵犯罪错误偏移的司法政策或制度的产物，那么，此种错误就是"系统性"（systematic）侦查错误。如果侦查错误是侦查人员或者私人行为的结果，或者超出了立即控制罪犯的情形，或者是由于错误地将并不存在真正的犯罪或罪犯的事件视为刑事案件，那么，此种错误就属于"任意性"（random）错误。[1]

有学者指出，不论刑事司法程序的每个阶段如何费尽心机，错误的可能性依然存在，这就是所谓的"残留误差"（residual error）。不过，在司法实践之中，很多侦查错误并非是不可避免的"残留误差"，而是由于政策或者制度原因导致的系统性错误，或者由于个人原因导致的任意性错误。通过有效管理侦查错误，能够有效地减少上述类型的系统性错误和任意性错误。

---

[1] ［美］布莱恩·福斯特：《司法错误论》，刘静坤译，中国人民公安大学出版社2007年版，第36页。

**侦查错误论**

系统性错误与任意性错误的成因不同，对于系统性错误，需要通过制度改革与政策完善予以解决；而对于任意性错误，则需要通过提高侦查人员的业务素质、道德水准和规范管理予以解决。

### 三、侦查错误的特征

侦查错误与哲学上的错误是个性与共性、特殊与一般的关系。因此，侦查错误具有哲学领域错误的一般特征，即客观性、相对性、层次性和多样性。① 除此之外，侦查错误还具有自身的特殊性，即主体的特定性、内容的特定性。

（一）侦查错误的客观性

所谓侦查错误的客观性，是指侦查错误的内容与辨别侦查错误的标准都是不以任何个人的主观意愿为转移的。侦查错误的内容，是指在同一关系中与客观事物的状况或者规律不相符合的认识和行动，是一种客观存在的事实。具体到侦查实践，侦查错误，是指侦查主体在侦查认识、决策或者执行的过程中出现的各种错误，包括放纵犯罪错误和正当程序错误。无论侦查人员是否认识或者承认侦查错误，它们都客观地存在着。

同时，侦查错误的辨别标准具有客观性。我国哲学界认为，实践是辨别错误的最终的、最根本的和最高的标准。在实践标准统摄下的其他标准也和实践标准一样，是一种客观标准。具体到侦查领域，侦查人员的认识与行动应当与案件事实情况、侦查活动规律和侦查法律规范相符合，这种侦查实践才能够实现预期的侦查目的，因此，案件事实情况、侦查活动规律和侦查法律规范就构成了侦查错误的辨别标准。如果侦查人员的认识与活动未能与案件事实情况、侦查活动规律和侦查法律规范相符合，也就表明侦查错误的

---

① 文援朝：《超越错误——医错哲学及其应用研究》，中南工业大学出版社1997年版，第25页。

存在。

（二）侦查错误的相对性

侦查错误的相对性也被称为时空转换性，是指侦查错误的性质、形态、状态以及危害等随着时空框架的转换而发生变化。由于侦查活动通常立足于个案，总是在特定情势下进行的，侦查认识、决策和执行活动总是面临新的情况和新的问题。面对着具体的犯罪情势以及罪犯情况，侦查人员需要针对案件中的具体问题作出认识和判断，在此基础之上，提出解决问题的侦查决策方案并将该方案付诸实施。由于侦查活动面临的情势各不相同，因此，在具体侦查过程中所产生的侦查错误也不相同。在某些案件中、某些情势下正确的侦查认识和决策活动，可能在其他案件中、其他情势下就成为了错误的侦查认识和决策活动。

除了侦查认识和决策层面的侦查错误具有相对性之外，由于未能遵守侦查法律规范而导致的司法错误同样具有相对性。由于每个案件都面临着独特的问题，因此，尽管同属某类案件或者具有某些共同特征，具体侦查工作面临的法律问题仍不相同，如果僵化地适用某个法律标准，势必导致侦查错误发生。

（三）侦查错误的层次性

侦查错误是一个抽象的称谓，具体到侦查领域，又表现为不同层次的错误。不同的侦查错误之间在地位、等级上存在着差别。概言之，侦查错误可以分为主要错误和次要错误、根本错误和非根本错误、全局性错误和局部性错误、决策错误与执行错误、有害错误和无害错误、战略错误与战术错误等不同层次。其中，每一层次的侦查错误还可以再分为若干不同层次的错误。

不同层次的侦查错误对于侦查活动以及后续的诉讼活动具有不同程度的影响，有些错误可能导致侦查工作误入歧途，有些错误可能导致案件无法侦破，有些错误则可能导致最终无法实现定罪裁决。因此，对于不同层次的侦查错误，应当给予相应的重视。

**侦查错误论**

（四）侦查错误的多样性

与哲学领域的错误相类似，侦查错误也具有多样性和复杂性，即侦查错误的性质、状态、类型与成因等多种多样的。例如，侦查错误既包括事实方面的错误，也包括法律方面的错误；既包括显性错误、又包括隐性错误；既包括证据发现和收集过程中的错误，又包括证据审查评断过程中的错误。具体可以参见下文对侦查错误的类型学分析。

除了表现形式之外，侦查错误的成因也非常复杂，值得深入研究。就侦查错误的发生机制而言，导致侦查错误发生的既有主体性因素，又有客体性因素和外部环境因素。侦查错误是诸多因素相互作用所导致的结果，只有了解侦查错误的复杂成因，才能科学理性地对待侦查错误。具体可以参见下文对侦查错误成因的分析。

（五）侦查错误主体的特定性

与其他领域的错误不同，侦查错误的主体具有特定性。侦查错误的主体仅限于侦查人员。[①] 侦查过程是侦查人员与犯罪嫌疑人的博弈过程，在侦查过程中，侦查人员和犯罪嫌疑人都可能犯错误。尽管我们需要重视犯罪嫌疑人的错误，因为犯罪嫌疑人的错误往往是侦查工作的突破口和立足点，但是，这种错误并非我们所指的侦查错误。

在侦查过程中，由于具体的侦查分工不同，侦查决策者、侦查管理者、侦查指挥者以及一线侦查人员都可能由于各种主观和客观的原因犯下各种错误，这些错误都属于侦查错误，这些主体也都属于侦查错误的主体。正是由于侦查主体的特定性，使得侦查错误与其他司法错误区别开来。

---

[①] 杨宗辉：《侦查错误初论》，载《侦查论丛》（第1卷），法律出版社2003年版，第345页。

（六）侦查错误内容的限定性

尽管侦查错误具有不同的类型和表现形式，但是，侦查错误的内容具有限定性，侦查人员在侦查过程中可能犯各种各样的错误，并非所有的错误都是我们所称的侦查错误。基于本文的界定，侦查错误是指侦查主体在侦查认识、决策和执行过程中发生的错误，只有当侦查主体的错误对案件事实认定以及法律适用或者侦查效率产生实质性的负面影响时，才能被称为侦查错误。如果侦查主体的错误没有妨碍侦查目的的顺利实现，没有造成不利的后果，尽管也属于错误，但不宜被视为本文所称的侦查错误。

具体言之，按照正当程序错误和放纵罪犯错误的分类方法，侦查错误是指违背正当程序的要求或者导致放纵罪犯的那些错误。一定程度的严重性是构成侦查错误的必要条件。

# 第二章　侦查错误的现状及危害

## 第一节　侦查错误的现状

　　司法错误并不仅仅是哪个国家的刑事司法系统所面临的问题。所有国家的刑事司法系统都应当尽量减少司法错误的发生。由于我国有关司法错误以及侦查错误领域的研究尚处于起步阶段，有关司法错误以及侦查错误现状的研究并不系统全面，而国外该领域的研究已经较为成熟，因此，在介绍我国侦查错误的研究现状之前，有必要首先介绍国外尤其是美国在该领域的最新研究成果。

　　在分析国内外司法错误现状之前，有必要指出的是，司法错误与侦查错误并不等同。由于后续的诉讼阶段具有一定的纠错机制，因此，侦查错误并不一定导致司法错误，相反，司法错误尤其是错误定罪裁决大多是侦查错误所致，不过，后续的起诉和审判阶段的错误也可能是司法错误尤其是错误定罪裁决的致因。

### 一、国外司法错误的现状

#### （一）国外有关司法错误的实证分析

　　国外学者对司法错误的关注由来已久，不过，由于对司法错误的界定标准不同，学者们的统计结果也不相同。① 一种观点立足于

---

　　① 刘品新：《当代英美刑事错案的实证研究》，载《国家检察官学院学报》2007年第1期，第15页。

纠错防错与遏制死刑，通常将无辜者被错误判处有罪的（乃至判决死刑的）案件视为司法错误。[①] 这种观点可以称为狭义的司法错误观。

依照英国公民自由小组大法官（civil liberties group Justice）的保守说法，"每年至少有15人被陪审团错判"；另一种说法来自全英缓刑官员联合会（National Association of Probation Officers）："在入监服刑的囚犯中，大约有5%的人一直（超过5年以上）在作无罪申诉，监狱当局相信其中一半以上（至少400人）可能确实被错判了。"还有一位曾经担任监狱官员的学者估计说："英国应该大约有1300名囚犯是无辜者。"

在美国，据某些估计，在诸如强奸等严重犯罪案件中大约有1/4的被告人是无辜的，全美被判处死刑的案件中至少有1%的被告人是被冤枉的；有的州死刑犯的冤错率还要更高一些。例如，伊利诺伊州自1972年宣判福尔曼诉佐治亚州一案起到2004年5月止，总共判处了289人死刑，但其中17人事后被证明无罪而获得开释，司法错误率达到了5.9%，如果加上2004年5月无罪开释的斯德尔一案，该州司法错误率可能要上升到6%。这些显然都是针对实体上出错的案件，且仅仅限于"将无罪者判有罪"的情形。

另一种观点则是基于考察司法体制的内在效率出发，将刑事司法错误的标准确定为形式标准。这又可以具体区分为两种情形：刑事司法错误指的是原审被判有罪而后被改判的案件；刑事司法错误不限于此，还包括原审定罪正确、量刑有误而后被改判的案件。英国学者迈克尔·劳顿（Michael Naughton）指出，应当重新界定司法错误，包括所有针对定罪裁决的成功上诉，因为这些上诉本身已

---

① AryeRattner, Convicted but Innocent: WrongfulConviction and theCriminal Justice System, 12 LAW ANDHUM. BEHAV. 283 (1988).

## 侦查错误论

经表明，错误定罪裁决业已发生。[①] 这种观点可以称为广义的司法错误观。

根据迈克尔·劳顿的统计，在 1989～1999 年间，英格兰和威尔士地区一审刑事判决作出后，被刑事上诉法院撤销原定罪而发回重审的案件共有 8470 起，平均每年 770 起；而一旦加上被刑事上诉法院维持原定罪而改变原量刑的案件，那么，刑事司法错误的数量就扩大为 32359 起，平均每年达 2942 起。需要明确的是，上述统计仅仅反映了 10 年间英国刑事上诉法院改判的案件，如果将英国高等法院、国会上议院负责审理的案件计算在内，上述刑事司法错误还要多一些。

在美国，仍有许多人认为，错误定罪的数量较少，只有一少部分被定罪并关入狱中的人是无辜者。不过，实际上，由于研究方法的限制，目前被公开的案件只不过是冰山一角而已。

目前，有关错误定罪规模的研究结果存在很大的差异。有人认为不到 1%，有人则认为达到 20% 左右。基于 Huff 与 Rattner 在 1988 年针对 229 名刑事司法官员展开的调查，错误定罪占所有定罪裁决的 1% 左右。不过，由于基数很大，所以，尽管比率很低，但是，折算起来，1981 年被错误定罪的人也达到 12000 人。Radin 在 1964 年基于错误定罪的法律界定，认为每年约有 5% 的错误定罪裁决，折算之后的人数达到 14000 人。Huff 与 Rattner 在 1988 年指出，现有的考察表明，在所有定罪裁决之中，错误定罪裁决达到 20%。以 2000 年为例，监狱中的人口为 200 万，其中将有 40 万是无辜者。

研究者和媒体大多关注的是死刑案件中的错误定罪裁决。2000

---

① Michael Naughton, Redefining miscarriages of justice: a revived human rights approach to unearth subjugated discourses of wrongful criminal conviction, British Journal of Criminology, 2005(2), pp. 165 – 182。

年 1 月 31 日，CNN. com 的头条新闻就是"伊利诺伊州暂缓死刑"（Illinois Suspends Death Penalty）。州长 Ryan 认为刑事司法系统存在缺陷，应当加以系统的研究，因此暂缓了该州的死刑裁决。由于1997 年 Death Penalty Information Report 缩短了死刑执行的期限，因此，被错误定罪的无辜者错被执行死刑的风险大幅增加。被错判死刑的无辜者争取无罪释放的时间平均为 7 年之久，目前，死刑量刑与执行的时间间隔为 8 年。如果缩短了量刑与行刑的期限，必将导致一些无辜者被错误执行死刑，从而造成无法弥补的司法错误。

萨缪尔·格罗斯教授等人针对美国 1989～2003 年间改判无罪的案件进行了统计，此次研究总共发现了 340 个改判无罪裁决。在这 340 个无罪裁决中，包括被错判的 327 名男性嫌疑人和 13 名女性嫌疑人；其中，144 名嫌疑人是基于 DNA 证据而被无罪释放，剩余 196 名嫌疑人是基于其他类型的证据而被无罪释放的。除了少数例外情形之外，这些嫌疑人都在监狱中度过了数年的时光。大约有半数以上的嫌疑人在狱中度过了 10 年的时光；80% 的嫌疑人在狱中度过了至少 5 年的时光。总体上，这些无辜的嫌疑人因为自己所遭受的错误定罪而在狱中度总共过了 3400 余年的时光——平均每人在狱中度过 10 年左右的时光。

在过去的 15 年间，改判无罪裁决的数量得到了显著的增加，从 1989 年至 1994 年期间的平均每年 12 起案件，发展到 2000 年以来的平均每年 42 起案件。2002 年和 2003 年达到了迄今为止最高的年度数额——44 起案件。基于 DNA 证据而作出改判无罪裁决的案件数量也逐年稳步增长，从 1989 年至 1991 年期间平均每年 1～2起案件，发展到 1992 年至 1995 年期间平均每年 6 起案件，直到2000 年至今平均每年 20 起案件。基于 DNA 证据以外的证据而作出改判无罪裁决的案件数量一直较多，在整个 20 世纪 90 年代都比较稳定，平均每年 10 起案件。在过去数年间，此类案件的数量得到了显著的增加。自从 2000 年以来，基于 DNA 证据以外的证据而作

**侦查错误论**

出改判无罪裁决的案件数量达到平均每年 23 起。①

　　萨缪尔·格罗斯教授等人认为，公开报道的无罪裁决数量的快速增长，可能反映出三个相关趋势的综合效应。第一，DNA 技术的逐渐推广使用和复杂化，使得基于 DNA 证据而作出无罪裁决的案件数量不断增加。第二，DNA 革命的重要性使得无罪裁决成为新闻关注的焦点；基于此种原因，与 1989 年相比，在 2003 年，可能更多的无罪裁决案件得到媒体的报道。第三，随着公众关注程度的提高，基于 DNA 证据或者其他证据，更多的错误定罪裁决被公开化，并进而导致无罪裁决的案件数量得到实质性的增加。许多社会力量都致力于解决这一问题，特别是在 20 世纪 90 年代，英美等国的学者纷纷推动和参与了一场影响深远的"无辜者运动"（Innocence Revolution），在不同地区采取 DNA 等技术手段检讨司法实践中的冤错案件，给那些被错误判刑和被监禁者施以援手，进而检验刑事司法的精确性，检讨刑事司法的体制性问题（如死刑的正当性等）。例如，目前美国在 31 个州中存在 41 个无辜者援助项目②，法官、检察官、警察、辩护律师也逐渐认识到错误定罪裁决的危险。

　　不过，Bedau 和 Radelet 也指出，美国各个辖区均未记录错误的定罪裁决，连死刑案件也不例外。此外，许多官员也不愿协助侦查人员基于自己掌握的材料展开调查。我们无法获得定罪或者判决死刑之后获得赦免的被告人名单。由于刑事司法系统的官员不愿收集相关的数据，这也导致难以对该问题展开深入的研究。

---

① ［美］萨缪尔·格罗斯等：《美国的无罪裁决——从 1989 年到 2003 年》，刘静坤译，载《中国刑事法》2006 年第 6 期。

② 这些数据都来自于无辜者援助项目的统计资料《各州设立的其他无辜者援助项目》，参见 http://www.innocenceproject.org/about/other_projects.php（last visited Jan. 11, 2005）。

（二）国外侦查错误的研究

在许多人的观念之中，警察是导致司法错误的罪魁祸首。然而，通过对司法错误问题展开深入的调查，结果显示，刑事司法系统的所有参与者都与司法错误存在着密切的联系。事实上，当我们考察检察官、辩护律师和法官在刑事诉讼中的所作所为，我们就会发现，在司法错误领域，法律职业工作者应当比警察承担更多的责任。

刑事司法系统的各个阶段都可能导致司法错误的产生。在美国，许多人认为，"司法错误"（miscarriage of justice）这一术语针对的是那些被判处死刑但随后被认定无罪的被告。目前，学界主张将这种界定适用于其他类型案件的错误定罪裁决（wrongful conviction），即非死刑案件。同时，有些学者也意图将并未作出定罪裁决的案件或者未能侦破的案件也纳入司法错误的范畴。

媒体在一些重大案件所产生的司法错误的宣传方面扮演了重要的角色。在此类案件中，由于公众并不了解案件的细节情况，仅仅从报纸和网络等媒体上获得相对有限的信息，往往产生片面的认识和不理智的行为。尽管如此，公众从不全面的信息中也能够认识到，某些人可能逃避了法律的制裁。

在警方所导致的各种司法错误当中，虚假供述是最为主要的原因。警方通常过于依赖嫌疑人的供述，并且将之视为决定嫌疑人命运的关键所在。不过，在美国，许多侦查人员可能在检察官的鼓动之下，使用通过非法手段获得的供述来提起指控，力图实现定罪裁决。有学者对美国的3000余个城市在11年间的死刑案件情况进行了调查，结果发现，在248起死刑案件中，尽管警方获取了有罪供述，但是，仍然未能获得定罪裁决，有些供述证据被法庭视为非法证据。虚假供述通常都来自于青少年被告，智商较低的被告或者表达能力较差的被告，或者遭到刑讯逼供或者强迫的被告。

在英国，最为严重的司法错误是所谓的爱尔兰共和军（IRA）

## 侦查错误论

恐怖主义案件，该案的嫌疑人在 20 世纪 70 年代早期由于虚假供述与可疑证据被判入狱服刑达 16 年之久。错误定罪裁决的典型案例包括 Birmingham Six 案件，该案中，2 枚炸弹爆炸导致 21 人死亡；Guildford Four 案件，涉及 Guilford 和 Woolwich 的 2 枚炸弹；Judith Ward 案件，涉及多个爆炸物。经过多年的努力，案件终于成功上诉。11 名被定罪者有 10 人于 1991 年 2 月被释放，并获得赔偿，另外一人死于狱中。结果表明，犯罪嫌疑人遭到了警察的殴打、恐吓与严重暴力威胁，剥夺睡眠或者进行残酷的讯问。一些供述是由侦查人员伪造的，警方还向法院隐瞒了关键的信息。

归结起来，警方可能导致司法错误的不法行为包括：在未获得司法令状或者不具备可能理由的情况下进行搜查或者逮捕；未能核实可靠的线索；警方的严重不法行为未被公开；以讯问替代侦查；证人的辨认结论被不加审查地予以接受；那些未能支持警方侦查假说的证人证言未能被公开；不愿作证的证人被强迫作出虚假的证言；伪造物证或者栽赃陷害；未能将无罪证据提交给检察官或者辩护律师；警方作伪证；当青少年接受询问或者讯问的时候，父母、专门负责该案的警官、或者其他成年家属未能在场；编造列队辨认的事实，从而防止证人收回自己的辨认结论。①

### 二、我国司法错误的现状

相比之下，我国尚未有学者针对一段时期内的司法错误（或称错案）进行统计研究，这一方面是由于某些案件尚未见诸媒体，另一方面也是由于这方面的研究具有一定的敏感性。不过目前，已

---

① James W. Osterburg, Richard H. Ward. Criminal Investigation: A Method for Reconstructing the Past [M]. Anderson Publishing, 2004.

有学者针对佘祥林等个案进行理论分析,[①] 有学者针对媒体报道的死刑错案问题进行统计分析,[②] 有学者对一段时期内比较重大的冤案进行了样本分析,[③] 还有学者针对刑事错案中的证据问题展开了实证调研和统计分析,[④] 等等。

(一)我国有关典型司法错误(错案)的剖析

自从几起重大司法错误曝光之后,司法错误问题开始引起我国实务界的关注。仅以 2005 年为例,我国媒体接连披露了一系列震惊全国的刑事冤案。先是 2 月下旬媒体报道,河北的李久明因涉嫌故意杀人被唐山市中级人民法院判处死缓,案发 2 年后,真凶蔡明新在温州落网。接着是 3 月下旬媒体报道,河北的聂树斌因涉嫌强奸杀人被石家庄市中级人民法院判处死刑并被交付执行,10 年后,另一案件的犯罪嫌疑人王书金交代聂案被害人实际上是他所杀。继而是 4 月上旬媒体报道,湖北的佘祥林因妻子失踪被京山县人民法院以故意杀人罪判处有期徒刑 15 年,案发 11 年后,"被害人"张在玉从山东返回家乡。几乎在同一时间,媒体还报道,云南省邱北县的王树红被迫承认强奸杀人,在被羁押 299 天后,另一案件的犯罪嫌疑人王标林交代,王树红案实际上是他所为。类似冤案还能列举很多,如 2005 年 4 月中旬媒体报道的河南省淅川县张海生强奸案、6 月中旬媒体报道的湖南省怀化市滕兴善故意杀人案、7 月下

---

① 龚德云:《佘祥林冤案背后亟待法制建构的正当侦查程序》,载《湖南公安高等专科学校学报》2005 年第 4 期;毛立新:《佘祥林冤案中的侦查错误剖析》,载《江西公安专科学校学报》2005 年第 6 期;于一夫:《佘祥林冤案检讨》,载《南方周末》2005 年 4 月 14 日。

② 方鹏:《死刑错案的理性分析——对媒体报道的 33 起死刑错案的实证考察》,载陈兴良:《刑事法评论》第 18 卷,北京大学出版社 2006 年版,第 26 ~ 27 页。

③ 陈永生:《我国刑事误判问题透视——以 20 起震惊全国的刑事冤案为样本的分析》,载《中国法学》2007 年第 3 期,第 45 页。

④ 何家弘、何然:《刑事错案中的证据问题——实证研究与经济分析》,载《政法论坛》2008 年第 2 期,第 3 页。

## 侦查错误论

旬媒体报道的吉林省磐石市王海军故意伤害案以及山西省柳林县的岳兔元故意杀人案、8 月中旬媒体报道的河南省禹州市王俊超奸淫幼女案，等等。①

最高人民检察院于 2005 年 7 月 4 日专门下发《关于认真组织学习讨论佘祥林等五个典型案件剖析材料的通知》（高检发办字［2005］7 号，以下简称最高检第一次《通知》），要求各级各地检察机关组织检察人员认真总结在佘祥林等五个典型案件中，检察机关和检察人员存在的问题，同时查找本地区、本单位、本部门执法中存在的问题，并制定、落实相应整改措施，建立健全规范执法的长效机制。

最高人民法院于 2005 年 9 月下旬专门召开了全国"刑事重大冤错案件剖析座谈会"，对佘祥林、杜培武等 14 起冤错案件的成因进行讨论，研究如何预防和及时纠正冤错案件。时隔 1 年后，最高人民检察院于 2006 年 9 月 21 日再次下发《关于认真组织学习讨论滕兴善等七个典型案件剖析材料的通知》（高检发办字［2006］27 号，以下简称最高检第二次《通知》），要求全国检察机关和检察人员认真分析在滕兴善等 7 起案件中检察工作存在的问题，剖析导致问题出现的原因，并吸取教训，把法律监督工作提高到一个新的水平。

安徽省人民检察院也于 2005 年 10 月印发了《警示教育案例选编》，该案例选编选择了"佘祥林案件"等 10 个典型案件，力图通过对典型错案进行剖析，找出检察机关在办案中存在的问题，了解发生问题的原因，提出应当吸取的教训，发挥警示教育作用，最终"规范执法行为，促进执法公正"。

以上对冤错案件的反思无疑是值得肯定的，但截至目前，这种

---

① 陈永生：《我国刑事误判问题透视——以 20 起震惊全国的刑事冤案为样本的分析》，载《中国法学》2007 年第 3 期，第 45 页。

反思仍远远不够。理论界对司法错误问题的关注或者立足于典型案例，或者关注死刑案件，未能把握司法错误的总体规模和发展趋势。同时，有关司法错误的实证研究大多沿袭美国学者有关司法错误问题的研究模式，未能全面关注中国刑事诉讼面临的独特问题。就法院和检察院而言，探讨的重点都是本机关及本机关工作人员在办理这些案件时存在哪些问题，而非冤错案件出现的全部原因。

（二）我国司法错误规模的分析

不容否认的是，在我国，司法错误（错案）的数量远远超出见诸媒体报端的典型错案的数量。尽管有关司法错误（错案）总体规模和发展趋势的全面研究基于各种原因仍然缺位，不过，基于已经公布的诸多典型案例，仍然能够归纳出已有的司法错误（错案）的某些特征与规律。

公正审判理念所假定的"准确性假设"（accuracy hypothesis）表明，较少的无罪裁决仅仅意味着刑事司法系统产生了更多的准确结果。实际上，通过提高侦查工作的质量，强化检察官的严格审查，可以提高事实发现过程的准确性。

如果侦查工作的质量较高，检察官也更为谨慎地审查案件，就符合了"准确性假说"的要求。如果检察官工作尽职尽责，准备充分，无罪裁决率的下降就能够反映出政府工作质量的提高，不存在审判扭曲的情况。

警察与检察官可能更加关注工作的质量或者数量。如果关注的是数量，那么资源配置就将体现出倾向性；如果关注的是质量，那么就需要在提起指控之前严格审查案件，从而减少无罪裁决的数量，实现查明事实的功能。如果检察官关注案件审查工作的质量，就能够减少撤销案件的数量，并且减少无罪裁决的数量。

基于公正审判的理念，Ronald Wright 提出了"审判扭曲理论"（trial distortion）。该理论认为，无罪裁决（Acquittal）和撤销案件（dismissal）是审判扭曲的重要表现，这些案件中的被告本应获得自由，当刑事司法系统产生较少的无罪裁决和撤销案件裁决时，就意味着刑事司法系统的事实发现功能存在障碍。[①] 在有些情况下，无罪裁决率的下降，则意味着刑事司法系统的运作质量下降。

在西方，特别是在英美法系国家，法院认定无罪的比例比较高，如在英国，治安法院宣告无罪的比例高达 30%，刑事法院认定无罪的比例更高达 50%。[②] 但在我国，法院认定无罪的比例非常低。根据最高人民法院工作报告的统计，在第八届全国人民代表大会期间，全国法院判决无罪的比例平均是 0.43%；第九届全国人民代表大会期间，全国法院判决无罪的比例平均是 0.92%。

根据最高人民法院工作报告以及《中国法律年鉴》的统计，2004 年，全国法院共对 2996 名刑事被告人宣告无罪；2003 年，全国法院共对 4835 名刑事被告人宣告无罪；2002 年，全国法院共对 4935 名刑事被告人宣告无罪；2001 年，全国法院共对 6597 名刑事被告人宣告无罪；2000 年，全国法院共对 6617 名刑事被告人宣告无罪；1999 年，全国法院共对 5878 名刑事被告人宣告无罪；1998 年，全国法院共对 5494 名刑事被告人宣告无罪。

以 2006 年为例，各省高级人民法院工作报告中，大多涉及本省、自治区、直辖市 2006 年度依法宣告无罪的人数。

---

[①] Ronald Wright, Trial Distortion and the End of Innocence in Federal Criminal Justice, University of Pennsylvania Law Review, 2005, vol. 154.

[②] 程味秋主编：《外国刑事诉讼法概论》，中国政法大学出版社 1994 年版，第 11 页。

| 我国部分地区法院2006年宣告无罪人数一览表 | | | | | | | | | |
|---|---|---|---|---|---|---|---|---|---|
| 省份 | 宁夏 | 山西 | 浙江 | 河北 | 黑龙江 | 河南 | 江苏 | 湖南 | 内蒙古 | 福建 |
| 人数 | 44 | 83 | 34 | 50 | 27 | 52 | 58 | 12 | 53 | 11 |
| 省份 | 贵州 | 辽宁 | 广西 | 陕西 | 江西 | 西藏 | 北京 | 海南 | 上海 | 重庆 |
| 人数 | 41 | 69 | 47 | 42 | 41 | 7 | 11 | 21 | 12 | 32 |

注：根据各省2006年两会报告资料整理

| 我国1996~2006年法院宣告无罪人数一览表 | | | |
|---|---|---|---|
| 年　份 | 审结刑事案件数 | 判决人数 | 宣告无罪人数 |
| 1996 年 | 570334 | 614323 | 2148 |
| 1993~1997 年 | 2437426 | 2742133 | 11791 |
| 1998 年 | 48 万余 | 53 万余 | 5494 |
| 1999 年 | 53.9 万余 | 60 万余 | 5878 |
| 2000 年 | 55.8 万余 | 64 万余 | 6617 |
| 2001 年 | | 729958 | 6597 |
| 2002 年 | | | 4935 |
| 1998~2002 年 | 283 万 | 322 万 | 29521 |
| 2003 年 | 735535 | 933967 | 4835 |
| 2004 年 | 644248 | | 2996 |
| 2005 年 | 683997 | 844717 | 2162 |
| 2006 年 | 593020（1~11 月） | 759230（1~11 月） | 1713 |

注：根据最高人民法院报告内容整理

　　中国社会科学院刘仁文教授指出，自1997年我国《刑事诉讼法》修订至今，全国法院在坚持"罪刑法定"、"有罪则判、无罪放人"的原则上，有了突破性进展，但这个过程也充满了坎坷。在10多年间，全国法院共有4万余人被无罪释放。就无罪裁决的数量而言，呈现出逐年下降的趋势。基于审判歪曲理论，这是否也表明了我国刑事司法系统的总体运作质量有所下降呢？

　　每个年度无罪裁决数量可以反映出当前司法错误的总体规模，同时，无罪裁决数量的年度变化趋势也可以反映出司法错误的变化趋势。所以，总体上，我国司法错误的数量实际上高于当前公布的数量。此外，某些司法错误可能要在一定时日之后才浮出水面，因此，司法错误的总体规模应当是处于一个较高的水平。

（三）我国侦查错误研究的现状

与总体上的司法错误（错案）研究相比，有关侦查错误（或称侦查阶段司法错误）的研究显得更为缺乏。有学者对佘祥林案件的侦查错误进行了专门的剖析，[①] 也有学者对死刑错案的侦查错误进行了统计分析，[②] 不过，总体上，理论界和实务界有关侦查错误的研究非常匮乏，或者简单地将侦查阶段的错误视为司法错误（错案）的主要致因，或者简单地将侦查阶段的错误归结为诉讼模式的缺陷或者侦查人员的个体素质。也如学者张建伟指出，我国坊间出版物已经不少，但学者们似乎都娴熟地向空中随意抛洒着"正义"、"权利"、"理念"、"诉讼价值"等让人眼花缭乱的名词，对于实际存在的司法错案，却连一部粗糙的研究专著都没有，不免令人气短。[③]

同时，有关侦查阶段错误问题的实质性研究之所以难以有效开展，主要是源于以下两个方面的原因。第一，警察机构尤其是侦查部门非常抵制外部机构的审查。许多警察管理者认为，外部的调查研究可能对自己的仕途构成威胁，并且影响警察机构的形象。尤其是有关侦查错误的研究，一方面可能给整个部门带来负面影响，另一方面还可能导致本机构及相关人员面临法律责任问题。因此，他们非常关注调查研究的合法性问题，面临着这些障碍，研究者通常也不愿自找麻烦。第二，在强调外部形象管理和效益的时代，很少有警察管理者能够看到调查研究给自己带来的收益，他们也没有改

---

① 毛立新：《佘祥林冤案中的侦查错误剖析》，载《江西公安专科学校学报》2005年第6期。

② 聂昭伟：《侦查阶段死刑错案的原因及对策——以当前已知的33个死刑错案为样本》，载《山东警察学院学报》2007年第3期。

③ 张建伟：《法律皇帝的新衣》，中国法律出版社2007年版，第108页。

变传统工作方式的需要，因此，侦查工作的方法与成效以及侦查错误问题很少得到真正的关注。

以往的侦查研究通常比较关注侦查的成效问题，如破案率等指标，很少关注侦查错误问题。不过，当警察机构尤其是侦查部门由于司法错误而面临危机时，情况就发生了改变。Herman Goldstein 指出，危机催生改革。美国警察在 20 世纪 60 年代末与 70 年代初面临着巨大的压力，他们面临着犯罪问题、民权运动、种族冲突以及政治游行。这一切都是美国警务改革的外在动力。[①] 在我国，近年来，随着司法错误不断浮出水面，有关司法错误原因的研究也不同程度地予以展开。最初，学者是介绍国外尤其是英美有关司法错误问题的成果，在明确了基本的概念框架之后，开始转而关注中国的问题。

前文已经提及，我国的司法错误实际数量远高于已经公开的案件数量，而许多司法错误尤其是定罪裁决都是由于侦查阶段的错误所导致的。南宋宋慈所著的法医学著作《洗冤集录》就已指出："狱事莫重于大辟，大辟莫重于初情，初情莫重于检验。盖死生出入之权舆，幽枉屈伸之机括，于是乎决。法中所以通差今佐理掾者，谨之至也。每念狱情之失，多起于发端之差；定验之误，皆原于历（审视；察看；推算）试之浅。"概言之，对于案件事实的查明而言，侦查（尤其是现场勘查）具有至关重要的作用。这在死刑案件中表现得尤为明显。而且，司法错误尤其是错误的定罪裁决，大多是由于侦查阶段的错误所致，而侦查阶段的错误又主要是由于证据调查工作的错误。

为了更好地理解侦查错误的产生原因，以及侦查错误对整个刑事司法系统的影响，有必要首先了解侦查的目的与功能。因为侦查是一项目标导向型的工作，只有了解侦查的目的和功能，才能更好

---

① Kenneth J. Peak. Justice Administration [M]. Pearson Education. Inc. , 2004.

地把握侦查错误的产生环节及具体的影响。

# 第二节　侦查错误对刑事司法系统的影响

侦查是刑事司法系统的重要组成部分，因此，有关侦查错误的研究，应当以刑事司法系统作为参照系。作为刑事司法系统的起始环节，侦查对于整个刑事司法系统具有非常重要的作用。侦查错误的存在，则给整个刑事司法系统带来了诸多负面的影响。为了更好地理解侦查错误对刑事司法系统的影响，有必要结合侦查的目的和功能加以分析。

## 一、侦查错误妨碍侦查目的的顺利实现

（一）侦查错误弱化了审判准备工作的目的

在侦查制度构建的过程中，侦查目的是出发点和决定因素。有学者指出，在美国等英美法系国家中，以庭审阶段为刑事诉讼活动的中心，不强调审判前阶段的独立意义，关于侦查目的的理论不甚发达。庭审前侦查活动的实施，尤其是强制侦查手段的使用和监督均受到法官的严密监控，法官的司法裁判早已介入侦查活动中，侦查服务于审判的目的性非常明显。[①]

上述观点主要是立足于美国的刑事诉讼构造，强调庭审中心主义对侦查的影响。这种审判准备说，是以"侦查与审判的连续性"为前提讨论侦查的目的。不过，如果侦查终结之后，检察官决定不提起公诉，或者通过辩诉交易的方式予以解决，那么，就无所谓审判的问题，此时，是否可以说，侦查的目的未能实现呢？答案显然是否定的。

---

① 官万路：《侦查终结程序论》，载郝宏奎主编：《侦查论坛》（第 4 卷），中国人民公安大学出版社 2005 年版，第 356 页。

不过，审判准备说也反映出庭审中心主义的制度之下，侦查人员应当假定案件都将提交给陪审团审判，从而按照审判对证据的要求收集证据，构建证据体系，提高侦查工作的整体水平。

侦查程序（准备程序）是在为检察机关决定是否应提起公诉时，所做的准备工作。如果发生判决错误时，大部分的原因，均因在侦查程序中已有错误的发生。而此错误通常是因为，被告在侦查程序中的权利相对很少之故，也因而其无法适度地运用其立场。①

侦查错误的存在，尤其凸显了侦查的审判准备目的。如果侦查工作的结果存在错误，如错误地认定了犯罪嫌疑人或者错误地认定了案件事实，必将对后续的审判工作产生严重的负面影响，甚至可能导致错误的定罪裁决。如果侦查工作违背了正当程序的要求，也可能导致重要的有罪证据被排除于法庭之外，这也将导致审判工作受到侦查工作的负面影响。可见，侦查错误将对侦查的审判准备目的产生巨大的负面影响。

（二）侦查错误影响了多重侦查目的的实现

由于犯罪的性质与侦查人员的角色始终处于变化之中，因此，侦查工作的目标比人们想象的要复杂得多。有学者将之概括为以下几个方面：发现犯罪；寻找并确定犯罪嫌疑人；寻找、记录并保存证据；逮捕犯罪嫌疑人；追回赃物；为刑事公诉工作做好准备。侦查工作的基础在于，罪犯在实施犯罪行为的过程中会犯许多的错误，即在犯罪现场留下相关的证据。侦查人员的工作就是知晓如何、何时、何处寻找这些证据。②

立足于侦查领域自身而言，有关侦查目的的研究，一般是以

---

① ［德］克劳思·罗科信：《刑事诉讼法》，吴丽琪译，法律出版社2003年版，第362页。

② Michael Lyman. Criminal Investigation—the Art and the Science［M］. Pearson Education，Inc.，2002. p. 39.

"犯罪行为"为前提的。O. W. Wilson 指出，侦查人员需要调查犯罪事实，追回失窃财产，并且为控诉工作提出辅助。这些都是非常重要的目标，但是，侦查工作的基本任务就是查明真相。[①] 值得指出的是，美国的法律体系并不要求绝对地证明被告人有罪，只需达到排除合理怀疑的证明即可。

抽象地讲，有学者指出，侦查的任务与历史研究的任务相似，都是为了"重建过去事件"（reconstruction of a past event）。[②] 可见，许多学者都将查明案件事实作为侦查工作的核心目的，将其他目标作为从属性的目的，这种侦查目的学说大多遵循着"先有犯罪行为、然后开展侦查"的被动式侦查理念。

美国学界认为，通过连续的警察巡逻来积极寻找可能的犯罪线索，对于一个自由社会则是不适当的。在一个自由社会里，警察执行"等着瞧"政策，即需要有开始怀疑和开展刑事侦查的合理根据。[③] 因为无限制的警方调查将在所有人类活动周围试图编织一张预防性观察网，这样做可能都会以犯罪行为而告终。

因此，为了启动刑事侦查，首先必须具备犯罪已被实施的可能理由。如果警察采用了诱捕被告的手段，不仅制造了足以开展侦查的怀疑，而且通过教唆实施犯罪而获取支持定罪的清楚证据，那么就违背了游戏的"开始规则"，警察从一开始便搞起了"欺骗"。[④]

不过，随着犯罪形势的不断严峻，侦查工作的效率面临着极大的挑战。为了更为有效地强化犯罪控制，侦查人员有时可能针对特

---

① Michael Brown. Criminal Investigation：Law and Practice ［M］. Butterworth, 2001. p. 58.

② James W. Osterburg, Richard H. Ward. Criminal Investigation：A Method for Reconstructing the Past ［M］. Anderson Publishing, 2004. p. 426.

③ 江礼华、［加］杨诚：《外国刑事诉讼制度探微》，法律出版社 2000 年版，第 41 页。

④ 同③，第 43 页。

定的案件实施所谓的主动性侦查手段，对于某些类型的犯罪行为而言，这种做法具有一定的正当性。

同时，需要指出的是，尽管侦查最为重要的目标就是将犯罪嫌疑人绳之以法，但是，许多侦查工作都不是围绕单个案件进行的。这种情况在毒品案件中表现得尤为明显。例如，在毒品泛滥地区，经验丰富的侦查人员能够发现并逮捕从事贩毒活动的犯罪分子，尽管如此，他们通常会以不追究该案的责任作为交换，要求该犯罪分子作为线人与警方合作，从而侦破更大的毒品案件。对于那些涉案金额较小的毒品犯罪，侦查人员通常会将之视为侦破涉案金额较大的毒品犯罪的切入点。①

此外，大量的侦查工作通常都是针对其他目标，如收集"犯罪情报"。随着犯罪控制的基本假设发生变化，侦查工作的目标及其在整个犯罪控制图景之中的形象也将发生变化。②

随着侦查目的的多元化，侦查错误所可能导致的影响也变得更加复杂。对于侦查工作的上述诸多目的而言，如果存在侦查错误，侦查工作都无法或者很难顺利实现预期的侦查目的。例如，侦查错误可能导致侦查机关无法准确地认定犯罪嫌疑人，无法有效地收集犯罪证据，进而无法正确地查明案件事实。此外，侦查错误可能导致犯罪嫌疑人的合法权益遭到不应有的侵害，还可能导致侦查情报工作以及其他基础工作难以落到实处。

## 二、侦查错误妨碍侦查功能的正常运行

侦查的功能主要表现为其在整个刑事司法系统中的作用和效能，同时，还应当关注刑事司法系统对外部的影响。

---

① Jerome H. Skolnick. Justice without Trial [M]. John Wiley & Sons. Inc. , 1967. p. 68.

② Maguire, M. Criminal Investigation and Crime Control[C]. Tim Burn Ed. Handbook of Policing. Willan Publishing, 2003. p. 366.

## 侦查错误论

有学者立足于侦查与犯罪控制的关系指出，侦查在整个刑事司法系统中扮演了重要的角色。第一，侦查是刑事司法系统的启动环节，只有当犯罪嫌疑人被抓捕归案，并且基于特定的罪名被提起刑事指控之后，刑事法院、监狱和缓刑机构才能够开始运作。第二，侦查具有重要的威慑功能：如果侦查工作富有成效，那些意图犯罪的人将会认识到，一旦实施犯罪，他将面临被捕的巨大风险。第三，侦查可以恢复公众的信心，即警察正在打击犯罪并且保护市民免受罪犯的侵害。就后两个角色而言，侦查工作对公众产生的印象与侦查工作的实际绩效具有同等重要的作用。[①]

（一）侦查错误妨碍了侦查的启动和准备功能

通过公众的报案或举报，或者通过警方的日常巡逻活动，发现犯罪嫌疑人的存在，侦查机关才正式开展侦查活动。可见，侦查在整个刑事司法系统中具有承前启后的重要作用。侦查机关在侦查阶段可以作出"关键性的"决定，这也是其固有的裁量权的一种体现，这种裁量决定有时被称为"选择性执法"（selective enforcement of the law），这也是刑事司法系统日常运作的基本现实，侦查机关存在着自由裁量的空间以便决定案件的处理结果。[②]

不过，即使启动了侦查，刑事司法系统的后续环节是否启动还要视侦查活动的具体结果而定。之所以如此，主要是因为刑事诉讼各个阶段的证明程度要求是不同的，相对于侦查的后续环节而言，侦查的启动标准较低，在美国的证据理论中仅位居第8等，为怀疑即可；而最后一等（第9等）则为无线索，不足以采取任何法律行为。[③]

---

① Maguire, M. Criminal Investigation and Crime Control[C]. Tim Burn Ed. Handbook of Policing. Willan Publishing, 2003. p. 366.

② Watson. Criminal Justice [M]. Pearson Education. Inc. , 2003. p. 56.

③ 卞建林译：《美国联邦刑事诉讼规则和证据规则》，中国政法大学出版社1996年版，第22页。在美国证据法则和证据理论中，将证明程度一共分为九等。

侦查机关在侦查阶段是否查明案件事实、是否收集了充分的证据材料，这常常是案件能否成功追诉的关键所在。由于侦查人员是证据的收集者和组织者，因此，侦查阶段的证据收集和组织工作对于刑事追诉工作而言至关重要。[①]

如果在侦查阶段出现错误，就可能导致后续侦查工作受到影响，无法圆满完成起诉准备工作，进而对整个刑事追诉工作产生负面影响。

（二）侦查错误削弱了侦查的犯罪预防功能

不容否认，犯罪预防比惩罚犯罪具有更高的实际价值，因为这可以最大限度地减少人们可能遭遇的不幸。不过，弗里德曼教授指出，起制止作用的不是真的或者客观的危险，而是觉察到的危险，即潜在违法者眼里的危险。而要使制止起作用，制裁必须是真的或者看上去是真的。[②]

就像鸟对稻草人一样，犯罪嫌疑人不是通过法典中的规定，而是根据自己的经验，通过法律的实际运用来判断法律。案件的及时侦破以及随后进行的刑事处罚，能够有效地达到犯罪预防的功能。

成功的侦查活动的确具有预防犯罪的功能。这种功能主要通过以下两种方式体现出来：第一，就特定地区刑事案件的侦破效率而言，如果特定地区的刑事案件破案率较高，就会对潜在的不稳定因素产生震慑作用，从而降低刑事案件的发案率；第二，就特定案件（尤其是重大案件）的侦破工作而言，如果侦破工作进展十分迅速，能够及时破案，并将犯罪嫌疑人绳之以法，那么，也可以产生相当的震慑效果，降低再犯罪率。

如果侦查工作存在错误，也就意味着侦查工作并未取得预期的

---

[①] John P. Kenney, Harry W. More. Principles of Investigation [M]. West Publishing Company, 1979. p. 34.

[②] ［美］劳伦斯·弗里德曼：《法律制度——从社会科学角度观察》，李琼英等译，中国政法大学出版社 2002 年版，第 97 页。

成效，这将给社会传递一个不良的信号，即侦查工作的绩效比较低下。一旦出现这种信号，将给整个社会带来负面的影响，有损于犯罪预防工作的顺利开展。

（三）侦查错误抵消了侦查的社会保护功能

罪犯和被害人在案发前后的过程中始终是两个相互影响的主体。被害人是否报案这一点也直接影响着隐案存在的规模和范围，影响着那些没有被发现、没有被破获的悬案的规模和范围。① 因此，对于案件的侦查工作而言，被害人的积极配合具有十分重要的作用。研究显示，被害人往往具有以下需求：希望得到尊敬的对待；希望自己的意见能够得到充分考虑；希望更加积极地参加案件的处理过程，获取更多的信息；希望获得物质和精神上的补偿；希望被告能够就犯罪行为作出道歉。②

从被害人心理学的层面出发，人性化的侦查活动能够满足被害人最直接的破案要求，充分体现侦查活动另一个层面的人权保障功能。同时，侦查工作的法治化程度对于公众对刑事司法系统的支持度也有不可低估的影响。通过抽样调查，泰勒等人发现，侦查活动所体现出的程序正义理念，即侦查程序的法治程度，对于公众的支持度具有重要的影响。③ 如果公众能够对侦查工作的法治程度予以认同，那么公众就能够给予侦查工作以最大限度的理解和支持。

可见，公众之所以能够给予侦查工作以积极的支持，主要是由于侦查机关能够有效地应对犯罪行为，从而维护良好的社会治安秩

---

① ［德］施奈德：《犯罪学》，吴鑫涛等译，中国人民公安大学出版社 1990 年版，第 824 页。

② Heather Strang. Repair or Revenge? Victims and Restorative Justice［M］. Clarendon Press, 2002. p. 46.

③ Tyler. The Role of Procedural Justice and Legitimacy in Shaping Public Support for Policing［J］. Law and Society Review, 2003（137）. p. 513.

序。但同时，由于侦查是整个刑事司法系统中最容易不当侵犯人权的一个阶段，在法治社会，侦查活动还必须遵守程序法治的基本要求，只有这样，公众才能够对侦查活动给予内心的认可，并对整个刑事司法系统给予积极的支持。

如果侦查工作中存在错误，就会影响到对被害人以及社会的保护，也就意味着侦查工作未能实现应有的社会保护功能，从而对被害人乃至整个社会产生巨大的负面影响。

以上是结合侦查的目的和功能介绍侦查错误对司法系统的负面影响，其中，涉及侦查与后续诉讼阶段的关系，侦查与犯罪预防的关系，以及侦查与社会保护的关系。除了这种抽象的影响之外，侦查错误还给侦查过程的诸多参与者造成了其他的损害，并对侦查工作的合法性产生了巨大的冲击。

# 第三节　侦查错误的社会损害与职业影响

结合前文提及的社会成本理念，不难发现，侦查错误给侦查阶段涉及的诸多利益攸关者都造成了一定的损害，其负面影响是多方面的，并不仅仅与侦查主体相关。前文在有关侦查错误的界定中已经指出，侦查错误具有严重的社会危害性，它不仅损害个人利益，使当事人遭受冤屈，而且损害公共利益，破坏司法公正和社会秩序，也对侦查工作的合法性产生了巨大的影响。

## 一、侦查错误造成的社会损害

由侦查错误导致的许多定罪裁决包括死刑裁决都是基于不确定的证据。这些不确定的证据并不妨碍陪审团作出定罪裁决。尽管存在 DNA 检测，错误定罪裁决的社会影响仍然不容忽视：第一，改判无罪裁决大多是基于刑事司法系统外部人士的努力；第二，错误定罪裁决已经对被定罪者及其家庭造成了巨大的伤害；第三，许多

## 侦查错误论

案件中，并不存在 DNA 证据，因此，难以证明被定罪者就是无辜者；第四，尽管在法律上作出改判无罪裁决，被改判无罪者仍然面临着有罪嫌疑。[①]

对于侦查错误造成的社会损害（social harm），一方面，需要关注侦查错误所造成的被害人的规模；另一方面，也需要关注侦查错误最终导致的错误定罪裁决造成的损害。

此前的各类研究都未能关注侦查错误以及司法错误的规模，而仅仅关注诸多的个案。Hillyard 与 Tombs（2001，11）曾经勾勒出司法错误所造成的社会损害的概念框架，具体言之：第一，家庭损害（family harm），包括自治（autonomy）、发展（development）与增长（growth）；第二，身体损害（physical harm），包括政府官员的酷刑（torture）与暴力（brutality）；第三，经济损害（financial harm），包括政府资源的不当配置；第四，心理损害（psychological harm），包括心理与情感损伤等。[②]

### （一）家庭损害

侦查错误以及可能导致的错误定罪裁决具有极大的家庭损害。如果无辜者被错误地定罪并判处监禁刑，就将剥夺了家庭的支持，剥夺了儿童抚养过程中父母的监管权，对父母与子女的健康与生活状态产生了负面的影响。

即使错误定罪的直接被害人能够成功上诉，也将遭受声誉的损害。在实际生活中，即使你成功地摆脱了刑事司法系统的侵扰，不公正仍然存在。那些被错误定罪的无辜者，也将背负着罪犯的标签，只有当重新启动侦查并抓获了真正的罪犯，才能洗清无辜者背负的污点。

---

① Susan Sharp, Hidden Victims – the effects of the death penalty on families of the accused, Rutgers University Press, 2005, chapter 7 but he is innocent, p. 111.

② Paddy Hillyard, et al., Beyond Criminology—taking harm seriously, Pluto Press, 2004, Michael Naughton, Reorientating Miscarriage of Justice, pp. 101 – 112.

在被错误定罪并执行监禁刑之后，无辜者没有收入和工作，家庭基本上支离破碎，几乎一无所有，很难重新融入社会之中。

除了当事人遭受的损害之外，其家庭和亲友也将遭受复杂的社会损害，并对日常生活产生深远的影响。尤其是在我国这样的熟人社会，许多人可能因此与刑事司法系统产生一生的纠葛，而且如果刑事司法系统未能在纠正司法错误方面付出努力，当事人将面临进一步的伤害，并对刑事司法系统失去信心。

此外，证明无罪的证据曝光之后，将给被错误定罪的被告人的家庭带来巨大的影响，因为他们相信自己的亲属无罪。① 如果被告人的亲属认为被告人无罪，但是被告人却被判处刑罚甚至死刑，其家属将面临极大的痛苦，并且将不惜耗尽家产与刑事司法系统抗争，他们也将不再对刑事司法系统、执法人员与政治过程抱任何幻想。他们会认为，警察、检察官与法官是基于职业利益而非正义感作出裁决。例如，发生在沈阳的"王永吉案件"，王永吉因为所谓的"奸污少女"罪被判刑5年。出狱后，从1980年开始，18年间，他到各级部门申诉几百次，为此卖牛、卖骡、卖车，几乎倾家荡产。王永吉之所以如此执著地申诉，就在于他认为："我就想要个清白，绝不把冤枉带进棺材里！"②

（二）身体损害

刑讯逼供是世界各国刑事司法系统均面临的一个十分棘手的问题，并不是只有中国才有。尽管我国刑事诉讼法明文规定禁止刑讯逼供，并在刑法中规定了刑讯逼供罪，但是，刑讯逼供仍然在司法实践中屡禁不止。

在司法实践之中，酷刑的存在导致被害人的身体备受折磨，尤

---

① Susan Sharp, Hidden Victims – the effects of the death penalty on families of the accused, Rutgers University Press, 2005, chapter 7 but he is innocent, p. 111.

② 刘斌：《平反冤假错案》，珠海出版社2000年版，第6页。

**侦查错误论**

其是供述证据所具有的重要作用，导致控方非常重视口供，不重视收集物证，刑讯逼供一直是不容忽视的现实问题。例如，1992 年，湖南湘潭市发生一起凶杀案，警方草率地将姜自然认定为犯罪嫌疑人，连续 3 天 3 夜严刑逼供，导致姜自然左耳被撕裂，双手因长期被铐导致腋下糜烂，伤疤至今犹存。① 1999 年发生在吉林省白山市的赵文泰"偷牛"被刑讯致死案，赵文泰被错误地认定为犯罪嫌疑人，当地警方使用多种刑讯手段，致使赵文泰左右肋骨共断了 7 根，全身棒打伤、电击伤、绳勒伤等明显伤痕多达 53 处。② 在一度震惊全国的云南民警杜培武"杀人案"中，此前担任过民警的杜培武也难免警方的刑讯逼供，杜培武手腕上的凹陷形伤痕和被打烂的衣服以及其所写的《刑讯逼供控告书》就是明证。

诸如此类的案例不在少数。贝卡利亚早就指出，审查犯罪嫌疑人就是为了了解真相。真相有时会从大部分人的面目表情中不期而然地流露出来，然而，如果说从一个平静人的语气、姿态和神色中很难察觉出真相的话，那么，一旦痛苦的痉挛改变了他的整个面部表情，真相就更难流露出来了。任何暴力行为都会混淆和抹杀了真假之间微小的客观差异。刑讯必然造成这样的一种奇怪的后果：无辜者处于比罪犯更坏的境地。③

（三）经济损害

包括错误定罪裁决在内的司法错误还会造成经济上的损失，包括赔偿司法错误被害人的损失。目前，在英国，司法错误平均每年造成的损失达到 600 万英镑，同时，每年大约有 8500 万英镑用于为错误定罪裁决的被害人提供法律援助，帮助其推翻定罪裁决。每年需要花费 6500 万英镑用于管理那些被错误定罪入狱的无辜者。

---

① 刘斌：《平反冤假错案》，珠海出版社 2000 年版，第 8 页。
② 同①，第 128 页。
③ ［意］贝卡利亚：《犯罪与刑罚》，中国大百科全书出版社 1993 年版，第 33 页。

仅仅这三个方面，每年就将花费 18000 万英镑以上，其他的经济成本，包括社会福利系统解决被错误监禁者的家庭成员的花费，每年的成本也达数百万英镑。

由于人为构建的系统无法实现十全十美，某些司法错误不可避免地发生，不过，刑事司法系统仍然应当通过相应的保障机制预防与救济司法错误，这也将导致相应的经济成本。在英格兰和威尔士，每年有 3750 个以上针对刑事定罪裁决提起的成功上诉，这些资金原本可以用于其他领域。

（四）心理损害

心理损害包括公众对犯罪的恐惧，以及被害人的家庭与亲友所遭到的社会心理伤害。

就错误定罪的被害人而言，最为严重与复杂的影响就是心理方面遭受的损害。研究者发现，错误定罪可能导致不可弥补的、持续性的、伤害性的心理影响。这种心理损害与战争造成的损害非常类似，导致被害人无法与其他人共同生存。

社会损害理论也非常关注司法错误造成的广泛的社会心理损害。刑事司法系统的正当性在于其公正与效率。司法错误表明，刑事司法系统未能实现这些目标，从而对整个社会造成深远的、灾难性的影响。

在损害与非正义之间存在着复杂的关联，错误定罪裁决的非正义与具体的损害并无多大关联，即使某人未能表明自己所遭受的心理影响。这也表明损害的计算具有一定的主观性和相对性。例如，给一个百万富翁开出 50 英镑的罚单，对其生活不会带来什么影响。然而，如果对于一个需要政府救济的人施加同样的惩罚，就可能导致其生活遭受严重的影响。这就需要刑事司法系统注意当事人的个体特征，从而作出合理的裁量。

## 二、侦查错误对侦查工作合法性的影响

通常认为，社会控制是指维护社会秩序。实际上，社会控制不仅仅涉及社会秩序的维护，而且涉及特定的制度维持社会秩序的质量，以及实现上述目标的程序。适用于民主国家的社会和法律制度不一定适用于专制国家。因此，有关社会秩序的社会学分析不可能是价值无涉的，因为这就等同于错误地假定所有类型的秩序都具有等同性。

### （一）侦查工作的合法性要求

任何制度的核心问题都是制度的合法性问题。侦查制度也不例外。李普赛特指出，合法性包括这个制度产生和维护以下信念的能力，即现存的制度对这个社会来说更为适宜。当代民主政治制度在多大程度上具有合法性，很大一部分取决于那些历史上将社会分裂开来的关键问题如今以何种方式得到解决。[①] 特定的群体认为一种制度是否合法，评判的依据是其价值观是否适合他们的价值观。

在民主社会，最重要的目标是合法性，核心的关注点是秩序的实质及其实现程序之间的紧张关系。侦查人员面临的社会条件影响着维持秩序与遵守法治之间的冲突关系。[②] 在侦查制度产生和发展的不同阶段，效率和合法性两者的关系始终处于变化之中。在侦查制度产生之初，制度的合法性问题通常会受到关注，而评估侦查制度合法性的依据则主要是制度的效率。如果侦查制度能够富有成效地解决相应的问题，那么，该制度的合法性就会逐渐得到巩固。此时，合法性与效率问题密切相关。

---

① ［美］丹尼尔·贝尔：《资本主义的文化矛盾》，江苏人民出版社 2005 年版，第 190 页。

② Jerome H. Skolnick. Justice without Trial［M］. John Wiley & Sons. Inc. ,1967.

Robert Reiner 在《警察政治学》（The Politics of Police，2000年版）一书中指出，警察的合法性（legitimacy）不是一种资源。与地下的煤炭和水中的鱼不同，警察的合法性并不是一种可以拿过来就能使用的资源。相反，警察的合法性取决于警务工作的模式与方法、相关的政治战略以及总体社会情势。

在美国，自 20 世纪 50 年代以来，警察的合法性有所下降，一方面是由于此前产生信任感的工作程序目前转而成为不适当的程序；另一方面，新的因素不断出现，如公众不断上升的期望等。[①]世纪之交，警察的合法性面临着以下几个方面的挑战：恐怖主义、跨国侦查、警察职责的新界定、警务集中化、警务多样化、预防性风险管理与情报主导警务，以及新的政治环境等。

在英国，整个 20 世纪所不断鼓吹的项目就是将侦查机构从主流的警务活动中独立出来，进而从正规的纪律控制体系之中独立出来。在 20 世纪 70 年代，刑事侦查机构经常被称为"组织之内的组织"（firm within a firm）。由于这段时期发生了一系列的腐败丑闻，最终导致都市警察机构的警长罗伯特·马克（Robert Mark）重新任命了许多刑事侦查官员，并且开展了制度改革，朝着正规机构的目标重新调整了"权力制衡机制"。有关侦查效率的关注也不断浮出水面。这些关注随着犯罪率的不断上升而不断凸显，并且在 20世纪七八十年代尤为突出，因为当时的研究成果指出，侦查人员浪费大量时间处理轻微刑事案件，或者仅仅开展常规的现场勘查工作，而这些工作很少能够实现案件的成功侦破。然而，最为严重的情况就是侦查人员在重大案件中的失误。这些失误有时也能够推进侦查机构的改革。这些改革措施包括，重新配置侦查资源、更为系统的培训、提高法庭科学设施和改组联络体制。

Mike Maguire 分析了侦查工作面临的五个严重的问题。第一，

---

① David Smith，New Challenges to Police Legitimacy，chapter 12，pp. 272 – 300.

**侦查错误论**

罪犯抓捕工作效率低下（包括总体比例以及重要的个案）；第二，司法错误；第三，滥用权力、腐败和干扰刑事司法；第四，侵犯公民自由（尤其是使用侵犯性侦查方法）；第五，缺乏透明度和责任性。① 这些关注点体现为不同的方式，包括对日常侦查工作的批评、个案存在的重大丑闻以及重大的政策或立法变化。Mike Maguire 指出，为了解决上述问题，警察机构应当采取整体化的情报主导警务体制，即将已有的侦查人员重新整入功能部门，负责处理情报、执行逮捕与准备案件，只派遣少数人员负责应对日常案件的接案与侦查。

目前，"合法性"这一术语已经在刑事司法领域得到了广泛的应用，主要被用于表明公众对于刑事司法系统的感知，即现有的刑事司法系统是否具有公正性和效益性？但是，公众对此类问题的感知往往存在严重的缺陷。事实上，合法性远远超出了公众感知的范畴。它不仅包含了一些无法被公众直接感知的抽象理念，而且还可能以一种难以察觉的方式融入公众的意识之中。如果刑事司法系统能够有效地管理司法错误，并力图使之降到最低的水平，那么，无论公众是否意识到这种情况，刑事司法系统的合法性都将得到显著的提高。作为该领域的一名研究者，马克·摩尔（Mark Moore，1997）认识到，为了确保自身的合法性，刑事司法系统不应当实质性地偏离产生这些司法错误的微妙平衡。②

在任何国家，刑事司法机构都应当让民主国家的市民认识到两个深刻的教训。第一个教训表现得最为明显：每个市民都不应当对其他市民实施犯罪行为，因此，每个市民都应当接受必要的约束，

---

① Maguire. "Criminal Investigation and Crime Control"[C], in Time Burn Ed., Handbook of Policing[M]. Willan Publishing, 2003.

② Mark Moore, "The Legitimation of Ciminal Justice Policies and Practices", in Perspectives on Crime and Justice Lecture Series(Washington, DC: National Institute of Justice, 1997), p. 63。

并且尊重其他市民的生命和财产。第二个教训则并不那么明显，但是同样具有重要的意义。简言之，每个市民都不应当过于轻视犯罪行为，也不应当采取过分的犯罪应对措施。第二个教训要求我们具有一定的忍耐性。在很多情况下，当我们遭到别人实施的侵犯行为时，我们通常很难保持应有的忍耐力。

（二）侦查错误对侦查工作合法性的影响

侦查工作的核心价值仍然是安全、权威与正义，侦查工作的合法性问题也是一个超出司法错误本身的范畴。即使侦查领域并不存在错误，但是，如果法律本身不公正，或者执法机构缺乏公正性，那么，侦查工作也将缺乏合法性。此外，合法性还依赖于犯罪嫌疑人和被害人享有实现正义的途径（具体包括：确保那些无力聘请适格的辩护律师、没有社会地位或者缺乏政治影响的人，能够像被害人一样得到公正的待遇，或者能够得到充分的代理），以及诉讼的及时性（迟来的正义就是非正义）。合法性还包含政治义务、职责、规范性（道德）正义、国家合法权威的延伸、侦查领域都不存在腐败和渎职行为等。

简言之，合法性是一个具有相当大的内涵和外延的概念。它还涉及其他重大的司法问题，如自由裁量权的角色、基本正义、侦查工作的目标以及职责体制等问题。过多的侦查错误也能够反映出侦查工作合法性的缺失，通过削弱公众对刑事司法系统的支持度，这些侦查错误也能够降低刑事司法系统的合法性。

为了更好地理解侦查工作的合法性问题，卫生服务领域的管理改革值得关注。时至今日，医生不再冷漠与高高在上。我们之所以信任医疗行业，在于医疗行业奉行的口号是"相信我，我是医生"（Trust me, I am a doctor）。这种信任来自于三个方面：第一，医疗行业的科学知识；第二，个人的能力与技术；第三，良好的品行、道德与职业准则。值得指出的是，称职的医生从不宣称"相信我，我肯定能够治好你的病"（Trust me, I can definitely cure you）。这

## 侦查错误论

是骗子的手段。对医生的信任基于职业与科学背景下的个人能力与道德素质，而不是宣称自己能够达到特定的目标。

相比之下，侦查工作的目标更加复杂，包括刑事程序的启动、犯罪预防与社会秩序维护，这也使得侦查机构很难基于绩效来主张侦查工作的合法性。同时，警察只是诸多维持秩序与控制犯罪的公共机构之一，当然，特定的警务活动可能获得预期的效果，也可能收效甚微。不过，总体的犯罪趋势受到诸多因素的影响，因此，不能将犯罪数量的变化仅仅归因于警察本身。

Robert Reiner 指出，与其他职业相比，公众更加尊敬警察。Skogan 等人的研究表明，很难通过公众与警察的接触维系建立在合意基础上的警务工作的合法性。① 那么，公众对警察的尊敬是如何产生的呢？

基于当下十分流行的程序正义理念，公众非常关注侦查程序的公正性。权威的理性模式有助于解释公众为何关注程序的公正性。基于霍布斯提出的社会模式，我们之所以共同生活在群体之中，是由于集体生活提供了更多的安全、食物、物质、能力与选择。信任与合作能够带来更多的资源，不过，也意味着让渡一定的控制权，从而面临着上述权力遭到滥用的风险。现代社会存在各种各样的决策程序，除了具体的结果之外，这些程序本身也向社会成员传达了有关社会关系的信息。这些信息关注三个领域的内容，即程序的中立性、第三方的可信性、第三方的社会地位。

另外一个相关的学说，即公正的启示理论，对公正和满意度提供了不同的解释。程序的公正性与对结果的知识同样能够减少不确定性，因此，可以相互替代。如果我们知道了结果，就不再过于关注程序的公正性；如果我们不了解结果，那么，最好的策略就是关注公正的程序。

---

① David Smith, New Challenges to Police Legitimacy, chapter 12, pp. 272 - 300.

因此，在大多数人信任警察的社会里，我们能够获得较大的收益。如果我们能够同警察合作以解决冲突，也能获得较大的收益。这种社会能够从长远上保证我们的安全。因此，信任政府当局，尤其是警察，是社会生活正常进行的基本条件。不过，这种信任也可能被滥用，从而导致我们受到不公正的对待。因此，需要保持审慎，可见，我们的满意度与公正性密切相关。

因此，我们对当局的信任并不是来自于得到公正对待的经验，相反，我们之所以信任警察，是因为我们希望信任警察。因为在一个绝大多数人信任警察的社会中，我们感觉更加安全，因此，信任来自于首先付出的相信。如果绝大多数人能够付出相信，那么，所有的人都会受益，信任的来源不是公众与警察的接触经历，这就是为什么那些没有与警察接触的人非常信任警察的原因。

付出相信是信任这一循环机制的起始点，通过频繁与警察发生接触，能够保持最初产生的较为盲目的信任。如果警察的做法与我们的期望相悖，那么，就将纠正我们对警察的看法。

可见，警察合法性的构建是一个由上至下的过程，一方面，政府与警察必须创造出公众愿意付出相信的条件；另一方面，警察的合法性可能由下至上遭到破坏。

总之，我们不应当忘记，侦查机构也是刑事司法系统的组成部分。如果作为刑事司法系统重要支柱的执法机构被认为缺乏应有的工作成效，如同警察机构通常因为破案率过低而饱受批评，那么，我们必须指出："如果不再尊重警察，那么，情况将会怎样？"但是，与执法机构的合法性所面临的一系列损害相比——这些损害通常来源于各种类型的警察腐败、滥用暴力和欺诈行为，无论这些问题是否会导致司法错误——上述问题就显得有些黯然失色。侦查错误将对侦查工作的合法性产生巨大的冲击和影响，而且这种影响很难予以修复，甚至可能导致其他连锁反应。

诚然，侦查错误的管理工作不应当被视为刑事司法系统的主要目标，它们只是许多深层次问题的外在表现而已。不过，为了维护侦查以及整个刑事司法系统的正当性，应当认真对待侦查错误。在发现侦查错误的基础之上，我们应当进一步研究侦查错误的系统性成因。

# 第三章　侦查错误的成因及类型

　　勒内·弗洛里奥在《错案》一书中指出，公正的审判并不是件易事，最审慎的法官也可能把案子搞错。因此，根本杜绝裁判错误是不可能的，不过通过了解错案的基本成因，能够尽量避免错案。为了深入研究错案的形成，唯一有效的方法是，从一些险些被法官搞错，而在定案之前又终于发现错误的案件中寻找例子。①

　　勒内·弗洛里奥接着指出，有两种类型的问题是造成错误定罪裁决的重要原因。一种是司法机关从确凿的材料出发，得出了错误的结论；另一种是司法机关根据一些错误的材料（被告的虚假供述、不可靠的档案材料、伪证以及不符合规定的鉴定结论等）推断出合乎逻辑的结论。②

　　在司法实践中，许多侦查错误及其导致的错误定罪裁决都是偶然被发现的，而不是基于刑事司法的理性机制。"许多冤案是循着这样的公式形成的——合理的怀疑＋刑讯（或者利诱等其他非法取证方法）＝错案；错案＋抓获真凶＝发现错案。""其中，铸成错案的关键因素是刑讯，防止错案发生的最基本法宝则是禁止刑讯。"③ 河北李久明案、云南杜培武案等，"无不依循着这一公式而铸就。令人错愕的是，那些错案都是因为发现了真正的罪犯才被发现的，一个噩梦般的、却是实实在在的假设是，如果没有发现真正

---

　　① ［法］勒内·弗洛里奥：《错案》，赵淑美等译，法律出版社1984年版，第2页。

　　② 同①，第7页。

　　③ 张建伟：《法律皇帝的新衣》，中国法律出版社2007年版，第99页。

的罪犯，情况又会是怎样？在已经被逮捕、被起诉、被定罪、正在服刑和已经处决的人中，还有没有类似的冤情?"① 此外，刑事司法系统的职业主体通常不愿正视侦查错误及其导致的错误定罪裁决的存在，即使面对可能的司法错误，如无辜者被错误地定罪，刑事司法系统的参与者（警察、检察官、法官、律师和证人）也都倾向于否认这种情况。他们通常拒绝承认，在他们参与办理的案件中，有无辜者被错误地定罪。

那些出庭作证的目击证人即使事后面对肯定性的证据表明其作出了错误的辨认，真正的罪犯已经归案并作出有罪供述，他们通常也不愿意承认自己的错误。即使定罪裁决被上诉法院推翻，一些检察官也不愿承认，他们错误地指控了无辜者，而是固执己见，并且可能提供其他荒诞的理由。

实际上，许多侦查错误及其导致的错误定罪裁决通常都是职业错误、不称职、偏见与腐败的结果。许多刑事司法领域的职业人员都不愿公开提及这些问题。针对其他一些因素，如证人的错误辨认、社会压力、错误指控、错误供述等，也难以展开系统的研究。由于侦查错误及其导致的错误定罪裁决涉及的诸多因素具有隐蔽性，因此，刑事司法系统参与者的不当行为通常未能得到公开，因此，也无法展开切实有效的研究。

## 第一节　国内外有关错误定罪裁决的研究

为了确定与错误定罪相关的因素，首先，必须确定被错误定罪的个体。在司法实践之中，可以通过多种途径实现上述目的。例如，真正的罪犯承认自己实施了特定的犯罪行为、所谓的杀人案件被害人重新出现、DNA 证据或者其他证据证明当事人无罪、说谎

---

① 张建伟：《法律皇帝的新衣》，中国法律出版社 2007 年版，第 99 页。

的证人作出了真实的陈述等。

一旦错误定罪裁决的受害者浮出水面，就可以审视由逮捕到定罪的整个过程，以便确定刑事司法系统的何处出现了错误。相关的错误包括：错误的目击证人证言、错误的指控、警方的不法行为和错误、检察官的不法行为和错误、错误的专家证言、虚假供述。其他的因素还包括：有罪推定、存在先前的犯罪记录、司法机关的错误、被告人缺乏行为能力、种族偏见以及单纯的错误。

Alan Dershowitz 在 The Best Defense（1982）一书中指出了美国司法实践中的一些潜规则：

第一，事实上，几乎所有的刑事被告都是有罪的。

第二，所有的刑事辩护律师、检察官和法官都理解并相信第一点。

第三，通过违反宪法而非遵守宪法的方式更加容易证明被告人有罪。在一些案件中，如果不违反宪法，几乎不可能证明被告人有罪。

第四，为了证明刑事被告人有罪，几乎所有的警察都谎称其并未违反宪法。

第五，所有的检察官、法官与辩护律师都了解第四点。

第六，为了证明刑事被告人有罪，许多检察官都默认地鼓励警察说谎。

第七，所有的法官都了解第六点。

第八，许多审判法官都假装相信警察，尽管他们认为警察在说谎。

第九，许多法官都不相信被告人有关自己的宪法权利遭到侵犯的陈述，即使被告人说的是事实。

第十，许多法官和检察官都不会有意地指控一个他们认为无辜的被告人。

第十一，第十点并不适用于有组织犯罪、毒品犯罪、职业罪犯

**侦查错误论**

或者告密者。

第十二，没有人真正希望得到正义。

在上述潜规则的影响下，整个刑事司法过程都存在着司法错误的风险。研究表明，绝大多数的错误定罪裁决均是多种因素综合作用所导致的结果。因此，相关因素的相互作用值得关注，忽视任何一个因素都可能导致研究丧失全面性。由于诸多因素可能共同构成了错误定罪裁决的原因，因此，简单的类型学划分容易具有误导性，并且可能有失偏颇，在考察单个案件中每个因素的独立影响时，需要保持足够的审慎。

下面试举两例因诸多因素导致侦查错误以及错误定罪裁决的具体案例。

［案例1］

Frank Button 居住在 Queensland，因为被指控强奸了一名 13 岁的女孩而被定罪，由于 DNA 证据否定了定罪裁决，因此，他实现了成功上诉。该 DNA 证据之所以未能被提交给法庭，是由于侦查人员决定不对犯罪现场的寝具进行法庭科学测试，因为通过测试发现的任何证据都不能证明 Button 实施了犯罪行为。警方居然认为，这个能够排除 Button 是罪犯的证据并不重要。该案中的定罪证据包括被害人第二次提供的辨认结论，而被害人前一天提供的第一次辨认结论被推翻；Button 对侄子作出的有罪陈述，该陈述被当庭推翻。警方未能收集其他相关的证据。同时，辩护律师主张，警方可能影响被害人作出虚假的辨认结论，并且导致被告人的侄子作出伪造的供述证据。

法院未能发现这些错误，陪审团基于这些不完善的证据作出了定罪裁决。不过，Button 是幸运的，犯罪现场床单上的物证仍然放在警察局，从中提取的 DNA 证据能够证明他无罪。

［案例2］

Stephen Downing 于 1974 年 2 月在英国被指控实施了谋杀行为，

他当时 17 岁,并判处终身监禁。他在自己担任园丁的公墓内发现了被害人,随后向警方报案。控方认为,他身上的血迹只能认为他是凶手,而且是他在被害人死后扶持被害人时形成的。同时,他还在警察局作出了供认,不过,当时他未被告知已经被逮捕,并被剥夺了会见律师的权利。Downing 于 1974 年 10 月提起的上诉被驳回,他因此在狱中服刑达 18 年之久。由于拒绝认罪,他的假释申请也被驳回。2002 年 1 月,后续的复审发现,控方提出的法庭科学证据并不可靠,而且供述也涉嫌违背了讯问的程序规则。同时还发现,警方未能持续调查证明当事人无罪的证人证言。审判与最初的上诉未能发现上述任何错误,复审的新证据还主要是由一个地方新闻编辑所提供的。

国外有关司法错误尤其是错误定罪裁决的研究,分为几个不同的脉络。由于刑事司法官员通常不愿提及司法错误问题,因此,有关司法错误尤其错误定罪裁决的研究,主要是由学者以及独立于政府的社会团体所开展的。在英美等国,首先,学者针对错误定罪裁决的现状及其致因进行了实证以及理论研究;其次,律师等独立于政府的社会团体开展了一系列旨在援助无辜者的运动,力图纠正司法错误,帮助司法错误的无辜者实现正义。此外,政府机构基于各种目的也设立了专门的调查委员会来研究错误定罪裁决问题。

## 一、国外学者有关错误定罪裁决的研究

总体上,司法错误研究主要关注无辜的人被错误定罪,而非因为正当程序错误而导致的规则上无罪。[①] 国外学者有关司法错误的研究,最初开始关注并且持续给予高度关注的就是错误定罪裁决问题。

---

① Gisli Gudjonsson, The Psychology of Interrogations and Confessions: A Handbook, John Wiley ? Sons, Ltd, 2003.

## 侦查错误论

早在 18 世纪，Bentham 就在《刑罚的基本原理》（Principles of Penal Law）一书中讨论了无辜者被错误定罪的问题，并将此种现象称为"不当的惩罚"（mis–seated punishment）。在 1923 年，Learned Hand 大法官指出，无辜者被错误地定罪是刑事司法系统的"虚幻梦境"（unreal dream）。耶鲁大学法学教授 Edwin Borchard 在 1932 年出版的《针对无辜者做出定罪裁决》（Convicting the Innocent）一书中讨论了 1812 年以来的 65 个错误定罪裁决。Gardner 在 1953 年出版的《作为救济手段的法院》（Court of Last Resort）一书中考察了涉及被定罪的无辜者的死刑案件。

20 世纪 40～50 年代，联邦法官 Jerome Frank 及其作为律师的女儿 Barbara 致力于帮助被错误定罪的无辜者实现正义。他们于 1955 年出版了《无罪》（Not Guilty）一书。1963 年，Block 撰写了《辩护者》（The Vindicators）一书。1964 年，Radin 撰写了《无辜者》（The Innocent）一书。这两本书都旨在呼吁公众关注无辜者被错误定罪这一问题。

近年来，国外学者开始针对侦查错误以及司法错误的成因进行了较为细致和全面的分析。1993 年，Walker 和 Starmer 编著了《错误中的司法》（Justice in Error）一书。该书指出，一旦政府（或者政府机构）侵犯了个体的权利，就可以认定为司法错误的主要原因已经存在。2003 年，美利坚大学教授 Brian Forst 出版了《司法错误论：性质、来源与救济》（Errors of Justice：Characters, Origins and Remedies）一书，全面系统地阐述了司法错误问题。该书指出，就司法错误而言，一方面，涉及未能将罪犯绳之以法的错误；另一方面，涉及对无辜者强加诉讼成本以及对罪犯强加额外诉讼成本的错误。2007 年，英国布里斯托尔大学米歇尔·诺顿博士（Michael Naughton）出版了《司法错误的反思：超越冰山一角》（Rethinking Miscarriages of Justice：Beyond the Tip of the Iceberg）一书，从不同的角度阐述了英国的司法错误问题，并从人权的视角对传统的司法错误研究方法进行了反思。

Scott 与 Hirschi 指出，错误定罪裁决属于一个无法消除的问题，因此，需要系统地、规范地予以解决。Clear 与 Cole 指出，刑事司法系统面临的严重困境在于，人们遭到错误定罪与量刑。尽管人们更多地关注那些逃脱法网的人，但是相比之下，那些被错误定罪的无辜者很少得到关注。Scheck 等人指出，错误定罪的重要因素仍然有待法学家和记者们针对无罪案件展开深入的研究。

Arye Rattner 教授很早就开始研究错误定罪裁决。他在 1988 年发表了著名的《无辜者被定罪：错误定罪裁决与司法体制》一文，其中对 205 起错误定罪裁决进行了剖析，他提出，大约有 52.3% 的案件出现了目击证人的错误辨认，11% 的案件涉及告密者与线人等的伪证，8% 的案件涉及被告人的虚假供述，1.6% 的案件涉及不科学的鉴定结论，6.8% 的案件涉及检察官与警察的不当行为，还有 32% 的案件涉及律师的辩护失职。①

定罪后的 DNA 测试改变了美国刑事司法的整体图景。Hand 法官指出，被定罪的无辜者的影像是一个不真实的幻象（the ghost of the innocent man convicted……an unreal dream）。随着 DNA 测试的推行，我们认识到，法院曾经针对无辜者定罪并且宣判某些人死刑。

萨缪尔·格罗斯教授等人针对美国 1989 ~ 2003 年间改判无罪的案件进行了统计。② 在 1989 年 8 月 14 日，伊利诺伊州芝加哥市库克郡巡回法院宣布 1979 年加利·多特森（Gary Dotson）强奸案件的判决无效，并撤销了定罪裁决。多特森先生在监狱中服刑达 10 年之久，后来得到了假释，他并不是美国历史上第一个被无罪

---

① Arye Rattner, Convicted but Innocent: Wrongful Conviction and the Criminal Justice System, 12 L. &Hum. Behav. 283, 291 (1988).

② ［美］萨缪尔·格罗斯等：《美国的无罪裁决——从 1989 年到 2003 年》，刘静坤译，载《中国刑事法杂志》2006 年第 6 期。

## 侦查错误论

释放的无辜的囚犯。但是，该案是美国刑事司法历史上的一个转折点：多特森先生是第一个受益于 DNA 鉴定技术而被无罪释放的罪犯。该案掀开了美国刑事司法系统改革的帷幕。在此前，针对被错误定罪的被告作出无罪释放的裁决被视为是反常的情况。但是自从 1989 年以来，这种少有的事变成了一种令人不安的常见的情况。

通过调查那些作出无罪释放的案件，萨缪尔·格罗斯教授等人尽可能地收集了过去 15 年间所作出的所有无罪裁决，并针对这些裁决进行了分析。萨缪尔·格罗斯教授等人总共发现了 340 个改判无罪裁决，其中包括被错判的 327 名男性嫌疑人和 13 名女性嫌疑人。他们所研究的无罪裁决主要包括以下四种方式：（1）在 42 起案件中，州长（或其他行政官员）基于证明被告无罪的证据而签发赦免令；（2）在 263 起案件中，法院在发现证明被告无罪的新证据（如 DNA 证据）之后，撤销了先前所提起的刑事指控；（3）在 31 起案件中，被告在再审中基于那些证明自己并未实施犯罪行为的证据而被无罪释放；（4）在 4 起案件中，州政府宣告已经死于狱中的被告无罪，弗兰克·李·史密斯（Frank Lee Smith），于 2000 年在佛罗里达州被宣告无罪；路易斯·格雷科（Louis Greco）和亨利·塔梅罗（Henry Tameleo），于 2002 年在马萨诸塞州被宣告无罪；约翰·杰斐斯（John Jeffers），于 2002 年在印第安纳州被宣告无罪。

以下是萨缪尔·格罗斯教授等人的研究结论，该结论有助于我们了解美国的错误定罪裁决问题：

我们无法进一步准确地统计在美国发生的错误定罪裁决的数量，但是，大量的改判无罪裁决给我们提供了一个分析的途径。我们统计了 1989~2003 年期间美国所作出的 340 个改判无罪裁决，并未包括基于杜利亚事件和兰帕德事件以及其他大规模改判无罪裁决中涉及的数百名被告，也未包括因为性虐待儿童案件而被定罪的 70 余名被告。我们所统计的几乎所有的改判无罪裁决案件都是强奸或杀人两类案件。除此之外，我们也未能关注另外一些错误定罪案件：包括并未使用 DNA 证据再次进行检验的强奸案件定罪裁决；DNA 技术无能为力的抢劫案件；由于被告并未被判处死刑而被忽略了的杀人案件；完全被忽略的人身伤害案件和毒品案件定罪裁决。在过去 15 年间，美国的司法错误总量估计已经数以千计，也可能数以万计。

我们能够针对那些已经暴露出来的错误定罪裁决进行研究，发现一定的规律：谁被错误地定罪？原因何在？对于强奸案件而言，主要的问题是目击证人的错误辨认结论——特别是跨种族间的错误辨认结论，在涉及黑人被告和白人被害人的强奸案件错误定罪裁决之中，上述情况占据了很大的比例。对于杀人案件而言，导致错误定罪裁决的主要原因就是伪证行为，包括可能的犯罪参与人或者此前认识无辜的被告的目击证人所提供的伪证。在杀人案件的错误定罪裁决之中，虚假供述也扮演了重要的角色，这种情况主要集中于两类特别脆弱的无辜被告群体：青少年犯，以及那些存在痴呆或者患有精神疾病的罪犯。几乎所有被无罪释放的曾经作出错误供述的青少年犯都是非裔美国人。事实上，此项研究最为惊人的一个发现就是，90% 的被无罪释放的青少年被告都是黑人或者拉美裔人，这种极端的差异也体现出美国青少年司法系统普遍存在着严重的种族歧视。

死刑是此项研究的一个主要对象。作为两个主要路径之一，死刑判决体现出错误定罪裁决的内在比例。由于 DNA 鉴定结论能够促使我们发现在 DNA 技术得到应用之前所作出的强奸案件定罪裁决中所存在的错误，所以，强奸案件在改判无罪裁决之中占有较大的比例。死刑裁决之所以占有较大的比例，这在部分上是由于我们致力于发现并且矫正可能导致无辜的被告被执行死刑的那些裁决。这种情况也给我们提出了一个严峻的问题：如果我们能够在那些非死刑的杀人案件或者杀人案件之外的重罪案件中投入同等的精力，

## 侦查错误论

我们将会继续发现多少数以百计或者数以千计的错误定罪裁决?

死刑犯得到改判无罪裁决的比例相当之高,这种情况也反映出,我们的司法系统在死刑案件裁决的准确性方面存在着深刻的问题。死刑犯所得到的改判无罪裁决是其他杀人案件罪犯的 25 倍左右,是所有被判处监禁刑罚的重罪罪犯的 100 倍左右。这种巨大的差异意味着,错误的定罪裁决更有可能发生在死刑裁决之中,和所有的杀人案件相比,更有可能发生于重罪案件,这是一个不可避免而又令人极度不安的结论。

最后,针对死刑犯作出改判无罪裁决的频率也使我们意识到错误定罪裁决的后果。如果我们能够在执行死刑之前发现并且释放 75% 的无辜的死刑犯,那么,我们也已经在 1989~2003 年期间处死了 25% 的无辜的死刑犯。如果我们已经发现了 90% 的死刑案件定罪裁决,那么,我们就仅仅在过去 15 年间处死了 8 名无辜的被告。不过,我们想象这样一个司法系统,它能够首先产生所有这些骇人的司法错误,然后又能发现并且矫正 90% 的司法错误,这样的司法系统能否存在? 同时,考虑到死刑裁决中出现的司法错误的数量,即使是不大可能实现的 90% 的改判无罪裁决比例也可能显得太低了!

更为令人头痛的是,死刑案件改判无罪裁决的高比例仅仅限于那些已经被判处死刑的被告。在死刑案件的审理过程中,大约有一半左右的被告被判处无期徒刑;对于那些被判处死刑的被告,很大一部分被告也在案件再审过程中被改判为无期徒刑;大约有 40% 的被告在上诉过程中推翻了定罪裁决或量刑裁决,绝大多数被告最终被判处无期徒刑。换言之,绝大多数死刑案件中的被告都面临着司法错误的高度风险,他们可能同其他死刑案件的被告一样,因为并非自己实施的杀人犯罪行为而面临着错误的定罪裁决,但是,他们很少得到或完全没有得到死刑定罪裁决再审程序所给予的特殊关注。总而言之,绝大多数因为杀人案件而被作出定罪裁决的无辜的被告都并未被执行死刑，也未能得到改判无罪裁决，而是被判处无期徒刑，并且随后被人们所遗忘。

鉴于此前没有人专门研究 DNA 改判无罪裁决对刑事司法系统的影响。Brandon Garrett 博士研究了 200 个定罪裁决的审判、上诉、定罪后诉讼以及改判无罪裁决。这项经验研究，旨在考察刑事司法系统处理无辜者的方式，深入分析错误定罪的原因，以及无辜者提出的主张和上诉或定罪后诉讼的裁决，DNA 测试如何最终证明无罪，无辜者如何被改判无罪等。①

Brandon Garrett 博士非常关注研究方法的科学性。为了确保数据来源的权威性，第一，需要对相关的数据进行安排，包括人口统计学特征、审判过程中的证据、定罪后的程序主张、法院对其主张的裁决、DNA 证据排除无罪的具体细节。由于法院作出了相应的裁决，可以从中了解法院为何判决无辜者有罪。第二，与那些定罪后基于 DNA 证据改判无罪的人相比，基于 DNA 证据定罪的罪犯并未得到充分的关注。由于缺乏比对数据，因此，只能比较那些没有进行 DNA 测试而被改判无罪的裁决。

以下是此项经验研究的总体结论：

第一，此次研究确定了无辜者被指控的犯罪以及相应的定罪证据，所有的案件均为强奸与杀人案件。除了 9 人之外，其余 182 人均是在辩诉交易之后被判决有罪。79% 的定罪裁决都是基于证人证言，事后证明，上述案件中的目击证人证言都是错误的，57% 的定罪裁决立足于法庭科学证据，主要是血清分析结论与毛发比对结论，18% 的定罪裁决基于线人提供的证言，另有 16% 的定罪裁决基于不当的供述。

---

① Brandon Garrett, Judging Innocent, Columbia Law Review, vol 108, 2008 Jan, pp. 55 - 146.

**侦查错误论**

第二，此次研究考察了无辜者反对定罪裁决所做出的努力。总体上，法院未能有效地审查这些不可靠或者虚假的定罪裁决。尽管 O'Connor 法官认为，宪法为预防针对无辜者定罪提供了无可比拟的保障，但是实际上，这些保障措施未能真正奏效。无辜者很少基于反驳定罪裁决的证据而获得新的审判。此外，他们也很少提出反驳定罪证据的事实主张，没有任何定罪裁决基于对证人证言的反驳而被推翻，没有无辜者直接反驳法庭科学证据，半数无辜者在作出虚假供述之后提出反驳主张，但是，没有人获得法律救济。

法院推翻了 14% 针对无辜者作出的定罪裁决，其中，非死刑案件的比例为 9%，常规定罪裁决被推翻的比例为 1%~2%。相比之下，非死刑的强奸与杀人案件定罪裁决被推翻的比例为 10%。所有的强奸与杀人案件在审判和定罪之后，都很可能存在可以被推翻的错误，其中，很多案件都存在事实性错误而非法律性错误。

上诉与定罪后的诉讼也提供了法官评估无罪问题的相关信息。由于缺乏 DNA 证据，法官通常需要评估有罪或者无罪证据，并且确定特定的错误是否属于无害错误。在许多案件中，法院认为有罪证据抵消了错误，或者认为存在显著的有罪证据，从而驳回了无辜者提出的主张。在 DNA 测试推广使用之前，只有少数无辜者能够提出新证据来证明自己无罪，同时没有人能够推翻法院的定罪裁决。简言之，上诉与定罪后程序未能有效地排除无辜。可见，依赖后续机制，很难有效地保护无辜，这也显示出侦查工作的重要性。

第三，此次研究考察了 DNA 测试的申请与获得方式、改判无罪的方式以及事后的处理情况。在 DNA 测试产生之后，刑事司法系统对于 DNA 测试施加了诸多的限制。首先，已知的无辜者仅仅是无辜者群体的一部分而已，许多案件都没有或者无法获得 DNA 测试。许多无辜者都因为执法机构拒绝提供 DNA 证据而无法开展测试。此外，许多无辜者在进行 DNA 测试被排除犯罪嫌疑之后仍然未能获得法律救济。由于无法获得司法救济，许多无辜者只能寻求行政赦免。不仅已知的涉及无辜者的案件仅仅是冰山一角，在这个冰山一角，在 DNA 测试推行之后，许多无辜者也面临着诸多的法律障碍以至于无法获得无罪改判。

### 二、国外社会团体对错误定罪裁决的关注

在美国，一些法学家和律师成立了特定的社会团体，旨在向那些被错误定罪的无辜者提供法律援助，帮助他们实现正义。

美国法官的信心在于，宪法为无辜者提供了无法比拟的法律保障，O'Connor 法官指出，美国宪法为预防针对无辜者定罪提供了无可比拟的法律保障。但是，改判无罪案件（exoneration）已经改变了法官、律师、立法者以及公众看待刑事司法准确性的方式。律师、记者等已经建立了"无辜者援助计划"网络，包括许多法学院的法律诊所，这些诊所都旨在识别并确定更多的无罪案件。公众开始对刑事司法系统提出质疑，改判无罪案件也成为反对死刑的重要理由。

1983 年，McCloskey 成立了"Centurion Minisries"组织，致力于帮助被定罪的无辜者推翻定罪裁决。截至 1997 年，该组织已经帮助 19 名被判处死刑或者终身监禁的无辜者恢复自由。

从 1992 年开始，美国纽约州卡多佐（Benjamin N. Cardozo）法学院的 Barry Scheck、Peter Neufeld 和 Jim Dwyer 教授开始投身于无辜者援助项目（innocence project，参见 http://www. innocenceproject. org）。为了拯救那些被错误定罪的无辜者，美国律师以及热心于此项工作的人士一直在寻找相关的证据。他们传统的做法是寻找目击证人或者让真正的罪犯自首，从而实施拯救无辜者的计划。① 除了卡多佐法学院的无辜者援助项目之外，许多大学的法学

---

① Barry Scheck，Peter Neufeld & Jim Dwyer, Actual Innocence：Five Days to Eexcution and Other Dispatches from the Wrongly Convicted，2000.

院也都设立了无辜者援助项目，由法学院的师生参加，这种法律诊所式的援助项目有助于帮助无辜者摆脱错误定罪裁决的困扰。

除了诸多的无辜者援助项目之外，死刑信息中心（参见 http：//www. deathpenaltyinfo. org）以及西北大学法学院错误定罪裁决研究中心（参见 http：//www. law. northwestern. edu/depts/clinic/wrongful）也都为错误定罪裁决的研究提供了丰富的素材和原始资料。

在英国，1957 年，基于三个主要政党（工党、保守党和自由党）的法律人的共同努力，"正义"（JUSTICE）组织正式成立，该组织的宗旨是捍卫正义的原则和公正审判的权利。① 该组织在创立之初，就收到数以百计的罪犯的请求，这些罪犯主张自己的案件存在司法错误，并且寻求该组织的帮助。最初，由于该组织属于民间组织，缺乏足够的工作人员和资源，因此，"正义"组织决定，该组织所奉行的政策之一是不负责调查具体的案件。然而，大量的请求促使该组织的秘书长汤姆·萨根特（Tom Sargant，在该组织创立之后连续 25 年担任秘书长）提出，目前已经存在现实的必要开展力所能及的调查工作，从而帮助当事人向国务大臣提起申诉和申请。自此开始，直到 1997 年刑事案件审查委员会（CCRC）成立，"正义"组织为许多声称自己是司法错误受害者的当事人提供帮助，并且致力于刑事司法系统的改革，旨在保护公民的人权以及捍卫法治。事实上，在 1997 年 1 月刑事案件审查委员会成立之前，"正义"组织是针对英格兰和威尔士地区的司法错误展开调查的主要组织。

"正义"组织所面临的困境在于缺乏足够的工作人员和资源，

---

① Michael Naughton, Redefining miscarriages of justice: a revived human rights approach to unearth subjugated discourses of wrongful criminal conviction, British Journal of Criminology, 2005, 2, pp. 165 – 182.

秘书长汤姆·萨根特无法针对该组织接受的所有声称存在司法错误的案件展开调查。因此，该组织决定，"正义"组织仅仅针对下列声称存在司法错误的案件展开调查：刑期为 4 年以上监禁刑的案件；罪犯无法获取其他的法律援助；当事人主张自己事实上无罪而非技术上无罪；基于上诉法院的现行规则，相关的调查工作可能取得某些成效；同时，有关量刑所提出的请求涉及重要的原则问题。如果当事人仅仅主张刑期过长，该组织将不再提供援助。

然而，"正义"组织的定义所涉及的一个尤为重要的问题就是，它无意间为时至今日有关司法错误问题的研究提供了关键的基础。从此之后，司法错误的受害者就被界定为那些针对长期的监禁刑裁决提起上诉后续程序、并将案件发回上诉法院刑事法庭（CACD）的案件中的成功申请者。例如，社会组织的主流话语公开主张，在某种程度上，由刑事案件审查委员会发回上诉法院刑事法庭重审之后的成功申诉，就是证明成功申诉的当事人事实上无罪的"明确"证据。

### 三、国外政府机构对错误定罪裁决的调查

目前，在美国，已经有 43 个州和哥伦比亚特区通过立法提供定罪后的 DNA 测试，6 个州设立了无辜者委员会专门负责调查可能改判无罪案件，其他州也采取改革措施提高侦查与审判工作的准确性。2000 年，国会通过了 DNA Analysis Backlog Act，为各州提供项目资金开展 DNA 分析。2004 年，国会通过了 Innocence Protection Act，鼓励开展定罪后的 DNA 测试。[1]

为了削减错误定罪裁决对政治当局带来的压力，并且试图寻找针对性的改革措施，美国设立了诸多的无辜者委员会调查错误定罪

---

① Brandon Garrett, Judging Innocent, Columbia Law Review, vol 108, 2008 Jan, pp. 55 – 146.

## 侦查错误论

裁决问题。无辜者委员会（Innocence commissions）是客观、公正地考察司法错误问题的有效机制。

无辜者委员会有助于调查刑事司法系统的缺陷，并且提出合理与可操作的改革措施。更为重要的是，无辜者委员会有助于提高侦查与起诉工作的准确性，从而确保将真正的罪犯绳之以法。从长远看来，无辜者委员会还有助于节约纳税人的资源，减少刑事司法系统针对无辜者开展侦查、起诉、错误定罪以及最终改判无罪的无谓投入。①

Jim Dwyer，Peter Neufeld 和 Barry Scheck 在《清白的罪犯》（Actual Innocence）一书中倡导设立各州和联邦的专门机构负责调查错误定罪裁决问题。他们指出，对于那些已经由官方确认的错误定罪裁决，应当自动交付无辜者委员会审查错误定罪裁决的原因，无论错误定罪裁决是基于最后的 DNA 测试被推翻，还是基于新证据或者其他救济手段而被撤销。

美国律师协会也建议此类无辜者委员会吸纳刑事司法系统的主要利益攸关者，从而识别相关领域存在的问题，并且提出有针对性的政策性对策。

近期，美国成立一项全国性项目——"强化刑事司法程序，防止针对无辜者作出定罪裁决"（Strengthening Justice System Processes to Help Prevent the Conviction of Innocent Persons），该项目汇集了各州法院和其他刑事司法机构的官员，力图提出有效的措施和程序避免针对无辜者错误定罪，并且提高刑事司法过程的可靠性和诚信度。

该项目得到了开放社会协会（Open Society Institute）的赞助，

---

① a vision for justice：report and recommendations regardubg wribgful convinctions in the commonweal th of virginia，the innocence commission for virginia p. o. box 100871，arlington va 22210，http：/www. icva. us.

该项目的顾问委员会包含法官、检察官、执法人员、政策制定者、研究人员以及学者等各领域的代表。

许多州都针对本州刑事司法系统存在的缺陷开展正式的调查，以便预防错误的定罪裁决。2000 年，伊利诺伊州州长 Ryan 建立了一个两党共建的委员会，考察该州的死刑追诉制度。Ryan 指出，自从 1973 年恢复死刑以来，伊利诺伊州针对诸多无辜者错误地执行了死刑。该委员会由前任检察官、联邦法官和前任联邦参议员担任主席，这个由 14 人组成的委员会提交了一份全面的调查报告，对伊利诺伊州刑事司法系统提出了 85 项改革建议，尤其是针对死刑案件的侦查和起诉工作的建议。基于该委员会的报告，该州立法机构于 2003 年 10 月通过了一项改革法案，该法案涵盖了上述改革建议中的 20 多项措施。尽管伊利诺伊州委员会并非是专门的无辜者委员会，不过，其主要关注点仍然是无辜者问题，该委员会全面考察了被释放的 13 个死刑犯涉及的案件。

近期，其他四个州也都成立了官方的无辜者委员会。2002 年，北卡罗来纳州首席大法官 I. Beverly Lake 邀请刑事司法系统和法律研究共同体的主要代表一同讨论针对无辜者的错误定罪裁决问题。基于该次会议讨论的结果，大法官 Lake 成立了北卡罗来纳州真正的无辜者委员会（Actual Innocence Commission），旨在确定全国范围内以及北卡罗来纳州针对无辜者错误定罪的常见原因，并且定期提交报告解决导致错误定罪裁决的相关问题。2003 年 10 月，该委员会公布了第一份报告，提出了完善目击证人辨认程序的诸多改革措施。

在康涅狄格州、得克萨斯州和加利福尼亚州，也都成立了相应的无辜者委员会，但是，此类委员会都尚未开展工作。

除了美国之外，加拿大和英国也都在此前成立了无辜者委员会。在加拿大，皇家调查委员会（Royal Commissions of Inquiry）已经成立一个世纪之久，其职责是促使政府针对司法的公正性开展独

**侦查错误论**

立的、客观的调查。这些皇家调查委员会针对 Guy Paul Morin 和 Thomas Sophonow 案件的定罪后改判无罪裁决展开了全面的调查。在上述调查过程中，委员会都召开了听证会，并且在必要的时候聘请政府实验室专家或者中立的专家，针对错误定罪裁决的特殊原因发布专门的报告，并且对预防错误定罪裁决的救济措施提出政策性建议。

在英国，成立于 1997 年的刑事案件复审委员会（Criminal Case Review Commission）针对英格兰、威尔士和北爱尔兰可能存在的司法错误问题展开独立、公开、彻底、公正和负责的调查。刑事案件复审委员会拥有独立的工作人员，派遣专家审查并调查错误的定罪裁决或者不公正的判决。如果刑事案件复审委员会确信司法错误的存在，就可以将案件返回上诉法院处理，或者申请皇家赦免。

所有的美国人，无论其社会背景或者意识形态如何，都认为应当避免错误的定罪裁决，并且认为，如果无辜者被错判入狱，真正的罪犯逍遥法外，那么，我们的刑事司法系统也就丧失了应有的功能。我们必须考察刑事司法系统的错误，通过详细地分析这些错误，从中获得应有的教训，并且提出针对性的改进措施。否则，如果我们采取一种坐视不管的态度，此类司法错误必将重演。

**四、国内学者有关错误定罪成因的研究**

近年来，我国学者有关错误定罪问题的研究已经不再局限于错案追究制等法律责任和法理层面的剖析，开始关注错误定罪裁决的成因等现实问题。

陈永生博士针对 20 起典型错误定罪裁决（其称之为"刑事冤案"）进行了全面的分析，他指出，导致刑事误判的原因非常复杂，既有价值理念方面的原因，也有实践操作方面的原因；既有立法方面的原因，也有执法与司法方面的原因。[①]

具体言之，错误定罪裁决主要包括以下几个方面的原因：第一，刑讯逼供，过分依赖犯罪嫌疑人、被告人的口供。在 20 起错误定罪裁决中，有多达 19 起案件，也即 95% 的案件存在刑讯逼供，只有 1 起案件不存在刑讯逼供，不过，该案也由于被害人在侦查人员的诱导下错误地指认犯罪嫌疑人，从而使得侦查人员觉得没有必要刑讯。第二，主观臆断，忽视科技手段的运用。在 20 起错误定罪裁决中，有 15 起案件，即 75% 的案件在鉴定方面存在问题。第三，违法取证，隐瞒、伪造证据，甚至阻止证人作证。在 20 起错案中，有多达 11 起案件（占 55%）存在警察违法取证，隐瞒、伪造证据，甚至阻止证人作证的现象。第四，主观片面，对无罪证据视而不见。在这 20 起案件中，有多达 15 起案件（占 75%）证明被告人无罪的证据没有被推翻或得到合理解释，法官就作出了有罪裁判。第五，轻视辩护，对辩护律师的合理意见置之不理。第六，有罪推定，证据显然不足、相互矛盾仍坚持认定有罪。

有学者以 33 个死刑案件的错误定罪裁决为样本，分析了侦查阶段死刑错案的原因，具体言之，包括以下几个方面：被告（包括同案被告）的口供瑕疵，目击证人（包括被害人）指证证据失实，被害人辨认证据发生错误，鉴定结论与科技证据运用不当，不当运用"犯罪嫌疑人品格证据"，等等。[②]

针对近年来频繁出现的错误定罪裁决，有学者指出，这些错误定罪裁决的发生与当时的司法制度有紧密联系，刑事司法的"重刑"倾向十分明显，强调诉讼的"打击犯罪"功能和社会秩序的

---

① 陈永生：《我国刑事误判问题透视——以 20 起震惊全国的刑事冤案为样本的分析》，载《中国法学》2007 年第 3 期，第 45 页。

② 聂昭伟：《侦查阶段死刑错案的原因及对策——以当前已知的 33 个死刑错案为样本》，载《山东警察学院学报》2007 年第 3 期，第 87 页。

**侦查错误论**

稳定，严重忽视了法律的人权保障功能。[①] 第一，指导刑事诉讼的基本原则是有罪推定。第二，刑事审判过于依赖口供。第三，公、检、法三机关配合有余、制约不足。诉讼模式是流水作业式的，公、检、法三机关可以经常联合办案，背离了司法公正和独立的基本原则。第四，"民愤"、"秩序"使诉讼失去了正义和理性。

何家弘教授等人针对"刑事错案中的证据问题"展开了系统、深入的研究。在一系列研讨会上，许多专家学者都强调证据的取得和使用不当会导致刑事错案，因此完善证据规则对于防止刑事错案具有重要意义。[②]

何家弘教授带领的课题组针对证据问题与刑事错案的关系展开了一次大规模的实证研究。[③] 就最容易导致刑事错案的证据而言，在被调查者中，选择物证的6人，占4%；选择证人证言的53人，占38%；选择视听资料的7人，占5%；选择被告人口供的52人，占37%；选择被害人陈述的15人，占11%；选择鉴定结论的25人，占18%；没有人选择勘验检查笔录。不同的调查对象，对于这一问题的回答也有差异，多数法官、检察官和律师认为证人证言和被告人口供是导致错案的主要证据形式，而警察对前六种证据的态度比较平均。另外，认为被害人陈述最容易导致刑事错案的法官也不少。

就证人证言与错案的关系而言，在被调查者中，选择"证人不出庭作证"的15人，占11%；选择"证人故意作伪证"的87人，占63%；选择"取证方法不合法"的26人，占19%；选择

---

① 冀祥德、朱晶晶：《错案：缘于何止于何》，载《法律与生活》2005年第8期，第23页。

② 何家弘主编：《三人堂与群言录》（证据学论坛第11卷），中国政法大学出版社2006年版，第440～459页。

③ 何家弘、何然：《刑事错案中的证据问题——实证研究与经济分析》，载《政法论坛》2008年第2期，第3页。

"证人自身认识发生偏差"的 23 人，占 17%；选择"法官认证错误"的 24 人，约占 17%。法官、检察官、警察和律师对这个问题的答案选择大体相似，只是在法官和检察官群体中，选择"证人故意作伪证"的很多，而在警察中选择"法官认证错误"者较多。

就被告人作出虚假有罪供述而言，在被调查者中，选择由于刑讯逼供而被迫作出有罪供述的 83 人，占 60%；选择被告人出于某种目的自愿为他人顶罪而作出有罪供述的 48 人，占 35%；选择由于被告人思维混乱而作出有罪供述的 10 人，占 7%；选择被告人为求解脱而认罪的 16 人，占 12%。

该项实证研究发现，几乎每个刑事错案都是由多种原因重合作用造成的。其中，与证据有关的原因包括虚假证人证言、被害人虚假陈述、同案犯伪证、被告人虚假口供、鉴定结论错误、侦查机关不当行为、审判机关不当行为、忽视无罪证据、鉴定缺陷、法律定性不明等。至于法官在审查认定证据时出现的认识误差，则几乎在每个刑事错案中都或多或少地存在。在调查涉及的 50 起刑事错案中，存在"虚假证人证言"的 10 起，占 20%；存在"被害人虚假陈述"的 1 起，占 2%；存在"同案犯伪证"的 1 起，占 2%；存在"被告人虚假口供"的 47 起，占 94%；存在"鉴定结论错误"的 4 起，占 8%；存在"侦查机关不当行为"的 48 起，占 96%；存在"审判机关不当行为"的 9 起，占 18%；存在"忽视无罪证据"的 10 起，占 20%；存在"鉴定缺陷"的 10 起，占 20%；存在"法律定性不明"的 1 起，占 2%。

值得专门指出的是，刑讯逼供与刑事错案之间存在密切的联系，把刑讯逼供获得的口供作为定案根据往往是造成错案的重要原因之一。在此次调研涉及的 50 起刑事错案中，4 起案件已经法院或检察院正式认定存在刑讯逼供的情况，占 8%；43 起案件虽未经法院或检察院正式认定但是可能存在刑讯逼供的情况，占 86%；3 起案件不存在刑讯逼供的情况，占 6%。在第一类案件中，3 起案件的侦查人员已被法院判定为刑讯逼供罪；另外 1 起案件的侦查人员被认定有刑讯逼供行为，但是检察院作出了不起诉的决定。在第二类案件中，21 起案件的被告人在诉讼过程中声明曾受到刑讯逼供，但是没有其他证据；7 起案件中有一定证据能证明有刑讯逼供行为，如被告人身体上的伤痕或证人证言，但是法院没有认定；1 起案件在诉讼过程中检察机关曾经鉴定确认被告人身上有刑讯逼供造成的轻伤，但后来未被法院认定；14 起案件的被告人在侦查阶段作出有罪供述，后来翻供，且最终因案件中出现新的无罪证据而证明其无辜，因此可以推断其有罪供述很可能出于刑讯逼供。

总体上，无论是基于法律实务人员的主观认识还是基于客观存在的案例情况，我们都可以得出证据问题是导致刑事错案之主要原因的结论。①

## 第二节　侦查错误的行为与心理学分析

在探寻真理时所犯的错误，并非全部都是负面的。相反，在认识理论上，错误具有重大意义。我们能够辨别错误本身，就表明我们有追求真理的能力。同时，我们在探寻真理时必须与他人讨论辩难，所以，错误是一个剖析真理的重要时机。

Jaque Maritain 曾经指出，错误就好像灯塔，它可以帮助人们避开礁石而航行。② 美国耶鲁大学法学教授 Keith Findley 主张："人类应该从自己的错误中学习。"他声称："司法错误仿佛打开了一扇改良刑事司法体制的窗户，我们应该从司法错误中寻找推动司法改

---

① 何家弘、何然：《刑事错案中的证据问题——实证研究与经济分析》，载《政法论坛》2008 年第 2 期，第 3 页。

② ［德］考夫曼：《法律哲学》，刘幸义等译，法律出版社 2003 年版，第 466 页。

革的现实方法，而不要让机会白白流失。"①

相比之下，我们比较容易确定错误定罪裁决的影响因素，不过，即使我们知道某些刑事诉讼程序可能导致司法错误，这些问题仍然反复出现在错误定罪裁决之中，原因何在？例如，刑事司法系统的研究者早就知道，目击证人证言可能导致司法错误，不过，如果仅仅存在一个证人证言，没有其他物证，刑事司法系统仍然可能发生错误。此类可疑的证人证言通常被警方不当地使用，并导致无辜者面临被错误定罪的风险，针对这些因素反复出现的原因所开展的研究仍然十分有限。

侦查错误及其导致的错误定罪裁决是各种致错因素相互作用的产物。致错因素是导致错误发生和传播的各种相关因素。致错因素是错误的细胞。错误的发生是一个由致错因素到错误的萌芽再到错误之果的过程，由量变到质变的过程。② 致错因素，按照其与实践认识系统各要素之间的关系，可以划分为主体性致错因素、客体性致错因素、工具性致错因素、环境性致错因素。后三者统称为非主体性致错因素。

由于侦查错误是由侦查行为导致的结果，因此，与其他致错因素相比，主体性致错因素具有更为重要的研究意义。下文将分别从行为以及心理两个层面来解释侦查领域反复出现错误的原因：从行为层面，警察的无意错误、不法行为和腐败行为是导致侦查错误的主要原因；从心理层面，观察者效应也是导致侦查错误的重要原因。

---

① Keith A. Findley, Learning from Our Mistakes: A Criminal Justice Commission to Study Wrongful Convictions, 38 Ca. l W. L. Rev. 333(2002).

② 文援朝：《超越错误——医错哲学及其应用研究》，中南工业大学出版社 1997 年版，第 29 页。

## 侦查错误论

### 一、警察的无意错误、不法行为与腐败行为

人们通过揭示犯错误的动机而避免犯错误，甚至从中吸取了教训。这种情况最纯粹和最清楚地体现在有意的犯错误中。[①] 刑事司法官员为何违背法律与职业道德准则实施可能导致司法错误甚至错误定罪裁决的行为？

无辜者最初或者不是犯罪嫌疑人，或者只是一般的犯罪嫌疑人，由于警方最初的侦查工作存在偏差，导致无辜者成为主要的犯罪嫌疑人。警方对案件的不当处理既包括无意行为（错误），也包括有意行为（不法行为）。与错误定罪裁决相关的无意行为包括：错误的逮捕、错误宣读搜查令状、或者无意地误用法律、侦查工作不力、先入为主、未能审查全部信息、忽视被告人提供的信息等。有意行为包括：非法拘留、使用不当暗示的辨认程序、威胁嫌疑人或者证人、通过强迫手段获得证据、伪造证据或者隐瞒无罪证据等。

概言之，警方之所以导致各种类型的司法错误，可能源于警方的无意错误、不法行为与腐败行为。

（一）警察的无意错误

在调查案件事实时，侦查人员从事的是一种特殊的认识活动。在认识客观世界时，我们会犯各种错误或"产生各种错觉"。例如，一根直棍子斜插在水中看上去好像弯曲了，没有经验的人可能认为，这根棍子事实上也真是弯曲了。一个照映得耀眼光亮的对象，我们说它是白色的，奇怪的是，同一个对象在温和亮光下我们却发现是黑色的。所有这些"错觉"，都是因为我们对于形成一个状况的环境缺乏认识，或者没有注意，或者先入为主地设想是其他

---

① ［奥］恩斯特·马赫：《认识与谬误》，洪佩郁译，东方出版社 2005 年版，第 109 页。

的环境。我们的想象力也会部分地以最常见的方式来补充这些状况，而唯其如此，有时就歪曲了它们。因此，普通的思维之所以会将假象与现实、现象与事物对立起来，就是因为把在各种不同情况下的状况与在完全确定的情况下的状况弄混淆了。① 侦查认识的错误是导致后续侦查结果错误的主要根源。

警察的错误可能导致错误的逮捕。例如，在美国，警察在实施交通拦截或者调查轻罪行为时，通常依赖于联邦调查局犯罪信息中心的信息。联邦调查局也承认，国家犯罪信息中心约有 5% 的信息不完整或者存在错误。

如果警察过分热衷于追诉犯罪，就很可能导致错误的定罪裁决。Huff 等人指出，大多数错误定罪裁决都源于警察和检察官过分热衷于追诉犯罪，控方越是关注案件的侦破，就越是容易将眼下的嫌疑人认定为罪犯。

此外，警察在行使自由裁量权时，也可能由于对客观情势的判断失误而导致侦查错误。Howard Cohen（1968，21）指出，行使裁量权并不是警察的特权，而是整个职业的必要组成部分。除了少许例外情形，所有的警务活动都需要行使一定程度的裁量权，并且涉及相应的决策过程。其中，是否执行逮捕就是常见的决策情形之一，这个问题非常复杂，即使法律规定某些情况下可以执行逮捕（并非必须逮捕），但具体的决策仍然取决于警察的裁量权。②

警方的决策取决于多种因素。例如，不法行为的性质，究竟是轻微犯罪还是严重犯罪，警方前往现场的原因，究竟是接受上级指派还是接到市民投诉不法行为人的情况，究竟是初犯还是累犯，等等。

---

① ［奥］恩斯特·马赫：《认识与谬误》，洪佩郁译，东方出版社 2005 年版，第 9 页。

② Bruce Berg，Law Enforcement：An Introduction to Police in Society，Allyn and Bacon，1992.

此外，警方在决定是否执行逮捕时，还要考虑是否达到法律规定的标准，不过，在实践中，时常存在一些灰色地带，警方也不得不冒着证据被排除的风险从事一些执法工作。

警察行使裁量权这一现象本身并不是问题，问题在于警察对裁量权的滥用，通过制定严格的规章，可以减少滥用裁量权的情形，但是，规章无法涵盖执法工作中涉及的所有情况与问题。事实上，规章越是复杂，就越难以适应不同的情势。一方面，由于执法人员需要应对不同的情形，因此，必然要行使一定的自由裁量权。另一方面，完全不受控制的裁量权可能导致警察按照自己的个人标准与价值观执行法律，这种选择性执法可能导致不公正的情形出现。

有学者提出了严格执法（law enforcement）的理念，Wayne LaFave（1965，391）指出，由于警方一直认为自己在严格执法，导致那些行使大量裁量权的警察也未能意识到自己在行使裁量权，从而未能试图解释与评估行使裁量权的具体标准。

执法机构制定了相关的政策与规章规范日常的执法工作，包括犯罪现场勘查、使用武力等情形，所有此类政策都旨在建立起警察责任制度（accountability system），但是，这些政策并未对裁量权产生实质性的影响，在日常侦查工作中，警方仍然保留着大量的裁量权。

在许多警察机构，警察裁量权的影响因素与整个刑事司法系统密切相关，具体包括财政与人力资源的限制、诉讼进程的时限、犯罪的严重性以及实现定罪裁决的可能性等。

此外，许多问题还归因于不良的专业训练，或者仅仅是由于刑事司法官员的懒惰或缺乏应有的专业责任心所致。

（二）警察的不法行为

尽管每一个理性的人都会面临各种道德选择和道德困境。但是，警务工作无疑是一个面临更多道德问题的领域，侦查领域尤为如此。

在考察不法行为的救济措施之前，有必要考察侦查过程中可能出现不法行为的常见领域。值得指出的是，尽管对于刑事司法职业而言，不法行为就其内在属性都不具有道德性，但是，并非所有的不道德行为都是不法行为，因此，不能随意扩大不法行为的边界。不过，某些行为既是不道德行为，也是不法行为。[①]

警察的不法行为，是指警方基于公众的信任，在侦查决策的过程中为了达到某种目的，滥用权力，从而做出既不道德也不合法的行为。如果警方试图使用不适当的、不道德的或者非法的手段获得定罪裁决，并且相信眼下的嫌疑人就是罪犯，就越可能导致司法错误发生。

Scheck 等人指出，警察不法行为是导致错误定罪裁决的第三大原因。在由于 DNA 证据改判无罪的案件中，存在警察不法行为的案件占案件总数的 50%。与错误定罪裁决相关的警察不法行为主要包括以下几种类型：隐瞒无罪证据、审前程序的不当暗示、强迫证人作证、强迫嫌疑人供述和伪造证据等。

Klockars（1980 年）将刑事司法官员超越法律的行为称为"哈利问题"（Dirty Harry problem）。在日常警务工作中，执法人员通常面临此种情形，即使用不当手段实现正当的目的。如果目的的实现具有紧迫性与无可置疑的正当性，并且只有通过不法手段才能实现特定的目的，警方就将面临真正的道德难题。

在此种情势下，哈利问题的危险在于警察对于不当行为有负罪感，尽管当事人试图逃避这种道德困境，但是，实际上，这种道德困境是无法逃避的。

哈利问题进一步导致无辜者面临的困境复杂化。尽管基于高尚理由的腐败行为反映出一些刑事司法官员可能违背法律，不过，哈利问题表明，在特定的情势下，刑事司法官员可能被迫在两个

---

① Michael Palmiotto, Critical Issues in Criminal Investigation, Anderson Publishing Co. 1988, pp. 7 – 14.

"不高尚的理由"之间作出选择。如果他们没有正当的法律手段逮捕犯罪嫌疑人，他们就必须任由犯罪嫌疑人逍遥法外；如果他们超越法律逮捕犯罪嫌疑人，他们就必然违背自己所信奉的法律。这种情形对于无辜的嫌疑人而言显得尤为危险。一方面，如果嫌疑人并未实施违法行为，他们就无需害怕法律与执法者；另一方面，他们又非常担心那些超越法律行事的执法者。

尽管 Klockars 的关注点在于警察，不过，哈利问题绝不仅仅限于警察，而是适用于所有的刑事司法官员。

（三）警察的腐败行为

Barker 将警察的越轨行为分为腐败行为与不法行为两种。① 腐败行为（corruption）涉及实质性的奖励或者收入，包括十种类型（见下表），而不法行为（misconduct）不涉及实质性的奖励或者收入，包括以下六种类型（见下表）。②

| 腐败行为（corruption） | 不法行为（misconduct） |
| --- | --- |
| 滥用权力（corruption of authority），包括免费食品或者折扣； | 警察伪证 police perjury |
| 随机性盗窃行为 oppotunitic thefts | 警察暴力 police brutality |
| 从犯罪嫌疑人处搜刮钱财 shakedowns | 值班时的性行为 sex on duty |
| 保护非法活动 protection of illegal activities | 值班时饮酒 drinking on duty |
| 交通贿赂 traffic fix | 值班时睡觉 sleeping on duty |
| 轻罪贿赂 misdemeanour fix | 其他违法行为 other violations |
| 收取回扣 kickbacks | |
| 重罪贿赂 felony fix | |
| 直接的犯罪活动 direct criminal activities | |
| 内部交易 internal payoffs | |

---

① Rookie, Police Officer's Perceptions of Police Occupational Deviance, Police Studies, 6 (2), pp. 30 – 38.

② Tim Prenzleer, Janet Pansley, Police Reform – Building Integrity, Hawkins Press, 2002 Chapter two, Miscarriage of Justice, pp. 24 – 39.

有学者提出了程序腐败（process corruption）的概念，涉及伪造证据以及其他类型的妨碍司法行为。此种腐败行为的被害人可能是无辜者，也可能是真正的罪犯。警察通过欺骗手段实现定罪裁决。这种腐败行为表现为：在证人席上说谎、隐瞒无罪证据、强迫犯罪嫌疑人供述、在侦查阶段通过非法搜查或者监听获得证据、或者剥夺犯罪嫌疑人的合法权利、或者与相关人员合伙伪造证据、或者故意栽赃以掩盖非法的侦查行为。

基于高尚理由的腐败行为（noble cause corruption），可以对上述现象提供部分的解释。之所以倡导正当程序理念，原因之一就是防止无辜者面临错误的定罪裁决。如果严格遵守法律的正当程序，被指控实施犯罪行为的无辜者所享有的权利就将得到最大限度的保护。在错误定罪裁决之中，刑事司法官员通常超越法律行事。之所以会超越法律行事，在很大程度上是由于他们基于高尚的理由。如果某人认为自己的行为值得尊重，就将基于特定的理由实施特定的行为。基于高尚的理由，某些刑事司法官员可能无视法律，因为他们认为刑事诉讼程序妨碍实现高尚的目标，这种现象就被称为基于高尚理由的腐败行为。

基于高尚理由的腐败行为是以良好结果为名义的腐败行为，警察显得过于关心自己的工作，如破案心切。之所以产生此类腐败行为，是由于警方试图通过严厉打击犯罪人来保护无辜者免受犯罪的侵害。警察认为自己的行为结果是正当的，但是，实际上却实施了不当的行为，这是对警察权的一种滥用。

如果警察（或者其他刑事司法官员）忽视了自己所肩负的宪法职责，为了打击犯罪而实施不法行为，他们就违背了旨在打击犯罪并保护无辜的宪法与法律秩序，并且基于自己对正义的界定实施个人意义上的司法程序。在此种私人正义的理念之上，无辜者一旦被剥夺了宪法提供的保护，就更加容易成为司法错误的被害人。

基于正当理由的腐败行为与哈利问题仅仅是两种现象而已，并

**侦查错误论**

不能囊括一切情形。实际上，并非所有违背法律的刑事司法官员都基于高尚的道德观念，某些人实施不法行为的目的可能具有很大的自私性，他们通过侦破案件来迎合社会的需要、实现自己的职业目标或者满足来自其他方面的要求。

1. 警察个体的腐败。

人们通常认为，如果将少数腐败的警察清除出警察队伍，腐败行为就会随之消失。此类腐败的警察缺乏职业素养，容易产生腐败行为，从而属于道德感较弱的群体。

尽管这种理论在 20 世纪 60 年代比较流行，但是，时至今日，许多学者已经对此持不同意见。Samue Walker 指出：

由于关注某些警察个体，烂苹果理论解释了某些警察道德堕落的原因，基于该理论，腐败的蔓延是由于烂苹果污染了苹果篮子里面的其他苹果。尽管这种理论十分流行，但是仍然为许多专家所摒弃，首先，该理论未能解释警察腐败行为的蔓延性与持续性，该理论只能让人认为，大量易于腐败的人员被招募进警察队伍。相反，实际上，警察的招募程序比较严格，那些进入警察机构的新警通常具有相对较高的道德素质；其次，烂苹果理论未能解释不同警察部门之间存在的差异，以及同一部门在不同时间段内的差异。

纽约市警察局前任局长 Patrick Murphy 指出：

烂苹果理论已经不再适用。腐败的警察并非天生的罪犯，他们与其他守法、诚实的警察并无二致。控制腐败的关键是考察装苹果的篮子——整个警察组织，而不是警察个体。因为腐败的警察不是天生的，他们是诸多因素综合作用的结果。

2. 警察组织的腐败。

有关警察组织导致腐败的理论关注的是警察机构内部的少数警察，少数警察可能对工作不满，对刑事司法系统存在抵触情绪。这种不满情绪导致少数警察成为腐败的群体。

Lawrence Sherman 将警察组织的腐败称为"烂口袋"（rotten pocket）现象。这些腐败的警察群体分为两类：一类是有组织的腐败，一类是无组织的腐败。就有组织的腐败而言，警察积极地从事系统的、有组织的腐败活动。就无组织的腐败而言，警察虽然存在腐败行为，但并未相互联系，也并未合作从事违法活动。

Richard Lundman 指出了区分个体腐败与组织腐败的五个基本要素：第一，对于有组织的腐败行为，其行为方式必然与警察机构外部的法律标准与规则相悖；第二，个人腐败行为一般得到内部规则的支持，该规则与警察组织的正式目标与规则相冲突；第三，为了保持违法行为的内在标准，警察的社会化过程必须向新警灌输不法行为；第四，警察部门存在着对同事不法行为的相互支持；第五，对于组织腐败，通常得到警察机构的内在支持，同时，警察还面临着亚文化等负面影响。

基于社会学理论，警察腐败行为是由于社会试图推行一些无法执行或者存在争议的法律。某些行为违背了法律，但属于无被害人的犯罪。此类犯罪难以开展执法工作，因为当事人一般不会报案，此外，社会舆论也不反对此类行为。这种理论可以解释某些行为，如受贿等，但是，无法解释其他一些问题。

另外一个解释是从职业角度解释执法工作。警察腐败属于职业不法行为，许多职业都使得本行业人员有机会滥用权力，从而获得个人利益。警察职业面临着许多可能滥用权力的情形，而且与公民权利密切相关。

## 二、侦查领域的观察者效应

前文从行为层面分析了导致侦查错误的诸多行为类型，接下来，本部分内容关注的是侦查领域的观察者效应。

### （一）确证偏见效应

现代心理学的基本原则之一就是人们的欲望与期望将影响其感

## 侦查错误论

知与表达。换言之，观察的结果需要依赖于观察者的心理状态和观察对象的性质。培根早在 1620 年就指出，"就人类的理解力而言，一旦已经形成了某个假设……就会寻求证实性资料的支持；尽管可能存在相反的事例，人们或者没有能够意识到，或者对之视而不见……"

中国《吕氏春秋》中的"亡鈇者"指的就是人类的这种思维习惯：

> 人有亡鈇者，意其邻之子，视其行步，窃鈇也，颜色，窃鈇也，动作态度，无为而不窃鈇也。掘其谷而得鈇。他日复见其邻之子，动作态度，无似窃鈇者。其邻之子非变也，己则变矣。

这个故事的大意是，有个人把斧子丢了，怀疑是邻家的儿子偷去了，看邻家儿子走路的姿势像是偷了斧子的样子，看他脸色，像是偷了斧子的样子，听他说话，也像是偷了斧子的样子，一举一动，神情态度，没有一点不像偷了斧子的样子。后来，此人在山谷掘地时找到了自己的斧子，此后再见邻家儿子，一举一动，神情态度，又不像偷了斧子的样子了。邻家儿子并没有变化，是他自己在变化。

在感知现象领域，现代心理学提出了"选择性注意"（selective attention）理论，即观察者倾向于注意某些信息而回避某些信息。选择性注意体现为，人们在面临诸多的刺激因素时，往往选择某一方面予以关注的心理过程。

随着现代心理学的发展，科学家们发现，观察者的因素可能会影响观察的结果，并导致错误的结论。即使对于大规模的样本群体而言，人们也容易犯错误。因此，实验室人员经常会发现，自己的观察与预期相符合，然而却与现实不相一致。

反映在侦查领域，学者将这种心理学现象称为"确证偏见"（confirmation bias）。确证偏见是一种逻辑偏执的习惯思维，不是一种一般性的错误。即使非常理性的人，在一定情况下，也会产生确证偏见的错误，因为它深深地与人性的自我中心有关。如果一个人没有受过逻辑训练，那么确证偏见将难以察觉；如果有一种制度或环境的诱导因素，它就可能成为社会种群偏见。在司法活动中，确证偏见是司法活动的痼疾，这并不是说司法活动必然导致确证偏见，而是说司法活动稍有制度上的便利或稍有理性要求的放松，就难免不导致确证偏见。①

人们平常的推理具有两个特征。第一，不能对一切可能的解释进行思考；第二，偏重于设法证明论点，而不努力弄清论点有无错误的可能。有学者概括了确证偏见的三大理论诱因。

第一，证据学上的"客观真实理论"，该理论极易导致确证偏见思维。首先，该理论误用了可知论命题，完全忽略了个案的偶然性和认识条件的限制；其次，模糊了事实的客观形态和主观标准的区别；最后，没有估计一般可疑与严重悬疑都可能阻止认知的顺利进行。

第二，反推定理论，不仅反对无罪推定，而且根本反对推定。由于不承认诉讼悬疑，从而将推定裁判视为不"实事求是"。这种确证偏见必然将举证责任强加在被告身上，而放松对指控责任和论证的要求。许多长达十余年之久的所谓疑案，就是这种反推定理论的产物。

第三，反心证理论。该理论不承认在案件裁判过程中使用心证的方法，因此，也被称为反对自由心证。

确证偏见在侦查领域的一个突出表现就是犯罪嫌疑人品格证据的误用，这种情况在强奸案件中表现得尤为明显。勒内曾经指出了这种现象：被告人强调自己无可非议的过去是徒劳的。审判人员会想到，最正派的人也会有一时的疏忽。如果是年轻的男人，人们会

---

① 张成敏：《案史：西方经典与逻辑》，中国检察出版社 2002 年版，第 275 页。

**侦查错误论**

认为他性欲旺盛；如果他年纪大些，人们就要说他是老色鬼。如果他是个色情狂，人们一定会说他因为放荡而去找那些未成年的女孩子；而如果相反，他本来是寡欲的，人们又会认为他对性欲的抑制是他犯罪的根源。[①]

在我国司法领域，司法制度还是以国家至上这种观念来设计的，非常关注刑事追诉工作的要求，这是产生确证偏见的一个客观条件。由于对犯罪嫌疑人和被告人的权利保障不足，因此，为确证偏见心理提供了有利的制度条件。

由于警察机构奉行的是官僚制管理体制，上下级之间是领导与被领导的关系。在社会舆论或者上级的压力之下，即使案件存在明确的疑点，有时也会强迫办案人员作出偏执的证明。如果个人要坚持理性，就会面临遭到打击乃至撤职的危险，至少也会给领导留下不好的印象而影响前程，这种顺从上级的行政制度也可能导致确证偏见。

（二）观察者效应的表现形式

观察者效应，是指观察者在理解、记录、再现、计算和解释过程中发生的错误。通常情况下，观察者效应都源自对结果的期望，这种期望可能来自明确的信息或者细微的线索。

各种预期，无论出于何种原因，都可能导致确证偏见和选择性注意。在认识的过程中，人们常常忽略那些不利于假设的信息而不加批判地接受那些有利于假设的信息，这个过程是一个下意识的过程，很难避免。

1. 停泊效应（anchoring effects）。

有关感知和回忆的相关研究还包括"停泊效应"。有关停泊效应的研究表明，人们对事物的感知受到与职责无关的外部因素的影

---

① ［法］勒内·弗洛里奥：《错案》，赵淑美等译，法律出版社 1984 年版，第 13 页。

响。研究表明，主观的判断在人们的定量分析中产生巨大的影响。同时，专家也不能避免停泊效应的影响。例如，在一次试验中，要求诸多有经验的资产评估人员对一个房屋的价值进行评估。他们进行了常规检查，随后，被告知不同的"市价"，结果显示，这些专家的评估结果深受这些市价的影响。

对于诸多法庭科学领域，常常涉及主观的概率分析，因此，更容易受到停泊效应的影响。

2. 角色效应（role effects）。

经验研究表明，在人们试图回忆过去事件的过程中，角色效应产生着重要的影响。人们扮演的角色不同，对信息的感知和记忆也存在明显的差异。同时，角色也对确定阈值产生较大的影响。鉴定人员 James Starrs 对角色效应有一段客观的表述：

"人们通常基于各种理由将犯罪实验室的工作人员视为控方的助手。他们据以分析的材料基本上是由控方单独提供的。他们的证言也几乎全部代表控方的利益。结果，他们的公正性受到控方偏见的严重影响。"

3. 附和效应（conformity effects）。

心理学研究显示，人们具有附和其他人的感知、信念和行为的倾向。对附和效应的研究表明，人们往往根据他人的观点而得出自己的结论，有时也可能获得某些附加信息，但是，大多数情况下都是仅仅附和同行的观点。他人的社会地位或者权威性对观察者具有重要的影响。

4. 试验者效应（experimenter effects）。

上述各种效应的对象都是非生物体，对象本身并不发生变化。对于研究生物体的科学家而言，将面临着更多的挑战。与非生物体不同，人类与动物能够感知试验者的行为，并随之改变自己的行为。诸多试验表明，试验者的期望能够改变自己的行为，试验对象则会发现这些改变并随之改变自己的行为以适应试验者的要求。

试验者效应与法庭科学之间也存在着一定的关联。大型犯罪实验室的组织背景恰似一个"试验"，侦查人员、检察官、实验室负责人以及同事都是"试验者"，各位鉴定人员都是试验的"对象"。可见，实验室负责人、同事和其他人员的信念和期望将通过各自的行为表现出来，并非"试验对象"——鉴定人员所感知，由此影响鉴定人员的行为，包括观察、记录、计算和解释等。

5. 期望与动机对观察者效应的影响。

人们的期望对感知产生极大的影响，不难发现，如果观察者非常希望观察到某种事物，这种期望可能源自希望或渴望，那么，该事物就更可能被"发现"。FBI 法庭科学分析专家 James Corby 指出：

"通常情况下，你与受害者及其家庭并无关系，你的工作也要求你尽量不卷入案件之中，然而，一旦犯罪涉及婴儿或者儿童，你就会发现，自己将会产生极大的责任感，试图证明某些情况。但是，如果该情况并不存在，你也肯定会对自己得出的结论持一种更为审慎的态度，我认为，这是人的本性。"[1]

在观察的任何阶段都可能产生观察者效应，具体包括：最初感知阶段发生的错误；记录阶段发生的错误；记忆过程中存在的错误；推理与计算过程出现的错误；解释过程中出现的错误。

对于解释过程中出现的错误，一般并不存在客观的"真值"标准，因此，很难从解释性结论中发现不准确之处。观察者受到的刺激越模糊，受到的影响越大，观察者效应就越可能发生，就更可能导致不准确的结论。

（三）司法鉴定领域的观察者效应

在日常工作中，侦查人员尤其是鉴定人员需要观察各种物体、

---

[1] FBI Files: The Predator(Discovery Channel Television Broadcast. Nov. 29. 2000).

图像、颜色、仪器及测试结果。在这个过程中，观察不可避免地具有某种程度上的模糊性；主观的判断和解释仍然是作出结论的主要方法；侦查人员的工作环境也存在各种预期的影响。在这种情况下，很容易产生观察者效应。[1] 在侦查领域，观察者效应主要体现在司法鉴定领域。

1. 司法鉴定实践中的无关信息。

鉴定人员的主要工作是利用本专业的专门方法解决案件中的特定问题。对于司法鉴定人员而言，代表执法部门进行鉴定，并不等于自己就是执法部门的成员，虽然这两者之间很难进行区分，但这种区分具有十分重要的意义。

对于侦查人员而言，其职责就是收集案件信息并确定案件事实。侦查人员在侦查活动中考虑一些不甚可靠的信息，这一点无可非议。这是由侦查工作自身的特点所决定的。正是由于侦查人员对案件的认识存在观察者效应，所以，为了避免将侦查人员的偏见带入法庭，才不允许侦查人员就自己的结论作证，而应通过合法获得的证据来证明案件事实。

鉴定人员的处境与侦查人员截然不同，因为鉴定人员不是侦探。鉴定人员的结论需要提交给事实裁判者。鉴定人员的结论之所以具有可采性，不是因为鉴定人员对一般证据信息含义的理解优于侦查人员或法官；而是由于法律认为，就特定的专业知识或技能领域而言，鉴定人员对相关信息的理解能力远远优于侦查人员或法官。[2]

如果鉴定人员接触、依赖其专业领域以外的信息，或者受到此

---

① D. Michael Risinger, Michael J. Saks, William C. Thompson and Robert Rosenthal, "The Daubert/Kumho Implications of Observer Effects in Forensic Science: Hidden Problems of Expectation and Suggestion", California Law Review, Jan, 2002.

② Michael Risinger, Denbeaus & Michael Saks, "Exorcism of Ignorance as a Proxy for a Rational Knowledge"136 U. PA. L. REV,731,(1989).

**侦查错误论**

类信息的影响，那么，他就在滥用自己的权力，尽管他自己可能认为该信息使得自己的结论更为可靠。因为他的职责是仅仅基于本专业领域的信息得出结论。在司法实践中，鉴定人员依赖其他信息作出结论的情况并不少见。

根据鉴定人员的主观心态，主要有两种原因导致其受到专业领域外信息的影响。其一，在从事司法鉴定分析的过程中，因客观原因无法得出确定性的结论，此时，为了满足送检部门的要求得出确定的结论，鉴定人员就会求诸于其他的案件信息，结合其他情况得出确定的结论。其二，在开展分析工作之前，鉴定人员就已经受到送检部门的暗示或影响，获悉了其他有罪证据，因此，在自己开展工作之前，就已经事先在心里形成了结论。尽管其他补强证据可能强化司法鉴定人员的主观确信，但对其结论的准确性而言却无丝毫帮助。

为了与其他证据的推论保持一致，鉴定人员往往并未根据自己的专业技能作出结论。同时，这种趋同行为本身也体现出专家结论虚假的确定性。这种情况导致的不良后果体现在两个方面。第一，如果该证据具有独立的价值，那么信息污染将损害该证据的真实价值；第二，如果该证据本身有缺陷，那么信息污染将导致整个证据链遭到实质性的破坏。

2. 司法鉴定实践中无关信息的影响。

鉴定人员应当遵守的首要原则就是摒弃无关信息的干扰。鉴定人员必须完全依靠与司法鉴定分析工作直接相关的信息，远离其他暗示的影响，如果鉴定人员能够做到这一点，那么，他将保持最大限度的客观公正。但是，司法鉴定实践表明，上述原则并未得到严格的遵守。

现有的诸多标准都旨在预防证据受到污染，然而，鉴定人员所受到的信息污染却并未得到应有的重视。同时，现有的研究并未涉及司法鉴定实验室的实际工作状况，也未涉及这种信息污染发生的统计概率。而这些研究对于鉴定证据在法庭上的运用具有十分重要的作用。

根据 Risinger 教授的调查，提交给新泽西州警察局犯罪实验室进行检验的证据，统一放在一个标有"案件概要"的档案袋中。所有的案件材料都装在该档案袋中，并交给实验室的检验人员。经过 Saks 教授的调查，其他警察局的做法也如出一辙。

同时，许多鉴定人员都主动寻求不适当的帮助，以便据此作出结论。例如，在一本近期出版的教科书（Document Examiner Textbook）中，作者建议："在进行笔迹鉴定之前，应当进行咨询，并尽量获得案件的其他间接证据。"可见，在该领域，过去并不存在控制相关信息的标准，自从 Daubert 案之后，已经开始了相关领域的研究。Kumho 案促使法院进一步注意暗示的干扰与其他的观察者效应致因。

3. 司法鉴定实践中因观察者效应导致错误的特殊致因。

（1）侦查人员与鉴定人员的直接交流。

如前文所述，送检过程中附送的说明书中经常包含过多的案件信息。这种信息有时可能包含某些归罪证据，也可能包含侦查人员对具体结论的期望。在此种情况下，鉴定结论的可靠性可能会因此大打折扣。

对此，Evan Hodge 指出："鉴定人员往往屈服于侦查机关的压力。所有的鉴定人员都可能面临这种情况，只是程度不同而已。在重大案件的鉴定工作中，侦查人员往往急切地等待鉴定结论，这不可避免地要对鉴定人员产生影响。"[1]

（2）根据新信息修正鉴定结论。

鉴定人员也可能了解到案件中与自己的结论不一致的其他证

---

① Evan Hodge, "Guarding Against Error", 20 Ass'n Firearms & Toolmark Examiner's J. 292(1988).

据。有时候，根据这些信息，鉴定人员往往会改变其最初的结论。当然，鉴定人员一般并不会基于其他证据随意改变自己的结论。不过，一旦鉴定人员了解到其他的证据信息，一般就都会重新审视自己的鉴定结论，也往往会适当加以修正，同时，自己对修正后的结论更加深信不疑。

在司法实践中，经常出现这种情况：同一个犯罪实验室的鉴定人员彼此知晓对方的鉴定结论，同时，如果出现不一致的情况，各个鉴定人往往共同协商以达成一致意见。然而，这种情况很容易导致观察者效应的出现。

（3）有选择地进行重新鉴定。

有时，控方对否定或不确定结论不甚满意，往往会要求鉴定人员重新鉴定以获得"更为理想"的结论。此时，信息污染问题表现得十分明显，侦查人员或检察官可能会暗示鉴定人员最好作出有罪结论。同时，律师也往往具有上述倾向，希望获得有利于己方的结论。

在 United States v. Mitchell（E. D. Pa. 2000）案中，被告对鉴定人员的指纹鉴定结论提出质疑，为了证明鉴定结论的正确性，一位 FBI 指纹鉴定专家将案中的两份潜在指印检材和一份已知样本提交给各州的犯罪实验室。反馈的结果是：有 7 个犯罪实验室认为，其中一份潜在指印检材与样本不能认定同一；有 5 个犯罪实验室认为，另一份潜在指印检材与样本不能认定同一。随后，该专家又将这些资料放大并加以注释，指出需要关注的特征，暗示应当得出的结论，并将这些资料再次提交给上述 12 个实验室，要求这些实验室重新鉴定。结果，上述实验室全部默认了该专家暗示的结论。[1]

这种选择性重新鉴定的偏见效应由此可见一斑。由于当事人往往是对与己不利的结论才会要求重新鉴定，因此，选择性偏见一般

---

[1]  Simon Cole, The Myth of Fingerprints, Lingua Franca, Nov. 2000, p.54.

都要求对与己不利的报告进行修正。

## 第三节　侦查错误原因的类型分析

刑事司法错误一般都来源于警方对报案的处理过程。从事犯罪应对工作的侦查人员的所作所为（通常是未能适当地作为）将对警方侦破犯罪的能力以及减少错误拘留和错误逮捕的能力产生深远的影响。

由于警察是刑事司法系统的启动者，警察在接到市民的报案后赶赴犯罪现场，因此，警察也是错误定罪裁决的主要因素。警察的错误与不当行为是导致错误定罪裁决的主要原因之一。如果无辜者没有被指控，他们也就不会被定罪。

Jim Dwyer，Peter Neufeld 和 Barry Scheck 在《清白的罪犯》（Actual Innocence）一书中系统地阐述了美国司法错误的诸多致因，包括错误的目击证人辨认结论、刑讯逼供获得的虚假供述、错误的法庭科学证据、错误的线人证言、辩护律师辩护不力、侦查人员伪造有罪证据或者隐藏无罪证据等。

有学者通过归纳相关的案例，认为司法错误的原因包括：由于警方的压力、精神状况不稳定或者其他缺乏行为能力的情形，导致了不可靠的陈述；警方通过询问获得虚假供述，或者轻信不可靠的线人（尤其是那些狱中服刑的罪犯或者面临指控的嫌疑人）伪造的证据，不可靠的证据，如嫌疑人的证人辨认结论，或者不可靠的法庭科学证据；警察、检察官或者鉴定人员隐瞒证据；侦查工作不力，关注特定的假说，排除了其他的可能性；审判或者起诉工作不公正，审判行为不公正；警方与媒体未能公正地对待被告人。[1]

---

① Tim Prenzleer，Janet Pansley，Police Reform – Building Integrity，Hawkins Press，2002，Chapter two，Miscarriage of Justice，pp. 24 – 39.

## 侦查错误论

尽管警方的不法行为并非导致司法错误的唯一原因，但是，这是一个非常重要的原因。侦查工作之所以导致大量的司法错误，内在的原因在于侦查与证据收集工作缺乏责任性。这种缺乏责任性的情况也反映出刑事司法模式存在的深层次问题：对抗制本身关注平等武装的两造的理性对抗，而非发现事实真相。这就导致了一系列的系统缺陷：自主性的侦查过程、控辩资源不平等、严格的证据规则与专家的有限使用等。针对对抗制的这些批评，促使学者们转而关注纠问制诉讼程序。

此处有关侦查错误致因的分析，广泛地参考了国内外学者们的研究成果，将侦查错误的致因总结归纳为以下两个方面：一方面，涉及放纵犯罪型侦查错误，包括罪犯与犯罪的特殊性、侦查工作不力、侦查认识活动的局限性以及对抗制诉讼模式等因素；另一方面，涉及正当程序型侦查错误，包括不当地扩大犯罪嫌疑人的范围、错误的证人辨认结论、错误的线人情报、刑讯逼供获取的虚假供述、警方的奖励机制不当、警方伪造有罪证据或者隐藏无罪证据、"严打"政策以及法庭科学证据等问题。

不过，值得指出的是，由于放纵犯罪型侦查错误与正当程序型侦查错误之间存在着一种张力关系，因此，某些因素，如下文提及的对抗制诉讼模式，既可能导致放纵犯罪型侦查错误，也可能导致正当程序型侦查错误。不过，为了强调特殊性，此处仍然将两类侦查错误的致因进行了大致的区分。

### 一、放纵犯罪型侦查错误

在侦查实践中，导致放纵犯罪型错误发生的因素很多。所有这些因素都将对成功的侦查与起诉工作制造不必要的障碍，同时，这些因素也是导致罪犯逃避惩罚的主要原因。我们将在后面的章节中详细讨论这些来源，本章将针对放纵犯罪错误的来源及其后果进行总体上的探讨。

（一）罪犯与犯罪的特殊性

对于有效地进行犯罪控制这一目标而言，最难以排除的障碍就是老练的罪犯（skillful offender）。那些逃避侦查与逮捕的罪犯就是在古典犯罪学理论与新古典主义犯罪经济理论中提及的罪犯原型，上述理论将罪犯刻画为理性的决策者，他们在均衡考虑合法行为和非法行为的结果之后再选择是否实施犯罪行为。一旦选择实施犯罪行为，他们将试图发现实施这些犯罪的最佳方法，从而实现犯罪活动净收益的最大化，并考虑被逮捕的可能性，被逮捕与被指控的可能结果，以及在特定的犯罪活动中未被逮捕所能得到的预期收益。

老练的罪犯所实施的犯罪行为很少存在疏漏，近似完美的犯罪。没有人会否认，完美的犯罪可能在理论上存在，并且也确实存在着。完美的罪犯能够逃避惩罚。如果犯罪行为人被逮捕，那么，无论犯罪计划制订得多么周密，执行得多么准确，都不能称之为完美的犯罪。Pamela Jekel 指出，完美的犯罪包括四个要件。第一，秘密性。犯罪应当有周密的计划，由 1~2 人实施。黑手党的沉默法则就是为了确保犯罪的秘密性。因此，完美的罪行应当由 1 人实施，最多 2 人。第二，犯罪计划必须落实到每一个细节。第三，犯罪计划不需要任何不可能或者不必要的技能或者工具。第四，获得预期的利益。①

老练的罪犯在实施犯罪行为之后，很少在犯罪现场遗留可供侦查人员侦破案件的相关证据：没有证人，很少遗留证据，某些证据也难以被发现。在美国，基于已有的被害化问题公众调查，在过去的数十年间，被害人报案的比例也逐渐上升，但是，总体报案率仍然低于 50%。即使是警方已经知悉的犯罪，许多案件也没有目击证人。这些犯罪之所以报告给警方，或者是因为被害人发现了犯罪行为，或者是因为尸体被发现。通常情况下，这些犯罪都将增加成

---

① Pamela Jekel, The Perfect Crime, and How to Commit it, Paladin Press, 1982.

### 侦查错误论

功地进行犯罪侦查与认定罪犯的难度。

在暴力犯罪等严重犯罪案件中，如果证人遭到了罪犯的恐吓，并且担心因为自己针对该罪犯出庭作证而遭到报复，就很可能导致放纵罪犯错误。如果警方未能向证人保证，他们能够确保其免遭罪犯的报复，那么，上述情况就很容易发生。此外，其他一些因素也可能导致上述错误的发生。证人对犯罪事件的记忆的准确性可能随着时间的流逝而大打折扣。如果犯罪事件涉及暴力行为，证人将很难准确地回忆起案件的相关细节。即使对于那些非暴力性犯罪，证人所存在的紧张、恐惧和焦虑情绪也可能干扰正常的感知过程，并且影响后来的记忆能力。

此外，对于许多新型的犯罪，尤其是经济犯罪、计算机网络犯罪和其他白领犯罪，犯罪行为人的犯罪手段较为新颖，反侦查意识和能力较强，给侦查工作带来了严峻的挑战。在此类犯罪的侦查过程中，侦查人员面临着诸多技术和法律层面的难题。在侦查实践中，此类案件的侦破难度很大，破案率较低。

同时，某些行为尽管违背了法律，但属于无被害人的犯罪，如毒品犯罪、走私犯罪、卖淫嫖娼类犯罪。这些犯罪难以开展执法工作，因为当事人一般不会报案，此外，社会舆论对此类行为的关注度不够，此类案件的隐案率非常高，因此，这些案件的侦破率相对较低。

（二）资源稀缺导致的侦查效率低下

对于犯罪控制工作而言，其所面临的第二重障碍就是侦查工作缺乏效率。在许多警察机构，侦查工作效率低下的状况，通常能够直接或间接地归因于资源稀缺以及犯罪所带来的巨大工作负担。

在许多警察机构，政府的总体预算较少，警察与人口相比相对数量较少，同时，警察却面临着较大的案件工作负担以及其他各项复杂的警务职责。由于有限的警务资源必须在各种需求之间进行分配，因此，能够具体分配到各个案件的时间和人力资源也将随之不断减少，由此导致了案件的成功侦破率不断降低。

与警务工作相关的犯罪控制工作之所以缺乏效率，也可能源于其他原因，有时也涉及资源稀缺问题。如果侦查人员在诸如物证的收集与处理、询问证人以及讯问犯罪嫌疑人的有效技能等方面未能经过充分的培训，侦查工作也将受到负面的影响。案件发生后，最先到达现场的第一位执法人员通常都是巡警或社区民警，一些警察机构在以下方面对巡警、社区民警与刑警提出了比其他警种更高的要求，包括保护犯罪现场、识别与收集证据、从证人与犯罪嫌疑人处获取有用的案件信息。警察侦破犯罪的能力同时也依赖于其与公众的合作能力，在这一方面，许多警察机构看起来比其他警察机构更加富有成效，这在很大程度上得益于在这些辖区开展的和谐警民互助行动。

即使在经济水平较为发达的美国，也面临着类似的问题，尤其是在法庭科学领域。出于资金方面的考虑，在全美国范围内，官方犯罪实验室的预算严重不足，很少能够全面聘请各个领域的法庭科学专家，由于DNA证据逐渐得到法庭的青睐，受其影响，微量物证鉴定部门的规模不断缩减。总体上，犯罪实验室的预算主要按照法庭所青睐的法庭科学领域进行资源配置。对于法院不感兴趣的法庭科学证据类型，犯罪实验室很少投入大量的资源。同时，犯罪实验室很少投入资金开展研究，该领域的研究预算已经成为奢侈品。

此外，官方犯罪实验室已经在近年来面临严重的预算和人员短缺问题。之所以产生此种情况，主要源于以下几个相互作用的原因。第一，在大众媒体的积极推动下，美国全国范围内对法庭科学给予了相当的关注，犯罪实验室的需求也随之不断增加。许多执法人员都开始认识到，法庭科学证据有助于案件的侦破，陪审团也希望案件中存在法庭科学证据，因此，官方犯罪实验室也随之针对更多的证据开展法庭科学检验。第二，许多辖区的实验室检验标准不断提高，已经达到了犯罪实验室认证标准的要求。在全美国范围

**侦查错误论**

内，诸多大规模的官方犯罪实验室和实验室系统都正在面临严格的、独立的资质审查，并且致力于满足美国犯罪实验室主任实验室认证协会（ASCLD/LAB）设定的标准，以便能够在法庭上将之作为重要的资质证明。为了满足美国犯罪实验室主任实验室认证协会（ASCLD/LAB）设定的标准，原本就已稀缺的实验室预算就不得不用于质量控制工作、实验室设施建设以及证据标示和储存工作。此外，每个实验室工作人员每年都需要针对自己分析的各类证据完成一次熟练程度测试。这就减少了鉴定人员从事法庭科学检验工作的时间，如果实验室面临着人员短缺的特殊情况，还可能导致送检的证据材料被搁置一段时间，无法进行及时的检验。整个实验室认证过程也并非易事，甚至要求某些实验室重新置办全新的价值数百万美元的检验设备。除此之外，实验室还很难聘请非常适格的工作人员，从而导致适格的候选对象很少，而且无法向工作人员提供较高的工资。此外，现有的制度并不鼓励开发新的法庭科学分析技术，因为新技术必须得到有效的验证，这就导致传统的技术手段无法进行及时的更新。这种状况违背了科学研究的宗旨，并且抹杀了创新的积极性，因为犯罪实验室分析领域所取得的诸多进步，都是针对真实案件材料进行实验并且尝试新方法的结果。第三，各州犯罪实验室的公共预算持续受到政治当局的政策影响，因为政客们甚至不热衷于投入大量资金发展教育事业，更不会加大法庭科学领域的资金投入。

基于以上这些原因，许多官方的犯罪实验室缺乏足够的时间、资源或者人员开展常规的分析工作。结果导致几乎所有的法庭科学领域都积累了大量的案件。在此种制度环境下，实验室管理者很难在犯罪重建领域投入额外的时间和资源。

（三）侦查认识活动固有的局限性

常规的侦查认识活动属于一项回溯性的认识活动。作为过去发生的事件，犯罪事件具有不可重现性，这种不可重现性给侦查认识活动带来了困难。不过，由于每个犯罪行为都具有独特性，这也使得侦查认识活动具有了现实的可能性。

由于以下几个原因，侦查认识活动面临着诸多的局限：第一，认识主体主观上的局限性；第二，侦查认识活动的时间限制；第三，侦查资源的有限性；第四，侦查认识活动的特征。[①] 前三个方面很好理解，在此不再论述以下专门论述侦查认识活动的特征。

已经发生的犯罪事件具有不可重现性，这也给侦查认识活动带来了困难。如同历史事件的认识活动一样，历史学家卡尔·贝克尔明确地指出："史学家不可能展现某个事件的全过程，即使最简单的事件也不可能。"[②] 诚然，在当下的社会中，要把历史事件全部的构成因素都"搬回"现实中是不可能的，同时，立足于当下，要认识历史事件也是困难的。金岳霖先生也指出："表示历史的特殊命题是不容易证实的。"[③] 在这里，所谓的"表示历史的特殊命题"，就是指对某一具体历史事件进行判断的命题，所谓的"证实"，就是用一些方法或途径来说明"表示历史的特殊命题"，实际上是表现了历史事件的本来面目。历史事件既然存在于现实的彼岸，所以，要说明"表示历史的特殊命题"是否表现了历史事件的本来面目，就必须把历史事件通过一定的途径"展现"在现实中，那当然是困难的事情。

为了最大限度地认识发生在过去的犯罪事件，学者提出了所谓的"犯罪重建理论"。根据李昌钰博士提出的"犯罪重建模式"，犯罪重建包括以下几个阶段：[④]

---

① 陈兴良：《刑事法治的司法理念》，载《高级警官培训讲堂录》，中国人民公安大学出版社 2004 年版，第 235 页。

② ［美］卡尔·贝克尔：《什么是历史事实》，载《现代西方历史哲学译文集》，广西师范大学出版社 2002 年版，第 291 页。

③ 金岳霖：《知识论》，商务印书馆 1983 年版，第 870 页。

④ 李昌钰：《刑事侦查中的物证》，公安部科技信息研究所 1994 年版，第 204 页。

## 侦查错误论

第一，资料的收集：所有的自刑案现场或者受害者的资料，包括证物的状况、明显的痕迹分布和印痕、受害者的状况等资料，都需要搜集汇总。

第二，初步推测：在仔细分析物证之前，可能对现场案件发生已有初步的解释，不过在此阶段不能仅设定唯一的答案，因为可能还有其他的状况存在。

第三，假说建立：接下来的资料搜集则针对证物的检验和连续的调查。物证的检验包括血迹、印痕形状、枪击形式、指纹证物的解释，以及微物迹证的分析，这个过程会引导出可能发生过程的一种有根据的猜想，也就是假说。

第四，验证：假说建立之后，接下来就需要印证或反驳所有解释或部分观点，此阶段包括现场搜集之证物与已知标准品，以及其他地方采集之样本做比对，进行化学分析、显微镜观察及其他形式的分析和实验。

第五，理论形成：在调查中可能需要有其他咨询，如受害者和嫌疑人的情况，嫌疑人的活动情形，证人陈述的准确性如何，以及其他关于周遭环境的资料。在验证假说时，所有已确认的侦查资讯，物证分析结果，以及实验的结论均需要考虑在内，只有经过彻底的试验及分析验证，才能视为合理的理论。

犯罪重建依赖于对物证以及侦查结果的分析与评估，这是一个"猜想与反驳"的过程。如同认识历史一样，我们需要在不同程度的可能性之间作出判断。一方面，我们通常需要在"不明确的可能"（possible）与"可论证的可能"（probable）之间作出明确的区分。另一方面，我们很难排除所有的可能性。特定的可能性可能超出了理性的范围。例如，我们假定某甲是某个枪击案件的嫌疑人，既然没有人确定某甲已经死亡，他仍然可能活着。可能吗？可能，但是，绝无可论证的可能。因此，我们必须确定什么是现实的可能性。① 因此，必须区分推测的可能性与现实的可能性；有时，为了论证已经提出的假说，还需要进行侦查实验。

除了犯罪重建在认识论上的局限性之外，作为犯罪重建基础的犯罪现场勘查工作也可能存在错误。现场勘查应坚持合法、及时、全面、细致、客观、科学、安全七项原则。但是，在众多司法错误中，侦查人员对于案件的现场勘查中均存在重大的疏漏和偏差，导致该提取的物质没有提取，为司法错误的形成埋下了伏笔。

例如，在佘祥林案件中，办案单位在发现无名尸体后，没有对尸体进行 DNA 检验，甚至连简单的血型检验、指纹比对检验都没有做，对发现尸体的水塘没有进行勘查，也没有打捞可能沉入水下的携带物品、作案工具等，仅仅依靠尸体的表面特征和张某亲属的辨认就认定是张某。②

（四）对抗制诉讼模式的影响

对抗制诉讼模式迫使侦查人员尤其是鉴定人员面临两个方面的挑战，为他们提供了虚假的选择，使得他们放弃原初的职业准则。首先，在控方和辩方之间存在着明显的区分。许多侦查人员都处于这样一种心理和行为环境之中，仿佛在法庭上存在着道德上正确的一方与道德上错误的一方。侦查人员不应评判哪一方值得拥护，谁是法律上或事实上有罪的人，或者被告应当遭受何种惩罚。这些都是道德和法律领域的结论，这些结论促使我们面对对抗制范式的另外一个层面：科学事实和法律真相之间的区分。侦查人员的职责是提供特定案件中的事实情况，并且向其作出解释。在司法实践之中，某人是否有罪，基于已有的证据作出何种处罚，这些法律结论应当由法官和陪审团作出，而不是由侦查人员作出。

---

① Edward Hueske, Practical Analysis and Reconstruction of Shooting Incidents, CRC Press, 2006.

② 陈士渠：《浅析刑事错案的纠正》，载《人民公安报》2006 年 12 月 1 日。

## 侦查错误论

尽管人们常常混淆科学事实和法律真相，但是，两者其实并不是一回事。科学事实是基于科学方法通过仔细的检验工作得出的结论。而法律真相则是由事实裁判者基于已有的可采性证据及其对法律的理解所得出的结论。这种区别在错误定罪裁决中表现得非常明确，在错误定罪裁决中，无辜者因为并非自己实施的犯罪行为而被认定为在法律上有罪。陪审团并不确定案件的最终事实，他们仅仅确定法律事实。同时，侦查人员的工作能力评断标准并不是逮捕、定罪甚或无罪裁决的标准。侦查人员尽管需要为刑事追诉进行准备，但是，为了实现应有的价值，必须能够保持自己的品格。

对抗制诉讼模式迫使侦查人员无法成为中立的科学专家，而是在控辩双方之间、在科学事实和法律真相之间作出无奈的选择。侦查人员可能基于个人、职业或者经济原因而迫于压力作出选择。在此种环境下，侦查人员面临着官方的压力，需要成为控方团队的成员，帮助控方"将坏人绳之以法"，这个过程很容易产生较大的同化作用。

在64名被错误定罪的无辜者基于DNA证据被改判无罪之后，当地检察机关仍然拒绝释放其中半数左右的无辜者。这些官员主张，尽管一名罪犯可能希望证明自己是无辜者，但是，审判开始之后，他并没有如此做的绝对权力。他是被证实的罪犯，社会最感兴趣的是最后的判决。

这种对抗制诉讼模式导致侦查人员极易产生确证偏见，另一方面，也导致辩护律师竭尽全力地挑战侦查人员的侦查结论，利用侦查人员的偏见质疑侦查结论的正当性和合法性，由此很可能导致放纵罪犯型侦查错误的发生。

（五）未能充分有效地运用科学技术

在警方的犯罪侦查工作中，很多案件都没有涉及物证的应用。事实上，物证的应用仅仅局限于某些案件的侦查工作之中，对物证的科学分析很少对案件侦查工作的结果产生实质性影响。

Skolnick 在 1966 年对警察的侦查职能进行一次考察，但他只是针对巡逻工作，而非侦查工作本身。他发现，警察在履行刑事案件的侦查职责的过程中，处于一种不受欢迎的、危险且孤立的境况之中。公众和法院都没有站在自己那一边。他们被迫适应已有的环境。在进行侦查工作的过程中，他们发现科学和科学进步在促进侦查工作方面的有限性；他们因此强调侦查工作的主观能动性。他们将自己观察到的"事实"视为证据，将自己认为有意义的调查事项转化为具有法律效力的事实。因此，物证并没有内在的意义，仅仅在能够实现警方目标的层面上才有意义。

Rand 公司的研究显示，对于案件的侦破工作而言，侦查人员所做的贡献并不多，因为很多案件的逮捕工作最终都是由巡警完成的。但同时，该研究也显示，警察收集到的物证（尤其是指印）的数量远远多于他们能够有效予以运用的数量，除了指印之外，在许多案件中，科学证据都没有多大的用处。因此，Rand 公司建议，警察机构应当更多地使用专家来从事物证的收集和处理工作。提高信息体系的使用效益可以有效地提高侦查人员的工作效益，同时提高物证的效用。

通过对警察机构侦查人员的调查，Sanders 对参与侦破青少年犯罪、夜盗案件和重大犯罪案件的侦查人员进行了考察，在其整个长达 225 页的报告中，涉及科学证据（科学分析证据）对侦查工作作用的内容总共不超过 10 页。Sanders 将此种证据称为"信息"（information）或线索。正如 Skolnick 所言，物证的价值依赖于侦查人员对其进行解释（interpretation）的能力。物证只有在侦查人员的解释框架之中才有实际的作用。如果缺少了侦查人员的解释工作，物证不仅毫无用处，而且将不复存在。

因为脱离了这种解释工作，物证就不再是一种信息；事实本身并不会说话。Sanders 认为，如果没有证人证言，就很难依赖物证对嫌疑人作出认定。相反，物证主要被用于审讯犯罪嫌疑人期间劝

### 侦查错误论

说其承认所实施的犯罪行为，由此了解案件的全貌。

Wilson 对联邦调查局（FBI）和缉毒局（DEA）的侦查工作进行了研究，他发现，一旦认定了嫌疑人，侦查工作的重点就是去寻找肯定性的证据，换言之，在嫌疑人被认定之后，而不是在其被认定之前，证据才具有效用。根据 Wilson 的调查，侦查工作对物证的关注远远小于其他的侦查工作。无论是发展线人还是询问被害人或证人，或者调查犯罪现场周围的人员，侦查人员的基本任务和关键技能都是进行富有成效的询问工作。

在我国，由于侦查资源以及侦查人员自身素质等方面的问题，加之重口供的传统，导致物证等科学证据在侦查阶段并未得到应有的、实质性重视。此外，在案件的侦查过程中，物证等科学证据也可能得到错误的运用。

### 二、正当程序型侦查错误

审判的两个基本目的：解决争执和查明真相，蕴涵于审判的概念之中。查明真相这一目的不很明显地蕴涵于审判概念之中。与纯科学不同，法律的目的并不在于发现全部真相。这不仅代价过高，而且往往与解决争执的目的不沾边。[①] 如果侦查人员为了查明真相而违背了法律的正当程序，就将导致正当程序型侦查错误。

贝卡利亚指出，法制上的任何缺陷都会增加造成冤狱的危险。[②] 当法律规则和程序被忽视或者不公正地适用时，就将产生滥用权力与错误定罪等非正义，错误定罪可能源于警察的不当行为等

---

① ［美］迈克尔·贝勒斯：《法律的原则——一个规范的分析》，张文显等译，中国大百科全书出版社 1996 年版，第 23 页。

② ［意］贝卡利亚：《论犯罪与刑罚》，中国大百科全书出版社 1993 年版，第 37 页。

因素。①

对正当程序保护所造成的侵犯不仅具有象征性的结果，而且还可能影响到每一个人。如果这些保护措施未能得到贯彻落实，无辜的人就很可能遭到不当的侵犯、拘禁并且可能被定罪。由于在公众的心目中，刑事司法系统逐渐变得沦落，后续的犯罪以及与公众的不安情绪相关的社会成本也可能会施加于整个社会。

正当程序错误的来源既包括诚实的错误，也包括恶意的行为，还包括介于这两极之间的所有行为。针对位于该谱系一端的无恶意的错误而言，此类错误可能是无意的和随机性的错误，如基于证人的错误辨认结论而导致的司法错误，尽管警方已经审慎地采取必要的措施避免此类错误发生，② 但是，此类错误仍然不可避免；或者在某些案件中，具有很强证明力的间接证据巧合般地指向了命运不佳的旁观者，这些不幸的人通常具有犯罪前科记录，并且碰巧在错误的时间出现在犯罪现场或犯罪现场附近的区域。其次，此类错误也可能归因于刑事司法系统资源的严重匮乏。尽管许多此类错误看起来似乎可以避免，不过，即使刑事司法系统十分审慎地保护公民的正当程序权利，由于每年有大量的犯罪行为发生，此类错误的发生也似乎在所难免。

不甚诚实的司法错误也时常可能发生。此类司法错误包括：在侦破案件或减少犯罪的过度压力之下以及在刑事司法工作人员职业

---

① Eamonn Carrabine, et al, Criminology: A Sociological Introduction, Routledge, 2004, p. 260.

② 谢克等人（Scheck, 2001）指出，目击证人或者被害人所作出的错误辨认结论是"导致错误定罪裁决的最为重要的原因之一"。在 1996 年，司法部资助的一项研究（Coonors 等，1996，pp. 16 - 17）结果表明，在依据 DNA 证据而推翻的 28 个定罪裁决中，约有 86%（24 起案件）的定罪裁决涉及错误的证人辨认结论。卡多佐法学院开展的无偿的无辜者援助计划（Innocence Project）在纽约进行的研究（Scheck 等，2001）表明，在依据 DNA 证据而推翻的定罪裁决中，有类似比例的（82%）的案件涉及错误的证人辨认结论。

**侦查错误论**

素质欠缺的情况下所产生的系统性正当程序错误。

（一）侦查决策失误或者不负责任

司法错误通常始于接到报案之后，具体的报案形式包括电话报警或者当事人直接向警方报案。警察在这一阶段所犯的错误既包括反应过度，从而导致针对无辜者施加不必要的成本；也包括反应力度不够，从而针对被害人造成了原本可以避免的犯罪成本。对于那些完全可以通过电话或其他方式予以解决的案件，如本来可以由普通警察进行处理的案件，警察机构却抽调一个正在从事其他重要任务的专业小组前往现场，这种做法将导致反应过度的司法错误。由于抽调资源而导致未能完成预期的任务，这也可能对犯罪预防、犯罪侦破和其他合法的警务目标产生负面的影响。至于反应力度不够，可能表现为警察并未对报案采取任何应对措施，将资源投入到不甚重要的工作之中，或者在应对报案时未能采取应有的侦查措施逮捕或指控特定的罪犯。

即使警方针对报案的应对工作是适当的，警方也通常可能错误地认定犯罪嫌疑人。采取何种方式正式将某人确定为犯罪嫌疑人，各个警察机构的做法不尽相同。

侦查人员在案发后可获得的信息，是他在特定情境中能够得到的全部贴切的信息。首先，这些信息是一个理性人拥有的信息，而不是知识。人们只有使用可以得到的最好的信息才是理性的，即使这些信息在后来被证明是虚假的；如果使用根据以前得知的证据显然是虚假的信息，那将是非理性的，即使后来发现这些信息是真实的。其次，信息如果是公众确定的，就是可得到的。可得到的信息既包括公众可知的证据证明的事实信息，也包括公众可得到的科学信息。因此，可得到的信息是随时间的变化而不同的。[①]

---

① ［美］迈克尔·贝勒斯：《法律的原则———一个规范的分析》，张文显等译，中国大百科全书出版社 1996 年版，第 249 页。

世界本身所固有的不确定性表明，某些人可能被认定为嫌疑人。对于引起公众高度关注的未能侦破的案件而言，警方面临着寻找犯罪嫌疑人的压力，有时，此项工作可能开始于警方的犯罪手法档案（MO）与有关罪犯体貌特征的模糊描述，因此，警方需要从上述资料中挖掘出尽可能多的信息。尽管警方可能据此最终准确地确定犯罪嫌疑人的特征。但是，通过此种手段认定的犯罪嫌疑人实际上实施犯罪行为的可能性相对较低。在最初确定的众多犯罪嫌疑人当中，可能存在一个重点犯罪嫌疑人，但是，重点犯罪嫌疑人并不必然就是犯罪行为人。

犯罪嫌疑人的认定可能给警方带来一定的成本，还可能同时带来其他的成本。如果犯罪嫌疑人的认定只是基于不充分的理由，或者警方拥有明显的无罪信息证明该犯罪嫌疑人并不是合法的犯罪嫌疑人，警方就有可能会浪费原本稀有的资源，并可能对此类人员施加原本可以避免的成本。在得到高度关注的案件中，警方不仅应当在认定犯罪嫌疑人时仔细加以判断，同时，在向媒体透露相关的信息时，也应当进行审慎的自由裁量。

此外，由于侦查人员的个体素质或者工作态度问题，在侦查决策过程中可能出现不应有的错误。例如，在佘祥林案件、滕兴善案件中，由于侦查人员工作不认真、不负责，均错误地认定了尸源。在佘祥林案件中，侦查人员在发现无名尸体后没有进行 DNA 鉴定，甚至连简单的血型检验和指纹比对都没有做，仅凭尸表特征和张在玉亲属的辨认，就仓促认定死者是张在玉。在滕兴善案件中，侦查人员不是以血型检验、指纹比对、家属辨认等规范化的侦查工作要求来认定死者，而是本末倒置，以犯罪嫌疑人的交代来认定死者。

在岳兔元案件、李久明案件中，侦查指挥人员不是从客观实际出发，而是先入为主、主观臆断，凭经验认定犯罪嫌疑人，并且仅仅围绕犯罪嫌疑人组织收集有罪证据，以致错上加错，使侦查工作误入歧途。

**侦查错误论**

此外，在现场勘查环节，粗糙潦草的做法也容易导致侦查错误的发生。在实际中，"该到的地方不到，该看的地方不看，该取的证据不取，该用的技术不用"的现象常常出现。在佘祥林案件、滕兴善案件、岳兔元案件中，作为侦查破案至关重要的现场勘查工作存在不认真、不细致、粗糙潦草的问题，严重影响了对犯罪嫌疑人在供述和辩解的甄别、未知名尸体身源的核查认定工作。

另外，由于工作不负责任导致的侦查档案错误也可能导致不必要的侦查错误的发生。据《湖北日报》报道：与马超俊同住址的男子马超军因杀人抢劫在逃，当地警方上网通缉时，误将"马超俊"当做"马超军"。两年间，马超俊6次外出打工，均在途中被警方误认为网上逃犯抓去审讯。全国公安网启用新网之后，警方将马超俊的相关资料从中撤出，但由于旧网中的资料仍有效力，而马超俊随身携带的警方证明往往不被采信，其外出仍频繁被误抓。马超俊因此不敢随便外出。

（二）错误的证人辨认结论

直接的感性的观察能够导致认识，也能够导致谬误。因为忽视了重要的区别，或者错误地认为一致。例如，一只暗淡色的黄蜂虽然有其特别的体型，但也会被误认为是一只苍蝇。人们由于这样错误的看法在概念的思维中更容易产生谬误，特别是当人们满足于典型的表象而不注重分析所运用的概念时就更容易产生谬误。认识和谬误产生于同样的心理来源：只有结果才可以区别这两者。清楚地认识的谬误作为颠倒的东西像正确的认识一样在认识上有作用。不能排除不利的偶然情况下的作用以及错误的联想。错误的联想会引出严重的后果，而这种后果又作为正确的东西在起作用，并促使进一步的心理发展。如果我们问，由观察做出的错误判断的根源是什么，那么，我们一定会承认，对周围环境不充分的观察就是这种根源。①

针对改判无罪裁决的研究表明，错误的目击证人辨认结论是对无辜者错误定罪的首要原因，在美国最先基于 DNA 证据改判无罪的案件中，约有 2/3 的案件涉及错误的目击证人辨认结论。即使在 DNA 证据推广使用之前，错误的目击证人辨认结论也是对无辜者错误定罪的重要原因。

早在 1932 年，耶鲁大学教授 Edwin Borchard 针对 65 个错误定罪案件展开了研究，结果表明，目击证人的错误辨认是导致其中半数案件错误定罪的主要原因。Borchard 教授在《针对无辜者定罪》一书中指出："陪审团似乎愿意相信，暴力犯罪的被害人证言比任何大量相反的证据更加具有可靠性。错误定罪裁决的主要原因是错误辨认结论造成的，在 65 个案例中，有 29 个案例是由错误辨认结论造成的。"Borchard 教授还指出了目击证人证言存在的其他危险，包括证人感知的歪曲情况，以及证人基于恶意动机作出虚假辨认结论的可能性。

在涉及目击证人的案件中，如谋杀案件、抢劫案件和盗窃案件中，罪犯可能不会在犯罪现场留下生物证据。不过，感知与社会心理学专家已经针对提高辨认结论准确性的程序问题展开了广泛的研究。作为记忆领域的专家，心理学教授 Elizabeth Loftus 指出：

信息误传（misinformation）可能导致人们错误地将心理暗示认定为自己所看到的细节。信息误传甚至可能导致人们产生大量错误的记忆。一旦为这些错误信息所困，人们就可能自信并且详细地陈述自己的错误记忆。在现实世界中，信息误传表现为许多不同的形式。如果证人相互之间就特定的案件展开交流，警方使用诱导性问

① ［奥］恩斯特·马赫：《认识与谬误》，洪佩郁译，东方出版社 2005 年版，第 76 页。

**侦查错误论**

题或者暗示性技术展开询问，或者证人看到媒体对相关事件的报道，这些信息就将进入证人的意识之中，并且污染证人的记忆。

在《国际刑警档案》一书中曾讲述了这样一个经典案例，即"长招风耳朵的人"。① 米歇尔·斯坦长着一对招风耳朵。由于一个罪犯也长着同样一对招风耳朵，因此，该罪犯实施了开空头支票、涂改驾照、骗取钱财等犯罪行为之后，被害人都在描述犯罪行为人体貌特征时提到了招风耳朵。米歇尔·斯坦为此屡屡遭到警方的监控和传唤。在证人接受警方询问时，发生了这样一组对话。证人说：罪犯是"棕红色皮肤"……他的"皮肤白"……警察说道："因为他做贼心虚脸色发白"……不过，最后，米歇尔·斯坦还是因为自己在犯罪行为发生时有不在场的证明而被释放了。后来，米歇尔·斯坦来到一家整容外科医生的办公室，要求把耳朵整形。医生提醒他说："手术时间很长，而且很痛苦……"米歇尔·斯坦却回答说："我知道。还是整一整吧。"

据《羊城晚报》报道，甘肃省临厦市临洮县 33 岁的张元景因为与当地一个抢劫案的犯罪嫌疑人长得相像，被警方抓捕后关进看守所达 357 天，被法院判处 9 年有期徒刑，在上诉期间，又收到法院的释放证明书，原因是证据不足。同时，临洮县人民检察院下发刑事裁定书，撤回对张元景的起诉。另有一起案件，2000 年 8 月 17 日，在遂宁市李家花园的一家茶馆里，因琐事发生了一起持刀伤害案件。2005 年 2 月 25 日，被害人谢某将税国强误认为犯罪嫌疑人，原因是税国强与犯罪嫌疑人长相相似。税国强被警方关进看守所达 247 天。检察机关经多次复查，认为证据不足，作出了不予起诉的决定。

由于目击证人证言的错误率非常高，因此，有学者主张，死刑

---

① 〔法〕皮埃尔·贝勒马尔、雅克·安托万：《国际刑警档案》，腾涛等译，群众出版社 1987 年版，第 139～148 页。

案件中的目击证人证言应当像叛国案件一样，达到一定的数量标准，即存在两个目击证人。这两个证人不仅需要认定被告人为罪犯，还需要公开出庭作证。[①] Brennan 法官曾经指出：目击证人辨认结论的反复无常是众所周知的，刑事司法系统经常会产生涉及错误辨认结论的案例。与其他因素相比，错误的辨认结论更加容易导致司法错误。不过，在美国，多年的研究表明，有关记忆和证人辨认问题的专家证言能够有效地防止感性的陪审团面临目击证人的错误的干扰。

在那些涉及错误的证人辨认结论的案件中，常常会出现两个因素。第一，如果被害人和证人并未看清他们在犯罪现场第一次见到的嫌疑人的面容时，他们就很可能发生辨认错误。第二，如果警方怀有侦破犯罪的强烈愿望，那么，被害人和证人也很可能会发生辨认错误，之所以出现上述情况，一般是由于案件性质比较严重，或者警方已经就指控特定的嫌疑人立下了军令状。

警方在审前的不当暗示也是导致证人作出错误辨认结论的主要原因。审前的不当暗示通常涉及不当使用照片和列队辨认等方法。在美国，许多州禁止警方使用催眠手段，因为催眠具有暗示的危险。Scheck 等人指出，不当暗示是导致错误定罪裁决的警方不法行为的第二大类型，大约33%的案件涉及警方的不当暗示。如果目击证人并不确信自己能够辨认出嫌疑人，那么，警方的不当暗示就可能导致错误的辨认结论，进而导致错误的定罪裁决。

由警察所组织的列队辨认（police lineups）可以有效地证实证人对嫌疑人所作出的辨认结论，但是，如果证人错将他人认定为嫌疑人，或者未能从中辨认出真正的嫌疑人，那么，这种辨认方法也可能引发司法错误。证人可能碰巧错将某人认定为嫌疑人，同时，被害人也可能在警方的引导之下辨认出特定的嫌疑人。例如，如果

---

① Lupe Salinas, Is it time to kill the death penalty?: A view from the bench and the bar.

## 侦查错误论

警察要求某个证人从许多嫌疑人面部照片中找出嫌疑人,然后又让该证人所选出的人参加列队辨认,那么,就产生了在警方引导下得出的辨认结论。被证人从诸多嫌疑人面部照片中选出的人可能仅仅与罪犯具有类似的长相,然后,该人在接下来进行的列队辨认过程中再次被证人辨认出来,这种辨认是基于证人对嫌疑人面部照片的回忆,而不是基于对犯罪事件的回忆。此外,警方可能针对嫌疑人的面部特征或其他特征向证人做出暗示,表明某个照片中的人就是嫌疑人。同时,错误辨认结论还可能是"暗示性的单人现场辨认程序"(suggestive one – man show – up)所导致的结果,在此种辨认程序中,警方让证人单独面对唯一的嫌疑人,并询问该证人:"这个人是不是罪犯?"[1] 如果参加列队辨认的大多数人都不符合嫌疑人的外貌特征,就可能导致系统性的司法错误,并增加了从参加列队辨认的人中错误地认定嫌疑人的风险,而事实上,被认定为嫌疑人的人可能并未实施特定的犯罪行为,仅仅是一个符合罪犯体貌特征的无辜者。同时,一旦证人从参加列队辨认的人群中辨认出犯罪嫌疑人,他就可能会不断地促使自己确信,该人就是真正的罪犯。[2] 辩护律师,尤其是法院指派的辩护律师,通常都不会尽力地去发现并在审判过程中揭露出这些程序错误。

此外,警方也可能强迫证人作出相应的供述。警方强迫证人的做法包括威胁证人、迫使其在某些情况下作出符合警方要求的陈述,以便实现定罪裁决。Scheck 等人指出,在涉及警方不法行为的案件中,警察强迫证人的情形占 9%。尤其是在某些杀人案件中,警方对被害人及其家属的同情很可能导致警方强迫证人。

① Williams v. State, 456 So. 2d 705 – 706 (Ala. Crim. App. 1989) (quoting Biggers v. Tennessee, 390 U. S. 404, 407, 88 S. Ct. 979, 981, 19 L. Ed. 2d 1267, 1269 (1968) (Douglas, J., dissenting).

② U. S. v. Wade, 388 U. S. at 228 – 229, 87 S. Ct. at 1933, 18 L. Ed. 2d (1967) at 1158 – 1159.

（三）错误的线人情报

众所周知，警方还制造了许多其他类型的错误的言词证据，从而导致无辜者被错误地定罪，并且未能将真正的罪犯绳之以法。其一就是不当地使用线人。那些主动提供相关犯罪信息的人可能出于各种不同的动机。

美国的法院系统也对执法机构使用线人的做法持认可的态度。Learned Hand 法官在 United States v. Dennis （183 F. 2d 201，1950）案件中指出：

> 法院在很久之前就已经认同了线人的使用。之所以如此，主要是由于，在很多案件中，线人是警方侦破犯罪的唯一手段。对于那些预谋案件或者系列案件，警方需要依靠线人或者同伙提供的信息，因为罪犯通常秘密地实施犯罪行为。

Harney 和 Gross 列举了市民向警方提供信息的七种动机。[①] 第一种动机也是最为重要的动机，那就是恐惧，主要是对法律及其后果的恐惧。此类线人比较害怕犯罪同伙，并且希望获得警方的保护。第二种动机是报复。第三种动机是想利用警方达到自己的不法目的，如消除竞争者。第四种动机是以告密为乐。第五种动机是精神紊乱或者性格古怪。第六种动机是唯利是图。第七种动机是诚心悔改。尽管此类线人并不多见，但是，却可能发挥非常重要的作用。

基于线人提供的不值得信赖的信息所导致的错误定罪情形时常发生，不过，如果一个明显不值得信赖或不可靠的人确实提供了重要的、准确的信息，而警方却弃之不顾，也将导致司法错误的发生。

---

① Malachi Harney and John Cross. The Informer in Law Enforcement[M]. Charles Thomas, 1960. pp. 33 – 39.

**侦查错误论**

在 Scheck 等人关注的案件中，曾经提及一个名为西德尼·斯托奇的囚犯，他被称为"告密教授"，在他被监禁其间共提供了 20 份他宣布是他听到的"自白"给警察当局。他出庭作证至少 6 次。斯托奇向另一位狱友建议如何杜撰一个好的告密故事时说，事实上，这样做不会遇到任何障碍。①

警方应当通过法律允许的各种方法核实线人提供的信息，这是负责管理线人的警察应尽的职责。通过核实线人提供的信息，能够确保其诚实可靠。即使线人提供的信息并未用于起诉工作，警方也能够基于线人提供的信息更好地查明案件真相。不过，如果侦查人员盲目信赖线人提供的信息，就很可能导致正当程序错误。

（四）虚假的供述

错误的言词证据的另外一个来源就是虚假的供述。一些无辜者可能因某些原因承认自己并未犯过的罪行。勒内将之归纳为三类：第一类，是那些想引人注目而自动招供的怪人；第二类，是那些智力低下或者胆小而受到威胁的嫌疑人；第三类，是那些遭到警方刑讯逼供的嫌疑人。② 此处关注的重点是刑讯逼供导致的虚假供述。

在传统上，酷刑和其他虐待是被用来获取情报或者使人坦白的。酷刑的方法分为身体的酷刑和精神的酷刑。③ 酷刑是对人格的最严重的侵犯（安南语）。

警方通常认为，嫌疑人就是真正的罪犯，并想通过获得供述来实现定罪裁决。Huff 等人指出，对于政策制定者、警察和检察官而言，如果他们认为处于羁押之中的嫌疑人有罪，为了获取供述以便

---

① ［美］巴里·谢克等：《清白的罪犯》，黄维智译，中国检察出版社 2005 年版，第 96 页。

② ［法］勒内·弗洛里奥：《错案》，赵淑美等译，法律出版社 1984 年版，第 64 页。

③ "人的安全网络"组织编：《人权教育手册》，李保东译，三联书店 2005 年版，第 67 页。

查明共犯或者获取足够的有罪证据以便作出定罪裁决，那么，使用暴力获得供述的做法往往得到默许。通过强迫手段获得供述的目的就是帮助事实裁判者尽快作出定罪裁决。

在美国，基于对狱中罪犯开展的讯问，现有的评估结果表明，相对于导致错误定罪的其他原因而言，由于错误供述而导致的错误定罪情形所占的比例较低。在涉及虚假供述而被推翻的有罪裁决中，警方几乎无一例外地认定犯罪嫌疑人事实上有罪，并且有意地开展长时间的讯问工作，力图消除犯罪嫌疑人的顽抗，并从犯罪嫌疑人处获取有罪的供述，有时还在讯问过程中采取车轮战术，有时还可能使用并不会留下伤痕或其他物理损伤的强迫方法。犯罪嫌疑人通常都具有较低的智商。如果案件中存在无罪证据，那么，警方通常会将之视为借口或托词而不予理睬。

在我国古代，口供在刑事案件中往往被视为最重要的证据，刑讯逼供被大量使用。除了其他社会因素外，一个也许最重要的因素就是当时缺乏可靠、可信的刑事侦查技术。因此，刑讯逼供被当时社会认为是通过司法发现事实真相、证明司法判断正确的一个手段。尽管统治者对刑讯也有诸多限制，但仍难免引发错案，甚至会被某些贪官污吏利用制造冤案。因此，被视为传统社会司法制度问题的冤错案件，更多是科学技术不发达的时代很容易产生的一类悲剧。①

在现代的刑事司法制度下，通过刑讯逼供获得犯罪嫌疑人的口供仍然是警方常用的手段。在 Scheck 等人的无辜者援助计划通过DNA 实验免除罪责的案件中，23% 的定罪裁决都建立在错误的供述基础之上。研究表明，73% 的陪审团认为，可以基于那些与物证

---

① 苏力：《法律与科技问题的法理重构》，载《中国社会科学》1999 年第 5 期，第 120 页。

相矛盾的被告人供述作为定罪的证据。[①] 有学者指出，标准的错案往往循着这样的公式展开："合理"怀疑 + 刑讯逼供 = 可能的错案，错案 + 发现真凶 = 发现错案。[②]

在聂树斌案中，如果没有一个叫王书金的人承认 10 年前杀害石家庄康姓女子的事实，并讲出一些"非作案人所不能提供的作案细节"，也许没有人怀疑 10 年前因为"杀害该女子"而被判决有罪的聂树斌可能是冤枉的。

在上述错案的公式中，刑讯起到的是关键的作用。贝卡利亚在《论犯罪与刑罚》中曾言："有感性的无辜者以为认了罪就可以不再受折磨，因而称自己为罪犯。罪犯与无辜者间的任何差别，都被意图查明差别的同一方式消灭了。"

由刑讯逼供导致司法错误的事例，在刑事诉讼中屡见不鲜。在杜培武"杀人案"中，杜培武手腕上的凹陷形伤痕和被撕烂的衣服及其《刑讯逼供控告书》表明，杜培武的确遭到了警方的刑讯逼供，不过，通过上述手段获得的供述仍然为警方所使用，为法院所采纳。法院的观点是无法证明警方实施了刑讯逼供行为。在中国当下的刑事诉讼制度和证明责任制度之下，刑讯逼供仍将是导致司法错误的重要原因之一。

（五）警方的奖惩机制不当

在侦查实践之中，刑讯逼供和超期羁押之所以屡禁不止，在于其背后存在着"利益动机"和"责任动机"。所谓利益动机，是指破案后的各种奖励，这些可以期望的利益远远大于可能造成司法错误的风险。所谓责任动机，是指"限期破案"这种完全违背科学和客观规律的行政命令。如果限期内不能破案，负责案件侦查工作

---

① ［美］巴里·谢克等：《清白的罪犯》，黄维智译，中国检察出版社 2005 年版，第 69 页。

② 张建伟：《错案的公式与重复的悲剧》，www.66wen.com，更新时间：2006 年 8 月 29 日，http://www.66wen.com/03fx/faxue/faxue/06829/35734.html。

的侦查人员就将被追究责任。在这种双重动机的驱使之下，刑讯逼供等不法行为的发生在所难免。[①]

《华商报》曾于 2006 年 6 月 30 日刊登了两则关于命案的报道。一则是关于建立命案奖惩机制的。从 7 月 1 日起，延安市公安局对各分（县）局及各下属刑警大队、派出所的负责人就辖区内发生命案的侦破情况实行奖惩机制，其中当月"未能突破"（没有获得一点线索）的，将从下月起每月被扣发 50% 的工资。另一则是由命案而引发的错案。7 年前，蓝田农民周安相被当做抢劫杀人犯关押，随后判死刑。时隔 5 年，该案被确认是错案，一关就是 5 年。

看过上述报道后，有学者提出了如下疑问：虽然我们不能说命案奖惩机制与错案形成有着直接的因果关系，但重奖重罚式的命案奖惩机制难道与冤假错案就没有一点关系吗？警方会不会为了追求多拿奖金、多立功，在"不经意"间制造更多的冤假错案呢？[②]

侦查工作作为一项目标导向型的工作，一定的、科学的奖惩制度对于提高侦查工作的成效具有积极作用。及时地侦破命案，尽快将犯罪分子绳之以法，事关社会的秩序稳定及广大人民群众的生命健康安全。全社会都异常关注命案的侦破。在这种情况下，全国各级公安机关高度重视、集中精力侦破命案，并制定特殊的奖惩制度，以促使命案的及时侦破，提高命案破案率，追求"命案必破"的价值理念，是完全可以理解和为民众所认可的。

然而，命案奖惩机制的科学合理与否，将直接关系到命案侦破的质量。过高的奖励和过重的处罚，都不利于命案侦破工作健康发展和破案水平的稳步提高。更为重要的是，不合理的命案奖惩机制，很可能是导致司法错误的重要原因。

---

① 王达人、曾粤兴：《正义的诉求》，法律出版社 2003 年版，第 25 页。

② 李克杰：《"命案奖惩机制"会让冤假错案增加》，国际在线 www.crionline.cn 2006 - 06 - 30 16:58:35。

## 侦查错误论

在司法实践之中，有时会出现这种情况，即负责某案件侦查工作的人员刚刚因为侦破案件而领功受奖不久，就因为该案存在司法错误而遭到刑事追究或者纪律处分。因此，有学者指出，如果将奖励决定以及颁奖仪式推迟到法院判决之后进行，就可以在一定程度上消解侦查奖励机制对侦查工作带来的负面影响。

也有学者指出，命案奖惩机制与错案形成机理仅仅一墙之隔，并没有不可逾越的明显界限。因此，公安机关在制定命案奖惩机制时，务必充分考虑到与它一墙之隔的错案形成机理，切实防止不合理的奖惩制度成为制造冤假错案的催化剂和助推器，因为一些警察心中本来就有浓厚的"口供情结"和刑讯逼供的不良习惯，如果在命案侦破民警一方无限添加砝码的话，单靠我国目前极其脆弱的"无罪推定"和"疑罪从无"观念，是难以保持法律天平平衡的。[①]

在侦查领域，不当的奖励机制具有极大的负面影响。例如，在甘肃省临洮县荆爱国"运输毒品案"中，负责该案侦破工作的副局长张文卓和缉毒队队长边宏伟与犯罪嫌疑人马进孝相勾结，让马进孝制造一起运输毒品案，并在毒品检验环节做假。张文卓和边宏伟在破案之后成了缉毒英雄，获得奖金 10 万余元。2002 年年底，定西法院以徇私枉法罪判处张文卓有期徒刑 5 年，边宏伟被判决有期徒刑 3 年，缓刑 4 年。

又如，杨建文在河北省是一个知名度很高的警察，被誉为"破案大王"，先后被评为"石家庄市十大杰出卫士"、"河北省优秀警察"、荣立个人三等功三次、二等功一次、一等功一次。2002年，行唐县公安局南桥刑警中队对外宣称，破获了一起 18 人参与的特大团伙犯罪案件。由于案件中仅有犯罪嫌疑人的口供，没有其他有力证据。石家庄市检察院经过调查取证，仅仅认定了 2 起盗窃

---

① 李克杰：《"命案奖惩机制"会让冤假错案增加》，国际在线 www.crionline.cn 2006 – 06 – 30 16:58:35。

案，只对 7 人提起公诉，4 人被判决 1 年以下有期徒刑，另外 3 人被宣告无罪；因"事实不清、证据不足"，对其他 11 人作出"不起诉"决定。

同时，检察机关掌握了行唐县公安局南桥刑警中队杨建文等人刑讯逼供的确凿证据。2004 年 7 月 26 日，石家庄市桥西区法院公开审理了"杨建文涉嫌刑讯逼供"一案，法院一审判决：杨建文犯有刑讯逼供罪，判决有期徒刑 2 年 6 个月。"河北神探"今成阶下囚。因此，刑侦界的老前辈们常说的，任何已侦破的案件，都要经得起历史和事实的检验，这对我们是很有启迪的。

（六）警方伪造有罪证据或者隐藏无罪证据

为了证明特定的犯罪嫌疑人与犯罪案件存在关联，过分热衷于追诉的警察可能会在物证方面寻求突破。在美国，这种情况在毒品案件的侦查工作中十分常见，警察可能违反联邦宪法第四修正案有关禁止违法搜查的要求发现有罪证据，也可能针对"已知的罪犯"伪造一些有罪证据。据统计，在毒品案件的诉讼过程中，检察官拒绝提起公诉的 90% 以上的重罪案件都涉及警方错误扣押的证据。[①]

警方伪造的证据涉及更为严重的犯罪行为。我们对该问题的了解更多的是基于传闻，而不是系统性的证据，但是，这种情况确实存在，并且通常发生于毒品案件的侦查过程中。例如，美国 1972 年坎纳普调查委员会（Knapp Commission）和 1994 年莫伦委员会（Mollen Commission）针对纽约市警察机构发生的腐败丑闻的调查结果，以及 2000 年拉姆帕独立审查小组（Rampar Independent Review Panel）针对洛杉矶警察机构发生的腐败丑闻的调查结果。这些警方不法行为的动机十分复杂，一般包括攫取毒资、惩罚不守规矩的人、以及满足自己的私欲。

---

① ［美］布莱恩·福斯特：《司法错误论》，刘静坤译，中国人民公安大学出版社 2007 年版，第 240 页。

## 侦查错误论

在侦查实践中，隐瞒无罪证据是指警方故意隐瞒那些可能证明嫌疑人无罪的证据。Scheck 等人发现，隐瞒无罪证据的情形占警方不法行为的36%左右，隐瞒无罪证据是导致错误定罪裁决的警方不法行为的主要类型之一。

警方伪造证据的做法通常是基于冠冕堂皇的理由，即有效地打击犯罪。一旦警方认为嫌疑人就是真正的罪犯，那么，有些警察就会认为，有必要提供辅助的有罪证据以便实现定罪裁决。Scheck 等人指出，在涉及警方不法行为的案件中，伪造证据的案件占9%左右。许多学者发现，警察会在证人席上说话以便强化指控，这种做法并不会影响其在执法共同体中的地位和形象。

除了隐瞒有罪证据和伪造有罪证据之外，警察还可能在法庭上作伪证。Jereme Skolnick 介绍了警察作伪证的原因：①

警察之所以说谎，是因为说谎是处理法律障碍的常规途径，他们或者是为了保护同事，或者是为了摆脱法律的限制。警察之所以说谎，是因为他们质疑现存的妨碍发现真相的司法系统。此外，法律允许警察在侦查阶段说谎，是因为他不能确定犯罪嫌疑人就是罪犯，但是，警察不可以在出庭作证时说谎，因为警方已经确定被告人有罪。

在李久明案件中，警方就出现了隐匿无罪证据的情形。李久明涉嫌的抢劫杀人案件的真凶蔡明新在温州某看守所被押期间，透露了自己曾经抢劫杀人的情况，监狱民警据此把他在冀东监狱家属区实施的重大犯罪行为（即李久明涉嫌的案件）审了出来。2004 年6 月8 日，温州警方将《协查通报》发到唐山，请求协助核查。6 月10 日，根据温州警方发来的《协查通报》，负责李久明案件侦查工作（涉嫌对李久明实施刑讯逼供）的王建军和杨策等人赶到

---

① Jerome H. Skolnick. Justice without Trial [M]. John Wiley & Sons. Inc. ,1967.

温州，对蔡明新进行了提审。但是，二人却是悄悄去悄悄回。由于蔡明新是在最后时刻供述出新案情，因此，在温州中院掌握的案件中，没有其在冀东监狱家属区作案的任何记录，调查组也未发现这个情况，于是，这个"天大的秘密"就被刻意隐瞒了起来。

2004 年 8 月 17 日，李久明的朋友纪桂林接到一个涉及上述消息的匿名电话，纪桂林和律师于次日飞往温州。在看守所，有关人员仔细翻阅了他们带去的案卷后说："蔡明新的供述与案卷记载的情况一致。"鉴于蔡明新即将被执行死刑，纪桂林及律师迅速写出情况反映，传真到浙江省高级人民法院，要求重新调查该案。

如果不是纪桂林得到了上述信息，那么，蔡明新的犯罪事实以及李久明的无罪证据将被警方所隐匿，那么，李久明案件的司法错误恐怕就很难得到纠正。

（七）鉴定结论的错误及误用

除了前文提及的观察者效应之外，在司法鉴定领域，故意的伪造行为也将导致错误的结论。例如，鉴定人员的检验结果是排除性和不确定性结论，或者自己根本没有进行检验，然而，却作出肯定性的专家报告。对此，Andre Moenssens 教授指出，一些鉴定人员经常试图伪造检验结果或者夸大事实。[①]

除了故意伪造行为之外，新发明、新技术如果未经可靠的检验就付诸使用，也可能导致错误的出现。此外，那些伪科学技术自身不具有效用，当然会导致错误的出现。最后，对于某些不适格的鉴定人员，因其并不具有相关的专业技能，也会导致错误结论的出现。

例如，在美国的法庭科学专家群体中，有两个声名狼藉的鉴定人员，他们是洛伊斯·吉尔克里斯特（Joyce Gilchrist）和弗里德里

---

① Andre Moenssens, "Novel Scientific Evidence in Civil and Criminal Cases: Some Words of Caution", 84 J. CRIM. L. CRIMINOLOGY 1. 17(1993).

## 侦查错误论

希·杰恩（Frederick Zain），他们与许多被推翻的定罪裁决存在着极大的关联，并且很可能存在欺诈行为。俄克拉荷马市警察机构在那些因为 DNA 证据而被推翻的定罪裁决中发现了许多不正常的地方，经过调查，发现在所有这些案件的诉讼过程中，都是由吉尔克里斯特负责物证的法庭科学分析工作，因此，俄克拉荷马市警察机构开除了吉尔克里斯特。杰恩曾经是西弗吉尼亚市的一名骑警，尽管他的档案显示出该人并不具有相关的学术背景，杰恩仍然在1979 年成为西弗吉尼亚市警察机构的化验师。不过，他很快就成为控方最受欢迎的专家证人，并在许多强奸案件和杀人案件的指控过程中就自己从未进行的测试以及从未获得的结果出庭作证。除了吉尔克里斯特和杰恩之外，在法庭科学领域，还存在其他一些声誉不佳的鉴定人员。

联邦调查局管理着世界上最大的法庭科学实验室，拥有 700 余名鉴定人员，每年承担大约 100 万起案件的法庭科学检验工作，具体负责的范围包括联邦案件以及跨越各州边境的地方案件。在1997 年，司法部发布了一项调查报告，其中记录了联邦调查局法庭科学实验室的大量做法，包括"大量的错误证言、未达到检验标准的分析结论、以及工作效率低下"等情况。其他人将这些问题视为一种深层次矛盾的自然表现：联邦调查局实行严格的等级制管理，代表着政府的利益，旨在帮助联邦检察官赢得指控，因此，在工作中遵循有罪推定制度，未能以一种公开和完全客观的方式来处理证据，从而确定犯罪嫌疑人是否有罪。

事实上，不仅法院对于官方鉴定报告有比较高的信任，立法者同样预设了依法做成的鉴定报告具有可信性。不过，司法鉴定领域的实践情况却远未达到上述预期的要求。1978 年，美国执法辅助局（LLAA）资助进行一项实验室熟练能力测试项目（laboratory proficiency testing program）。全美 200 多个犯罪实验室参与了该项测试，测试结果显示出较大的差异。就 65% 的实验室作出的鉴定结果而言，大约有 80% 的鉴定结果可以接受；另有 3% 的实验室作出的鉴定结果，只有 50% 的鉴定结果可以接受。各类鉴定项目的表现也各不相同。毒品鉴定结论的不可接受比例（unacceptable response）只有 1.7%，血液鉴定结论的不可接受比例为 71.3%。[①]

1988 年开展的一项研究指出，犯罪实验室在未接受监督的情况下作出的鉴定结论错误率相当高。2000 年的一份研究报告指出，全美只有 165 个犯罪实验室的鉴定评估结果合格，22 个州的犯罪实验室鉴定评估结果不合格。2003 年，巴尔的摩市有 480 个在 20 世纪 80 年代末期作出的有罪裁决必须重新加以审视，因为调查结果发现，当年从事鉴定工作的化学家并不了解相关的科学技术，因此，其所提供的鉴定报告有的毫无价值。

以上分析与批判均是针对美国的刑事鉴定实务，无法直接应用于我国。不过，有关鉴定程序与鉴定结论的问题，的确也在我国普遍存在。

在滕兴善案、李久明案、岳兔元案中，侦查人员对当时刑事检验鉴定技术手段缺乏必要的理解，错误运用检验鉴定结论，没有深入开展侦查工作，排除矛盾点，是导致侦查工作一错再错的重要原因。例如，岳兔元案中，做了线粒体 DNA 检验鉴定，鉴定结论为"送检的尸骨检材与受害人岳豹子的 MTDNAHVI 区序列相同"。两地公安机关均错误地理解为 DNA 检验作出了同一认定的结论。实际上，线粒体 DNA 鉴定只能排除而不能用于同一认定，STR 分型 DNA 检验才能用作同一认定。

任何一项刑事科学技术的使用，首先必须确保检验或者鉴定材料的真实性和可靠性。同时，任何刑事科学技术都有自己的局限

---

① 李佳玟：《鉴定报告与传闻例外》，载《政大法学评论》2008 年第 101 期，第 210～225 页。

性，并不能替代侦查人员实事求是的、逻辑严密的科学思维。①

（八）"严打"政策与社会压力

在反思"佘祥林案件"的教训时，马克昌教授指出，尽管"疑罪从无"原则已经通过 1996 年修订刑法固定下来，但是，"宁枉勿纵"的旧观念衍生出来的体制惯性仍然很大，"这种惯性渗透在公检法的整个日常运作之中"。例如，对于一起重案，警方认为已经破案，就会去请功并得到嘉奖。而实际上，案件还没有进入审判程序。如果最后法院在审判中发现证据不足，想以"疑罪从无"判决无罪，就会对公安机关或者检察机关造成冲击。这两个机关基于维护自己的声誉与利益，常常会通过相关部门给法院施加影响。

除此之外，社会舆论与受害者家属常常难以接受"疑罪从无"的观念。例如，佘祥林被抓后，法院发现证据有疑点，但受害者亲友联名上书要求法院严惩，迫于社会舆论压力，当地相关部门就要求法院判决佘祥林有罪。"在这样的境地中，法院容易对疑罪作出'留有余地'的判决，以找到法律因素与非法律因素之间一个尴尬的平衡。"

研究错误定罪裁决现象的学者们逐渐认识到，"严打"的犯罪控制哲学过于关注犯罪的识别、逮捕与起诉工作。这种理念已经导致了许多意料之外的后果，其中之一就是导致错误定罪裁决数量不断增加。Huff 等人指出，毫不奇怪的是，刑事司法系统对于犯罪控制目标的强调不仅有助于控制犯罪，而且导致了刑事司法系统的错误与错误的定罪裁决。

政府采取诸多措施扩大警察与刑事司法系统的规模，从而提高刑事司法系统的工作效率。目前，在美国，尽管犯罪率处于上下波动之中，不过，监禁刑的数量一直处于上升之中。这也是"严打"哲学的一个必然的结果。

---

① 王达人、曾粤兴：《正义的诉求》，法律出版社 2003 年版，第 137 页。

在"严打"的政策之下，许多预期的政策目标都得到了实现，不过，值得指出的是，刑事司法系统也面临着严重的司法错误，有证据表明，刑事司法官员往往热衷于打击犯罪，从而导致大量的无辜者遭到逮捕、定罪并被执行刑罚，有的无辜者还被判处死刑。

在司法活动中，还有另一种身份压力，就是在司法机构（特别是警察机构）的层级结构中，下级必须服从上级，这样，有时，一种明知可疑的确证要求，也会强迫办案人员做偏执的证明。如果个人要坚持理性，就有受打击乃至撤职的危险，至少也给领导留下不好的印象而影响前程。实际上现有制度对这种内部的压力伤害并没有什么太好的防护，因此顺从也可能导致确证偏见。①

在通常情况下，那些被错误指控的无辜者并未都被定罪，但是，仍然需要被羁押一段时间，甚至通过烦琐的审判程序而最终得到释放。相比之下，那些被错误定罪的人则要在狱中度过更长的时间。

某些类型的犯罪可能引起社会的高度关注，执法机构也因此面临着快速破案的压力。此类案件很有可能导致无辜的嫌疑人面临被冤枉的风险。由于面临着破案的压力，为了满足社会的要求，刑事司法官员可能被迫草率作出决定，从而将无辜者认定为犯罪嫌疑人。执法官员可能仅仅围绕该嫌疑人展开侦查，未能充分调查并核实其他线索。在"热案热处理"的状况下，有时，司法机关确实很难有抵制强干扰的能力，容易遭到法外压力的负面影响。②

目前，我国的法官还远没有实现司法权的真正独立，在审判中一味强调"民愤"和"社会影响"，往往在很大程度上干扰着司法

---

① 张成敏：《案史：西方经典与逻辑》，中国检察出版社 2002 年版，第 291 页。
② 陈春龙：《冤假错案与国家赔偿——佘祥林案件的法理思考》，中国检察出版社 2007 年版，第 172 页。

的独立和审判的公正进行。① 当憎恨与愤怒取代了理性与正当程序，社会压力就很可能导致错误定罪裁决的发生。因此，许多学者都将社会压力作为导致错误定罪裁决的因素之一。

---

① 甄贞：《程序的力量》，法律出版社 2002 年版，第 52 页。

# 第四章 侦查错误的产生环节
# 和案件类型

前文已经介绍了侦查在刑事司法系统中的功能，再细化研究，侦查阶段又可以分为不同的环节，在不同的侦查环节，侦查错误也具有不同的致因和表现形式。此外，侦查错误在各类案件中的分布并不均匀，而在某些案件中表现得尤为明显。

## 第一节 侦查错误的产生环节

作为刑事司法系统的起始阶段，侦查起着承上启下的衔接性作用。侦查过程作为一个诉讼阶段，包括诸多重要的环节。为了更好地理解侦查错误的产生与发展，有必要结合侦查过程的诸多环节予以分析。

尽管各个案件的具体情况不同，不过，侦查工作遵循着大致的环节和流程。犯罪行为一旦发生，就会立即随之出现三个不同的情况。第一，该案件可能未被发现，如经过精心策划的案件，这些案件很难被发现。第二，犯罪行为已经被发现，但是，很可能没有报告给警方。第三，犯罪行为可能通过警方的侦查工作、被害人或证人的报案或者线人的报告等途径进入警方的视野。

不管具体的结果如何，案件都将以上述这三种方式表现出来。然而，只有在最后一种情况下，即当案件被察觉并为警方所知悉时，该案件才成为侦查人员关注的案件，也只有在此种情况下，案件才进入正式的侦查程序。

## 侦查错误论

### 一、"二步式"侦查

在美国，伴随着侦查的专业化进程，警察力量分为两个部分，即制服警察与便衣侦探。在通常情况下，由于警种的划分以及侦查职责的分工，将侦查工作的流程分为两个阶段：初步侦查（preliminary investigation）和深入侦查（follow－up investigation）。初步侦查由巡警负责，而深入侦查则由专业侦查人员负责。这种分工协作的工作机制也被称为"二步式"侦查。

（一）初步侦查

犯罪行为被发现并报告给警方后，到达犯罪现场的第一位警官所采取的行为被统称为初步侦查。

初步侦查一般由巡逻部门的制服警察开展，工作内容主要包括以下七个步骤：① 获得信息并采取初步应对措施、紧急救护、犯罪现场的控制、发布犯罪通报、确定犯罪现场、收集和处理证据以及制作事件/案件报告。

上述各项工作都细化为许多具体的任务，并且需要遵守一些法律和技术领域的注意事项。值得指出的是，在较小的警察局可能没有专家，只有大约20名或者更少的宣誓警官，最先到达犯罪现场的警官必须发现、识别物证，通过描绘现场草图和现场照相的方式对证据所处的位置予以记录，对证据进行收集、标记、包装，将证据提交给警察局的证据室保存，同时，该警官将会收到证据保存室出具的书面收条。该收条随后将被附于该警官书写的案件报告之中。当某个较小的辖区内发生严重犯罪时，可以通过互助协议取得大警察局或者州的侦查机构的帮助，并在其协助下开展现场勘查工作。

---

① Charles · Swanson, Neil · Chamelin, Leonard · Territo, Criminal Investigation（Eighth Edition）, McGraw－Hill Higher Education 2003.

（二）深入侦查

深入侦查，是指在最初接到案件报告时起，一直到案件已经准备进入起诉阶段或者侦查终结时止，警方所进行的更大范围内的收集案件信息的活动。

接到重大案件的案件报告之后，侦查部门的指挥人员就会指派一名侦查人员负责该案的后续或者深入侦查工作。尽管由于情况不同，具体的深入侦查工作也存在着差异，不过，深入侦查工作主要涉及以下问题:① 阅读案件报告，彻底了解案情；对案件进行总体评估，挖掘潜在的或已有的线索，决定下一步的侦查工作指向；如果嫌疑人已经被捕归案，就可以开展羁押讯问；与最初受理案件的警官保持联系，以便随时澄清自己遇到的不清楚的问题；如果存在需要，可以与其他的警察局和部门开展联系；与线人接触；查询专门的资料库（如全国犯罪信息中心和自动化的嫌疑人面部照片档案）；开展临近地区的调查访问工作并加以记录，确定附近的居民、商人或其他人员是否目击到了对侦查工作有帮助的案件情况；巡视犯罪现场，再次询问被害人，如果情况需要，也可以再次询问证人；针对证据和实验室分析结论的科学作用和法律作用进行评估；如果条件成熟，可以使用特殊的侦查方法；如果情况需要，可以申请取得搜查令和逮捕令；识别、查找和逮捕犯罪嫌疑人；进行列队辨认；追回丢失财物以及会见检察官。

在我国，尽管并无如此明确的区分，但是，侦查过程也呈现出这种阶段性的特征。除了具体侦查过程区分为初步侦查与深入侦查之外，我国的侦查过程还存在另外两个独立的阶段，即立案与侦查终结。所以，在我国，侦查过程包括立案、侦查（包括初步侦查和深入侦查）与侦查终结。

---

① Charles・Swanson, Neil・Chamelin, Leonard・Territo, Criminal Investigation（Eighth Edition）, McGraw – Hill Higher Education 2003.

## 二、侦查错误产生的环节

侦查错误的产生与侦查工作的各个环节和流程存在着密切的关联。为了更好地了解侦查错误的产生与发展，需要结合侦查工作的流程加以分析。

（一）立案阶段

立案，是侦查乃至整个刑事司法系统的启动环节。我国《刑事诉讼法》第83～88条规定了刑事案件的立案程序。从立案程序来看，主要存在以下几种可能导致侦查错误的情况。

首先，从立案来源上看，由于立案来源的不确定性或者不稳定性，侦查错误存在着发生的空间。

我国《刑事诉讼法》第83条规定："公安机关或者人民检察院发现犯罪事实或者犯罪嫌疑人，应当按照管辖范围，立案侦查。"第84条规定："任何单位和个人发现有犯罪事实或者犯罪嫌疑人，有权利也有义务向公安机关、人民检察院或者人民法院报案或者举报。被害人对侵犯其人身、财产权利的犯罪事实或者犯罪嫌疑人，有权向公安机关、人民检察院或者人民法院报案或者控告。公安机关、人民检察院或者人民法院对于报案、控告、举报，都应当接受。对于不属于自己管辖的，应当移送主管机关处理，并且通知报案人、控告人、举报人；对于不属于自己管辖而又必须采取紧急措施的，应当先采取紧急措施，然后移送主管机关。犯罪人向公安机关、人民检察院或者人民法院自首的，适用第三款规定。"

可见，在我国，立案材料的来源有四个方面，分别为公安机关或人民检察院的主动发现、相关单位和个人的报案或者举报、被害人的报案或者控告以及犯罪人的自首。基于各种原因，并非所有的案件都被侦查机关所知悉，之所以如此，可能是由于侦查机关未能积极开展调查，可能是由于公众害怕遭到报复或者手续烦琐而未能积极报案或者举报，可能是由于被害人害怕遭到报复或担心名誉受损或不信任警方而未能报案或者控告，也可能是由于犯罪人主观恶性较大不愿自首，诸如此类的原因都可能导致案件始终处于秘密的状态，未能进入侦查程序。

国内外的实证研究也表明，基于各种主客观原因，刑事案件的隐案率非常高，许多案件都未能报告给警方。警方立案侦查的案件仅仅是实际发生的案件的一部分而已。这种情况突出地反映在财产犯罪案件，尤其是小额盗窃案件之中，也突出地反映在强奸案件等涉及隐私权的案件之中。

尽管我们并不认为所有的案件都是可以侦破的，不过，最大可能地发现已经发生的刑事案件，这也是侦查机关的应然职责。如果警方未能最大限度地发现已经发生的刑事案件，无论是基于主观原因还是客观原因，都表明侦查工作未能实现理想的目标，从而导致出现了放纵罪犯的情形。严格说来，这种放纵罪犯的情形也可以被划归入侦查错误的范畴。不过，由于被害人的主观原因等与警方毫无关联的因素所导致的隐案，不应被视为侦查错误的范畴，尽管这与更为宏观上的社区警务等战略存在一定的关联，也与警方在公众心目中的权威性与工作绩效密切相关。

此外，在立案材料的来源方面，特别值得注意的是报假案的问题，某些所谓的被害人可能基于各种各样的意图报假案，意图陷害他人或者摆脱自己面临的不利境地，有关报假案问题，下文将进行专门的讨论。不过，此处强调的是，侦查机关对于报案材料，必须进行仔细的审查，不能偏听偏信，要具有甄别信息真伪的意识与能力，避免在立案材料的审查环节出现失误。

其次，从立案的决定过程来看，侦查机关的自由裁量权也可能导致司法错误的发生。我国《刑事诉讼法》第86条规定："人民法院、人民检察院或者公安机关对于报案、控告、举报和自首的材料，应当按照管辖范围，迅速进行审查，认为有犯罪事实需要追究刑事责任的时候，应当立案；认为没有犯罪事实，或者犯罪事实显著轻微，不需要追究刑事责任的时候，不予立案，并且将不立案的原因通知控告人。控告人如果不服，可以申请复议。"

立案属于刑事程序的起始环节，立案工作首先需要解决的问题就是标准问题。有了规范的、统一的、可操作性强的立案标准才能做到科学立案，统计准确，全面、客观地反映某一地区在某个时间段的社会治安状况。然而，现行的刑事侦查立案标准仍然存在着诸多需要解决的问题。许多案件的立案标准缺乏量化的标准，任由侦查机关自由裁量，这种自由裁量权的行使也缺乏必要的制约和限制。

尽管最高人民检察院针对渎职侵权范围案件制定了立案标准，即《最高人民检察院关于渎职侵权犯罪案件立案标准的规定》（2005年12月29日最高人民检察院第十届检察委员会第49次会议通过），不过，即为固定的标准，又面临着贯彻落实方面的问题，尤其是涉及数额的情形，因为全国各地的经济发展水平各异，整齐划一的立案标准在落实过程中势必面临着一定的问题。同时，该标准仅仅针对渎职侵权犯罪案件，对于其他各大类型的刑事案件，仍然缺乏足够明确的立案标准，而且即使制定了类似的标准，也仍然面临着前述适用中的问题。

因此，立案标准问题很难通过立法统一解决，在很大程度上仍然属于一个实践性问题，各地需要立足于当地情况参照刑事诉讼法及相关的司法解释所确立的原则性标准来确定具体的适用标准。在此种情况下，侦查机关的立案工作必然要诉诸于侦查人员的自由裁量权。在侦查实践中，"有案不立、不破不立、先破后立"等情况的出现，在很大程度上就是立案标准不明确所导致的结果。

再次，就立案与否的结果问题，尤其是应当立案而不立案的情况，如果存在不适当的情形，很难予以纠正。

为了对公安机关的立案工作进行法律监督，我国《刑事诉讼法》第87条规定："人民检察院认为公安机关对应当立案侦查的案件而不立案侦查的，或者被害人认为公安机关对应当立案侦查的案件而不立案侦查，向人民检察院提出的，人民检察院应当要求公安机关说明不立案的理由。人民检察院认为公安机关不立案理由不能成立的，应当通知公安机关立案，公安机关接到通知后应当立案。"

尽管法律规定人民检察院可以对公安机关不立案侦查的决定进行监督，被害人也可以向人民检察院提出立案监督的申请，不过，在实践中，公安机关仍然可以基于各种理由，如犯罪事实不明确或者是否需要追究刑事责任不明确等，对特定的案件不予立案，而人民检察院很难对侦查机关不予立案的决定进行实质性的审查，对于公安机关所提供的不立案的理由，人民检察院也不能随意予以否定。可见，对于公安机关不立案的情形，人民检察院或者并未进行立案监督，或者无法进行有效的立案监督，立案与否仍然主要取决于公安机关的自由裁量。

在这种自由裁量的前提下，侦查机关的立案或者不立案决定不可避免地可能冤枉无辜者或者放纵真正的罪犯。对于那些犯罪事实不明确或者不需要追究刑事责任的案件，如果侦查机关立案侦查，就可能冤枉无辜者，浪费诉讼资源。对于那些犯罪事实明确并且需要追究刑事责任的案件，如果侦查机关不立案，就将导致真正的罪犯逍遥法外，从而放纵真正的罪犯。可见，不适当的立案或者不立案决定，都可能存在着侦查错误的风险。

最后，就立案材料的准备情况而言，案件材料的质量以及侦查人员是否参与报案的审查也将影响立案与否的最终决定。

在美国，尽管没有专门的立案程序，但是，案件材料的质量以及开展初步侦查的人员素质也将影响案件的后续处理。通常情况下，初始的侦查工作交由接受报案的巡警负责。这种做法旨在要求制服警察获得犯罪现场的全部信息，以便接手的侦查人员无须重复开展上述工作。这种做法尚未引起学界的关注。例如，巡警需要在

## 侦查错误论

犯罪现场物证的识别和收集工作领域接受充分的培训。如果现场物证被移动、污染或者破坏，那么，此类证据的侦查和证明价值就将受到严重影响，甚至完全丧失。

在绝大多数情况下，都是被害人发现案件并向警方报案。在许多案件中，首先都是派遣巡警赶赴现场；对于严重的犯罪（如银行抢劫、杀人案件），也需要派遣侦查人员赶赴现场开展侦查。

一些警察机构还采用了所谓的"区别对待"（differential police response）的战略。① 基于此种战略，警察机构通过多种方案而非传统的立即驾车赶赴现场的应对方式来处理市民的报案。例如，警察机构需要考虑本机构的需要和资源，以及本机构的执法政策。其他的非传统的应对措施，包括要求原告前往警察局或者邮寄案件报告，或者派遣文职人员而非宣誓执法人员处理案件。根据 Worden 的介绍，在密歇根州的 Lansing 市，大多数入室盗窃案件、普通盗窃案件、涉及低于 1000 美元财产损失的故意破坏行为以及没有嫌疑人、没有证人或者未能明确嫌疑人特征或其他证据的案件，都仅仅通过电话报案，通常并未开展其他的侦查措施。对于那些没有证据并且危害性不大的轻微案件，警察机构通常认为没有投入额外资源的必要。

可见，在立案之前的案件材料准备过程中，是否由专业侦查人员开展专门的调查工作，如开展犯罪现场勘查或者询问被害人与证人等，将对立案材料的准备以及最终的立案决定产生直接的影响。如果由巡警等不熟悉侦查业务的警察而非专业侦查人员开展初步调查，就很可能导致无法获得高质量的案件材料，从而导致案件（事件）未能达到立案的标准，最终不了了之，这样不仅放纵了罪犯，而且导致被害人对侦查机关以及整个刑事司法系统产生不满情

---

① Robert Worden. Toward Equity and Efficiency in Law Enforcement: Differential Police Response[J]. American Journal of Police, 1993(12). pp. 1 – 32.

绪。此外，即使依据不完善甚至不准确的案件材料最终作出了立案的决定，由于案件材料的质量不高，甚至可能存在错误的情形，也可能导致错误地认定犯罪嫌疑人，这样不仅放纵了真正的罪犯，还将冤枉无辜者。

因此，立案材料的质量决定着最终的立案决定以及案件的后续处理。在立案的过程中，必须审慎地对待立案的材料来源、立案的标准、立案决定的监督以及立案材料的质量。如果在上述环节存在错误或者不当，就很可能导致侦查错误发生，并进而导致错误定罪裁决或者放纵罪犯的情形发生。

（二）侦查实施阶段

我国《刑事诉讼法》第82条第1款规定，"'侦查'是指公安机关、人民检察院在办理案件过程中，依照法律进行的专门调查工作和有关的强制性措施"。该条中规定了侦查的基本含义，也指明了侦查工作的性质，概言之，侦查既包括专门的调查工作，也包括有关的强制性措施。

我国《刑事诉讼法》第89条规定："公安机关对已经立案的刑事案件，应当进行侦查，收集、调取犯罪嫌疑人有罪或者无罪、罪轻或者罪重的证据材料。对现行犯或者重大嫌疑分子可以依法先行拘留，对符合逮捕条件的犯罪嫌疑人，应当依法逮捕。"第90条规定："……对收集、调取的证据材料予以核实。"这些规定表明了侦查机关的侦查职责，即对于已经立案的案件，侦查机关的关注点应当放在相关的证据材料，既要致力于获得证据材料，又要核实相关的证据材料；同时，还要关注犯罪嫌疑人。也就是说，整个侦查工作是以"证据"和"犯罪嫌疑人"为导向的工作。

我国法律有关侦查的规定属于原则性的规定，仅仅表明了侦查工作的目标指向，并未向侦查人员说明应当如何开展侦查。这种情况在各国的刑事诉讼法中普遍存在，因为包括刑事诉讼法在内的法律多为具体的逻辑规则，而侦查工作需要面向实践的认识活动。每

### 侦查错误论

个案件都具有独特性，刑事诉讼法无法也没有必要对个案侦查工作提供微观的指导。实际上，不仅刑事诉讼法并未对侦查工作如何开展提供指导，就连侦查机关制定的办案规程也仅仅只能向侦查工作提供比较抽象的指导，仅凭这些法律规定和办案规程，侦查人员实际上也无法富有成效地开展侦查工作。我们并不是认为这些法律规定和办案规程没有实际用处，只是表明，侦查人员在实际侦查工作中只能将之作为行为的外在准绳，对于如何开展侦查工作，还需要依赖专业院校的学习、培训以及在侦查实践中积累的经验。

简言之，侦查活动的开展主要依赖于侦查人员自己的知识和经验。由于侦查工作旨在实现刑事诉讼法规定的各项目标和任务，因此，在侦查实施阶段，侦查工作的进展体现为一系列的侦查决策。这种侦查决策活动对于侦查工作的进展具有非常关键的决定性影响。本书参考美国侦查的二步式流程分析模式，将侦查工作的实施阶段分为初步侦查和深入侦查两个阶段。

1. 初步侦查阶段。

在我国，由于存在独立的立案程序，因此，对于立案前后的初步侦查难以做出截然的区分。不过，考虑到此处论及的是具体的侦查实施阶段，因此，此处将初步侦查视为立案之后开展的初步侦查。

在初步侦查阶段，警方基于主动发现、报案或者举报赶赴犯罪现场。在初步侦查阶段，由于最初应对报案的警察可能并非专业侦查人员，并不熟悉犯罪现场勘查和调查访问的相关技能，因此，可能导致初期的犯罪现场处置工作质量较低，犯罪现场范围的划定不科学，犯罪现场上的证据未能得到及时有效的保护，未能针对逃离犯罪现场的犯罪嫌疑人采取及时有效的缉捕措施，等等。

初步侦查阶段的决策对于后续的侦查工作具有非常重要的影响。一方面，如果初步侦查阶段的执法人员未能采取积极有效的缉捕措施和其他应对措施有效地保护现场，就将导致犯罪现场和犯罪现场上的物证遭到破坏，并且无法有效地查获犯罪嫌疑人。国外的实证调查表明，对于刑事案件的侦破而言，赶赴现场的时间越短，采取的应对措施越及时，破案的可能性就越大。许多案件的侦破与否往往取决于早期的处置措施。因此，初步侦查阶段的决策不当可能导致案件无法侦破，进而导致放纵犯罪分子的侦查错误。另一方面，如果初步侦查阶段的执法人员过分热衷于侦破案件，不当地扩大了犯罪现场的范围，不当地扩大了犯罪嫌疑人的缉捕范围，并且采取侵犯性的手段开展交通拦截等措施，也将对公众的合法权利造成不当的侵害。在某些案件中，执法人员可能基于情感因素的作用对犯罪嫌疑人不当地使用武力，对犯罪嫌疑人造成不应有的身体伤害。在此种情况下，初步侦查阶段的决策不当也可能导致侵犯公众及犯罪嫌疑人的合法权益，从而导致正当程序错误。

同时，即便是专业的刑事技术人员，在犯罪现场勘查工作中的失误也极易导致侦查错误的发生。"在有些案件中，技术人员受到各种主观因素的影响，先入为主，主观地认为现场已被破坏，无有价值的痕迹可以提取，或根据已有的嫌疑人去找其有罪的痕迹，而不是客观地在现场进行采痕取证；在实际中也存在着刑事技术人员工作态度不认真，在采痕取证时，工作不够仔细，勘验时只是点到为止，不够全面，造成应当提取的痕迹物证没有被提取，一些有价值的痕迹物证因操作失误而提取失败的后果；技术人员只重视对鉴定痕迹物证的提取，而不重视非鉴定痕迹物证的发现和提取，大大削弱了现场勘查在案件侦查中的作用；现场勘验记录不全面、不客观，没有按照'三录'（笔录、照相、现场图）的制作要求和规范进行，出现漏记、错记以及相互矛盾等情况……鉴定时不规范，不细致，遗漏重要信息，导致检验、鉴定结果的不科学和相关物证的

### 侦查错误论

灭失与破坏。"① 另外，将现场物证等"第一手材料"遗失也时常发生。更有甚者，少数人员循私枉法，利用职务便利，故意制造证据缺陷，移花接木，栽赃陷害，酿成错误。

2. 深入侦查阶段。

如果基于初步侦查阶段获取的情况和信息，警方能够确定案件存在侦破的可能性，或者特定的案件具有较大的社会和政治影响，那么，通常需要开展深入侦查。在决定是否开展深入侦查的过程中，就需要侦查人员进行决策。这种侦查决策也是侦查阶段自由裁量权的一种行使方式。

经过初步侦查阶段之后，基于犯罪现场勘查获得的证据以及调查访问获得的信息，侦查人员通常需要对案件情况进行总结，确定后续的侦查方向和侦查范围。对于具有较大的社会和政治影响的严重案件，不论初步侦查获得的证据和信息是否充分，侦查人员都需要开展深入侦查。对于那些常规多发的轻微案件，如入室盗窃案件等，如果初步侦查未能获取足够的证据和信息，那么侦查人员通常对此类案件进行归档处理，即登记此类案件的基本信息，等待新信息出现之后再开展侦查。对于那些介于严重案件和轻微案件之间的普通案件，在初步侦查阶段结束之后，是否需要开展深入侦查，则取决于侦查人员对该案情况的综合分析判断。

如果对于那些原本可以侦破的案件，或者原本可以通过其他途径获取更多情报信息和线索的案件，侦查人员基于主观上的原因未能开展深入侦查，导致贻误战机，未能通过积极开展深入侦查侦破案件，那么，侦查人员就可能导致放纵罪犯错误。如果对于那些基于客观条件的限制无法在当前及时侦破的案件，或者原本可以通过

---

① 陈刚：《犯罪现场勘查工作中的失误对错案形成的影响》，载何家弘主编：《三人堂与群言录》（《证据学论坛》第 11 卷），中国政法大学出版社 2006 年版，第 444 ~ 446 页。

更加便捷的途径予以侦破的案件，侦查人员投入了过多的资源开展侦查从而侦破了案件，或者投入大量资源之后仍然未能侦破案件，那么，侦查人员就可能导致浪费资源的侦查错误。

3. 强制措施的使用。

在多数情况下，侦查活动是一个查明事实真相的认识过程，这种认识活动与历史认识活动相类似，是一个由未知到已知的渐进式过程。在侦查认识过程中，除了需要收集相关的证据材料之外，更为重要的是要确定犯罪嫌疑人，许多重要的侦查决策都是围绕着犯罪嫌疑人的确定来进行的。

因此，值得专门提及的是，在具体的侦查实施过程中，需要涉及各种侦查措施尤其是强制性措施的使用，这些强制性措施的使用大多是为了确定与拘捕犯罪嫌疑人。在决定采取或者选择采取某种侦查措施的过程中，侦查人员尤其是侦查指挥人员也需要行使一定的裁量权。例如，为了追捕犯罪嫌疑人而开展交通拦截，需要投入大量的警力资源，此时，在何种范围内开展拦截就需要侦查指挥人员做出决策，如果划定范围过窄，就可能漏掉犯罪嫌疑人，如果划定范围过宽，就可能浪费原本可以节约的警力资源。这就需要侦查指挥人员在进行此类决策的过程中最大限度地占有所有可得的情报信息，并且对现场情况进行科学的分析研判，从而做出相对更为科学和合理的决策。

我国《刑事诉讼法》规定了拘传、取保候审、监视居住、拘留和逮捕等强制措施。学界一般认为，这些强制措施与上述强制性措施存在一定的差异。强制措施伴随着羁押期限的问题。我国《刑事诉讼法》将强制措施羁押期限的延长问题规定在侦查终结一节之中。

实际上，在我国，由于拘传属于一种临时性措施，取保候审与监视居住的适用范围有限而且不甚规范，因此，拘留与逮捕就成为适用最为广泛的强制措施。我国《刑事诉讼法》第69条第1～2款

## 侦查错误论

规定："公安机关对被拘留的人，认为需要逮捕的，应当在拘留后的三日以内，提请人民检察院审查批准。在特殊情况下，提请审查批准的时间可以延长一日至四日。对于流窜作案、多次作案、结伙作案的重大嫌疑分子，提请审查批准的时间可以延长至三十日。"在实践中，基于侦查工作的实际需要，拘留的期限很容易基于上述理由被延长至37日。我国《刑事诉讼法》第124～128条规定了逮捕后的侦查羁押期限的延长问题，在法定的几种情形下，交通十分不便的边远地区的重大复杂案件、重大的犯罪集团案件、流窜作案的重大复杂案件、犯罪涉及面广、取证困难的重大复杂案件，经过相应级别的人民检察院批准，逮捕后的侦查羁押期限可以被延长至7个月。此外，根据我国《刑事诉讼法》第128条规定："在侦查期间，发现犯罪嫌疑人另有重要罪行的，自发现之日起依照本法第一百二十四条的规定重新计算侦查羁押期限。犯罪嫌疑人不讲真实姓名、住址，身份不明的，侦查羁押期限自查清其身份之日起计算，但是不得停止对其犯罪行为的侦查取证。对于犯罪事实清楚，证据确实、充分的，也可以按其自报的姓名移送人民检察院审查起诉。"在实践中，基于侦查工作的实际需要，逮捕后的羁押期限经常被尽量地延长。

在侦查阶段，人身羁押是对犯罪嫌疑人人身自由的最大限制，因此，有关强制措施的法律规定是犯罪嫌疑人合法权益的根本保障。不过，我国《刑事诉讼法》有关强制措施的规定存在较大的操作空间，导致侦查机关可能滥用相关的强制措施。一方面，侦查机关可能针对那些人身危险性较小的犯罪嫌疑人使用较为严重的强制措施，或者并未针对原本具有人身危险性的犯罪嫌疑人采取强制措施；另一方面，侦查机关可能基于侦查工作的实际需要不当地延长侦查阶段的羁押期限。因此，涉及强制措施的使用，侦查机关存在着侦查错误的重大风险。

此外，在现场逮捕犯罪嫌疑人的过程中，还涉及武力的合理使用问题。暴力犯罪尤其是恐怖主义犯罪案件的犯罪嫌疑人通常具有较高的人身危险性，在逮捕犯罪嫌疑人的过程中需要确保公共安全和执法人员的自身安全，同时，还要避免给犯罪嫌疑人造成不必要的人身伤害。涉及致命武力的使用，情况更为复杂。在绑架和劫持人质类案件中，如果犯罪嫌疑人的人身危险性暴露得过于突出，已经给公共安全和人质以及执法人员的安全带来严重的威胁，就需要考虑使用致命武力。在这种情况下，致命武力的使用就需要格外注意合法性和必要性的问题。

不可否认，与其他侦查环节相比，涉及犯罪嫌疑人的确定与拒捕的各种侦查措施，更加容易导致各种类型的侦查错误，因此，一方面需要严格遵守法律正当程序的要求，另一方面需要科学地分析和判断面临的情势。

（三）侦查终结阶段

在具体的侦查实施过程结束之后，就进入了侦查终结阶段。我国《刑事诉讼法》专门规定了侦查终结程序。简言之，侦查终结的条件包括三个：一是犯罪事实清楚；二是证据确实、充分；三是法律手续齐备。

有学者指出，现有的"破案"概念存在认识上的误区。破案，是指侦查部门对所立刑事案件，经过一系列侦查活动，在犯罪嫌疑人或主要犯罪嫌疑人已经归案，并进行多次讯问，各种线索、证据进一步挖掘、收集的基础上，对侦查结果进行全面梳理后，认为收集到的证据充分确凿，案件事实、责任大小清楚，案件的主要情况得到了多种证据的印证、证实，侦查活动基本完毕的一种认识。它是一起特定案件（不是某一特定的犯罪嫌疑人）接近侦查终结时的一道程序。① 简言之，破案是侦查认识活动的结果，破案之后，

---

① 阮国平：《"破案"概念的审视与重构》，载《中国人民公安大学学报》2004年第4期，第24页。

**侦查错误论**

还需要为起诉开展案件材料的准备工作，只有当具备了上述事实、证据和法律的要素之后，才可以侦查终结。如果简单地将破案等同于侦查终结，就可能导致侦查人员仅仅关注侦查认识活动的结果，而忽视侦查活动的法律要求以及侦查工作对起诉及后续诉讼结果的影响，进而导致不必要的侦查错误。

侦查终结之后，侦查机关可以对案件做出两种处理。一种是提起公诉。我国《刑事诉讼法》第 129 条规定："公安机关侦查终结的案件，应当做到犯罪事实清楚，证据确实、充分，并且写出起诉意见书，连同案卷材料、证据一并移送同级人民检察院审查决定。"另外一种是撤销案件。我国《刑事诉讼法》第 130 条规定："在侦查过程中，发现不应对犯罪嫌疑人追究刑事责任的，应当撤销案件；犯罪嫌疑人已被逮捕的，应当立即释放，发给释放证明，并且通知原批准逮捕的人民检察院。"

与侦查终结密切相关的第一个问题就是侦查羁押期限的问题，我国《刑事诉讼法》规定了逮捕后的羁押期限及其延长问题，该问题前文已经论述。

第二个问题就是补充侦查问题。补充侦查主要分为审查起诉和法庭审判两个阶段。根据我国《刑事诉讼法》第 68 条的规定，人民检察院对于公安机关提请批准逮捕的案件进行审查后，应当根据情况分别作出批准逮捕或者不批准逮捕的决定，不再补充侦查。

在审查起诉阶段的补充侦查，主要涉及证据问题，由人民检察院自行决定。我国《刑事诉讼法》第 140 条规定："人民检察院审查案件，可以要求公安机关提供法庭审判所必需的证据材料。人民检察院审查案件，对于需要补充侦查的，可以退回公安机关补充侦查，也可以自行侦查。对于补充侦查的案件，应当在一个月以内补充侦查完毕。补充侦查以二次为限。补充侦查完毕移送人民检察院后，人民检察院重新计算审查起诉期限。对于补充侦查的案件，人民检察院仍然认为证据不足，不符合起诉条件的，可以作出不起诉的决定。"

在法庭审判阶段的补充侦查，也主要涉及证据问题，不过，需要检察人员当庭提出延期审理的建议。我国《刑事诉讼法》第165条规定："在法庭审判过程中，遇有下列情形之一，影响审判进行的，可以延期审理：（一）需要通知新的证人到庭，调取新的物证，重新鉴定或者勘验的；（二）检察人员发现提起公诉的案件需要补充侦查，提出建议的；（三）由于当事人申请回避而不能进行审判的。"第166条规定："依照本法第一百六十五条第二项的规定延期审理的案件，人民检察院应当在一个月以内补充侦查完毕。"

从诉讼原理上讲，在侦查终结之后，补充侦查应当是例外而非常态，补充侦查的适用也应当受到严格的限制。不过，在我国的司法实践中，补充侦查被频繁使用，使得侦查终结丧失了应有的法律意义。此外，在侦查实践之中，侦查机关还频繁借退查来变相增加办案期限。当侦查羁押期限即将届满时，公安机关不向检察机关移送案卷材料，而是要求检察机关直接填写《退回补充侦查决定书》，以退查方式变相延长办案期限，另外，在尚未查清案情、证据不足而侦查羁押期限届满时，有的公安机关将不具备审查起诉条件的案件移送审查起诉，借此"迫使"检察机关退回补充侦查，从而"合法合理"地延展了继续侦查的时间。[①]

尽管法庭审理阶段的补充侦查需要取决于检察人员的申请，而审查起诉阶段的补充侦查则可以由检察机关自主决定，但是，实际上，两种情况的补充侦查都是由于侦查阶段证据调查工作存在不足之处所致。而且，在司法实践之中，侦查机关可能滥用补充侦查程序，以便增加侦查的实际期限，这一方面增加了诉讼活动的成本，浪费了原本十分稀缺的侦查资源，另一方面也可能导致原本可以有

---

① 陈卫东：《刑事诉讼法实施问题调研报告》，中国方正出版社2001年版，第34～36页。

效收集的证据随着时间的流逝而无法收集或者丧失原有的证据效力，这种情况突出地表现在犯罪现场证据和证人证言等证据类型之中。可见，在补充侦查阶段，侦查机关也面临着导致侦查错误的风险。

# 第二节　侦查错误易发的案件类型

在日常的侦查活动中，侦查错误的出现应当属于例外而非常态。不过，基于各种主客观的原因，侦查错误很容易出现在某些类型的案件之中，即存在一些侦查错误易发的案件类型。

## 一、美国司法错误的案件分布规律

前文提及的萨缪尔·格罗斯教授等人开展的研究，也分析了司法错误易发的案件类型。根据该项研究，自1989年以来，96%的改判无罪裁决案件或者涉及杀人案件——占60%（205/345），或者是强奸案件和性侵犯案件——占36%（121/340）。在其余的14起案件中，大部分都是暴力犯罪案件，包括6起抢劫案件、2起杀人未遂案件以及1起绑架案件和1起人身伤害案件，同时，还有1起盗窃案件，1起持枪案件和2起毒品案件。[①]

这种集中的分布情况向我们显示了改判无罪裁决——那些被发现并且得到弥补的错误定罪裁决——和所有错误定罪裁决之间的联系，绝大多数错误定罪裁决都未能被发现。通过考察改判无罪裁决比较常见的两大类型犯罪有助于分析这种关系。

（一）强奸案件

截至2001年年底，在美国各州的监狱中，大约有118,000名

---

① ［美］萨缪尔·格罗斯等：《美国的无罪裁决——从1989年到2003年》，刘静坤译，载《中国刑事法杂志》2006年第6期。

被告因为强奸罪和性侵害犯罪而被判刑，少于全部监狱人口的10%。此外，还有大约155,000余名被告因为抢劫罪而被判刑，大约有119,000余名被告因为人身伤害罪而被判刑，大约有27,000余名被告因为暴力重罪而被判刑，同时，大约有600,000余名被告因为财产犯罪、毒品犯罪和公共秩序犯罪而被判刑。为什么有90%作出改判无罪裁决的非杀人案件都集中于强奸案件？

对强奸案件和抢劫案件的比较研究非常能够说明问题。绝大多数抢劫犯罪和强奸犯罪都是陌生人所实施的暴力犯罪。基于此种原因，强奸案件和抢劫案件中出现目击证人错误辨认结论的可能性很大。事实上，有理由认为抢劫案件中错误辨认的数量多于强奸案件：

（1）抢劫案件的数量要多于强奸案件。例如，在2002年，根据联邦调查局的统计，美国警察机构共接到95,136起暴力强奸犯罪的报案，以及420,637起抢劫犯罪的报案，警方逮捕了20,126名强奸案件的犯罪嫌疑人，以及77,342名抢劫案件的犯罪嫌疑人。

（2）目击证人的错误辨认仅限于陌生人实施的犯罪案件之中，3/4左右的此类案件为抢劫，仅仅1/3为强奸案件。

（3）强奸犯罪的性质表明，被害人通常有很长的时间与罪犯进行近距离的身体接触；抢劫案件则通常快速发生，很多案件都未能涉及直接的身体接触。

在1987年，有学者对美国涉及目击证人错误辨认结论的136起案件进行了分析。结果表明，涉及错误辨认结论的抢劫案件数量超过强奸案件的两倍；事实上，抢劫案件占据涉及错误辨认结论的案件总数的一半以上。前述研究也得出了类似的结论，研究结果表明，有121起强奸案件作出改判无罪裁决；在88%的案件（107/121）中，被告都是目击证人错误辨认结论的受害者。但是，仅仅发现6起抢劫案件作出改判无罪裁决，所有此类案件都涉及目击证人错误的辨认结论。为何存在如此大的差异？

答案非常简单：DNA 证据。在 1989 年，美国法院基于 DNA 证据而作出了全国首例改判无罪裁决。不过，自从 1989 年以来，87% 的强奸案件改判无罪裁决都是基于 DNA 证据。只有 19% 的杀人案件改判无罪裁决涉及 DNA 证据（其他的非强奸改判无罪裁决案件没有涉及 DNA 证据），同时，其中有 2 起此类杀人案件也涉及强奸行为。

结论非常明显，如果能够针对抢劫案件采用与 DNA 证据在强奸案件中识别错误定罪相类似的方法，抢劫案件的改判无罪裁决数量将会超过强奸案件，因为错误定罪而被无罪释放的被告数量将会显著增加。并且，即使在强奸案件中，只有当侦查人员收集到并保留生物证据的可测试检材之时，才能够进行 DNA 鉴定，然而，很多案件都未能收集到 DNA 证据。

简言之，近期针对强奸案件的改判无罪裁决所进行的研究表明，目前所发现的错误定罪裁决只不过是冰山一角。除此之外，刑法体系中还存在着许多因为未能提取到 DNA 证据从而导致错误定罪裁决的强奸案件，以及更多未能被发现的针对抢劫案件和其他严重暴力犯罪案件所作出的错误定罪裁决。在这些案件中，DNA 证据并没有用武之地。

（二）杀人案件

那些并非基于 DNA 证据而作出的改判无罪裁决面临着怎样的情况？在 2001 年，美国大约 13% 的州罪犯都是因为谋杀或者非过失杀人而被定罪，但是，85% 的并非基于 DNA 证据而被无罪释放（166/196）的罪犯都存在于上述罪犯群体之中。对于死刑案件中的罪犯而言，相应的比例表现得尤为明显。在 2001 年，美国的死刑罪犯人数比例达到高峰，占美国罪犯总数的 0.25%——在过去 15 年间，法院作出 74 个改判无罪裁决，占改判无罪裁决总数的 22% 都是针对死刑罪犯的。究竟是何种原因导致杀人案件的被告

（尤其是死刑案件的被告）在所有改判无罪裁决中占据了极大的比例？

之所以存在此种情况，可能主要归因于以下两个原因：

一种可能性是，错误定罪裁决并不多见于谋杀案件和死刑案件之中，但是，由于此类案件通常得到了较大的关注，并且在定罪之后得到了严格的审查，此类错误裁决相对容易被发现。这个因素无疑反映了实际的情况，至少反映了部分情况。由于犯罪结果的严重性，杀人案件的定罪裁决，尤其是死刑裁决，比其他刑事案件的定罪裁决得到了更为严格的审查。例如，在1999年，丹尼斯·福利兹（Dennis Fritz）因为DNA证据而被无罪释放，此前，他因为并非自己实施的强奸杀人行为而被判处终身监禁。不过，丹尼斯之所以被无罪释放，主要得益于对他被判处死刑后无罪释放的同案犯朗·威廉姆森（Ron Williamson）的深入调查。如果威廉姆森并未被判处死刑，那么，福利兹就可能要在狱中度过余生。

但是，问题是否如此简单呢？死刑案件中的错误定罪裁决是否真正的与其他案件相差无几呢？如果情况果真如此，那么，我们按照死刑案件的审查标准来审查的监禁刑案件，在过去的15年间应该有29,000余个非死刑案件改判无罪裁决，而不是事实上的265个改判无罪裁决，并且应该包括3,700个并未被判处死刑的杀人案件的改判无罪裁决。这是一个令人震惊的结论。

其次，如果上述解释并未反映出全部的情况，这就意味着，错误定罪裁决很容易发生在谋杀案件中，而且更加容易发生在死刑案件中。我们可以列举出很多理由（除了此处的证据）来支持这个主张的真实性：确保针对恶性犯罪作出定罪裁决的巨大压力；调查许多杀人案件时所面临的困难，由于被害人无法出庭认证；真正的罪犯在面临死刑的时候辩称自己是无辜者的极大动力。无论基于何种原因，我们都面临着这样一个可怕的可能性：那些生命处于危险之中的无辜被告更容易被定罪。

**侦查错误论**

考虑到死刑裁决、其他杀人案件裁决的无罪释放比例与其他定罪裁决之间存在的巨大差异，事实上，结果可能同时归因于两个原因：我们更有可能针对杀人案件尤其是死刑案件中的无辜被告作出定罪裁决，大量的非死刑案件的错误定罪裁决都未能被发现，这主要是由于没有人认真地调查此类案件出现司法错误的可能性。

（三）被忽视的案件

我们仅仅考察了被无罪释放的个别的被告人——换句话说，由于存在强有力的证据证明这些被告人并未实施被定罪的犯罪行为，因此，这些被告人的定罪裁决被州长、法院或者检察官以官方的名义所撤销。然而，很多其他类型的被错误定罪的被告却被完全忽略了。

1. 大规模的无罪裁决。

我们的统计数据仅仅包括了那些由于无罪证据而被无罪释放的单个案件中的被告人，并没有包括那些因为警方大规模制造伪证和腐败而被错误地定罪的无辜被告。

在 1999 年 9 月，拉菲尔·佩雷斯警官（Rafael Perez）正在等待案件的再审，佩雷斯警官被指控盗窃了 6 磅被没收的可卡因，他与检察官达成一项交易：自己提供有关洛杉矶警察机构兰帕德地区分局"严打小组"（"Community Resources Against Street Hoodlums"）的警察们所实施的犯罪行为的相关信息，自己由此获得 5 年的量刑优惠。在接下来的 9 个月中，佩雷斯警官指出，他与兰帕德地区严打小组的警察们经常在逮捕报告中编造谎言，并且开枪打死、打伤许多手无寸铁的嫌疑人和无辜的旁观者，并且在射杀上述人员之后在被害人的身上放置枪支，伪造证据，并且针对无辜的被告虚构犯罪事实。在这个丑闻被曝光之后，洛杉矶市的法官在 1999 年年末和 2000 年撤销了被兰帕德分局的警察们诬陷的 100 余名刑事被告（可能多达 150 余名）所遭受的定罪裁决。绝大多数被告都是年轻的西班牙男子，他们此前针对重罪枪击案件或者毒品案件的错误指控而作出认罪答辩。

在 1999 年和 2000 年，在得克萨斯州杜利亚市，有 39 名无辜被告因为一名不诚实的毒品案件卧底侦查人员所提供的未经证实的证言而被定罪。在 2003 年，调查结果显示，该名卧底侦查人员针对这些案件提供了虚假的证言，并针对许多从未发生过的毒品交易向被告提起指控，因此，其中 35 名被告被法院宣告无罪释放（其余 4 名被告之所以没有被赦免，主要是由于针对这些被告所作出的定罪裁决已经被撤销，或者是由于其他的罪行而被判处监禁刑罚）。

兰帕德事件和杜利亚事件并不是美国在过去 15 年间所发生的仅有的两起大规模无罪裁决事件。当格罗斯教授等人于 2004 年 4 月公布该研究报告的最早版本之后，我们了解到，达拉斯石膏板丑闻已经于 2002 年 1 月被曝光：在得克萨斯州达拉斯市，至少有 80 名被告因为持有大量所谓的可卡因而被定罪，最后的分析结果表明，这些物质含有粉末状的石膏，这是一种建筑材料石膏板的主要成分。许多石膏板案件都在审前被撤销，但是，有些无辜的被告作出了认罪答辩，并且被判处监禁刑罚或者被移交给墨西哥。格罗斯教授等人可能忽略了其他一些类似的被曝光或者未被发现的丑闻。

兰帕德事件和杜利亚事件属于典型的无罪裁决案件。不过，格罗斯教授等人并未将这些事件包含到此项研究之中，因为导致错误定罪裁决的过程以及这些事件中的大规模无罪裁决与此项研究所关注的个案裁决存在根本的差异，将这些案件（大约 135 起案件）纳入研究之中可能会影响所观察到的结果。然而，从另外一个角度来看，这些特殊的无罪裁决也能够使读者了解更宽泛意义上的错误定罪裁决，而这些情况是在此次研究并未加以关注的内容。

2. 相对较轻的量刑裁决。

除了少数例外情形之外，此次研究所关注的无罪裁决的被告都是死刑罪犯或者是较长期限的徒刑罪犯。93% 的被告都被判处 10 年以上的监禁刑罚；77% 的被告被判处 25 年以上的刑罚；大约一半以上的被告被判处无期徒刑或者死刑。这是一个极不寻常的团体。绝大多数刑事被告都被指控实施了轻罪行为；对于那些被指控实施重罪行为的被告，许多被告都被判处缓刑，或者被判处数月的监禁刑罚，而非数年的监禁刑罚。

无罪裁决通常是长时间的大量工作的最终结果。由定罪裁决到无罪裁决平均需要经历 11 年以上的时间。对于那些因为盗窃行为而被错误定罪的被告，在自己被释放之后很少有精力澄清案件事实，并为自己洗清罪名，即使他想从事上述工作，他也可能难以获得他人的帮助。此次研究数据就反映出此种情况：看起来，没有人会认真地为那些因为盗窃、轻伤害、持有毒品或者一般重罪行为（如机动车盗窃行为）而被错误定罪并被判处缓刑或者 2000 美金的罚款或者 6 个月的监禁刑（或者在州监狱中执行 18 个月的监禁刑）的被告争取无罪裁决。

但是，显而易见的是，此类司法错误确实存在。例如，众所周知的是，许多被告都无力承担保释金的费用，因此，不得不通过辩诉交易来获得较轻的量刑裁决，并且通常借助于缓刑而减少监禁的期限，而不是选择在羁押场所度过数月的时光然后在法庭审判过程中面临被判处更为严厉的惩罚的风险。这是刑事司法系统的一个层面，大约 90% 的被定罪的被告都寻求辩诉交易而不是接受审判。许多接受此类交易的被告都是无辜者，此类被告在数量上要多于重罪案件中的被告，但是，他们几乎未能得到无罪裁决，至少未能在单个案件中得到无罪裁决。

在此次研究的数据库中，只有 20% 被无罪释放的被告进行了辩诉交易，少于总数的 6%。15 名无辜的杀人案件被告和 4 名无辜的强奸案件被告都寻求辩诉交易，被判处较长期限的监禁刑罚，从而避免了无期徒刑和死刑裁决的风险，此外，一名无辜的被告承认非法持有枪支，避免因为自己是职业罪犯而被判处无期徒刑。相比之下，在杜利亚事件所涉及的 39 名被告中，有 31 名被告针对自己并未实施的毒品犯罪行为寻求辩诉交易，与此同时，在洛杉矶市的兰帕德事件中，也有 100 余名被告寻求辩诉交易。杜利亚事件和兰帕德事件中的大多数被告在无罪裁决时都已经被释放，距离定罪裁决约有 2~4 年时间。他们之所以能够得到无罪裁决，主要是由于政府针对系统性的警察伪证行为展开了大规模的调查，并由此发现了这些错误定罪裁决。如果这些被告因为同样的犯罪行为而被错误地定罪，或者由于非系统性的伪证行为，那么，格罗斯教授等人可能无法发现上述事实。

3. 未能被无罪释放的无辜被告。

第一，悬而未决的案件。一些被错误定罪的被告并未被无罪释放——至少目前没有——由于政府官员一直拖延时间。例如，在 2003 年 3 月 12 日，乔斯亚·萨顿（Josiah Sutton）从得克萨斯州监狱中被释放出来，因为 DNA 证据表明萨顿并未实施被指控的强奸犯罪行为，萨顿此前因为该指控被判处 25 年监禁刑，并且已经服刑达 4 年半之久。在一年之后，萨顿仍然处于保释释放状态，在理论上，他的案件被搁置起来，因为尽管休斯顿地区检察官同意赦免萨顿，但是，不愿意承认萨顿是无辜者，之所以如此，主要是由于一旦他承认萨顿是无辜者，那么，该州就需要针对萨顿所作出的错误监禁刑裁决承担赔偿责任。尽管萨顿被错误定罪的事实已经毫无争议，但是，由于萨顿并未得到无罪裁决，所以，此次研究并未将该案纳入到研究中来。

第二，进行辩诉交易以及保持沉默。在有些情况下，被告持续数年地主张自己是无辜者，同时，法院也撤销了针对其所作出的定罪裁决，此时，他会寻求与检察官进行辩诉交易，针对某个较轻的犯罪作出有罪答辩，并且寻求早日被释放，而不会停留在羁押场所承担再次得到错误的定罪裁决的风险。例如，在 1978 年，基于另外一名所谓的同案犯的供述，丘迪斯·麦克吉（Curtis McGhee）在爱达荷州布鲁福斯市被判谋杀罪名成立。在 2003 年 2 月，爱达荷

**侦查错误论**

州最高法院推翻了上述裁决，因为警方指出，他们已经讯问了另外一名在案发时出现在犯罪现场的嫌疑人，并且该名嫌疑人未能通过测谎测试。当时，所谓的同案犯和其他重要证人已经推翻了他们的供词。检察官力图与麦克吉进行辩诉交易：麦克吉承认自己实施了二级谋杀行为，并且马上可以获得自由；麦克吉出于稳妥起见决定进行辩诉交易，并且被释放。此次研究并未将麦克吉案件纳入研究之中，也未将其他通过辩诉交易来获得释放的被告纳入到研究之中，无论被告是否是无辜者。此次研究考察的是无罪裁决，而此类案件中的最终结果是定罪裁决，而不是无罪裁决（此次研究将麦克吉的同案犯纳入研究之中，特里·哈灵顿拒绝进行辩诉交易，并且由于最初的审判工作中的证人再次推翻了自己的证言，所以，法院撤销了针对哈灵顿的定罪裁决）。

第三，毫无理由地未能作出无罪裁决。在某些案件中，无辜的被告未能得到无罪释放，此种情况并不存在合理的理由。例如，在2001年，维多利亚·班克斯（Victoria Banks）因为杀人行为而被错误地定罪，这一错误是无可争议的事实。她是一个存在精神缺陷的妇女，并供述自己杀害了自己的新生婴儿，但是，没有物证能够表明该婴儿曾经存在，同时，身体检查结果表明，她已经进行了输卵管结扎手术，手术并不存在任何问题，因此，她不可能会怀孕。但是，班克斯夫人供述了自己假象的杀人行为，并且在被指控可以判处死刑的谋杀行为之后作出了杀人行为的有罪答辩，她并未主张自己是无辜者，同时，亚拉巴马州政府却仍然基于杀人行为以及其他不相关的指控监禁这位存在精神缺陷和幻想症状的妇女。她的两名同案犯之一也存在精神缺陷，并于2003年被无罪释放，此前，他已经在监狱中度过了三年半的时光；另外一名存在精神缺陷的同案犯获得了减刑，并且于2002年被释放。

第四，性虐待儿童案件和残暴的宗教仪式案件。在一类严重的错误定罪案件中，不公正裁决的形态是如此的复杂和暧昧，以至于甚至无法主张特定的被告得到了无罪裁决，即使绝大多数被告人都被错误地定罪。这里所涉及的是非常盛行的性虐待儿童犯罪指控，此类指控在 20 世纪 80 年代后期到 90 年代早期在美国全国范围内普遍存在，主要集中于儿童看护中心，并且通常包括针对怪异的宗教仪式的指控。

此次报告中考察的绝大多数无罪裁决案件确实存在杀人行为、强奸行为或者其他犯罪行为。问题在于，是其他人而不是被告实施了上述犯罪行为。在这些大规模骚扰儿童案件的指控中，罪犯的身份并不是问题。相反，问题在于：是否真正发生了犯罪行为？

在许多此类骚扰儿童案件中，指控都是非常奇怪的，至少看起来如此。例如，北卡罗来纳州艾登顿市的儿童日托中心的一些儿童指出，他们看见日托中心的婴儿被杀害，儿童被带到船上并扔进水中喂鲨鱼，有些儿童被热气球带往外太空。在加利福尼亚州科恩市，儿童们指出，在团体聚会时，大约有 14 名成年人强迫许多儿童吸食含有可卡因或者海洛因的 18 英寸长的香烟，并向他们注射毒品，导致了大块的身体损伤，同时，还将儿童们吊在钩子上，那些成年人不断地鸡奸他们。毋庸讳言，没有任何物证能够证明上述主张。在其他一些案件中，指控令人难以置信，并且看起来出自过于热心的检察官和医生，那些医生要求接受检查的儿童们告诉别人他们遭到了骚扰，并且要求儿童们做出肯定的回答。

总体上，在 1984 ~ 1995 年期间，美国有 150 余名被告因为 10 余起严重的性虐待儿童案件和残暴的宗教仪式案件而被起诉，并且至少有 72 名被告被判决有罪。显然，绝大多数被告都是无辜者；几乎所有的被告都在服刑期满之前以各种方式被释放。然而，其中有些被告可能确实实施了一些性骚扰行为，由于检察官和医生们不断地询问这些儿童，从而导致这些事件随后发展成为了令人难以致信和不可能的指控。此次研究的数据库中仅仅纳入一起此类案件，在该案中，所有那些所谓的被害人现在都指出，他们从未遭到骚扰，所谓的犯罪行为也并未发生。然而，美国法律史上的此类错误定罪裁决的被害人都没有被纳入到此次研究之中，因为他们并未得到官方的无罪裁决。

## 二、我国司法错误的案件分布规律

我国有学者指出，在司法实践中，强奸案件、经济犯罪案件和盗窃案件属于常见的刑事错案种类。① 不过，上述研究历时较为久远，随着社会经济和犯罪情势的变迁，司法错误的案件分布规律产生了一些变化。

总体上，从官方报道的错误定罪裁决来看，许多案件都是严重刑事犯罪，一般均为杀人案件或者强奸案件，此类案件的错误之所以被纠正，主要基于以下几个原因：一是"被害人复活"，直接否定了侦查机关的结论；二是真正的犯罪行为人被警方逮捕，并且通过供述或者 DNA 鉴定确定了犯罪行为为其实施，由此否定了侦查机关的结论；三是在证据不足的情况下，不得不改判被告人无罪。

错误定罪裁决之所以集中于严重刑事犯罪，一方面，是由于此类案件涉及的犯罪行为比较严重，因此，判处的刑罚也比较严重，一旦错误定罪裁决公之于众，比较容易得到媒体和公众的关注；另一方面，是由于司法机关在办理此类案件的过程中投入了较大的资源，一旦发生错误定罪裁决的情形，基于社会影响和责任问题的考虑，通常会引起相关方面的关注，后续的纠正程序会相对比较顺利。

从下表列举的 30 起涉及错误定罪裁决的案件中不难看出，犯罪嫌疑人/被告人的职业多为农民，涉嫌的罪行多为杀人案件、抢劫案件或者强奸案件等重罪案件，而且纠正司法错误的理由大多并非司法机关的主观努力，而是由于被害人复活或者真凶出现等外部条件。

---

① 张军：《刑事错案研究》，群众出版社 1990 年版，第 44~76 页。

| 序号 | 嫌疑人/被告人 | 职业 | 律师情况 | 被害人 | 涉嫌罪名 | 判处的刑罚 | 案发地 | 案发时间 | 澄清时间 | 真凶/改判事由 |
|---|---|---|---|---|---|---|---|---|---|---|
| | | | | 30起涉及错误定罪裁决的案件的基本情况 | | | | | | |
| 1 | 佘祥林 | 农民 | 委托 | 张在玉（妻子） | 故意杀人罪 | 死刑改判为15年有期徒刑） | 湖北 | 1994.4.11 | 2005.4.13 | 被害人复活 |
| 2 | 吴鹤声 | 个体户 | 委托 | 余某（前女友） | 故意杀人罪 | 无期徒刑 | 湖北 | 1991.4.2 | 1999.12.11 | 丁剑鸣 |
| 3 | 杜培武 | 警察 | 委托 | 王晓湘（杜妻）、王俊波 | 故意杀人罪 | 死刑改判为死缓 | 云南 | 1998.4.20 | 2000.7.11 | 杨天勇等 |
| 4 | 陈金昌 姚泽坤 温绍国 温绍荣 | 农民 | 委托 | 樊哲方、翁丽、秦应坤兄弟 | 故意杀人罪、抢劫罪 | 分别判死刑（后改为死缓）、18年、15年、5年有期徒刑 | 云南 | 1995.5.8 | 1998.2.17 | 张荣东等 |
| 5 | 覃俊虎 兰永奎 | 农民 | 委托 | 覃志向及其女友 | 故意杀人罪、抢劫罪 | 覃俊虎死缓，兰永奎无期徒刑 | 广西 | 1999.2.10 | 2003.6.28 | 牙韩胜 覃剑 |
| 6 | 李杰 何军 黄刚 黄德海 | 农民 | 委托 | 叶云波 谢光桂 | 故意杀人罪 | 分别被判处无期、10年、8年、12年有期徒刑 | 四川 | 1993.11.28 | 2003.7.1 | 徐英勇 孙建勋 |
| 7 | 黄亚全 黄圣育 | 农民 | 委托 | 郭太和 | 抢劫罪（致人死亡） | 死缓 | 海南 | 1993.8.22 | 2003.9.1 | 黄昌强 黄开政 胡亚弟 胡亚文 |
| 8 | 滕兴善 | 农民 | 委托 | 石小荣（传言系情人） | 故意杀人罪 | 死刑（已执行） | 湖南 | 1987.4 | 2005.11.8 | 被害人复活 |
| 9 | 李久明 | 警察 | 委托 | 郭忠孝夫妇 | 故意杀人罪 | 死缓 | 河北 | 2002.7 | 2004.7 | 蔡明新 |
| 10 | 丁志权 | 副厂长 | 委托 | 袁丽华（妻子） | 故意杀人罪 | 死缓改为死刑再改为无期徒刑 | 黑龙江 | 1992.2.20 | 2002.11 | 证据不足 |
| 11 | 隋洪建 任树君 隋洪波 隋洪儒 | 农行服务中心主任 | 委托 | 钱淑贤（银行行长，隋洪建的领导） | 故意杀人罪改为故意伤害罪 | 前两人5年，后两人4年6个月，后四人均改为3年有期徒刑 | 黑龙江 | 1994.8.18 | 2002.3.11 | 王英利 赵玉臣 蒋英库 |
| 12 | 杨云忠 | 工人 | 未查明 | 赵乃文（被认为系情敌） | 故意杀人罪 | 死刑改判为无期徒刑 | 黑龙江 | 1994.11.15 | 2002.2.11 | 王英利 路洋 |
| 13 | 王海军 | 工人 | 未查明 | 张金霞（妻子） | 故意杀人罪 | 15年有期徒刑 | 吉林 | 1986.10.25 | 2005.7.29 | 金太植 王子富 |
| 14 | 李化伟 | 工人 | 委托 | 邢伟（妻子） | 故意杀人罪 | 死缓 | 辽宁 | 1986.10.29 | 2002.6.25 | 江海 |
| 15 | 张庆伟 | 居民 | 委托 | 一女子 | 故意杀人罪、强奸罪 | 无期改判为9年有期徒刑 | 辽宁 | 1997.3.27 | 2003.5 | 出现真凶 |

# 侦查错误论

| 序号 | 嫌疑人/被告人 | 职业 | 律师情况 | 被害人 | 涉嫌罪名 | 判处的刑罚 | 案发地 | 案发时间 | 澄清时间 | 真凶/改判事由 |
|---|---|---|---|---|---|---|---|---|---|---|
| 16 | 王俊超 | 农民 | 委托 | 王天欣女儿 | 奸淫幼女罪 | 9年有期徒刑 | 河南 | 1999.6.15 | 2005.8.30 | 王雪山 |
| 17 | 张海生 | 农民 | 委托 | 苗苗（女孩、化名） | 强奸罪 | 死刑 | 河南 | 2003.12.12 | 2005.4.4 | 王玉平 |
| 18 | 秦艳红 | 农民 | 委托 | 贾海荣 | 强奸罪 | 死刑 | 河南 | 1998.8.3 | 2002.5.28 | 元秋伏 |
| 19 | 岳兔元 | 农民 | 委托 | 岳豹子 | 故意杀人罪 | 诈骗罪判有期徒刑1年6个月 | 山西 | 2004.2.15 | 2005.6.1 | 被害人复活 |
| 20 | 杨黎明、杨文礼、张文静 | 农民 | 委托 | 唐浩丽（男） | 故意杀人罪、强奸罪 | 前两人死刑，第三人死缓 | 甘肃 | 1992.11.8 | 1995.1.11 | 肖国红唐世禄夏毓刚 |
| 21 | 孙万刚 | 学生 | 委托 | 陈兴会 | 故意杀人罪 | 死缓 | 云南 | 1996.1.3 | 2004.2.10 | 证据不足 |
| 22 | 胥敬祥 | 农民 | 委托 | 梁秀各 | 抢劫罪 | 有期徒刑16年 | 河南 | 1992.3.7 | 2005.3.16 | 证据不足 |
| 23 | 童立民 | 工人 | 委托 | 保姆小凤 | 故意杀人罪 | 死缓 | 重庆 | 1999.10.21 | 2002.10.15 | 证据不足 |
| 24 | 荆爱国 | 司机 | 委托 | | 运输毒品罪 | 死刑 | 甘肃 | 2001.8.11 | 2003.1.4 | 罪犯被逮捕 |
| 25 | 张绍友 | 农民 | 委托 | 张的侄女 | 故意杀人罪、强奸罪 | 死刑改死缓 | 河南 | 1999.12.3 | 2009.1.7 | 胡小刚 |
| 26 | 肖业全 | 农民 | 未查明 | 胡利芳（女） | 抢劫罪、故意杀人罪 | 2004.6.12～2005.7.18被羁押 | 湖南 | 2004.5.7 | 2006.4 | 赵征宇蒋玉明 |
| 27 | 李少奎 | 农民 | 委托 | 杜晓东 | 故意伤害罪 | 死缓 | 山东 | 1993.9.1 | 2002.10.30 | 杨华 |
| 28 | 杨宇华（夫）李明英（妻）谢华（女婿） | 退休居民居民 | 未查明 | 张华秀（杨宇华之母） | 故意杀人罪 | 分别判有期徒刑16年、10年和5年 | 贵州 | 1998.1.19 | 2007.6.28 | 证据不足 |
| 29 | 李德田 | 个体户 | 委托 | 刘铁夫 | 故意伤害罪 | 有期徒刑12年 | 辽宁 | 1995.9.16 | 2008.9.25 | 魏忠民 |
| 30 | 郝金安 | 农民 | 未查明 | 刘茵和 | 抢劫罪 | 死缓 | 山西 | 1998.1.22 | 2007.12.18 | 张广荣牛金贺蔡德明 |

除了错误定罪裁决此类严重的正当程序型司法错误之外，就放纵犯罪型司法错误而言，则主要涉及抢劫抢夺案件和盗窃案件等财产犯罪，即通常所谓的"两抢一盗"案件。此类犯罪的社会危害性不如杀人案件那样严重，而且破案率相对较低。

"两抢一盗"案件的破案率之所以相对较低，主要是基于以下几个原因：第一，此类犯罪的数量较大，系列犯罪较多，流窜性很强，因此，侦查机关的案件负担很重，很难投入足够的侦查资源负责此类案件的侦破工作，有限的侦查资源大多投往社会影响较大的杀人案件等严重犯罪；第二，此类犯罪的现场物证，尤其是 DNA 等生物证据较少，给侦查工作带来了较大的困难；第三，此类案件的社会影响较小，社会危害也较小，侦查机关通常将之登记在案，等待并案侦查；第四，此类案件的隐案较多，许多被害人基于各种考虑并未报案，这也无形中增加了放纵犯罪型司法错误的数量。

除了此类社会危害性不大的财产犯罪之外，某些社会危害性较大的严重犯罪，如强奸案件等人身犯罪，其隐案率也较高。被害人可能因为害怕羞辱或者害怕报复等原因并未向警方报案，从而导致放纵犯罪的错误发生。

归纳起来，正当程序型司法错误大多发生在杀人案件等严重刑事犯罪之中，并且大多涉及侵犯人身权利的犯罪；而放纵犯罪型司法错误则大多发生在盗窃案件等轻微刑事犯罪之中，并且大多涉及侵犯财产权利的犯罪。侦查机关的资源配置、犯罪现场物证情况、被害人的情况等都是导致司法错误在不同类型的案件中分布不均的原因。

# 第五章　侦查错误的识别机制

　　安东·契可夫曾经说过："除非你是上帝，你才分得清成功与失败，而且不犯错误。"① 对于犯错误的主体来说，往往是当局者迷，因此，许多错误都是事后才被发现的。古人云："前事不忘，后事之师。"不过，由于刑事司法与个体的自由、财产乃至生命息息相关，因此，仅仅有此种后见之明尚不足。

　　为了尽可能地减少侦查错误及其所导致的错误定罪裁决，应当走出"当局者迷"的怪圈，在错误刚刚萌芽或者刚刚出现时，就能见微知著，有效地识别错误的存在。自觉、及时、有效地识别侦查错误，是及时、有效地预防以及救济错误的前提和必要条件。为了自觉、及时、有效地识别侦查错误，就需要对侦查错误的识别机制进行理性的探究。

## 第一节　侦查错误识别机制的重要性

　　之所以强调构建侦查错误的识别机制，主要是如果不能有效地识别侦查错误，很可能导致更为严重的司法错误，如错误的定罪裁决。当下的许多司法错误都涉及重罪与重刑，而现有的侦查错误识别机制并无一定之规，因此，为了有效地避免严重司法错误的发生，尽可能地减少司法错误的负面影响，应当着力构建侦查错误识

---

　　① ［美］理查德·法森、拉尔夫·凯斯：《错失良机》，孙大莱译，浙江教育出版社 2005 年版，第 42 页。

别机制。

## 一、司法错误的严重性

庞德指出，对于绝大多数人来说，法律诉讼都是罕事，是灾难性的经历，并且，即使发生了这样的灾难，最经常与争议相连的也不是法律，而是事实。[①] 司法错误对于当事人而言的确是一场灾难，而最为常见的司法错误就是案件事实方面的错误，尤其是错误认定了犯罪嫌疑人。最为严重的司法错误就是死刑案件中错误地认定了犯罪嫌疑人，并执行了死刑。

从陈永生博士研究的 20 起错误定罪裁决来看，被告人涉嫌的都是重罪并且大多被判处重刑。这 20 起冤案，涉嫌的罪名有 5 项：故意杀人罪、故意伤害罪、抢劫罪、强奸罪和奸淫幼女罪（2002年后被合并到强奸罪中）。这些犯罪都是典型的重罪，并且是严重的暴力性犯罪。在这些犯罪中，涉嫌故意杀人罪，即"命案"的有 15 起，高达 75%。此外，如果考虑到还有 1 起抢劫罪和 1 起故意伤害罪都致人死亡，那么"命案"的比率更高，达 85%。

与此相应，绝大多数错误定罪裁决的被告人都被判处重刑。在 20 起错误定罪裁决中，一审被判处死刑的有 12 起，比例高达 60%，如果再加上一审被判处无期徒刑 3 起，两者相加，比例更高达 75%。在一审被判处死刑的案件中，被判处死刑立即执行的有 7 起，占全部案件的 35%；被判处死缓的有 5 起，占全部案件的 25%。在一审被判处死刑立即执行的 7 起案件中，有 4 起经上诉被改判为死缓或其他较轻刑罚，有 2 起在上诉过程中因出现真凶或被害人"复活"被宣告无罪，还有 1 起已被交付执行死刑。此外，值得注意的是，就一审被判处死缓的 5 起案件以及经上诉被改判为

---

[①] Pound, "Administrative Application of Legal Standard," Proceedings American Bar Association, 1919, p. 441.

**侦查错误论**

死缓的 2 起案件而言，行为人涉嫌的都是故意杀人罪或导致被害人死亡的抢劫罪，并且没有任何从轻或减轻处罚的情节，按照我国刑法的规定以及实践中的做法，本应判处死刑立即执行，但都由于证据上存在问题，因而被法院作出留有余地的判决，判处死缓。相对于置证据不足于不顾仍然坚持判处死刑而言，判处死缓之日后发现错误定罪裁决有纠正的可能，虽然有值得肯定之处，但无论是按照我国现行立法还是按照刑事诉讼的基本原理，这种做法都是错误的。①

司法错误实际上并非孤立的、可以忽略的错误，而是系统的、未能得到充分研究和解决的问题。它们对个体的权利和生命产生了重要的影响，而且损害了刑事司法的正当性。此外，错误定罪裁决还有一个被忽视的层面，即那些真正的罪犯仍然逍遥法外，不仅未能有效地惩罚犯罪，而且这些罪犯还有可能再次或 N 次实施犯罪行为。

鉴于司法错误涉及的案件与罪行都十分严重，不仅对当事人的自由乃至生命产生非常严重的影响，导致正当程序错误，而且还由于未能将真正的罪犯绳之以法而导致放纵罪犯错误，因此，在司法错误萌芽之初识别出错误的征象，具有非常重要的现实意义。鉴于侦查是刑事司法系统的起始阶段，许多司法错误都是侦查阶段的错误所导致的结果，因此，构建侦查错误识别机制具有非常重要的战略意义。

**二、司法错误遭到漠视的原因**

尽管司法错误导致的危机已然存在，但是，刑事司法领域的决策者和学者仍然对司法错误表现出很小的兴趣。这可能是由于法学

---

① 陈永生：《我国刑事误判问题透视——以 20 起震惊全国的刑事冤案为样本的分析》，载《中国法学》2007 年第 3 期，第 51 页。

家们不愿审视这些错误，他们甚至并不关心这些错误的受害者。

司法错误也反映出，侦查人员针对罪犯的刑事责任问题形成了一个假说，然后致力于证明这个假说，排除了其他侦查路径，从而导致其他可能性未能得到关注，仅仅通过组织已有的证据来支持此前形成的侦查假说。由于警方不愿承认自己最初的假说错误，从而形成了确证偏见效应。警方通常为自己的不法行为寻找托词，这主要是由于，警方将被告人视为真正的罪犯，并且声称法律规则与资源稀缺等问题妨碍警方收集充分的证据证明被告人有罪。

此外，许多人对司法错误表示漠视，有人认为，现行的刑事司法系统基本上是公正的，已有的司法错误属于罕见情形，并且属于可以容忍的错误。在打击犯罪的刑事政策成为关注重点时，公众将少数司法错误视为打击犯罪的必要代价。还有人认为，已经得到证实的司法错误为数很少，比较突出的司法错误已经得到纠正，因此，现有的刑事司法系统仍然具有正当性。

由于侦查属于刑事诉讼的启动阶段，侦查阶段所开展的工作都是为后续的诉讼活动尤其是审判活动做准备的，这一阶段的结论（即侦查结论）并不是权威的事实认定结论，侦查活动的结果也只是证据材料、案件事实主张和犯罪嫌疑人，特定的证据材料是否能够在法庭上作为证据使用，特定的案件事实主张能否被法庭所认可，特定的犯罪嫌疑人是否被定罪，这些问题都属于法官（在国外，也包括陪审团）的权限范围。

侦查程序作为后续诉讼程序的准备程序，其目的乃为避免对不成立的犯罪嫌疑施以审判程序（即为一种第一次的筛选措施；第二次的筛选是在决定应否开启审判程序时；第三次则为判决），其另一目的则是搜集及整理证据。如果发生判决错误时，大部分的原

**侦查错误论**

因均是，在侦查程序中已有错误的发生。[①]

如果将刑事诉讼视为若干相互承继并且不断筛选的阶段，那么，侦查只不过是第一道筛选程序。秉承审判中心主义的理念，法官的事实认定结论才是权威的结论。因此，在很大程度上，司法错误的识别机制大多是指错误定罪裁决的识别机制，即某个定罪裁决一旦作出，不同的主体基于各种理由确定某个定罪裁决属于错误的定罪裁决。由于侦查阶段的结果不具有权威性，因此，这一阶段的错误识别机制并未得到应有的重视。

### 三、现有的司法错误识别方法

国内外的司法经验表明，刑事司法系统本身不能很好地发现、承认与处理自己的错误。在司法实践中，通常需要通过以下几种方式确定被告无罪：发现所谓的杀人案件中的被害人仍然活着；真正的凶手自首或者被逮捕归案；发现了证明被告无罪的其他新证据。[②] 同时，被错误定罪的被告对于自己案件的重审往往无能为力，几乎是依靠他人的努力才能证明自己的清白。

在美国，由于奉行辩诉交易制度，在普通地方法院的辩诉交易之中，无法确定究竟存在多少司法错误。为了拯救那些被错误定罪的无辜者，美国律师与热心于此工作的人士一直在寻找证据。他们传统的做法是寻找目击证人或者让真正的罪犯自首而实施拯救计划。法庭科学，尤其是 DNA 证据领域的发展，已经使许多被错误定罪的无辜者（包括死刑犯）被无罪释放。这些改判无罪裁决得到了社会的广泛关注。DNA 检测技术在 20 世纪后期发挥了巨大的作用，在让许多无辜者沉冤昭雪的同时，也表明人们过分相信刑事

---

[①] ［德］克劳思·罗科信：《刑事诉讼法》，吴丽琪译，法律出版社 2003 年版，第362 页。

[②] Gisli Gudjonsson, The Psychology of Interrogations and Confessions: A Handbook, John Wiley ? Sons, Ltd, 2003.

司法系统的公正和准确性。[①]

在错误定罪裁决之后反映出另外一个现象：DNA 测试在审前程序得到了一定的应用。据统计，在联邦调查局以及各州犯罪实验室在案件侦破之前进行的 18000 个测试中，至少有 5000 名主要嫌疑人在他们的案件开庭前被排除嫌疑。可见，超过 25% 的主要嫌疑人不能被证明有罪。那么，基于合理的推测，究竟有多少无辜的嫌疑人因为未能进行 DNA 等测试而被错误地指控并判刑呢？[②]

就我国的司法实践而言，错误定罪裁决的识别都是基于一些极其偶然的原因。在陈永生博士研究的 20 起冤案中，所有案件都是因极其偶然的因素而得以纠正，没有一起是刑事司法系统主动发现原审判决事实不清、证据不足或发现新的证明被告人无罪的证据而主动纠正的。具体而言，因出现真凶而被纠正的有 17 起，占 85%；因故意杀人案中被害人"复活"而被纠正的有 3 起，占 15%。而出现真凶或被害人"复活"在日常生活中是如此的罕见，如果以此为纠正错案的线索，这不能不让人对我国刑事司法系统的纠错能力感到忧虑。[③]

事实上，许多司法错误都未能被发现，常规的法律程序未能发现司法错误，也未能提供有效的救济。由于缺乏发现司法错误的有效机制，很难确定究竟有多少司法错误发生。

由于刑事司法系统缺乏科学的司法错误识别机制，被告人一旦被定罪，他们就努力通过上诉来主张自己无罪，然而，这仅仅发生在审判过程出现程序错误或者发现新的实质证据的情况之中。实际

---

① ［美］巴里·谢克等：《清白的罪犯》，黄维智译，中国检察出版社 2005 年版，第 3 页。

② ［美］巴里·谢克等：《清白的罪犯》，黄维智译，中国检察出版社 2005 年版，第 4 页。

③ 陈永生：《我国刑事误判问题透视——以 20 起震惊全国的刑事冤案为样本的分析》，载《中国法学》2007 年第 3 期，第 51 页。

**侦查错误论**

上，大多数被错误定罪的被告没有机会进行辩护。即便有机会进行辩护，对于那些严重的司法错误，许多被定罪的人，提出上诉审查的经济与精神成本也都显得过高。

因此，无论是从个案正义的角度，还是从诉讼成本的角度来看，与其被动地应对司法错误带来的负面影响，对司法错误造成的损害进行补救，不如构建科学的司法错误识别机制，从而"防患于未然"，最大限度地减少司法错误带来的损害。

### 四、科学的侦查错误识别机制

识别错误的标准与真理标准通常被认为是同一的。从认识论的角度来看，错误仅仅被看成是认识错误。我们所要探讨的错误，不只是认识方面的错误，还包括实践方面的错误和其他方面的错误。

实践标准是指实践是判定一切错误的根本尺度。实践是判断错误的最终审判官。除了实践标准之外，还有逻辑规律和规则、间接经验等辨错标准。就辨错方法而言，一般的辨错术包括实验法、广察法、"双表法"、"剥笋法"和"会诊法"。[①]

就侦查错误的识别机制而言，不仅涉及侦查认识方面的错误，而且涉及侦查决策方面的错误，还包括侦查程序方面的错误。侦查错误的识别机制应当科学地整合上述各种有效的辨错术。

因此，就科学的侦查错误识别机制而言，需要涉及三个层面的内容：

第一，有关正当程序的侦查错误，此类侦查错误大多是由于侦查人员的主动行为所导致的。对于此类侦查错误，可以立足于现代的风险管理理念，以公安专网为依托，参照药监部门的"药品不良反应报告系统"或者航空领域的"航空安全报告系统"的做法，

---

① 文援朝：《超越错误——医错哲学及其应用研究》，中南工业大学出版社1997年版，第130页。

构建有关侦查人员不当行为（错误行为）的早期预警报告系统。

第二，有关侦查决策方面的错误，此类侦查错误主要涉及特定案件的侦查管理问题。对于此类侦查错误，可以立足于现代的科学管理理念，建立和完善案件审查和深入侦查管理制度。

第三，有关侦查认识方面的错误，此类侦查错误主要是侦查人员在个案认识过程中由于主客观原因导致的错误。对于此类错误，可以借鉴临床诊断哲学的理念，建立和完善侦查诊断的原则和方法。

以下分别就上述侦查错误识别机制进行专门的论述，值得指出的是，我国基本上并不存在上述识别机制，因此，本书主要介绍美国侦查领域可资借鉴的相关经验，这些机制在中国的推广运用，还需要关注中国的实际情况和现实问题。

# 第二节 早期预警系统

许多国家的警察都面临着腐败问题，同时，公众也可能对警察的行为提出大量的投诉。为了应对上述情况，方案之一就是设立外部机构调查警察的不法行为，同时严格警察的管理，此外，警察机构也可以通过多种战略减少不法行为。

为了减少警察机构面临的投诉，减少正当程序错误，有效地分析和解决问题警察的难题，美国司法部司法项目办公室（Office of Justice Programs）和国家司法协会（National Institute of Justice）针对早期预警系统开展了一项研究，并于2001年7月公布了由Samuel Walker 教授等人执笔完成的研究报告，即《早期预警系统——问题警察的应对措施》。①

---

① Samuel Walker, Geoffrey P. Alpert, and Dennis J. Kenney, Early Warning Systems：Responding to the Problem Police Officer.

## 侦查错误论

在一系列警察丑闻曝光之后，警察机构提出了一种展开内部调查的新范式。警察机构必须主动、严厉地打击各级警察实施的严重不法行为和腐败行为。这种新范式的关键要素之一就是设立早期预警系统，此类预警系统的核心要素之一就是风险评估。早期预警系统试图系统、全面地识别、记录并且评估可能预示将来的不法行为的因素，并且采取有效的干预措施避免其发生。

此处有关早期预警系统的研究以 Samuel Walker 教授等人的研究报告为基础，将系统地介绍美国警察机构早期预警系统的理论与实践情况。

### 一、早期预警系统在美国的应用现状

警察机构的领导者逐渐认识到，在警察机构内部，约有 10% 的警察导致了 90% 的问题。调查该问题的记者们指出，为数 2% 的警察导致的投诉数量占所有市民投诉数量的 60%。"问题警察"（problem officer）的现象早在 20 世纪 70 年代就已引起了高度关注。Herman Goldstein 指出，警察监督者、高级管理者、同事以及市民都非常清楚问题警察的存在。但是，当局很少采取措施解决这一问题。1981 年，美国人权委员会建议所有的警察机构建立预警系统识别问题警察，即那些经常成为投诉对象或者表现出明显的不当行为模式的警察。

早期预警系统（early warning system）是一个以数据为基础的警察管理工具，旨在识别那些存在不当行为的警察，并且通过各种形式的干预措施矫正问题警察的行为。警察系统力图通过早期干预措施避免警察面临正式的纪律惩戒。此种预警系统促使警察机构警惕这些问题警察，并且为这些警察提供必要的建议和培训，以便帮助其改变不当的行为模式。

1999 年，在人口超过 50000 人的市县中，有 39% 的市县警察机构都已经或者计划设立早期预警系统。将此种系统作为纠正警察

不法行为的制度设计，就是要促使我们关注其有效性以及与之相关的诸多项目要素。不过，目前针对该问题的深入研究非常少见。

（一）早期预警系统的推广规模

在美国司法部以及社区警务服务办公室提供的资助下，警察行政研究论坛（PERF）针对管辖人口超过 50000 人的 832 个治安官办公室与市县警察机构展开了调查，作为针对早期预警系统开展全国性评估的举措之一，共有 571 个执法机构做出了响应，回复率达到 69%，警察机构的回复率高于治安官办公室。

在接受调查的群体中，约有 1/4（27%）的警察机构在 1999 年设立了早期预警系统。其中半数以上的警察机构在 1994 年以来就设立了早期预警系统。1/3 的警察机构在 1996 年之后设立了早期预警系统。这些数据以及那些计划设立该系统的警察机构数量（12%）表明，在接下来的数年内将会设立更多的早期预警系统。相比之下，早期预警系统在市级警察机构比县级警察机构更为流行。

（二）早期预警系统的运作

早期预警系统包括三个基本的流程：选择、干预和后续监督。这三个流程之间具有前后相继的关系，而且相互之间具有紧密的关联。

第一，选择阶段。

选择哪些警察作为早期预警系统的对象，这一问题尚无客观的标准，不过，针对这一选择过程的影响因素，存在一些公认的标准，能够帮助识别问题警察的绩效指标，具体包括市民的投诉、开枪的情况以及使用武力报告、民事诉讼、拒捕事件、高速追捕事件以及交通事故的毁损情况等。

尽管某些警察机构仅仅依赖市民投诉作为选择问题警察的标准，大部分警察机构都依赖于诸多绩效指标的综合情况，在那些倚重市民投诉的预警系统中，大多数（67%）警察机构要求在特定

**侦查错误论**

时间段内（76% 的警察机构要求 12 个月）存在 3 次投诉（76% 的警察机构要求）。

第二，干预阶段。

早期预警系统的主要目标是改变那些拥有不当记录的警察的行为方式。基本的干预策略倡导威慑与教育相结合。威慑理论认为，通过以可能的惩罚相威胁，可以促使问题警察改变自己的行为方式。同时，那些并未纳入预警系统之中的警察也将为了避免遭受惩罚而改变自己的行为方式。早期预警系统还假定，作为干预措施一部分的培训工作，能够帮助警察提高工作绩效。

在大多数预警系统之中（62%），最初的干预措施都涉及问题警察直接上级开展的审查。几乎一半接受调查的警察机构（45%）都要求其上级询问问题警察，同时，这些警察机构还通常要求问题警察接受培训（45%）。

第三，后续监督阶段。

几乎所有设立了预警系统的警察机构（90%）都指出，他们在采取干预措施之后，还需要继续监督问题警察的工作绩效。此种监督工作通常是非正式的，并且由问题警察的直接上级进行。不过，某些警察机构也规定了正式的观察、评估与报告程序，几乎半数的警察机构（47%）在最初干预的 36 个月内持续监督问题警察的工作绩效。半数执法机构指出，后续监督工作并未规定具体的期限。他们通常持续或者以个案为基础考察问题警察的工作绩效。

（三）典型案例研究

该研究报告认为，我们应当谨慎地对待全国性调查的结果，因为这种调查结果具有一定的局限性。某些执法机构可能声称自己设立了早期预警系统。但是，该系统实际上可能并未正常运作。一些警察机构早在 20 世纪 70 年代就设立了此类系统，但是，很少能够持续使用。

早期预警系统的假定在于，在同年龄段的警察队伍中，一少部分警察比其同事拥有更多的不良工作记录，因此，需要警察机构采取相应的干预措施。通过研究案例，有助于验证上述假定。

研究者将案例研究的地点选在三个警察机构：迈阿密－戴德县、明尼阿波利斯市以及新奥尔良市警察机构。这三个地点代表了大型都市区域，不过，这三个地区的警察规模存在较大的差异：迈阿密－戴德县拥有 2920 名宣誓警察，新奥尔良市拥有 1576 名宣誓警察，而明尼阿波利斯市则拥有 890 名宣誓警察。

之所以选择这三个地区的警察机构，原因在于，这三个警察机构均设立了预警系统，并且至少设立了 4 年以上，同时，这三个警察机构的结构与管理历史存在很大差异，各个机构警察使用武力情况与责任度也大不相同。因此，选择这三个警察机构作为研究对象具有一定的代表性。

案例研究的目标之一就是评估预警系统对警察工作绩效的影响。在新奥尔良市，预警系统以 2 年为期考察市民对警察投诉前后的处理过程。预警系统关注的警察需要参加专业绩效提高项目（PPEP）课程：参加课程的警察需要对课程效果做出回馈，通过对这种回馈进行分析，并且开展为期 2 天的课程观察，确定干预措施的内容以及警察对干预措施的反应等。

迈阿密－戴德县与明尼阿波利斯市的警察机构针对各个同龄群体的警察展开人口统计学分析，并收集相关的工作绩效资料，无论他们是否为预警系统所关注。具体的绩效评估数据包括：市民的投诉、使用武力报告、批评、停职、终止工作建议以及晋升等。

这些资料被分为两组：早期预警系统确定的警察与未确定的警察。后者作为控制组。通过对早期预警组的警察在接受干预措施前后 2 年的工作绩效加以分析，可以确定干预措施对警察行为的影响。不过，与巡逻工作相比，其他警务工作面临的市民投诉与使用武力报告要少得多。

从人口统计学特征看来，预警组的种族和民族特征与控制组并

— 215 —

**侦查错误论**

无明显差异。男性的数量往往多于女性。令人困惑的是，预警组的警察往往比控制组的警察更容易得到晋升，因为某些警察机构倾向于那些活跃的警察，而这些警察往往容易得到预警系统的关注。

1. 早期预警系统对警察绩效的影响。

早期预警系统能够显著减少那些接受干预措施的警察所面临的市民投诉，也能够减少这些警察的不当行为。在明尼阿波利斯市警察机构，在采取干预措施前后，那些接受早期干预措施的警察面临的市民投诉数量平均下降了67%。在新奥尔良市，相应的数量下降了62%。在迈阿密－戴德县，在采取干预措施之前，只有4%的早期预警组人员的使用武力报告为零，而在采取干预措施之后，50%的早期预警组人员的使用武力报告为零。

新奥尔良市警察机构的数据显示，警察对于早期预警系统的反应比较积极。在专业绩效提高项目（PPEP）课程上，接受培训的警察给出的平均分数是7分（满分为10分）。所有的警察至少做出了一项肯定的评价。接受课程培训的警察通常能够认识到课程中涉及的实际工作中存在的问题，尤其是那些导致投诉的问题。但是，对于课程中涉及的抽象的、道德层面的问题，或者与警务工作关联不大的问题，他们往往不是十分关注。

不过，在早期预警系统的应用过程中，无法确定各项干预措施究竟哪项更为有效。

除了接受早期干预措施的警察之外，早期预警系统对警察机构的诸多成员都产生了各种直接或者间接的影响。

2. 对于监督者的影响。

早期预警系统对监督者产生了潜在的重要影响。干预系统旨在促使监督者与预警系统确定的警察展开交流，并对这些问题警察进行监督。新奥尔良市警察机构的早期预警系统要求监督者直接监督预警系统确定的警察，监督期限达6个月之久，并且要每隔2个星期针对该警察的工作绩效填写书面评估报告。迈阿密－戴德县警察机构的官员指出，预警系统有助于监督者将潜在的问题警察纳于自己的监管之下。由此看来，预警系统能够要求或者鼓励监督者改变传统的监督工作方式，进一步提高监督者的管理水平。此外，预警系统收集的相关信息也能够促使监督者认识到，哪些警察存在何种问题，从而提高自己的管理能力。

3. 对于其他警察的影响。

现有的研究无法确定预警系统究竟在多大程度上改变了警察记过的责任氛围。不过，有效的早期预警系统取决于整个组织的责任制度，此种预警系统本身不会制造或者培养责任制度或者氛围。

早期预警系统产生的相关数据能够被用于改革相关的政策、程序或者培训制度。这些改革能够减少已有的问题，并且帮助警察机构维持或提高责任能力，此类预警系统也非常有助于整个警察组织的发展与人力资源管理。

4. 早期预警系统的性质。

各个警察机构早期预警系统的正式组成要素存在很大的变化。有效的预警系统需要较大的资源投入与领导关注。例如，迈阿密－戴德县的预警系统是整个警察机构绩效数据系统的组成部分之一。新奥尔良市的预警系统涉及诸多工作人员，包括1个全职资料分析人员，还有2个全职工作人员负责输入相关的数据。

早期预警系统不应被视为警察机构的"闹钟"，它并不能像机械装置那样自动拉响警报。相比之下，早期预警系统属于十分复杂的行政管理制度，需要给予持续、密切的关注。如果未能给予足够的关注，此类系统就将丧失应有的作用。

5. 早期预警系统与警务战略。

从警务战略的角度看来，早期预警系统与社区警务和问题导向型警务密切相关。

首先，社区警务旨在密切警察与所在社区之间的关系。如果预警系统能够减少市民投诉的数量，减少警察的不当行为，势必会提高警察在社区中的公信力，从而契合社区警务的目标。

其次，问题导向型警务旨在确定特定的警务问题，从而提出针对性的应对措施。早期预警系统恰恰秉承了这种警务理念，该系统将警察不当行为视为需要解决的问题，然后提出针对性的干预措施，从而改变问题警察的不当行为方式。

6. 法律问题。

许多执法机构之所以抵制设立此种早期预警系统，主要是担心律师请求法庭调取预警系统数据库的信息，并且使用该信息指控警察实施了不法行为。不过，一些法学家指出，早期预警系统实际上能够有效地避免警察机构面临各种法律诉讼。此类预警系统的存在及有效运作，就能够表明警察机构针对警察不当行为适用了明确的政策，公正地确定那些存在不当行为的警察，并且采取有针对性的措施纠正上述行为。

当然，由于早期预警系统涉及诸多管理与法律层面的问题，还有待于进一步的深入研究。

**二、早期预警系统的实践应用**

早期预警系统建立在风险评估理念的基础之上。通过对以往数据的统计分析，或者是专家对某个真实事件的客观判断，通常可以推断得出可能有的失败或者负面结果。

（一）风险管理与早期预警系统

在风险管理领域，"风险"就是倾向于对这种可能有的失败和负面结果进行技术性评价。① 在现代社会，重大的风险发生了显著且重要的变化。导致这些变化的原因是十分复杂的，包括社会经济和技术等因素。这些因素对风险的范围产生了巨大的影响，同时，

---

① ［澳］罗伯特·希斯：《危机管理》，王成等译，中信出版社 2000 年版，第 35 页。

也在很大程度上改变了此类风险管理的背景。

针对这种变化，传统的风险管理方法已经暴露出一系列的不足之处，因此，需要对已有的方法进行整合，探索行之有效的新途径。首先，未来的风险多为系统风险（systemic risks），因此，需要基于风险的背景分析可能的发展趋势和综合致因，以未来为着眼点解决系统风险问题；其次，未来的风险危害多源自关键的系统，这些关键的系统暴露出的脆弱性所引发的风险可能导致整个系统遭受影响，甚至崩溃，因此，关键系统的脆弱之处是风险管理的重点所在；最后，未来的风险具有极强的波及性和扩散性，由于整个社会的集中化趋势不断增强，因此，复杂系统内外的联系日渐密切，一触即发的风险可能超出单一系统的范围，波及其他系统，所以，未来的风险管理必须立足于整体性视角，通盘考虑各种风险因素。

为了开展风险管理，首先，需要开展风险分析，如果组织处理已确认的风险的能力十分有限，或者风险来源数量很多以至于组织穷于同时应付，那么，管理者就需要确定一个有限序列。为了确认风险，需要列出可能的风险及其来源。进行风险确认的四种主要方法包括：头脑风暴法、统计审查法、暗示分析法以及现场调查法。

在侦查领域，之所以强调风险管理的理念，就是要致力于管理各种侦查错误风险，而且是在各种风险出现之前。随着侦查领域的利益攸关者对减少侦查错误和提高侦查能力的要求日益增长，也强化了进行风险管理的需求。由于正当程序型侦查错误给警察机构带来的诉讼风险，这也是努力进行风险管理以及提高风险管理能力的深层次原因。

如果将侦查错误视为侦查领域面临的一次危机，那么，就可以借鉴危机管理领域的最新理念。把风险管理视为危机管理的起点，需要对资源配置和任务管理进行科学的分析。传统的危机管理常对危机情境采取"刺激－反应"形式的反应，而风险管理则强调风险的缩减和缓解，把其作为主要任务，而不是危机后的次要学习

**侦查错误论**

阶段。

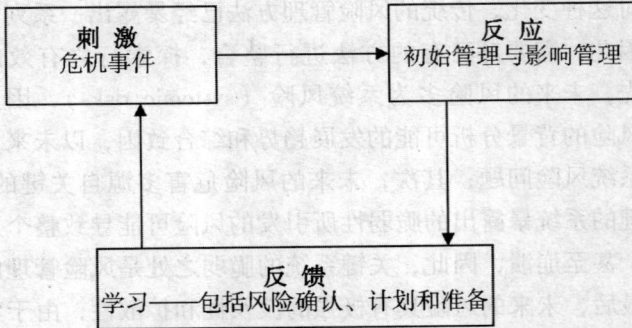

**传统的危机管理流程图**

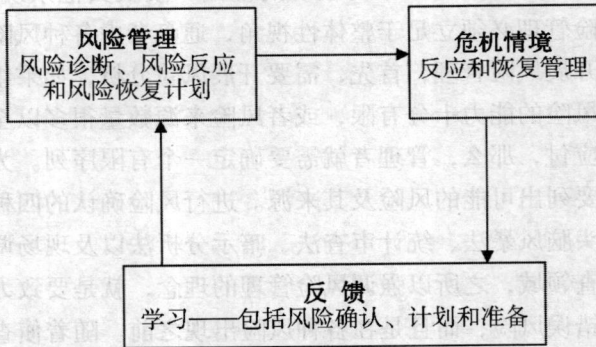

**实现危机管理的风险管理流程图**

　　基于风险管理流程图，强调风险管理（排除风险、缩减风险、风险初始管理、风险影响管理）意味着危机的排除及缩减和事件管理并重。这样就能减少危机的突发和影响造成的损失，并能使我们在财政预算有限时，更加有效地投资于反应和恢复所需要的资源之中。①

————————

　　① ［澳］罗伯特·希斯：《危机管理》，王成等译，中信出版社2000年版，第67页。

警察部门的风险管理可以体现为不同的形式与程序。第一，通过严格与科学的招募与审查过程，能够确定更为适格的警察。第二，高质量的在职培训也能够确保培训对象更加适应现有的工作。第三，适当的警务政策也可以为警察提供明确的工作指导。第四，通过有力的监督也可以强化警务政策与培训工作。第五，通过确定相应的责任制度惩罚那些实施不法行为的警察，能够提高警察机构的职责度。[①]

通过风险评估这项新的战略，加上早期预警系统，可以系统地考察警察在过去一段时间的行为表现，发现警察可能导致司法错误的风险领域。风险评估工作可以由警察自己、同事、组织部门或者通过相应的诉讼程序来开展。[②]

（二）早期预警系统的类型

对于执法领域而言，风险评估与早期预警系统应当具有客观性、公正性与灵活性。目前，尚不存在针对投诉问题的风险评估领域的相关资料和信息，不过，澳大利亚执法机构在澳大利亚警察职业标准论坛的支持下，正在研究相应的工作方法。新南威尔士州巡视官（Ombudsman）也呼吁成立内部事务部门，基于投诉情况全面地识别并评估那些具有较高风险的警察。

对于一个覆盖整个警察机构的早期预警系统，需要收集并整合诸多领域的数据，从而确定不法行为可能发生的情形。由于早期预警系统是一个相对较新的尝试，尚未得到系统的推广使用，因此，目前很少对此展开有针对性的研究。1981 年，美国人权委员会就建议，所有的警察机构都应当建立此类早期预警系统，从而识别并管理那些问题警察。不过，针对大量警察机构展开的调查表明，

---

① Samuel Walk, Geoffrey Alpert, Early Warning System as Risk Management for Police, Hawkins Press, 2002。pp. 219 – 229.

② Meredith Bassett and Tim Prenzler, pp. 134 – 145, Tim Prenzleer, Janet Pansley, Police Reform – Building Integrity, Hawkins Press, 2002.

## 侦查错误论

1999 年，只有27%的警察机构建立了预警系统。

　　Walker 等人针对早期预警系统的实际影响展开了深入的实证研究，涉及迈阿密 Dade 县、明尼苏达波利斯县和新奥尔良市等三个城市。研究结果表明，早期预警系统的引入显著减少了警察不良的工作记录与投诉情况的发生。

　　引入早期预警系统一年之后，在明尼苏达波利斯县，警察机构接到的投诉数量下降了67%；在新奥尔良市，警察机构接到的投诉数量下降了62%；在迈阿密 Dade 县，引入早期预警系统之前，只有4%的警察没有使用武力的报告，引入早期预警系统后一年，已有50%的警察没有使用武力的报告。

　　2001 年，绝大多数澳大利亚执法机构都已经基于各种投诉档案建立了简单的早期预警系统。通常情况下，这种早期预警系统都使用预警旗帜（warning flag）。如果在特定的时间段内（通常为12个月）接到 3～5 个投诉，警察机构就可以据此针对那些可能存在问题的警察进行干预。不过，早期预警系统要想发挥应有的功能，需要尽可能地吸纳各方面的数据。如果预警系统涉及诸多领域的风险因素，就可以导致某个警察名列风险清单之上，如果仅仅考察某个层面的因素，则很难具有全面性和客观性。

　　尽管没有经验研究确定相应的指标因素，不过，下列指标通常有助于确立全面的早期预警系统：1. 市民的投诉；2. 内部的投诉和揭发；3. 解除枪支使用权限；4. 非常规离职/病假；5. 高速追捕；6. 拒绝执行逮捕；7. 伤害被逮捕者；8. 未能出庭作证；9. 使用暴力；10. 不良的工作报告；11. 停职、罚款或者其他纪律惩罚；12. 诉讼；13. 未能进行起诉总结。

　　这些指标需要在执法背景之下加以灵活运用，因为警察所肩负的职责各不相同，他们所面临的投诉也各不相同，那些容易与公众接触的职位，如巡逻工作，通常面临更多的投诉。因此，将巡警与侦查人员面临的投诉进行比较，这种做法就显得不甚适当。在设计早期预警系统的时候，应当考虑不同执法环境的因素，这也要求确定警察组织的职业行为标准，从而明确不同情势下警务工作的合理要求。这些行为规范必须加以量化，从而设计出计算机化的早期预警系统，自动分析相关的风险数据。这些行为规范需要包括警察组织不同群体与部门的平均值与变量，一旦违反了适当的行为规范标准，就会自动显示警告。因此，早期预警系统能够将那些超越规范行事的个体或者部门筛选出来。

早期预警系统的复杂程度要视具体情况而定，具体取决于相关的变量与指标体系。目前，存在两类预警系统系统，一类是简单的旗帜（flag）或者点数（point）系统，一类是多层次模型。澳大利亚许多执法机构都使用旗帜系统，包括大量的投诉档案，执法机构据以建立简单快捷的早期预警系统。

警察机构可以基于诸多指标设计旗帜系统。例如，在12个月内有3个外部投诉或者使用武力，或者因为不良工作业绩遭到内部批评等。这种旗帜系统的不利之处在于仅仅使用一类指标，并且可能忽略其他有争议的行为。通过使用点数或者指数系统来涵盖其他指标，可以较好地解决这一问题。警察机构可以通过附加其他分数（scores）来辅助指数（index）系统。较高的分数也代表风险较高，警察机构可以据此确定相应的目标。

点数系统的简单范例是：$P = A + B + C$。P代表具体的指数或者分数，A、B和C代表变量（或指标）等级。具体地，P可以被视为风险指标，变量A代表外部投诉的数量，变量B代表内部投诉的数量，变量C代表使用武力事件的数量。

不过，该系统并不考虑各个指标的严重性。例如，警察甲在一年内面临4项投诉，3个涉及行为粗鲁，另外一个涉及恐吓，所有这些投诉都通过现场处理得到了妥善解决，并没有进行进一步的处理。警察乙可能面临2项投诉，均与性骚扰有关。相比之下，警察甲的风险指数可能比警察乙高些，因为甲遭到的投诉比乙多2个，

**侦查错误论**

不过，警察乙面临的性骚扰投诉，其严重程度通常比行为粗鲁和恐吓大得多，特别值得指出的是，警察乙的投诉历史显示，其每年至少面临一次（包括未经证实的）性骚扰投诉。这种行为模式显示出，需要对警察乙的行为进行更为全面的风险评估。

再如，警察甲面临 4 次外部投诉和 2 次使用武力报告，但是，没有面临内部投诉。警察乙面临 2 次外部投诉、1 次内部投诉以及 1 次使用武力报告。统计结果显示，警察甲面临的投诉总量是 6，而警察乙面临的投诉总量是 4。如果仅仅统计数量，那么，相比之下，警察甲的风险指数较高，更有可能面临风险评估。不过，这种统计并未关注投诉的严重程度问题，事实上，内部投诉的严重性可能远远高于外部投诉。

不难发现，在确定风险问题的时候，仅仅关注投诉的数量，并未关注具体的调查结果。不过，为科学起见，应当将调查结果纳入风险评估过程之中，如果通过彻底调查，表明投诉并非真实情况，那么，调查结果应当被记录在案。相比之下，在内部审查过程中，应当注意那些撤回的投诉，因为撤回投诉的原因很多，可能是由于投诉人胆小或者遭到威胁，或者是由于缺乏资源。

建立在投诉基础之上的早期预警系统面临的主要问题在于，投诉本身并不避免显示出所有潜在的不法行为。新南威尔士皇家委员会在 1997 年的一份报告中指出，警察机构侦查人员实施的一些腐败行为并未面临投诉，这主要是由于腐败是基于合意的行为，当事人一般不会投诉。因此，需要综合考察其他指标，不能仅仅依赖于投诉指标。这些指标包括线人的情报、检察官与法官的负面评价等，将诸多指标纳入早期预警系统之中，有助于帮助确定当下存在的问题。

与简单的旗帜和点数系统不同，多重层面的计算机模型提供了一个更为详尽的技术方法，能够产生更加特定化的结论，更加适合进行预期，并且能够储存大量的信息。计算机模型的基本作用在于将高度复杂的现实情况分解为相互联系的分支程序，通常表现为数学模型形式。通过改变特征并显示潜在的结果，计算机模型可以进行敏感度分析与情景规划。通过归纳某个事件或者某些事件的结果模型，或者基于实验研究或者历史数据做出推断，可以评估可能的结果。

| 各类早期预警系统的优缺点 | | |
|---|---|---|
| 类型 | 优点 | 缺点 |
| 简单的旗帜与点数系统 | 快速产生结果 | 忽视个体或者情势特征，以及相互影响 |
| | 适合少量数据 | 难以涵盖严重性等级 |
| | 便于呈现结果 | 无法显示单一事件的实际影响 |
| | 适合被动性工作 | 主要基于投诉或者工作绩效，忽视环境的互动影响 |
| | 能够包括任何变化的类型 | 错误十分复杂 |
| | 便于一致性地使用 | 只要少数变量能够得到使用 |
| | 能够考察诸多因素的综合作用 | |
| 多重层面的计算机模型 | 能够进行量化处理 | 需要大量的数据 |
| | 快捷而且廉价 | 最初的开发成本较高，而且具有劳动密集的特征 |
| | 属于时间密集型工作 | 需要进行有效性验证 |
| | 能够持续更新与修正 | 通常非常复杂 |
| | 可以进行敏感度测试 | 不准确的结果可能进一步导致结果复杂化 |
| | 提供一个单一、便捷、有组织的参考体系 | 可能过于强调系统的某个层面 |
| | 可以进行复制 | 可能面临法律挑战 |

在设计早期预警系统时，应当考虑以下因素：

1. 应当将之作为上位的预防腐败项目的一个组成部分；

2. 应当由警察机构的内部事务部门管理早期预警系统，从而确保早期预警系统的应用具有统一性，并且可以适用于整个警察机构；

3. 应当基于对部门环境和任务环境的风险评估建设预警系统；

4. 应当持续进行监督与更新；

5. 应当对涉嫌的问题采取早期干预措施，诸如咨询、心理治疗、培训、预警或者诚信度测试；

6. 应当尽可能地整合更多的数据来源；

7. 应当确保程序工作，坚持无罪推定原则；

8. 应当鼓励高效的工作作风；

9. 应当考察那些超出"单个问题警察"的因素，诸如培训不足或者更高的监管要求；

10. 应当推行有效的交流战略，将相应的规划与结果概要地传达给相关工作人员。

最后一点尤为重要，因为一方面，需要通过强调早期预警系统的价值，从而确保整个警察机构的声誉；另一方面，也需要确保某个警察的声誉与工作地位。

（三）早期预警系统的原则与运作

早期预警系统的一个关键的预测性因素就是针对警察的投诉。处理投诉的常规机制仅仅调查投诉直接涉及的情况和问题。这就导致调查工作无法涉及此前的行为，尤其是未经证实的投诉。尽管这一程序在确定某个投诉的结果时十分公正，但是，无法有效地确定投诉的模式和风险的类型。例如，警察可能面临多项投诉，并且遭受相应的惩罚，但是，这些都不足以导致其被警察机构除名。长此以往，这种投诉涉及的不法行为将会形成固定的模式。因此，对于投诉的调查不应仅限于个案，而是应当试图确定整个警察组织的管理模式是否存在问题，从而预防并调查严重的违法行为。

公众对警察的投诉应当被视为管理信息的重要来源。由于警察通常在上级的监管之外开展工作，因此，公众的投诉就成为警察工作回馈的形式之一。警察机构应当鼓励各种形式的投诉，由于公众向警察局投诉通常需要较大的勇气，因此，警察机构应当允许公众通过电话、信件投诉以及匿名投诉。许多投诉者希望对自己的身份保密，这种要求应当得到尊重。

任何人都不得私自处理投诉，因为这可能导致投诉未能发挥应有的功能，警察机构应当热情受理并且适当地处理投诉。警察管理者应当关注投诉结果显示出的具体模式，善于见微知著，并且适时采取针对性的措施。

对于那些缺乏经验的警察，可以进行培训。对于那些严重不称职的警察，可以调换岗位或者开展心理治疗，如果未能采取针对性的措施，作为当事人的警察就可能进一步实施不法行为，直至产生严重的后果。公众的投诉还可以针对不当的警务政策与侵犯性的警察构成制约。此外，责任系统应当被视为警察机构奖励系统的一个组成部分，除了因为下属存在不法行为而惩罚领导者，还应当由于下属做法良好而奖励那些领导者。同时，那些表现良好的警察也应当得到奖励。只有奖惩相互结合，才能更好地确保警察履行职责。

即使投诉未能得到证实，这种调查也具有重要的意义，因为尽管投诉未能得到证实，也通常是由于无法获得独立的证人，而不是警察的行为并不存在问题。如果某个警察或者某个警察部门长期以来面临类似的投诉，那么，问题就可能比较明显。

针对洛杉矶警察殴打 Rodney King 一案，Christopher 委员会在1991年提交了一份报告，该报告针对警察过度使用武力的调查表明：

1986～1990年期间，大约有1800名警察遭到过度使用武力或者使用不当方法的指控，1400余名警察仅仅面临1项或者2项指控，183名警察面临4次以上指控，44名警察面临6次以上指控，16名警察面临8次以上指控，1名警察面临16次指控。

可见，通过考察与监督警察面临的投诉，警察管理者能够发现潜在的问题，预测问题的持续性和发展趋势，并且提出预防性的干

**侦查错误论**

预措施，进而对相关措施的成效进行评估。

风险评估与早期预警系统符合 O'Dowd 提出的有效预防腐败的四项基本原则：

第一，广泛调查（cast the net wide），针对整个警察组织展开风险评估；

第二，持之以恒（never stop），将风险评估作为一项持久性的长期战略；

第三，预先行动（be proactive），对于相关的风险领域，在问题扩散和严重之前采取预防性干预措施；

第四，作为管理问题认真对待（make it a leadership problem），风险评估是一种管理工具，为了提高整个警察组织的诚信水平，需要提高监督能力和信息共享能力。

针对单个警察或者某个部门开展的风险评估是早期预警系统的核心组成部分。风险评估还需要考察投诉者的因素。

1. 针对个体的风险评估。

针对个体的风险评估需要评估该个体的总体工作绩效，然后提出适当的干预措施和建议。该项工作最好由警察机构内部事务部门专门的风险评估小组负责，该风险评估小组应当与调查小组相分离。通过与监督机构和职业群体建立良好的关系，能够共享相应的情报信息。通过对相关报告的外部审查与评估，有助于提高外部的职责度。风险评估报告中提出的建议并不具有绝对性或者规定性。风险评估报告可以为决策者提供最适当的决策信息。相应的风险干预策略首先立足于帮助而非惩罚。各种类型的干预策略包括心理咨询、重新调配工作、开展辅助培训、警告、与工作相关的保证等，在某些极端的情况下，也可以由警察机构考察该个体对于现有职位的适格性。

特别值得指出的是，在风险评估过程中，警察应当认识到，风

— 228 —

险评估是一项客观公正的工作，不应存在偏见，而且应当奉行无罪推定原则。在风险评估过程中，评估对象可能认为自己将要受到惩罚，并且已经被"记录在案"；即使最初未能查明该对象实施了不当行为，他的职业前途也将受到影响，并且可能导致同行对其人格产生怀疑。因此，无论是从警察组织的士气还是从道德层面考虑，都应当赋予评估对象进行合理解释的权利。

在许多情况下，评估对象还应当了解自己所面临的投诉的具体内容，以及投诉在绩效评估和职位晋升评估等工作中的具体影响。评估对象有权对自己的投诉历史做出解释。

在准备开展风险评估的过程中，评估人员可以与评估对象展开交谈。通过交谈，评估人员可以更好地理解那些影响评估对象工作绩效的个人问题，从而有助于提出针对性的救济措施。在会谈过程中，应当关注那些在已有数据中未能反映出来的问题。不过，向评估对象的反馈应当仅仅限于与工作相关的问题。

警察机构可能由于担心风险评估报告被用于后来的诉讼活动，从而反对建立早期预警系统。不过，实际上，通过建立风险评估系统，可能更加有助于保护警察机构免受诉讼的侵扰，因为该系统表明，警察已经采取了相应的预先性措施。警察机构不应因为担心风险评估系统可能引发责任而放任地不采取应对性措施。作为负责任的公共部门，警察机构应当在有效完成执法任务的同时尽量避免引发相应的法律责任，一旦执法工作引发了相应的法律责任，警察机构也应当勇于承担责任。

针对个体展开风险评估时，应当考察此前的投诉情况，因为这些情况可能一直持续存在。如果警察存在特定的行为模式，就表明该警察正在面临较大的压力，或者面临较大的困难，从而不再适宜继续开展相应的工作。如果通过调查工作证实了投诉反映的情况，就需要考虑采取相应的惩罚措施或者救济措施。

综上，针对个体展开风险评估时，需要考虑以下原则：

**侦查错误论**

第一，获取与当下问题相关的所有信息，包括投诉结果、个人档案以及工作绩效等。

A．全面的投诉历史包括：投诉的数量，其他具有相同工作年限的警察面临的投诉数量，以及此前的管理措施；

B．详细地考察近期的投诉问题。

第二，全面了解可能的不当行为以及有利于被投诉个体的相关情况（如表扬信等）。

A．有关不当行为发展趋势/模式的评论；

B．管理机构针对特定个体的所有评价，包括正面的评价与负面的评价，以及可能存在的矛盾；

C．分析相关的信息，以便进行统计，包括投诉者的性别比例等；

D．评估该个体的总体工作绩效；

E．有关该个体对此前普通建议和纪律惩戒的应对措施；

F．评估该个体纠正投诉历史的可能性，尤其是在当下的工作环境之下。

第三，确保所有信息的公正性和准确性。

第四，获取其他人提供的相关信息，以便做出相应的推论。

第五，发现相关信息的矛盾之处，从而避免将不当信息作为决策基础。

第六，如果条件允许，应当在风险评估的结束阶段与评估对象展开交谈。

第七，提供相应的干预措施和建议。在最终的报告中，应当包括管理者对评估对象的认识以及相应的工作环境，从而提供更加适当的建议。

2．针对工作单位的风险评估。

尽管评估工作的对象通常是某个警察，不过，同样也可以将特定的部门视为风险管理与早期预警系统的组成部分之一。在警务工作中，对于那些犯罪高发区域，如盗窃案件或者抢劫案件多发区域，通常使用犯罪地图与犯罪高发区分析方法开展预防性警务工作。类似的，在警察机构内部，投诉通常并不是平均分布的，而是集中于特定的部门。同时，某些部门的投诉数量之所以很多，主要是少数警察面临大量的投诉。如果投诉存在着集中化的趋势，就可以通过针对特定个体采取矫正措施，从而取得较好的效果。如果整个部门都面临着较多的投诉，就需要改变警察机构的管理模式、监督与工作程序。

3. 恶意的投诉。

正如某些警察容易面对投诉一样，某些市民也可能经常进行投诉。某些投诉具有正当的理由，而某些投诉则可能仅仅属于恶意的投诉。通过开展风险评估，能够发现此类恶意的投诉。通过考察投诉的模式，也能够确定投诉是否具有事实基础，或者属于恶意投诉。监督机构应当通过惩罚那些恶意的投诉者来威慑那些滥用投诉系统的市民，同时，确保警察的合法权益得到维护。

应当认识到，现有的风险评估系统并非十分完善，仍然面临着诸多的限制和问题。例如，难以从未经证实的投诉中发现真正的不法行为，可能存在恶意投诉，某些不法行为可能并未引发投诉等。就早期预警系统而言，最初的应对措施应当立足于学习和帮助，而不是惩罚。不应当不公正地损害警察职业的稳定性。

（四）早期预警系统在人事制度的应用

为了推进侦查职业化，需要从侦查人员选任、培训、职位和待遇等方面入手，建立和完善各项制度安排。在侦查人员的招募环节应用早期预警系统，能够准确地预测不法行为。准确地预测不法行为是预防警察腐败的关键所在，也是警察招募工作所要考虑的关键因素。

警察不法行为是一种复杂的行为，涉及诸多的因素和过程，因此，在警察招募过程中，收集相关的信息以便预测警察的工作绩

## 侦查错误论

效，这项工作也面临着诸多的难题。同时，警察机构内部的制度和文化也导致该问题更加复杂化。第一，警察机构的内部文化对警察行为产生了较大的影响；第二，在实践过程中，警察的价值观、人生态度与性格也可能发生变化，并可能由此增加实施不法行为的可能性。[①]

在决定某人的行为时，情势与人具有同样重要的作用。具体的行为可能取决于情势、个体或者两者之间的相互作用。在警察机构内部，存在许多可能导致警察实施不法行为的情势。因此，在选任警察的时候，应当注意评估这些因素。

如果警察机构试图筛选那些可能实施不法行为的个体，就需要确定相应的个体特征。此外，还需要确定相应的情势，尤其是那些潜在的负面情势。第三，个体与情势之间的相互作用。个体的弱点与负面的情势很可能导致不法行为发生。

执法机构通常基于上述选任系统针对候选人的心理问题与人格问题展开测试。负责选任新警的管理者应当区分筛选与选任两项工作。在筛选阶段，那些不适应特定工作的警察将被排除，不再进入后续的选任阶段。筛选的理由可能基于诚信度，也可能基于其他理由。那些进入下一阶段的候选人则具备适应该项工作的特征。

同时，管理者在预测候选人的工作绩效时，应当综合考察正反两个方面的因素，不仅需要考察候选人可能取得的工作成就，而且需要考察其可能导致的负面后果。

澳大利亚联邦警察机构选任新警时，非常重视诚信度的评估。新警需要经历一系列的评估程序，以便确定其适格程度。工作适格程度评估包括以下问题：考察当前的心理状况，针对相关的能力与态度因素评估展开询问。安全评估程序包括背景考察、经济状况考

---

① Michelle Karas，Police Reform：Predicting Misconduct before Hiring Police，pp. 196 – 208.

察、社会关系考察、申请人与推荐人谈话等，从而确定其是否存在安全风险。最后，还要进行尿检程序，确定其近期是否有吸毒行为。

澳大利亚联邦警察的选任程序不仅全面，而且重点突出，非常重视心理健康、成熟程度、安全风险以及毒品使用方面的考察，以便确定候选人的潜在诚信程度。不过，这些考察也存在一定的局限性，无法进行长期预测，很难确定个体与情势的相互影响。

由于心理评估与安全审查存在局限性，因此，澳大利亚联邦警察机构开始使用其他方法确定申请人是否存在实施不法行为的风险，并提出了一种新的技术，称为"履历数据"（biodata）。这是一种新型选任方法，通过开展问卷调查，询问候选人过去的经历与特定情势下的行为。与心理测试不同，履历数据关注某人过去的行为与经验，并且通过背景调查予以核实。

履历数据的基础在于：过去的行为是将来行为的最佳预测基础。履历数据方法立足于以下两个相关的原则：

第一，过去的经验导致某人形成特定的个性特征，即某人当前的性格与行为方式是历史的产物。该原则把握了个体与情势互动所用的精髓：特定情势下的经验不仅决定了该情势下的行为，而且对某人的行为模式存在长期的影响，尤其是面临相同或者类似情势的时候。

第二，特定行为的符号价值。如果某人在特定情势下的行为方式呈现出一定的稳定性，那么，这种方式就可能在将来继续存在。

履历数据有助于评估工作成效、诚信度、忠诚度与违法倾向等因素。该技术之所以适用于警察选任工作，主要是由于其可以评估某人过去的生活经验以及特定情势下的应对模式。

这种履历数据方法除了可以用于选任工作之外，还可以用于开展有针对性的培训，从而防止警察实施不法行为。此外，如果相应的行为与经验能够预测不法行为的可能性，就可以据以确定诸多的风险因素类型，从而帮助管理者设计早期预警系统。

心理评估（测试）是选任过程的重要组成部分，因为这种心理测试有助于确定候选者的情感与感知缺陷，从而排除那些不适格的候选人。性格测试则旨在评估那些与诚信度相关的特征，从而预测候选者在将来的诚信度水平。

替代性的选任方法，包括履历数据在内，不仅能够提高预测工作的准确性，而且能够提供相应的分析工具，确定候选人的经验与环境是否可能导致其实施不法行为。基于这些系统，可以尽早发现问题，并且通过培训工作以及改善工作环境来有效地干预。

（五）禁毒部门的腐败问题

就早期预警系统的实际应用而言，在各类案件中具有不同的效果。在司法实践之中，禁毒部门面临的各类侦查错误相对较多，因此，考察禁毒部门的腐败问题，具有一定的代表性。

禁毒部门的腐败问题不是随机性行为，也不仅仅是个体性问题，由于禁毒部门经常扣押大量的毒品和现金，同时，当执法人员实施腐败行为时，当事人一般不会投诉。禁毒人员经常接触毒品、金钱和线人，这是执法机构最容易产生腐败的三个领域。

在通常情况下，禁毒部门的腐败都涉及一小部分警察，而不是某个警察。他们可能实施了偷窃毒品与金钱、贩卖毒品、非法搜查与扣押以及伪证等犯罪行为。作为警察管理者，可以采取应对性的方法来减少腐败行为发生的可能性。

第一，管理者应当重视禁毒执法人员的选任工作。执法人员的个性成熟程度值得重视。在选任新人的时候，应当考察其年龄、工作经验以及成熟程度等问题。

第二，禁毒人员的教育水平。尽管高学历并不能避免执法人员实施腐败行为，但是，如果成熟程度较高，教育水平较高，那么，此类执法人员通常不会实施与毒品相关的违法行为。

第三，性格因素。那些性格比较孤僻的警察不适合从事禁毒工作，适格的禁毒人员应当具备开朗的性格。不过，在选择卧底人员时，性格因素是一把双刃剑。那些思维敏捷、果断、自信、健谈的执法人员更加适合卧底工作；但是，这些性格特征也通常导致此类执法人员易于腐败，并且面临较大的心理压力。

禁毒部门的管理者应当选择那些适合从事禁毒工作的人员进入禁毒部门。在选任的过程中，禁毒部门的所有领导都应当与候选人展开会谈。会谈的问题应当涉及道德与诚信领域的诸多问题，包括社会习惯、婚姻状况、经济状况、申请进入该部门的动机等。这些问题与禁毒部门的诚信度密切相关。

同时，禁毒部门领导的选任也必须注意相关的问题。某个领导可能胜任巡逻部门的领导工作，但是，不一定能够胜任禁毒部门的领导工作。在通常情况下，禁毒部门的领导需要具备禁毒部门的工作经历，如果此前曾经在禁毒部门任职，那么，在担任该部门领导者之后，就能够意识到禁毒人员可能存在的问题。同时，他们也将熟悉线人、金钱与毒品领域存在的问题。

在美国，洛杉矶警察机构 Rampart Division 的丑闻显示，禁毒部门缺乏监管可能导致严重的后果。如果禁毒部门内部缺乏监管，工作人员无须向管理者负责，就可能导致工作人员实施腐败行为。禁毒部门的管理者必须密切监督与控制下属的行为，并且严格审查报告程序、秘密线人使用情况以及侦查工作的资金用途等。禁毒部门的领导还必须警惕本机构执法人员的不法行为。一旦执法人员的生活方式、工作态度等发生改变，管理者就应当提高警惕。如果执法人员存在婚姻与经济方面的问题，并不必然代表该人存在腐败，但也表明其存在腐败的风险。

我们的目标是尽早发现问题，避免问题的恶化和升级。我们希望尽可能地避免执法人员违反职业道德，以便对其进行惩罚。

禁毒部门的组织文化也可能导致不当行为发生。禁毒机构的人员关系十分紧密，需要全力合作才能完成工作目标。这个组织更像一个家庭而非准军事化机构。这一点可以表现为组织之内的沉默法则（code of silence），对同事无比忠诚，对刑事司法系统持怀疑态度。所以，为了避免整个组织的堕落，需要严格组织纪律，尽早发现问题的征兆。

此外，对于组织管理而言，道德训练显得十分必要。管理者应当对新手与经验丰富的侦探开设正式的道德培训项目。

# 第三节　案件审查和深入侦查的管理制度

对于侦查决策方面的错误，此类侦查错误主要涉及特定案件的侦查管理问题。对于此类侦查错误，可以立足于现代的科学管理理念，建立和完善案件审查和深入侦查管理制度。通过建立案件审查和深入侦查管理制度，一方面，可以强化侦查的管理，为侦查错误的识别提供数据和资料；另一方面，也可以有效地减少侦查决策方面的错误。因此，案件审查和深入侦查管理制度，既具有侦查错误识别方面的功效，又具有侦查管理方面的作用。

## 一、案件审查制度

案件审查制度旨在就是否继续开展侦查做出决策。具体的结果取决于犯罪的严重性以及初步侦查或者深入侦查阶段获得的可能侦破案件的要素。侦破要素（solvability factors），是指那些与犯罪相关的信息，这些信息在过去同类案件的侦破过程中发挥了非常重要的作用。案件审查工作的目的是在侦查工作的早期阶段确定是否需要投入侦查资源。①

通过案件管理制度审查案件情况，有助于提高侦查工作的成

---

① Cawley, Donald, et al. Managing Criminal Investigations Manual[M]. University Research Corp., 1976, p. 53.

效。此类制度包括但不限于以下内容：

第一，在初步侦查阶段审查案件，可以：

A．有助于采取措施逮捕嫌疑人；

B．有助于开展现场调查，从而提高在深入侦查阶段成功侦破案件的概率；

C．有助于放弃对无法侦破案件的调查工作。

第二，在深入侦查阶段审查案件，可以在经过特定的时间段之后（通常是 10 天，特殊情况除外）放弃对无法侦破案件的调查工作；

第三，除了上述情况之外，对于那些开展深入侦查的案件，需要进行定期的审查，对于那些无法侦破的案件，可以放弃侦查，特殊情况除外。

（一）案件审查模式

案件审查的理念由来已久，不过，具体的工作制度对于有效的侦查管理而言非常重要。这种案件审查制度将侦查工作的决策权由侦查人员手中转移到管理人员手中，是否继续开展侦查的具体决定，立足于已有的政策和程序，而非依靠侦查人员自己的经验和直觉。

在美国的侦查体制之下，这种制度还有助于减少侦查工作的时间、减少侦查人员承担的案件数量、提高初步侦查的质量，因为巡警在侦查工作的作用将得到更大的认可。①

---

① Bruce Berg, Law Enforcement：An Introduction to Police in Society, Allyn and Bacon, 1992.

## 侦查错误论

```
                    ┌──────────┐
                    │   犯罪   │
                    └──────────┘
           ┌──────────────┐  ┌──────────────┐
           │ 警方发现的犯罪 │  │  市民的报案  │
           └──────────────┘  └──────────────┘
              ┌────────────────────────────┐
              │ 制服警察应对报案并填写报告 │
              └────────────────────────────┘
              ┌────────────────────────────┐
              │ 犯罪报告被提交给侦查部门   │
              └────────────────────────────┘
              ┌────────────────────────────┐
              │ 案件经过审查与筛选处理     │
              └────────────────────────────┘
    ┌──────────┐   ┌──────────┐   ┌──────────┐
    │ 常规案件，│   │ 普通案件，未│   │ 严重的犯罪│
    │ 采取常规措施│   │ 采取措施，归档│   │          │
    └──────────┘   └──────────┘   └──────────┘
                   ┌──────────┐
                   │ 新信息出现，│
                   │ 重新侦查   │
                   └──────────┘
       ┌──────────┐        ┌──────────┐
       │ 执行逮捕 │        │ 归档，等待获│
       │          │        │ 取更多信息 │
       └──────────┘        └──────────┘
```

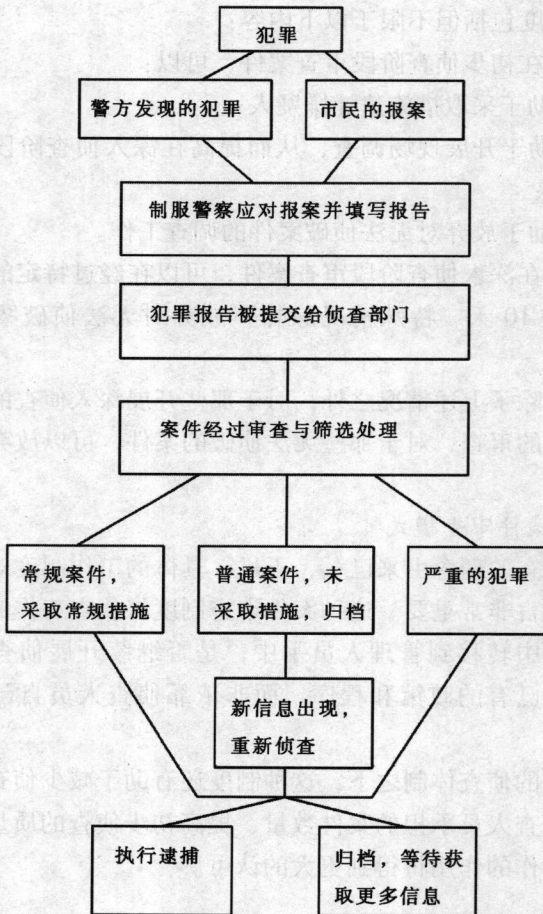

**典型的侦查工作流程①**

──────────────

① 所谓普通案件（common offense），是指案情较为明确但侦破可能性较小的案件。此类案件一般被登记入警察的个人工作记录与部门档案之中。由于案件非常常见，因此，警方一般认为很难在当时顺利侦破，通常会开展常规侦查，了解被害人情况，试图获取更多的信息，然后做出未破案的报告。

在《侦查管理手册》中，① 提出了两个主要的案件审查模式（或称方法）。第一种方法就是提出一系列审查案件的未加权（unweighted）标准，第二种方法就是提出一系列加权（weighted）标准。

如果由那些最终利用案件审查标准并参与设计该项目的工作人员代表组成专业小组制定特定的标准，那么，上述两种方法都将发挥重要的作用。该专业小组应当包括管理者以及基层侦查人员。如果全盘接受其他机构制定的标准，而未经那些适用该标准的工作人员的内部审查，就很可能导致本机构的工作人员产生强烈的抵触情绪，同时，其他机构的标准还可能不适应本机构的实际需要。

（二）未加权的案件审查方法

未加权的案件审查方法主要包括两个制定标准的方法。该标准可以由警察领导或者由经验丰富的侦查人员组成的专业小组单方面予以制定，无须针对过去的案件侦破方式进行深入的统计分析。

1. Rochester 未加权的案件审查方法。

在纽约州的 Rochester，成立了一个部门专业小组制定标准，并且使用实验性的破案因素实地测试案件审查制度的功效。经过大量的测试之后，该机构确信，制服警察实施的大多数富有成效的初步侦查活动都涉及破案要素的收集，并且涉及是否尽早结案的决定。

因此，制服警察不再将初步侦查视为盲目目的地收集信息的过程，而是将之视为侦查工作的必要组成部分。在巡警最终决定结案之前，需要由监督者审查巡警的决定。

为了迎合社区要求继续侦查的需要和其他特定的需要，负责审

---

① Cawley, Donald et al. Managing Criminal Investigations Manual[M]. University Research Corp., 1976, p. 53.

### 侦查错误论

查是否结案的监督者有权灵活地决定是否继续开展侦查，尽管破案因素显示，警方应当结案。

Rochester 模式要求巡警解决以下的破案要素问题：

第一，是否有目击证人？

第二，能否确定嫌疑人身份？

第三，能否确定嫌疑人所处的地点？

第四，能否描述嫌疑人的特征？

第五，能否认定嫌疑人？

第六，能否认定嫌疑人的车辆？

第七，能否追踪失踪的物品？

第八，是否存在独特的犯罪手法特征？

第九，是否存在重要的物证？

第十，是否已经要求技术人员提供辅助？技术人员的工作报告提供了哪些结果？

第十一，是否存在合理的理由认为，通过一定的侦查工作能够侦破案件？

第十二，除了嫌疑人之外，其他人实施犯罪行为的可能性是否很低？

2. 案件分析方法。

其他警察机构也采用了类似的制度，使用破案要素来确定初步侦查的结果。他们通过分析那些已经成功侦破的案件来制定案件审查规则。事实上，上述机构主要是吸取过去的成功经验和教训。

这些机构也成立了由巡警和侦探组成的专业小组，从而评估成功的侦查工作的结果，据以制定案件审查标准，其中主要包括那些曾经得以侦破案件的经验。

为了选择那些具有较高侦破概率的案件，通常需要将那些促使案件得以成功侦破的要素分离出来，以便能够将之纳入到审查程序之中。身份已知的嫌疑人是最为重要的破案要素。

为了确定是否针对某个案件继续开展侦查工作，通常需要回答以下问题：

第一，被害人或者证人能否确定犯罪行为人？

第二，被害人或者证人此前是否认识犯罪行为人？

第三，被害人或者证人是否知晓犯罪行为人的居住地点？

第四，现场是否存在有助于破案的物证（如指纹或者其他物证）？

第五，被害人或者证人是否愿意通过辨认照片来确定犯罪行为人？

第六，被害人或者证人能否描述犯罪行为人的特征（家庭住址、车辆、伤疤或者其他明显特征）？

第七，如果犯罪嫌疑人已经被逮捕，被害人是否愿意出庭作证？

为了评估特定的案件是否应当继续开展侦查，初步侦查工作应当提供下列信息，以便审查工作更加具有指向性：

第一，基于办案警察的调查，评估社区对犯罪的反应；

第二，犯罪行为是否涉及敏感或者特殊的地点（如教堂、寺庙、学校等）或者人员（如儿童、残疾人等）？

第三，此类犯罪是否存在特定的犯罪模式，从而与某个人或者帮派有关？

第四，该地区类似的犯罪数量是否影响到警察机构的形象？

如果没有充分的破案要素存在，那么，就可以通过审查程序认定该案件无法侦破，从而尽早结案。

（三）加权的案件审查方法

加权的案件审查方法包含多种类型，既包括俄勒冈州 Multnomah 县的非统计性系统，也包括加利福尼亚州 Oakland 市的统计性系统。

1. 俄勒冈州 Multnomah 县的非统计性系统。

该警察机构的团队警务专案组试图将特定类型的案件列为优先侦查的案件。这一举措被称为该警察"非专业化项目"（despecialization program）的重要组成部分。[①] 该制度非常灵活，基层警察能够在初步侦查之后确定案件的优先级。基于这种方法确定侦查工作的优先级，警察需要考察案件的严重性、可能获得的嫌疑人信息数量、可能获得的侦查资源以及社区的态度。在实际工作中，警察需要考察犯罪所包含的 4 个主要层面，从而确定案件的优先级，具体见下表：

---

① Lee Brown. Team Policing: Management of Criminal Investigation [J]. The Police Chief, 1976(9), pp. 65 – 67.

| Multnomah 县的案件优先级评估因素 |
| --- |
| A. 犯罪的严重性<br>　　a. 重罪 = 4 分<br>　　b. 轻罪 = 3 分<br>　　c. 无被害人犯罪 = 2 分<br>　　d. 违法行为 = 1 分<br>B. 破案的概率<br>　　是否存在：<br>　　a. 嫌疑人<br>　　b. 证人<br>　　c. 物证<br>　　d. 未核实的线索<br>　　（每个因素的分值为 1 分）<br>C. 采取侦查措施的紧迫性<br>　　a. 对其他人存在危险 = 4 分<br>　　b. 需要立即采取侦查措施 = 3 分<br>　　c. 对被害人存在影响 = 2 分<br>　　d. 犯罪模式/犯罪的频率 = 1 分<br>D. 监督人员的判断<br>　　a. 本机构的政策<br>　　b. 总体情况评估<br>　　c. 侦查人员的工作量<br>　　（完全具有可能性：4 分） |

案件优先级系统的评分与应用：

| 优先级 | 分值 | 侦查报告的期限 |
| --- | --- | --- |
| A | 16 – 22 | 1 – 5 天 |
| B | 10 – 16 | 15 天 |
| C | 4 – 10 | 30 天 |
| D | 少于 4 | 中止侦查（通知被害人） |

2. 加利福尼亚州 Oakland 市的统计性系统。

1975 年，斯坦福研究协会（SRI）为 Oakland 市警察机构制定了一个深入侦查的案件决策模式。这项由 B. Greenberg 等人在加利福尼亚州 Alameda 县针对"重罪侦查决策模式"（Felony Investigation Decision Model）开展的研究，旨在提高侦查工作的绩效。在最

## 侦查错误论

初的研究之中，研究者们列举了一个工作清单，指导巡警和侦探开展入室盗窃案件的侦查。案件深入侦查的模式立足于对以往案件的统计研究。通过考察一系列加权变量，可以预测案件侦破的概率。下表显示了入室盗窃案件的决策模式：①

入室盗窃案件侦查决策模式

| 信息要素 | 加权因素 |
| --- | --- |
| 犯罪与初步侦查之间的时间间隔 | |
| 少于 1 小时 | 5 |
| 1 – 12 小时 | 1 |
| 12 – 24 小时 | 0.3 |
| 多于 24 小时 | 0 |
| 被害人的报案 | 7 |
| 旁观者 on – view 的报案 | 1 |
| 可识别的指纹 | 7 |
| 嫌疑人的信息——特征或者姓名 | 9 |
| 车辆的信息 | 0.1 |
| 其他 | 0 |
| 总分： | |

说明：

（1）依据事件/案件报告中的信息要素确定加权因素；

（2）统计加权因素的总和；

（3）如果总数少于或者等于 10，就应当中止侦查工作；否则，就可以继续深入开展侦查工作。

1975 年，斯坦福研究协会（SRI）在加利福尼亚州 Oakland 开展的一项类似的研究提出了抢劫案件侦查决策模式，据以确定案件是否具备破案的可能性，从而决定是否继续开展深入侦查。斯坦福研究协会（SRI）的研究小组力图最大限度地减少侦查人员的直觉

① Bernard Greenberg, et al. Enhancement of the Investigative Function[M]. Vol. IV, Washington, D. C., 1973.. ii.

判断，从而通过对过去成功侦破案件的要素进行统计分析来做出决策。该项研究结果表明，除非处理报警的警察确定了犯罪行为人的身份，否则，通过深入侦查工作破案的可能性很小。下表显示了与被害人对犯罪行为人身份的了解相关的破案的决定性因素。①

抢劫案件侦查决策模式

| 信息要素 | 加权因素 |
|---|---|
| 知道嫌疑人的姓名 | 10 * |
| 认识嫌疑人 | 10 * |
| 此外见过嫌疑人 | 10 * |
| 求助于技术人员 | 10 |
| 该地区嫌疑人的姓名通常已知 | 10 |
| 物证——能够进行同一认定 | 6.1 |
| 车辆登记 | |
| 能够获得查询信息 | 1.5 |
| 车辆被盗 | 3.0 |
| 能够获得有用的信息 | 4.5 |
| 嫌疑人进行车辆登记 | 6.0 |
| 犯罪行为人进出现场的方式 | |
| 步行 | 0 |
| 车辆（不是小汽车） | 0.6 |
| 小汽车 | 1.2 |
| 小汽车的颜色 | 1.8 |
| 小汽车的特征描述 | 2.4 |
| 小汽车的牌照 | 3.0 |
| 使用武器 | 1.6 |

说明：

（1）依据事件/案件报告中的信息要素确定加权因素。

（2）统计加权因素的总和。

（3）如果总数少于或者等于10，就应当中止侦查工作；否则，就可以继

---

① Bernard Greenberg, et al. Enhancement of the Investigative Function[M]. Vol. Ⅳ, Washington,D. C. ,1973. . xxv.

续开展深入侦查工作。

（4）加权因素的数值不能累积；如果能够确定机动车执照和颜色，加权因素的数值为3.0，而非4.8。

\*加星号的数字表明，实际的加权数值超过10。

通过对上述两个模式的分析，结果表明，两个模式的破案因素及加权值非常类似。在上述两个模式下，证人或者被害人都提供了有助于破案的最为重要的信息。两个模式的差异在于，在抢劫案件侦查决策模式中，机动车辆的信息非常重要。

显然，无论采取何种决策方法，如果需要通过深入侦查工作破案，都需要特定类型的信息。侦查人员的实际经验以及研究者的调查结果表明，下列信息对于成功的侦查工作而言非常重要：

第一，存在证人；

第二，能够确定嫌疑人的姓名；

第三，被害人此前认识嫌疑人；

第四，被害人能够描述嫌疑人的身份；

第五，被害人能够辨认嫌疑人；

第六，被害人此前曾经见过嫌疑人；

第七，能够认定涉案车辆；

第八，存在可以追踪的赃物；

第九，存在重要的犯罪手法；

第十，除了嫌疑人之外，其他人不大可能实施犯罪行为；

第十一，存在重要的证据；

第十二，犯罪和初步侦查的时间间隔不超过一个小时。

基于上述研究，案件审查系统应当包括以下内容：

第一，由巡警准确而又全面地收集犯罪信息；

第二，现场确定已经收集的犯罪信息的充分程度；

第三，允许巡警就是否开展持续侦查做出决策；

第四，由监督人员审查上述决策。

将上述案件审查系统付诸实践之前，警察机构需要：

第一，重新界定主要部门的使命；

第二，重新界定巡警、监督人员、侦查人员以及管理人员在案件审查过程中所扮演的角色；

第三，制定并使用包含早期信息的犯罪信息表格；

第四，在推行新制度之前针对所有参与该制度运作的警察开展培训。

为了推行案件审查制度，需要建立监督或者管理系统，确保警察管理者能够获得制度运作成效的充分反馈。

**二、深入侦查管理制度**

（一）深入侦查的管理目标和途径

警察机构侦查部门的主要职责就是在初步侦查工作完成之后开展深入侦查工作。具体的案件数量和类型取决于警察机构有关案件审查工作的相关政策。在传统的侦查体制下，侦查人员随机性地办理案件。这就意味着，值班的侦查人员需要负责处理所有的刑事案件，决定哪些案件可以开展侦查，哪些案件具有侦破的可能性，对于仅仅具有可能性的案件，一般都记入个人档案而并不记入官方的档案，因为记入官方档案就意味着需要开展后续侦查。

这种做法具有很多弊端。第一，案件负担的分配不均，因为每天的报案数量并不均等，周末的案件数量最多。第二，专业技能未能得到充分的利用，如盗窃案件的侦查专家遇到了强奸案件，这种情况就表现得较为明显。第三，如果侦查人员保持侦查工作的秘密性，其他人无法知道侦查工作的进展情况，也无法知道案件的处理结果。第四，侦查人员在确定侦查工作的规模和性质时，缺乏职责，其工作环境缺乏可见度。①

侦查管理的目标就是通过确立行政控制并且有效地配置侦查资源，从而消除上述弊端。对于行政控制，可以通过透明的监督、案件审查以及报告制度予以实现；对于配置资源，可以通过求助于专家/集中化模式予以实现。巡警职责的扩展显得十分关键，只有这样才能强化巡警与侦查人员之间的交流。

为了更为有效地配置资源，需要将深入侦查的职责赋予巡警。例如，对于那些很可能侦破的案件，就交由巡警负责，从而减轻侦查人员的工作负担，使得他们能够利用专业技能从事其他复杂案件的侦破工作。同时，通过大规模的培训，也能够培养巡警的专业技能。

警察管理者逐渐认识到，需要针对深入侦查过程确立一个管理制度。1973 年，国家刑事司法标准和目标顾问委员会（National Advisory Commission on Criminal Justice Standards and Goals）指出：每个警察机构都应当建立质量控制程序，确保针对每起报案开展相应的侦查。这些程序应当包括：②

第一，每 10 天提交一份侦查工作报告，如果侦查工作已经持续 30 天，那么，每次持续侦查都应当获得上级的批准；

第二，持续审查各个工作小组和部门的侦查报告以及侦查人员的工作总结；

第三，基于逮捕和其他结案方式、侦破的犯罪、追回的赃物以及工作量评估各个工作小组和部门的工作绩效。

尽管通过建立侦查管理制度，仍然无法明确侦查工作取得哪些

---

① James W. Osterburg, Richard H. Ward. Criminal Investigation: A Method for Reconstructing the Past [M]. Anderson Publishing, 2004, p. 167.

② National Advisory Commission on Criminal Justice Standards and Goals[M]. Police, U. S. Government Printing Office. 1973, p. 233.

进展，不过，我们可以合理地推定，与缺乏管理制度相比，推行管理制度之后，警察机构的侦查绩效必定得到某种程度的提高。即使提高的幅度不甚明显，管理者至少也能够就资源配置或者替代措施做出明智的选择。

之所以针对深入侦查建立管理制度，总体的目标就是提高通过逮捕结案的严重犯罪案件数量。侦查过程管理制度的目标包括：

第一，更加富有成效地派遣侦查人员；

第二，提高侦查和案件准备工作的质量；

第三，监督侦查工作的进展，并且针对深入侦查做出决策；

第四，基于侦查结果评估管理工作的结果。

**（二）侦查资源的配置**

侦查部门的监督者应当负责通过管理自己的团队实现上述目标。具体而言，监督者应当：

第一，有效地组织整个侦查部门；

第二，确定工作进度表并且合理配置侦查资源；

第三，制定有效并且经济的工作分配政策；

第四，合理配置工作量；

第五，基于工作负担和能力分配案件；

第六，针对那些需要额外投入实践的案件做出决策；

第七，协调并指导整个部门的侦查工作；

第八，制定能够推进指导、监督和评估工作的方案；

第九，持续地监督侦查人员的工作；

第十，评估侦查工作的绩效；

第十一，培训侦查人员，提高侦查人员的侦查能力；

第十二，与那些可能影响侦查部门工作的内部和外部机构建立融洽的关系。

在组织侦查部门的过程中，监督者需要决定工作时间，基于工

**侦查错误论**

作量派遣侦查人员，并且决定侦查人员是否单独工作、两人一起工作或者组成团队开展工作。

许多警察机构非常强调侦查人员单独工作的经济效益，认为团队工作模式过于浪费资源。不过，只有当监督者认为存在必要，或者特定的政策要求采用某种特定的模式时，才应当采取某种固定的模式。

对于监督者而言，最为重要的决策就是特定案件的任务分工。管理者不仅需要考虑当前的工作量，而且需要评估哪个侦查人员更有能力侦破该案。如果该案并不具有较高的优先权，同时，每个侦查人员都有能力侦破该案，那么，监督者就可以快速做出决定。如果该案性质非常严重，需要专门的侦查技能，监督者就需要确定哪个侦查人员最适合该案的侦查工作。如果最为理性的侦查人员需要减轻自己的其他侦查工作负担，那么，监督者就应当做出相应的决定。

此类决定需要监督者了解本部门所有侦查人员的背景、能力和弱点。对于那些拥有许多侦查人员的侦查部门，有必要制作有关每个侦查人员的工作简历，以便监督者在决策时参考。

（三）侦查过程的监督与审查

监督者和侦查人员都应当备有案件任务记录，从而及时准确地了解案件任务信息，从而确保能够有效地审查侦查进展情况。此类记录应当记载案件侦查任务分配的日期、犯罪的类型、一系列审查决定的日期、以及中止或者持续开展侦查工作的信息等。

监督者应当保存一份本部门任务分配情况的档案。除非存在适当的理由，否则，不当的工作量分配本身就将影响侦查工作的成效。监督者应当了解侦查人员所承担的工作任务。

兰德公司的研究显示，侦查人员的时间分配通常表现为以下方式：①

---

1. 45％的时间用于与案件无关的工作：
   （1）行政性的任务；
   （2）讲话；
   （3）出差；
   （4）特定场所的监控等。

2. 55％的时间用于侦查工作，具体分配如下：
   （1）40％的时间（总时间的22％）从事未破案件的侦查工作；
   （2）12％的时间（总时间的7％）从事已破案件的侦查工作；
   （3）48％的时间（总时间的26％）从事逮捕后侦破案件的侦查工作。

---

尽管上述研究结果可能并未反映每个警察机构的实际情况，但是，它们至少为我们提供了侦查人员分配工作时间的一些基本信息。

如果每位侦查人员都需要填写一份工作日志，监督者就能够有效地监督侦查人员的活动，并且避免侦查团队重复开展侦查工作。例如，监督者可以派遣1名侦查人员从事相应的侦查工作，避免其他侦查人员从事同样的工作。

监督者所肩负的另外一项重要的案件管理职责就是审查每位侦查人员的侦查进展情况，从而决定下一步应当采取的侦查措施。监督者应当听取侦查人员的具体建议，如果侦查人员建议继续侦查，监督者就应当要求其提供继续侦查以及可能破案的理由。

监督者应当就具体的决定承担责任。如果案件存在一些特殊情况，监督者自己应当承担是否继续侦查的决策责任。对于其他情形，监督者必须亲自做出决策。如果深入侦查工作无法取得成效，

---

① Peter Greenwood, Joan Petersilia, et al. The Criminal Investigation Process [M]. Vols. I and Ⅲ, Rand Corporation, 1975, p. 16.

就应当决定中止侦查工作。做出此种决策的时间取决于犯罪的严重性、可以获得的信息以及政治因素等。

只有当侦查人员按照要求分析相关的案件信息、准备侦查计划、并且制作了全面的案件档案时，才能够据以开展此类侦查决策性审查工作。尽管许多警察机构尚未应用此类决策程序，但是，此类程序的推行并非难事。

接到初步侦查报告之后，侦查人员应当仔细分析相关信息的数量和质量。经验丰富的侦查人员通常会寻找那些关键性的破案因素以及情感因素。值得指出的是，如果初步侦查工作富有成效，侦查人员就能够了解大量的信息，从而减少分析案件的时间。

如果侦查人员通过分析案件信息决定开展深入侦查，就应当制定侦查计划。在提出了侦查方法、战略和进度之后，侦查人员应当与监督者一起讨论该侦查计划。侦查人员应当与监督者就是否继续侦查、侦查计划的适当性以及继续审查的日期达成一致意见。

（四）侦查档案和报告管理

每个案件都应当建立档案，包含相关的案件信息：

- 案件的编号；
- 制服警察的初步侦查报告副本；
- 案件分析报告副本；
- 侦查计划；
- 侦查人员的工作表；
- 案件侦查进展的审查日期；
- 辅助的侦查报告；
- 照片；
- 实验室报告。

每个档案都是侦查人员以及监督者的重要资料，甚至可以称之为财产。监督者而非侦查人员应当控制接触这些信息的渠道。其他侦查人员如果希望获得案件信息，或者查看案件档案，都应当获得监督者的批准。这项规则不仅旨在确保信息的可靠性，而且有助于监督者协调整个侦查部门的工作任务。

监督者的另外一项重要任务是评估整个侦查部门的工作绩效，以及各个侦查人员的工作绩效。现行的评估依据是通过逮捕结案的案件数量，尽管这项评估标准并不完善。

为了评估侦查活动的结果并且确定侦查绩效水平，侦查人员有必要制定若干简要的信息报告表格。许多警察机构已经拥有这样的表格。具体可以参照下列表格：

| |
|---|
| 1. 侦查人员的每月工作量报告：<br>提供案件分配的基本信息、案件的处理情况以及逮捕信息。同时，也需要单独考察额外的破案情况。 |
| 2. 部门每月的工作量报告：<br>提供整个部门与前一份报告内容相同的基本信息。 |
| 3. 每月逮捕/结案的情况：<br>侦查人员个人提供该部门每位侦查人员的个人工作绩效信息。 |
| 4. 部门逮捕工作情况——检察官受理案件的情况：<br>提供检察官受理的逮捕情况信息。每位侦查人员的类似信息能够反映侦查人员的工作绩效。 |

这些报告针对每位侦查人员的工作绩效、部门的整体工作绩效、每位侦查人员的相对工作绩效以及检察官反映的侦查工作质量情况提供了基本的信息。许多其他报告也能够提供评估绩效的信息。总体看来，许多因素都可能影响每位侦查人员、整个侦查部门的工作绩效，因此，管理者必须在评估侦查人员绩效之前审慎地考察所有相关的因素。

# 第四节 侦查诊断机制

马赫指出，科学是通过猜想和比较逐渐形成的。科学越接近完

**侦查错误论**

成，就越过渡到单纯的直接的对事实的描述。只是由于我们的感官和智力手段的局限，才存在与我们隔绝的事实。思想之所以本能地和无意识地进行观察，是由于思想补充事实的部分、事实的结果或者事实的条件。[①]

侦查活动作为一种特殊的认识活动，类似于其他科学认识活动，也涉及一个由猜想和反驳到确证的过程。侦查活动的目的在于认识犯罪事实，由于主客观条件的限制，侦查活动无法触及过去发生的犯罪事实本身，因此，在这个由未知到已知的认识和证明过程中，就需要借助假设这个媒介手段。

假设的重要职能在于导致新的观察和尝试，从而证明、反驳或者改变我们的猜想，总之，可以扩大我们的经验。[②] 在进行假设的过程中，需要涉及一种联想机制。例如，猎人发现一根羽毛，就可以联想到星鸟的图像。因为一股大海的潮流会形成奇异的植物、动物、精雕细琢的艺术品，于是，哥伦布面前展现出这些事物的远方的未知的陆地。

假设只有得到检验，才能发挥预期的作用。而对一种假设（理论）的任何真正的检验，都是企图否证它或者驳倒它。可检验性就是可证伪性；但是，可检验性有程度上的不同：有些假设（理论）比别的假设（理论）容易检验，容易反驳。[③]

在侦查认识的过程中，需要对案件的情况展开分析，也需要对侦查工作的进展展开分析。这种借助于假设手段开展的猜想与反驳的过程分析，类似于临床医学的诊断过程，因此，作者将案件分析工作形象地称为侦查诊断工作。通过侦查诊断工作，可以更好地分析案件情况，识别侦查工作中出现的错误，从而更好地进行侦查决

---

① ［奥］马赫：《认识与谬误》，洪佩郁译，东方出版社 2005 年版，第 99 页。

② 同①，第 216 页。

③ ［英］波普尔：《猜想与反驳》，周昌忠等译，上海译文出版社 2001 年版，第 52 页。

策并开展后续的侦查工作。

## 一、侦查诊断的思维过程

疾病的诊断是一门十分复杂的学问，误诊是临床医生经常会发生的事情。目前，临床总体误诊率为医学公认和经常使用的数据是30%左右，复杂的疑难病例的误诊率甚至在40%以上。造成误诊的原因是多方面的，有主观因素也有客观因素，有人提出"医德、思维方式和技术"是误诊的三大因素。我国当代医学大师张孝骞有一句名言："一个病人就是一本教科书"。[①] 可以说，一个案件、一个罪犯也是一本教科书。侦查人员除了要具备高尚的职业道德、扎实的侦查学功底、精湛的专业技能、丰富的侦查经验之外，还必须具备优良的思维质量。

波普尔指出，科学只能从问题开始。光有真理还不够；我们寻求的是问题的答案。[②] 侦查诊断（又可称为案件分析）就旨在寻找侦查工作中面临的各种认识问题的答案。

作为侦查工作的主要内容之一，正确的侦查诊断是正确进行侦查决策以及确保后续侦查工作顺利开展的基础和前提。在侦查诊断的过程中，侦查人员尤其是领导者的大局思想、专业知识、专业技能、侦查经验以及技术装备等软硬件因素，都是直接影响侦查决策水平的关键因素。侦查诊断过程是一个复杂的思维过程，需要逻辑思维、形象思维、灵感思维等多种思维形态共同参与、共同作用。其中，逻辑思维属于主导性思维。

（一）诊断思维的要素和阶段

侦查诊断是侦查人员通过诊断和分析对案件事实情况以及犯罪

---

① 孟祥才等：《临床诊断逻辑》，第二军医大学出版社 2004 年版，第 23 页。

② ［英］波普尔：《猜想与反驳》，周昌忠等译，上海译文出版社 2001 年版，第 328 页。

嫌疑人的情况提出的概括性判断。正确诊断的建立过程大致可以分为资料收集，综合、分析、做出初步诊断，以及在侦查实践中检验诊断等 3 个步骤。

1. 诊断思维的要素。

就构成要素而言，诊断思维是由思维原料、思维工具和思维主体三个要素构成的，三者兼备，才有思维活动。思维原料来自于客观世界。客观事物尚未被人所感知的时候，只可能是思维对象，还不能成为思维的原料和根据，即还未成为现实的思维对象。

为了确保思维活动正常运行，需要使用逻辑等思维工具。包括普通逻辑、数理逻辑、辨证逻辑等基本的思维工具。侦查诊断思维同一般思维一样，需要借助逻辑等思维工具来思考、解决各种侦查诊断问题。

人是认识的主体，人脑是思维的主体。认识的主体和思维的主体还是有差别的。因为思维是对人的感官已经摄取的感性思维进行的再加工，这种加工活动是在脑内进行的。因此，思维的主体是人脑及存在于其中的意识，思维是人脑中意识的作用，而人脑物质是意识的载体。

尽管各种先进的侦查装备及仪器不断推出，不过，侦查人员不应当对其过于依赖，侦查诊断工作仍然是侦查人员这一思维主体的工作，先进科技始终只能发挥辅助的作用。

2. 诊断思维的阶段。

侦查诊断思维过程是侦查人员将犯罪与侦查的一般规律运用于判断特定的案件事实情况以及犯罪嫌疑人情况的思维过程，是对已经获取的案件事实材料进行整理加工、分析综合的过程，是对具体的案件侦查问题进行综合比较和判断推理的过程，在此基础上开展案件的诊断工作。即使基于主客观条件的限制，暂时无法做出确定性的诊断结果，也可对案件的相关问题的属性和范围做出相对正确和合理的判断。

从思维学的角度来看，侦查诊断思维的逻辑过程实际上是一般思维逻辑过程在侦查诊断过程中的具体体现，表现为两个阶段，即从感性具体上升到思维抽象和从思维抽象上升到思维具体。

当案件进入侦查人员的感官时，其形象是非常具体的。侦查人员在感性具体阶段，应当充分运用自己的感官，适当地利用各种先进的科学技术手段，广泛地获取所有可以通过合法途径获得的案件信息。当各种案件信息为侦查人员掌握之后，就开始由感性具体开始进入思维抽象阶段。经过一系列的分析和加工，确立初步的侦查诊断结果。初步诊断的确立，标志着从感性具体上升到思维抽象阶段的结束。

确定了案件的性质和类型等特征，仅仅是一般性和抽象性的诊断，诊断思维的最终目标是确定个别的、符合个体案件总体特征的，即能够反映个体案件生动的、各方面质的具体性诊断。所以，在对案件做出初步诊断之前，侦查人员的思维需要由思维抽象上升到思维具体阶段。在思维具体阶段，原则上是将一个案件的具体要素和证据材料尽可能地放在一起考虑，以整体观念、辨证分析的方法，归纳出最终的结论。从思维抽象上升到思维具体，对个体案件的认识要力求做到：紧扣个案特征，在普遍中把握特殊，在联系中把握本质，在变化中把握发展趋势。

（二）诊断思维的特点和原则

1. 诊断思维的特点

第一，诊断思维的复合性。诊断思维是复合性思维。在一般情况下，都是以抽象思维作为主导思维。立足于个案，侦查人员有关案件情况的一般诊断以及最终诊断都是在思维的抽象中完成的。在整个诊断过程中，需要多种思维的参与，特别是形象思维的配合，形象思维与抽象思维协同作用。

第二，诊断思维的问题性。问题性是诊断思维的特征之一。诊断思维过程主要体现在解决问题的活动中，是一个从不知到熟知、

**侦查错误论**

从现象到本质的过程。诊断思维的问题性，在解决问题的过程中一般表现为发现问题、明确问题、提出假设、验证假设等四个环节。同时，还表现在对问题的理解上。

第三，思维品质的特殊性。人在思维方面表现出很大的个别差异，每个人在思维能力上的特点，构成他的思维品质，其内容主要是：思维的批判性、思维的灵活性、思维的敏捷性、思维的广阔性、思维的深刻性、思维的预见性和思维的独创性等。侦查诊断工作本身是一种复杂的思维活动，对侦查人员思维品质的要求也具有特殊性。

第四，诊断结果的盖然性。盖然性判断是判断事物可能性的判断。侦查诊断思维的特点之一就是诊断结论的盖然性。可以说，诊断结果都是特定的假说。基于各种主客观因素的限制，诊断结论的盖然性是客观的，也是难以避免的。不过，诊断结论的盖然性不等于随意性和不确定性，而是以事实为依据的判断。诊断结论的盖然性并不等于对侦查科学和侦查诊断的否定和贬低，而是对侦查诊断思维特征的正确揭示，是对侦查科学认识规律的尊重。正确认识诊断结果的盖然性，可以警示侦查人员在侦查诊断过程中克服主观臆断，培养尊重事实和科学的精神，从而不断提高诊断结论的准确性和可靠性。

2. 侦查诊断工作的原则。

第一，整体性原则。所谓侦查诊断工作的整体性，是指侦查人员在侦查诊断过程中，从事物的整体、事物的相互联系中认识和把握事物的特点。所谓整体论，是指涉及或者关注整体或者整个系统，而不是系统要素的分析、考察和分解。整体论强调部分与整体之间的有机联系或者功能联系，即"整体大于部分之和"。不从整体性原则出发，对许多案件将会做出错误的认识，并且导致错误的侦查决策。

威廉·杰瑞·奇泽姆（William Jerry Chisum）和布伦特·特维

（Brent E. Turvey）在《犯罪重建》（Crime Reconstruction）一书中详细地阐述了这种整体性原则。整体论的犯罪重建（holistic crime reconstruction），是指针对特定的犯罪行为，侦查人员发现相关的证据并对其进行检验，然后，基于系统的证据重建过去发生的犯罪行为及相关情形。立足于这种哲学理念，在特定的案件中，所有已知的证据都具有相互依存的关系；每个证据、行为和事件的重要性程度都取决于其他的证据、行为和事件。证据越多，证据的意义就越大；证据越少，证据的意义也就越小。最终的犯罪重建结果取决于整个证据系统的功能，包括最终获得的证据数量，以及这些证据之间的关联方式和一致性程度。

相互关联的证据所构成的证据系统，以及基于该证据系统得出的结论，类似于一个机械装置或者生物器官，由诸多相互关联的组成部分自然而又和谐地朝着预期的目标运作。如果某个组成部分出现故障，那么，整个系统将受到影响甚至崩溃。涉及证据及其解释，同样面临着上述问题。证据的解释必须能够相互协调，并且和谐共处，彼此形成支持链条。退一步讲，证据之间不能存在矛盾。有关血痕模式的解释不能与弹道痕迹分析结论相矛盾，微量物证不能与纵火案件侦查人员的调查结果相矛盾，DNA 证据不能与指纹鉴定结论相矛盾，等等。证据之间必须显示出明确的一致性。这项要求的理由显而易见。即使在那些追求并鼓励特定结论的氛围中（即法院的氛围），可能规避上述要求，但是，所有的科学领域，包括法庭科学（尤其是法庭科学），都是建立在怀疑论基础之上的。在这些科学领域，如果发现整个证据系统的要素之间存在不一致的情况，将引起人们的怀疑。

第二，具体性原则。具体性原则又称个体性原则，在侦查诊断方面，侦查人员在诊断过程中要在一般理论指导下，着眼于案件和犯罪嫌疑人的特点，对案件和犯罪嫌疑人的特征做出具体分析，针对其特点进行诊断。

## 侦查错误论

列宁曾经指出:"马克思主义最本质的东西,马克思主义的活的灵魂就在于具体地分析具体的情况。"具体问题具体分析是侦查诊断的基本原则,其理论基础是"世界上没有两个完全相同的犯罪行为"。侦查人员在侦查诊断过程中,应当在通晓侦查工作基本规律的基础上,充分考虑案件和犯罪嫌疑人的具体特征。中医有"病无常形、治无常法、医无常方、药无常品"及"同病异医、异病同治"的说法,就是具体性原则的生动体现。我国现代医学家张孝骞教授在《漫谈临床思维》中指出:"在医疗工作中,无论是采集临床资料,或进行诊断、治疗,都要深入临床实际,精确了解病情,运用正确的临床思维和工作方法,一句话,就是对具体问题具体分析,不主观也不武断,否则,不能很好地完成临床任务。"显然,这也是侦查人员在侦查诊断过程中必须牢记和遵循的基本原则。

第三,动态性原则。侦查诊断思维的动态性原则,就是要求侦查人员在侦查诊断过程中必须坚持用发展、变化的观点看待整个案件,坚持在动态中把握联系,随着案件和侦查的发展变化修正自己的诊断,并及时采取相应的侦查对策。

案件的发生和发展必然是一个动态过程,没有任何一起案件是完全静止、固定不变的。在案件发展的不同阶段所需要解决的问题有所不同。因此,侦查诊断工作不能仅仅反映某一阶段的情况,还需要能够反映动态的变化。动态的诊断对于侦查决策和后续侦查管理具有非常重要的意义。在侦查诊断过程中,贯彻动态性原则,是符合案件发展规律与侦查工作基本要求的,符合唯物辩证法的基本原则。

第四,最优化原则。侦查诊断思维的最优化原则,要求侦查人员在侦查诊断过程中,应用"循证警务"(evidence based policing)的基本原理,对各种诊断方法进行系统性评价和可靠性分析,尽可能选择最优化的诊断。

在侦查诊断过程中，为了贯彻最优化原则，需要坚持实事求是，全面掌握案件的各种情况。在此基础之上，科学、合理地运用适当的诊断方法，以便实现最优化的诊断结果。

**二、证据材料的诊断与识别**

从证据材料的视角来看，侦查错误的来源主要包括两类证据材料，即言词证据和实物证据。为了识别言词证据中的错误，侦查人员需要了解言词证据存在错误的原因，从而有效地识别真相与谎言；为了识别实物证据尤其是科学证据中的错误，侦查人员需要重视指纹和 DNA 证据等可以进行同一认定的证据。

（一）行为分析询问

任何人员都可能向警察说谎。事实上有罪的嫌疑人为了开脱罪责，证人害怕报复或者掩饰个人缺陷，被害人为了掩盖自己导致犯罪行为的事先行为，甚至连无辜的嫌疑人也可能说谎，因为他们基于各种目的不愿与警方合作。当然，这些人也都可能讲真话。

侦查工作面临的主要问题就是辨别真伪。这并非一项简单易行的工作。事实上，就连许多专家也都无法有效地辨别真伪。不过，研究表明，那些在询问领域经验丰富的警察能够更好地区分真相与谎言，准确率可以达到 65% 左右。

证词本身并没有贴上"真"或者"假"的标签。因此，对证词的判断必须考察以下事项：证人相对于任何一个可以提供相反证词的证人的能力和动机、证词的内在一致性、该证词与本案其他证词的一致性、证词在常识上的可接受性等。[①]

警察可以使用行为分析询问（Behavioural Analysis Interview）来分析言辞证据的真实性，从而有效地辨别罪犯与无辜者。行为分

---

① ［美］波斯纳：《法律理论的前沿》，武欣等译，中国政法大学出版社 2002 年版，第 340 页。

**侦查错误论**

析询问通常是在正式询问之前开展的询问，其目的是帮助侦查人员辨别无辜者。然而，在正式询问时，专门针对重点嫌疑人展开询问。[①]

一般认为，由于事实上有罪的人存在着实施犯罪行为的潜意识，这是行为分析询问的理论基础。在通常情况下，如果某人并非犯罪行为人，其在接受询问时会基于个人的知识及所处环境试图想象谁是罪犯，这种反应被称为"福尔摩斯效应"。无辜者尽管最初可能不愿意配合警方的工作，但是，随后还是愿意讨论一些细节问题，并且猜测谁是真正的犯罪嫌疑人。

相比之下，事实上有罪责的人则会做出不同的反应。他们通常不愿提供相关的信息，因为这可能暴露自己，因此，他们倾向于使问题复杂化，而不是试图寻找问题的答案。由于他们已经知道真正的犯罪是谁，他们也不会表现出"福尔摩斯效应"。相反，他们试图去掩盖犯罪行为，或者提供一些误导性的信息。

（二）识别虚假报案

勒内指出，一旦由虚构出来的"受害者"去控告无辜者，司法部门往往把无辜者错判。[②] 虚假报案是侦查领域需要特别加以注意的问题，因为虚假报案是导致侦查错误的重要原因。Hans Gross 博士早就指出了性侵害案件虚假指控的相关问题，包括虚假指控的动机、自我伤害情形以及侦查人员的相应责任。

虚假报案尤其是性犯罪案件中的虚假报案通常得到媒体的关注，同时，该问题也逐渐得到学术界的关注。MacDonald 在 1973 年指出，1968 年，全国强奸案件的虚假报案率为 18%。在丹佛市，

---

① Frank Hovvath, The Behavioural Analysis Interview: Clarifying the Practice, Theory and Understanding of its Use and Effectiveness, International Journal of Police Science and Management, 2008(1), pp. 101 – 118.

② ［法］勒内·弗洛里奥:《错案》，赵淑美等译，法律出版社 1984 年版，第 10 页。

1 年之内，25%的强奸案件没有事实依据。许多学者针对该问题展开了研究，并得出了不同的结论。①

在侦查实践中，侦查人员与鉴定人员很可能在处理性犯罪时遇到虚假报案，由于缺乏侦查经验，侦查人员通常对此没有心理准备。因此，为了避免虚假报案导致后续的侦查错误，有必要关注虚假报案的成因，同时，需要关注识别虚假报案的机制和策略。

1. 逻辑分析。

在性犯罪等容易出现虚假报案的案件中，侦查人员需要认真询问证人，询问工作与案件事实密切相关。不过，侦查人员通常毫不怀疑地接受被害人的主张。无论怎样，侦查人员都应当详细地分析被害人陈述的逻辑性。如果被害人的陈述逻辑中断，就应当对此展开调查。

Hans Gross 指出，为了准确地查明过去发生的事件，侦查人员必须仔细地查明与犯罪相关的所有情形，并且进行严格的逻辑分析。如果面临未能得到合理解释的问题，侦查人员就应当对此保持审慎的怀疑，并在逻辑中断处停顿下来，仔细地分析是否能够更好地解释事实。如果问题能得到解决，余下的侦查工作也就能够顺利展开了。

严密的逻辑分析能够帮助侦查人员了解案件的细节情况，从而有效地排除虚假报案情形。

2. 询问策略。

虚假报案人向警方报案的方式与真正的被害人相同，因此，侦查人员应当认真加以对待。同时，侦查人员应当重视严密的逻辑分析，并且指出报案人陈述与物证之间的矛盾。被害人陈述中的任何矛盾都应当由被害人而非侦查人员予以解释。无论被害人情绪低落

---

① John Savino, Brent Turvey, Rape Investigation Handbook, Elsevier Academic Press, 2005, p. 167.

## 侦查错误论

还是其他情况，其陈述中的矛盾都应当得到合乎逻辑的解释。

面对被害人陈述中的矛盾，侦查人员也应当策略性地予以指出：我已经从事性犯罪案件侦查工作多年，询问过许多女孩/男孩，他们基于各种理由不愿说出事实真相。我知道你没有说出真相，但我也知道你看起来是个好人。我认为你一定有不说出真相的理由。但是，如果你不说出真相，我们就没办法帮你。

在通常情况下，被害人都会在短暂的停顿之后向侦查人员做出真实的陈述。如果被害人不如实陈述，侦查人员也应当保持耐心与信心。

虚假报案的动机很多，包括报复、期望得到关注、缺乏医疗救助、试图获取利益、为支付嫖资、怀孕及性病提供托词、为其他不法行为提供托词、为不当性关系提供托词。John Baeza 指出了相关的虚假报案指数：[①]

1. 女性被害人需要与女侦查人员谈话，事先有男侦查人员表现不当的情况除外；

2. 女性被害人的丈夫、男友强迫其报案，而不是尊重其意愿报案；

3. 被害人的父母强迫其报案，而不是尊重其意愿报案；

4. 被害人（通常是 18 岁以下的被害人）在宵禁之后回家；

5. 被害人主张自己在交通繁忙的街道遭到绑架，并且没有证人；

6. 被害人声称自己白天在繁华的街道上遭到蒙面人的攻击；

7. 被害人正在接受毒品处理项目，而且在宵禁后没有回家；

8. 怀孕的被害人在父母或者监护人的迫使下报案；

9. 被害人无法描述嫌疑人与犯罪的细节情况；

---

① John Savino, Brent Turvey, Rape Investigation Handbook, Elsevier Academic Press, 2005, p. 167.

10. 被害人此前存在虚假报案的行为；

11. 被害人此前向警方报告过类似的犯罪行为；

12. 被害人在侦查过程中希望搬往新住所；

13. 被害人在侦查过程中希望提起诉讼或者获得金钱补偿；

14. 被害人模仿电视中演员的行为；

15. 被害人在询问的关键阶段大哭，不回答关键问题；

16. 被害人有长期的心理疾病史。

当然，这些指标性因素只是参考因素，不能替代全面的侦查。同时，在侦查实践中，侦查人员应当结合案件的具体情况分析报案的真实性。

（三）科学证据的分析

前沿科学技术应用于司法领域，可以通过身体证据认定犯罪嫌疑人。侦查工作由直觉、偏见和猜想发展为科学侦查，尽管面临诸多的挑战，新方法仍然突破了法院为新证据设置的程序障碍。不过，科学证据（包括实物证据的分析判断结论）的科学性问题，仍然取决于诸多的因素，并且是侦查错误的可能致因。

在现代科学证据领域，最为重要的两类证据就是指纹证据和DNA 鉴定结论，因为可以基于这两类证据对犯罪嫌疑人的身份进行同一认定。此处有关科学证据的分析，就以指纹证据和 DNA 鉴定结论作为研究对象，其他类型的科学证据也需要关注类似的问题。

1. 指纹鉴定结论。

尽管指纹鉴定结论在第二次世界大战后获得了科学与法律共同体的普遍接受，但是，事实上，潜在指纹鉴定仍然未能建立在科学研究的基础之上，相反，其仍然基于经验和 19 世纪的统计基础之上。支持潜在指纹鉴定的主要证据，仍然在于执法机构已经收集了数百万计的指纹档案，仍然未能发现两个同样的指纹。Henry Fauld 的质疑仍然十分有力，这些执法机构的十指分类系统基于十指的类型特征，并非旨在挑选出一个相同的指纹。

另外一个主张也仍然具有自然法则的基础，相应的生物形态，如指纹纹路特征，具有内在的独特性。但是，即使没有两个人的指纹类型完全一致，也不能解决鉴定领域的基本问题，即潜在指纹究竟有多大可能被误认为错误的指纹来源？

各个国家都确立了不同的最低符合特征标准。英国此前一直奉行 16 个特征的标准，不过，该标准遭到了美国同行的反对，美国专家认为这一标准过高，而英国的鉴定人员则认为，一起错误的鉴定就足以持续性地损害公众与刑事司法系统对指纹鉴定结论的信任，并且导致鉴定人员一个世纪以来构建起来的诚信毁于一旦。

英美两国代表着指纹鉴定的两极，两国都希望指纹鉴定具有绝对的确定性与可靠性，并且希望指纹鉴定人员能够继续有效地出庭作证。不过，两国采取了不同的策略。英国将鉴定人员视为技师，遵循已有的标准，并将指纹鉴定视为以经验为基础的工作，寄希望于严格的培训，要求从业人员接受 5 年的培训方可出庭作证。而美国将潜在指纹鉴定视为法庭科学的一个分支，寄希望于单个鉴定人员，相信他们的专业判断。相比之下，美国的标准则相对宽松得多，各个机构都不相同，美国法院可以将任何人视为专家证人。英国的做法是一种极为保守的做法，但在法庭上却收效甚好。[①]

综合英美两国的经验，从实践的角度看来，对于指纹鉴定结论，既要逐步完善指纹鉴定的科学基础，又要严格指纹鉴定结论的采纳标准，同时，还需要强化鉴定人员本身的专业水平。从识别错误的角度看来，为了识别指纹鉴定结论可能存在的错误，也需要综合考虑鉴定人员的资质、鉴定工作的依据和鉴定过程等因素。

---

① Simon Cole，Suspect Identities：a history of criminal identification and fingerprinting，harvard university press，2002.

2. DNA 鉴定结论。

1985 年，英格兰 Leicester 大学 Alec Jeffreys 博士认识到刑事案件中使用 DNA 证据的意义。美国于 1986 年首次在审判过程中使用 DNA 证据。现在，几乎所有的案件都可以使用 DNA 证据。没有其他科学技术如此快速地获得广泛的认可。新的 DNA 测试技术也不断出现。

就犯罪控制而言，可能没有其他的高科技手段比 DNA 技术更加富有成效。在犯罪侦查领域，DNA 被称为证明的奇迹——能够解开原本无法侦破的犯罪的谜团。DNA 技术可能在事实上并不会对犯罪统计数字产生影响，由于它既可能证明无辜，也可能证明有罪。由于 DNA 证据具有特殊的准确性，因此被认为改变了刑事侦查的图景。

实际上，DNA 证据更适用于排除犯罪嫌疑人而不是认定犯罪嫌疑人。正如侦查人员将 DNA 技术用于犯罪侦查一样，被定罪的罪犯也力图使用 DNA 技术来证明自己无罪。DNA 测试可以在最基本的水平上检查人类的生物物质，并具有特别低的错误肯定率。由于 DNA 测试能够准确识别从犯罪现场提取的生物样本的来源，因此，能够作为犯罪侦查的手段。值得指出的是，当用于确定嫌疑人时，DNA 证据提供了统计概率；只有当用于排除嫌疑人时，DNA 证据才具有确定性。

在美国，为了确保 DNA 测试结论的可靠性，需要三重机制。[1]

第一，为了确保 DNA 测试结论的可靠性，需要对实验室、分析人员与单个测试进行评估。美国犯罪实验室主任——实验室认证委员会（ASCLD – LAB）负责全美实验室的认证工作。此类认证工作每五年开展一次。美国的犯罪实验室必须遵守联邦调查局 1998

---

[1] John Savino, Brent Turvey, Rape Investigation Handbook, Elsevier Academic Press, 2005, p. 167.

年 10 月公布的 DNA 顾问委员会确定的国家标准。

第二，每个分析人员都至少两年接受一次熟练程度测试。这种熟练程度测试需要评估多个 DNA 样本，并且报告分析结果。如果未能通过测试，就需要接受进一步的培训，并且需要经过一段时间的试用期。

第三，犯罪实验室需要严格遵守 DNA 测试的标准程序，此外，检材与样本需要同时进行比对，确保检验程序的正确性。

为了识别 DNA 鉴定结论可能出现的错误，需要审查 DNA 证据的各个方面，包括 DNA 鉴定人员的资质，收集 DNA 证据的程序、实验室操作程序、熟练程度与统计推论等。同指纹鉴定结论一样，DNA 鉴定结论的审查也需要综合案件的基本情况，从而对 DNA 鉴定结论正确与否做出科学的判断。

# 第六章 侦查错误的防治与救济机制

追求没有错误的侦查活动是我们的理想，而防治和弥补错误则是一个不可忽视的现实问题。如同其他社会领域一样，侦查领域不可避免地会出现各种错误。犯错误是人类无法避免的，人类活动受到各种主客观因素的制约，所谓人无完人，为了理性地对待侦查错误，应当对犯错误者采取一种宽容的态度。

不过，单纯对错误的容忍，并不是真正的宽容。① 尽管错误有时是难免的，但是错误是可以预防的。鉴于错误的难免性与可防性具有辨证统一的关系，人完全可以预防并避免某些原本可以避免的错误。② 在侦查领域，许多错误都属于此类可以预防和避免的错误，因此，建立并完善侦查错误的预防机制，具有十分重要的意义。

错误一方面与后果相关联，一方面与责任相关联。错误一旦发生，必然导致特定的后果，对于这些负面的后果，需要采取积极的补救措施，避免问题扩大化，减少错误造成的影响；特定主体的行为错误也通常涉及行为主体的责任问题，因此，落实相关的责任机制，不仅能够促使错误行为的主体改正错误，而且能够产生警示教育效果，促进制度的发展完善。

对于侦查错误的治理，要分清主次和轻重缓急，实行重点突

---

① ［德］考夫曼：《法律哲学》，刘幸义等译，法律出版社 2003 年版，第 342 页。

② 文援朝：《超越错误——医错哲学及其应用研究》，中南工业大学出版社 1997 年版，第 167 页。

破，不能本末倒置。同时，侦查错误的治理，要讲求艺术性，根据具体的错误、具体的犯错者、具体的场合和情境，采取灵活多样的、行之有效的方式、方法、策略或者技巧。[①]

由于侦查错误通常与当事人的权利密切相关。对于那些已经发生的侦查错误，不仅涉及错误主体的责任问题，更关键的是，当事人权利的救济问题。因此，侦查错误的权利救济机制，是侦查错误后续处理机制的重要组成部分。

# 第一节　侦查错误的防治机制

警察作为执法者一直致力于侦破犯罪，与此同时，他们也面临着极大的工作压力。警方所面临的侦破犯罪的压力越大，他们在履行职责的过程中就越容易具有侵犯性，也就越有可能引发正当程序错误。警方如果能够采取更为有效的措施预防犯罪与侦破犯罪，也能够减少正当程序错误和放纵罪犯错误。

前文已经提及，许多司法错误都可以归因于警方：在满足公民提出的服务请求、应对公民的报案以及确定嫌疑犯和实施逮捕的过程中不适当地行使自由裁量权；不适当的证人辨认程序、虚假的供述以及不适当地使用线人；不适当的以及欺诈性的证据收集程序和法庭科学检验程序；掩盖司法错误的激励机制，等等。

## 一、侦查错误的防治原则

警方可以采取多种方式预防并减少侦查错误，其中，有些方法比其他方法更为有效，而且也更容易贯彻实施。传统的职业培训或者教育课程很少对侦查错误问题进行分析，不过，为了有效地预防

---

① 文援朝：《超越错误——医错哲学及其应用研究》，中南工业大学出版社 1997 年版，第 140 页。

侦查错误，一个总的原则就是：警察不仅应当关注有罪信息，而且应当对无罪信息给予同样的关注，尤其是在犯罪嫌疑人已经明确之后。

警察是打击犯罪的第一道防线，其主要使命就是保护公共秩序以及公民的生命和财产安全，尽管犯罪嫌疑人的自由和其他权利也非常重要，但是，这并非警察所关心的首要问题。因此，上述原则的贯彻落实无疑将面临巨大的挑战。

根据刑事诉讼法的角色定位，警方主要应当负责刑事侦查与犯罪控制工作。但是，如果他们过于关注罪犯的抓捕工作，从而未能致力于减少侦查错误，那么，整个侦查制度的合法性以及警察在公众心目中的可信度将面临较大的冲击，这将最终导致警方无法有效地开展侦查并控制犯罪。相比之下，如果警方能够在控制犯罪和减少侦查错误之间实现动态的平衡，那么，侦查工作将更加富有成效。因此，坚持上述原则，不仅是科学侦查的必然要求，而且也符合正义与侦查工作合法性的利益。

（一）坚持无罪推定原则

贝卡利亚在《论犯罪与刑罚》一书中倡导推行无罪推定原则。书中指出：为了证实某人无罪，就要先宣布他是罪犯，这被称为侵犯式诉讼。在法官判决之前，一个人是不能被称为罪犯的，只要还不能断定他已经侵犯了给予他公共保护的契约，社会就不能取消对他的公共保护。简言之，任何人未经法院依法审判，均不得被认定为有罪。目前，该原则已经成为各国刑事诉讼领域的基本原则之一。

许多司法错误之所以产生，一个主要的原因就是侦查人员以及其他司法人员仍然奉行有罪推定的理念。为了预防侦查错误发生，应当实行无罪推定的理念，进而主张疑罪从无。

无罪推定从逻辑本质上讲，是诉诸无知的谬误，其理由主要是

**侦查错误论**

价值论的。① 现代无罪推定原则涉及诸多层面的内容，从公民无罪免证的基本权利出发，指控有罪的举证责任属于控方，犯罪嫌疑人和被告人享有免受不公正对待的基本人权保护。例如，禁止超期羁押，禁止刑讯逼供，被告人享有辩护权，有罪证明必须达到"事实清楚，证据确实、充分"的标准（或者排除合理怀疑的证明标准），有罪与否的裁决应当由法官作出，法官在存疑时应当作出无罪判决。

人类理性世界没有绝无放纵又绝无冤屈的判罪制度。无罪推定要避免的整个制度性的偏见，宁有放纵而尽量避免冤屈，但是，这种放纵并不是纵容社会偏见，没有人可以有恃无恐地犯罪。

无罪推定有助于避免前文专门论及的确证偏见问题，既有助于保护无辜者，也有助于保护犯罪嫌疑人的合法权利。无罪推定原则是推进侦查法治化的基本前提，也是提高侦查制度合法性和侦查能力的必要条件。有学者指出，从西方刑事科学的发展历史来看，无罪推定、官方举证义务、辩护制度是推动刑事科学发展的根本动力。②

无罪推定原则在司法实践中可能导致放纵犯罪的情形发生，不过，这是侦查法治化的必要代价，也是提高侦查能力和确保侦查制度合法性的前提。该原则可能给警方带来一定的障碍，不过，警方可以通过完善管理制度及推广使用现代科技来从另一个方面有效地提高犯罪控制能力。

无罪推定这种原则和思想，在侦查阶段就是要告诉办案人员，你面对的犯罪嫌疑人未必就是真正的罪犯，所以，才要求使用无罪推定这种客观的调查方法和调查观。③ 因此，从长远来看，无罪推

---

① 张成敏：《案史：西方经典与逻辑》，中国检察出版社 2002 年版，第 408 页。
② 同①，第 406 页。
③ 何家弘：《强化证据意识，转变执法观念》，载《高级警官培训讲堂录》，中国人民公安大学出版社 2004 年版，第 279 页。

定原则既能够从正向减少正当程序错误，也能够从反向提高侦查破案的能力，从而减少放纵犯罪错误。

（二）预防为主的原则

由于侦查错误不仅给侦查制度以及整个刑事司法制度的合法性造成巨大的冲击，而且给当事人以及整个社会带来了各方面的损害，因此，对于侦查错误，应当坚持预防为主的原则。

之所以强调预防为主的原则，除了考虑到侦查错误的危害之外，还考虑到我国司法制度的实际情况。古代戏曲《十五贯》和《窦娥冤》里讲述的冤案，以及近年来发生的"佘祥林案件"等错误定罪裁决，都旨在警示刑事司法人员秉公执法，避免司法错误的发生。不过，由于前文介绍的各种主客观的原因，在当前的情况下，我国的侦查错误现状仍然不容忽视，此外，侦查错误的公诸于世，在多数情况下有赖于各种偶然的因素。换言之，对于当前存在的侦查错误，尚未存在富有成效的识别机制和管理体制。

比错案更可怕的是冷漠和愚昧。在司法实践中，一些执法部门和地方领导缺乏责任感，对保障个人的自由与权利的态度非常冷漠。同时，一些当事人及其家属受教育水平较低，对于法律问题表现出极大的无知和愚昧，无力有效地维护自己的合法权益。在这种司法现实之下，基于保障人权和实现正义的考量，倡导预防为主原则就具有更为重要的意义。

强调预防为主的原则，一方面表明，侦查错误是可以预防的，这也体现在前文有关侦查错误成因的分析之中；另一方面也表明，与侦查错误的救济相比，预防工作更加具有优先性。对于后果非常严重的侦查错误，理应"防患于未然"。不过，这并不意味着侦查错误的治理与救济不够重要，实际上，侦查错误的预防机制并不能够确保侦查错误不再发生，一旦侦查错误已然发生，侦查错误的治理与救济机制也将发挥重要的作用。

**侦查错误论**

（三）循证施治的原则

近年来，循证哲学在各个领域都得到了普遍的应用。在医学领域，有所谓的"循证医学"（evidence‒based medicine），这是20世纪90年代初发展起来的一门新兴交叉医学基础学科，强调医师对患者的诊断和治疗必须基于当前可以得到的最佳临床研究证据，结合医师个人的经验和来自患者的第一手临床资料，从而保证患者得到最好的治疗效果。[①]

在警务领域，Lawrence Sherman 提出了"循证警务"（evidence-based policing）和"循证犯罪预防"（Evidence‒Based Crime Prevention）的理念，强调基于已经掌握的实证研究证据开展警务和犯罪预防工作。[②]

具体到侦查错误领域，为了有效地预防并治理侦查错误，也需要秉承循证哲学的理念。基于循证哲学的理念，首先，应当理性地对待侦查错误，立足于实践情况明确侦查错误的成因及影响，同时，还需要明确各种侦查错误之间的实际关联。其次，在提出针对性的改革措施之前，应当就特定的改革措施进行实验，检验特定措施的实际成效，然后结合专家意见和实践反馈的信息对相关的改革措施进行修改完善。最后提出科学、合理的制度改革方案。

（四）重视侦查制度建设

为了预防并减少侦查错误，富有成效的侦查改革必定是在制度方面下工夫。邓小平同志曾经说过："制度问题不解决，思想作风问题也解决不了。制度好可以使坏人无法横行，制度不好可以使好人无法充分做好事，甚至会走向反面。"为了预防并减少侦查错误，要有效地推进侦查改革。首先，需要考察侦查的实践，发现已

---

① 李幼平：《循证医学》，高等教育出版社2003年版，第4页。

② Lawrence Sherman, Evidence‒Based Crime Prevention, Routledge, 2002, pp. 295‒322.

有的侦查制度存在的问题；其次，需要设计先进的"制度方案"，从而指导侦查改革的方向。一言以蔽之，侦查改革的核心在于构建科学、合理的侦查制度。

构建科学、合理的侦查制度具有非常重要的意义：

第一，侦查制度是规范侦查权力的基础。为了实现侦查的目的，侦查人员需要行使法定的侦查权力。丹宁勋爵就此指出："支持警察，承认他们是保卫我们免遭暴力和威胁的前线力量，这是现实要求一个有责任感的公民应尽的义务。因为每个社会均须有保护本身不受犯罪分子危害的手段。社会必须有权逮捕、搜查、监禁那些不法分子。只要这种权力运用适当，这些手段都是自由的保卫者。"但是，"这种权力也可能被滥用。而假如它被人滥用，那么任何暴政都要甘拜下风"①。

在侦查活动中，侦查人员通常需要做出各种决策。如果无章可循，那么，侦查人员一方面可能会滥用决策权，从而导致严重的负面后果；另一方面侦查人员也可能因为各种条件的限制做出不当的决策。因此，为了规范侦查决策活动，需要完善侦查制度，在杜绝滥用权力的同时，为侦查人员的决策活动提供前提和基础。在倡导侦查法治的今天，可以肯定地说，不同的制度实践和制度价值会使侦查机构产生完全不同的遵守法律的态度。②

第二，侦查制度是提高侦查绩效的条件。侦查是一项目标导向型的工作，如何提高侦查工作的绩效，这是侦查领域永恒的研究主题。现代社会是讲求工作效率的社会，"成本—收益"分析方法备受青睐。在侦查领域，一方面，侦查人员面临着资源稀缺的难题；另一方面，侦查工作中还存在许多不可预见的行为和机会主义的

---

① ［英］丹宁勋爵：《法律的正当程序》，刘庸安等译，法律出版社1999年版，第111页。

② ［英］彼得·斯坦、约翰·香德：《西方社会的法律价值》，王献平译，中国法制出版社2004年版，第168页。

**侦查错误论**

行为。

有学者提出了分析中国政治经济过程的"制度范式",即"制度结构"(Structure)决定或者直接影响"制度安排"(System),"制度安排"决定或者直接影响"制度绩效"(Performance)。[①] 借鉴该范式,不难发现,为了提高侦查工作的绩效,应当从侦查制度安排上入手。具体而言,就是在理性的制度结构之下,建立与完善相应的侦查制度安排,从而提高侦查工作的绩效。在制度构建和制度改革的过程中,制度结构具有非常重要的基础性作用,而制度绩效则是衡量制度安排科学、合理与否的标尺。

制度的关键功能是增进秩序。作为系统性的规则,制度能够通过促进合作来整合资源,从而克服资源稀缺问题。[②] 例如,通过建立中央与地方侦查机构、平级侦查机构之间的协作制度,就能够最大限度地利用现有的侦查资源,取得最优化的侦查绩效。同时,通过建立相应的制度,能够对那些违反侦查制度行事的侦查人员施加相应的惩罚,从而消除机会主义行为。通过这种具有制裁机制的侦查制度创立起一定程度的秩序,将侦查行为导入合理预期的轨道。

可以说,为了有效地预防并减少各种类型的侦查错误,必然要从侦查制度层面入手。因为各种类型的侦查错误之间存在着复杂的关联。例如,在正当程序错误与放纵犯罪错误之间就存在着一种张力关系,因此,为了在动态平衡中减少各类侦查错误,需要进行系统性的侦查制度改革。

## 二、侦查错误的防治机制

基于上述侦查错误防治原则,侦查错误的防治机制需要强调无

---

① 杨光斌:《制度范式:一种研究中国政治发展的途径》,载《中国人民大学学报》2003 年第 3 期,第 17 页。

② [德] 柯武刚、史漫飞:《制度经济学:社会政策与公共政策》,韩朝华译,商务印书馆 2000 年版,第 24 页。

罪推定原则的确立，重视预防并且强调循证防治，此外，还要重视侦查制度建设。此处有关侦查错误防治机制的研究主要介绍侦查错误预防和治理层面的措施，本书最后一章将从制度构建的层面论述如何从制度层面提高侦查能力，减少侦查错误。

侦查错误的防治是一项系统工程，需要兼顾犯罪控制与正当程序的要求，兼顾侦查的效率与公正。由于各项侦查错误防治机制均需关注上述矛盾关系和要求，因此，此处有关侦查错误防治机制的研究，不再区分两类侦查错误，而是系统地介绍各项机制。

从前文有关侦查错误成因、产生环节与危害的分析，可以看出，尽管各国的侦查制度存在一定的差异，但是，侦查领域面临着类似的问题，因此，此处有关侦查错误防治机制的分析，大量借鉴了国外尤其是美国的相关机制，同时，对于某些具有中国特色的或者表现较为突出的问题，将格外予以关注。

（一）强调侦查领域的合作

之所以强调侦查协作，是因为在现代社会，犯罪普遍呈现出流动性的特征，为了应对犯罪的流动性给侦查工作带来的挑战，各个层级、各个辖区的侦查机构应当密切配合，通过各种正式和非正式的机制展开协作。

同时，为了应对犯罪的挑战，侦查机构应不断提高专业水平，为了避免专业分工导致各个部门之间形成壁垒，应当强调各个部门之间的协作，共享相关的资源和情报信息，从而提高整个机构的整体能力。

自"9·11"事件以来，美国更加重视执法机构的合作。该事件本身也被认为是联邦调查局和其他执法机构以及情报机构未能"穿针引线"（connecting the dots）所导致的结果。之所以使用"穿针引线"这个比喻，其目的在于促使我们认真地思考如何更为有效地利用已经获得的信息。实际上，合作与信息两者具有同等重要的作用。因此，一方面，应当关注信息的获取；另一方面，更应当

## 侦查错误论

关注信息的共享。

　　为了预防严重的犯罪行为发生，并且顺利地侦破那些未能被预防的犯罪行为，减少放纵犯罪错误，执法机构共同体必须积极开展合作，致力于收集相关的数据，有效地共享并利用已有的信息，确保并维护数据的可靠性，并且开发出计算机化的数据系统以及有效的合作网络，从而依据上述数据针对犯罪和犯罪模式得出有效的推论。这些系统应当有效地利用那些一直以来妨碍犯罪预防和犯罪侦破工作的司法错误的性质和来源的相关信息。

　　就侦查领域的执法合作而言，由于我国实行集中化的侦查体制，因此，一方面，公安部应当发挥领导和指挥层面的职能，另一方面，更应当重视公安部对各地执法合作的协调和推动。具体而言，侦查合作涉及的领域很多，包括情报、信息的共享，法庭科学资源的共享，侦查技术的共享，刑事司法信息服务网络的共享，培训资源的共享，等等。

　　就侦查领域的情报合作机制而言，美国联邦调查局的做法值得借鉴。自从"9·11"事件之后，及时地管理以及与各州地方官员分享有关恐怖威胁的信息及战略和策略情报，已经成为联邦政府的主要目标。"9·11"事件调查委员会在其调查报告中指出："所有有关跨国恐怖主义的情报都应当进行处理，并且形成报告，根据相同的质量标准进行发布，无论这些情报是在巴基斯坦搜集得来还是在德克萨斯搜集得来的。"同时，联邦调查局应当与各州和地方机构建立互惠合作，从而最大限度地分享相关的信息。

　　为了实现上述目标，联邦调查局开展了一些重要的改革。在2003年9月，时任局长 Robert Mueller 命令在全局所有的56个基层工作单位成立基层情报小组（FIGs）。基层情报小组代表了联邦调查局的战略转变，联邦调查局由此开始整合其情报和侦查能力，同时，该组织在整个机构的情报方面扮演了关键的角色。该组织与联邦调查局领导下的恐怖主义特别联合工作组（JTTFs）、各类基层工作单位和其他机构展开密切的合作，从而为各州和地方执法人员提供重要的辅助。①

| 联邦调查局的情报流程② |
|---|
| 要求：基于那些据以保护美国免受国家安全威胁和犯罪威胁的关键数据，确定信息需求。 |
| 规划和指向：管理整个情报活动，包括确定信息需求以及向信息需求者发布最终的调查结果。 |
| 情报收集工作：基于信息需求收集初始信息（通过询问、监控、人力资源管理、搜查和联络等途径）。 |
| 情报的处理和利用：由分析人员通过各种方法将已经收集到的信息转换为可用的形式，包括解密、翻译以及数据缩减。 |
| 情报的分析和产出：将初始信息转换为情报（包括对已有数据和材料的整合、评估和分析）。 |
| 情报的发布：将初始情报或者最终情报发布给需求者。 |

在联邦调查局情报委员会的指导下，基层情报小组通常包括特工、情报分析人员、语言学家和其他执法机构和情报机构的工作人员。尽管这种基本的组织结构与联邦调查局的基层工作单位相一致，一些基层情报小组也探索新的方法实现上述使命。

基层情报小组管理联邦调查局基层办公室的情报运作，将之与侦查工作相结合，从而为地方、各州和联邦执法机构与情报机构提供帮助。基层情报小组负责识别情报死角，获取并分析联邦调查局通过侦查工作获取的原生情报，得出分析结果并分发给其他情报机构和执法机构，从而为侦查工作、项目管理和决策提供指导。

基层情报小组除了处理信息之外，还提供相关的信息。基层情报小组的角色就是挖掘情报的价值，从而帮助各州和地方警察分析情报。基层情报小组还负责审查各辖区的数据，并且确定各警察机

---

① Suzel Spiller. The FBI's Field Intelligence Groups and Police Joining Forces[J]. FBI Law Enforcement Bulletin, 2006(5). p. 45.

② Source：http://www.fbi.gov/intelligence/process.htm.

构可能忽略的犯罪模式或者趋势。

在"9·11"事件之后，联邦调查局与其他执法机构的交流能力得到了显著的改善。以华盛顿特区为例，该地区有多处重要的联邦建筑物、纪念馆以及 50 万人口，作为首都，该地区最容易成为恐怖袭击的目标。为了在联邦和地方之间快速地交流战略和策略情报以及潜在的威胁信息，联邦调查局位于华盛顿的基层情报小组通过每周的电话会议与大约 40 个联邦、各州和地方执法机构开展交流，向都市警察就可能影响各地安全和反恐事项进行简要介绍。各地的警长都非常重视从联邦调查局获取简讯的机会，并且每周与同行进行交流。

华盛顿基层办公室的特工与警长们开展面对面的交流，并且通过电子邮件和电话开展定期联络。该办公室还将华盛顿特区和北弗吉尼亚划分为若干区域，派遣工作人员前往各个区域开展工作。特工们负责与警察机构、医院、关键的商业机构、安全机构以及其他相关机构的领导保持联络。如果有必要，华盛顿基层办公室就可以立即联系都市地区的警长，并且快速召开电话会议通报关键的信息。

基层情报小组向执法共同体及时通报非常重要的情报。例如，华盛顿基层办公室的基层情报小组每周发行情报简报，并将之张贴在执法工作在线网页上。美国各地所有能够进入恐怖主义特别联合工作组执法工作在线网页的警察都能够阅读相关的信息。除了通常的信息之外，每期简报还包含市民和警察机构向恐怖主义特别联合工作组报告的有关潜在威胁、失窃物品以及可疑行为的概要信息。这些简报使得执法机构的领导能够确定其他辖区是否发生了类似的犯罪和可疑行为。

基层情报小组负责撰写简报的情报分析人员同时也是联系人员，负责接收各地警察机构每天发送的电子邮件。这些信息包括一般性的问题，以及获取特定案件情报的请求。那些无法直接联系恐怖主义特别联合工作组或者基层情报小组的警察机构可以通过热线与工作人员联系。执法人员也可以将本机构的情报需求报告给基层情报小组，该小组中的工作人员可以据此安排情报的收集和发布战略。

基层情报小组还针对特定的犯罪问题开展深入的情报评估工作。这些情报信息可能有不同的来源，包括警方的秘密消息、逮捕或者犯罪行为。分析人员通过收集充分的信息开展分析，并且通过执法在线网页、全国执法通信系统公布相应的分析结果，或者直接将分析结果发送给请求者。

（二）重视侦查决策机制

许多犯罪之所以未能被警方顺利侦破，主要归因于老练的罪犯实施的犯罪以及严重匮乏的侦查资源。但是，不容否认的是，大量报告给警方的重罪案件都未能导致定罪裁决，而这种情况也主要归因于侦查工作存在的缺陷。在 1975 年开展的一项里程碑式的调查研究中，兰德公司（Rand Corporation）的研究者们发现，就所有的侦查活动而言，只有 7% 的时间被用于导致案件侦破的侦查活动。即使对于上述导致案件侦破的 7% 的时间而言，原本也能够取得更好的效果。

作为侦查工作的主要内容之一，正确的侦查诊断是进行侦查决策以及确保后续侦查工作顺利开展的基础和前提。现有的刑事侦查文献和教科书，大多缺乏侦查决策领域的工作框架，并且缺乏相应的决策支持工具促使基层侦查人员获得此种工作框架。传统的侦查研究涵盖了侦查工作的基本要素，但是，并未提供一个内在的逻辑框架，以至于无法确定在特定的侦查阶段如何开展下一步的侦查工作。刑事侦查领域的教科书针对该问题提供了大量相关的信息以及特定情势下的工作清单，但是，并未提供一个内在的逻辑框架，以便能够据以在任何情况下得出推论，并采取有效的应对措施。

## 侦查错误论

据此做出此种决策的分析工具已经被有效地应用于医疗诊治、国防后勤管理以及生产和操作管理领域。实践结果表明，由于现代社会的各个方面都正在由"以生产为导向的"经济体制向"以服务、通讯和信息技术为主导的"经济体制转变，因此，上述工具已经显示出特别重要的作用。然而，我们却仅仅在法庭科学、信息技术以及相关科学领域取得了显著的进展，并因此提高了侦破犯罪的技术能力；而涉及案件侦查领域，我们并未在侦查资源管理以及基本的案件处理决策支持领域取得类似的进展。

许多侦查人员都是具有很强的侦查能力并且工作任劳任怨的专家，不过，优秀的侦查人员应当能够系统地利用先前已经侦破以及未侦破的犯罪案件中所包含的相关信息，从而在特定的情势下审视侦查工作的进展情况，并寻求其他更加富有成效的侦查途径，但是目前，并非所有的侦查人员都能够做到这一点。此外，我们应当如何在看起来毫无联系的事件与特定的罪犯之间建立关联？现有的正式培训工作也很少涉及上述问题。

刑事案件的侦破率较低，这一问题在很大程度上可以归因于警方可控范围以外的因素；不过，该问题也与这一事实存在着密切的关联，即为了侦破刑事案件，优秀的侦查人员应当能够针对嫌疑犯做出准确的推论，同时，应当能够做出科学的侦查决策，但是目前，侦查人员在解决上述问题的基本技能方面缺乏科学的指导。许多侦查人员在经历了多年的侦查实践之后，已经具备了有效的侦查技能和良好的直觉判断能力，并且很少发生工作失误，不过，大多数侦查人员并不具备上述能力。

在侦查决策领域，还面临着决策水平低下以及玩忽职守的问题。例如，在佘祥林案件和岳兔元案件中就凸显出上述问题。

因此，为了提高侦查工作的成效，减少各类侦查错误，应当重视侦查决策机制的研究，充分利用其他领域的最新研究成果，提高侦查决策的科学性和水平，进而提高侦查能力。

（三）提高侦查的信息化水平

在现代社会中，由于各种因素的制约，依托传统侦查手段和措施很难提高侦查绩效，固有的侦查资源也面临着诸多瓶颈的制约。传统侦查的效果不断弱化，必须通过现代型的资讯侦查予以弥补。所谓资讯侦查，就是侦查主体以电子信息显示技术、计算机技术、现代通信技术、网络技术、电磁技术、视频监控与识别技术、GPS卫星定位技术、其他信息捕捉技术和数据库（或电子数据）为依托，依法利用数字化手段生成、勘探、输入、传递、储存、查询、比对、碰撞、分析、利用海量数字化资讯或其他信息资源，从中获取侦查线索和犯罪证据，并佐证、助益实体性侦查，从而达到预防、控制、揭露、证实犯罪和缉获犯罪嫌疑人目的的一种侦查活动。资讯侦查不是对实体性侦查（亦称传统侦查）的颠覆，而是实体侦查的拓展与延伸，或者说是刑事侦查的另一个面。在信息时代，资讯侦查可以突破传统的盲区，与实体侦查并驾齐驱。

资讯侦查具有电子化、网络化、信息化、可视化三大特点。具体而言，侦查主体不必直接面对实体性侦查资源，而是借助于数据信号和相应的数据信号传输等途径推进侦查。资讯侦查可以在短时间内，随时改变数据查询的条件，调整侦查路径，实现不同的侦查目标。实体侦查效果的弱化必须通过资讯侦查的开展和强化予以弥补。同时，强化资讯侦查是保持犯罪手段和侦查手段攻防博弈平衡的需要。

侦查工作的信息化是资讯侦查得以展开的必要条件。为了提高侦查的信息化水平，必须加强各种数据库的建设，如建立全民DNA数据库、全民十指指纹数据库等，同时，还需要加强信息网络的建设，实现各地执法机构之间情报信息网络的兼容。就目前我国的技术实力和国力水平而言，已经完全具备了建立全民DNA数据库和全民十指指纹数据库的条件，建立和完善这两个数据库，作用非常巨大。首先，它能快速解决灾难性事件中死难者身份识别的

## 侦查错误论

困难和社会成本大量投入的问题；其次，在同刑事犯罪的斗争中，它能有效、快捷、准确地识别刑事案件中的死者身份、犯罪嫌疑人的身份、被拐卖者的身份。因此，在彰显人权、完善人权保障制度，打击刑事犯罪、保障社会稳定，减少冤假错案（如避免佘祥林、滕兴善类似案件）的发生等方面都具有非常现实的意义。

为了建立有效的信息沟通机制，最为重要的一个前提就是获取可靠的案件信息和罪犯信息。在许多警察机构，一个重要的信息来源就是犯罪手法档案（modus operandi file），这是一个记录那些已经侦破和尚未侦破的刑事案件相关信息的数据库。该数据库既可以被用于确定犯罪模式，从而帮助认定当前尚未侦破的案件中已知的罪犯；如果情况表明，多起犯罪是由同一个罪犯所为，那么，该数据库也可以被用于串并尚未侦破的案件。对于那些已经侦破的案件，犯罪手法档案能够提供罪犯预谋实施犯罪的方法以及实施犯罪行为的方法，同时，还能提供罪犯后续行为的相关证据。警察机构大约从 1900 年就已经开始使用犯罪手法档案。①

不过，在确定犯罪嫌疑人的过程中，犯罪手法档案可能得到滥用；此外，犯罪手法档案也可能被侦查主体所忽视，未能认识到它是一种有效的侦查破案资源。在下列各类犯罪案件中，犯罪手法档案可能发挥其重要的作用：杀人案件、陌生人实施的强奸案件、纵火案件、抢劫案件以及入室盗窃案件。研究结果表明，犯罪手法档案很可能包含那些实施了未侦破的新案件的罪犯身份信息，也可能包含那些容纳许多罪犯的社区的信息，从而帮助警察机构侦破更多的案件。

---

① 犯罪手法档案的一般框架最初是由英国约克郡的李维林·埃克雷（Llewelyn Atcherley）构建起来的。李维林·埃克雷推测，许多罪犯都倾向于以一种习惯的方式实施类似的犯罪行为（威尔逊 O. Wilson，1951，p. 131）。奥格斯特·沃尔默（August Vollmer）由于在美国采纳并改进了埃克雷的犯罪手法档案框架而赢得了很高的声誉（威尔逊 Wilson）。

为了避免有些警察机构未能充分使用犯罪手法档案的情形出现，可以要求文职官员完成上述信息的收集与整理工作。在任命文职官员的同时，还需要建立起相应的激励机制，促使侦查人员更好地利用犯罪手法档案，这种做法能够显著地增加应受惩罚的罪犯被抓捕和定罪的比率，并且能够在减少正当程序错误的同时，避免针对无辜者投入不必要的侦查资源。

在信息的采集和使用领域，视频监控系统对于资讯侦查具有不可低估的重要作用。许多犯罪学家将警方的视频监控称为"基于违法犯罪风险的警务工作"，根据此种观点，收集并且发布有关违法犯罪风险的信息是现代警察力量的主要职能，这种理念已经逐渐取代了传统的执法和犯罪控制理念。①

视频监控获取的犯罪信息，能够客观详实、准确形象地记录犯罪的事前、事中、事后全过程，"充分运用上述信息，可以全面客观地提供与犯罪有关的事实。依托视频监控提供的信息资料，可以引导有针对性地开展现场勘查和物证检验，准确再现犯罪行为发生的有关情节，判定案件与相关人、物的关系，为侦查工作提供确切的依据"。② 通过分析监控录像，不仅可以截取嫌疑人面部照片，还可以获得嫌疑人身高、衣着、行踪、嫌疑车辆特征以及通联资讯等人、事、物、车的重要信息。

近年来，北京、广东等地公安机关大量投入资金在街面安装视频监控系统，在遏制街面犯罪方面起到了良好的效果。2010 年年底前，广东省计划完成 100 万个电子眼的安装工作，通过全省"视频监控一网控"的工程建设，建立覆盖全省的重点区域、重点部

---

① Benjamin J. Goold. CCTV and Policing: Public Area Surveil lance and Police Practices in Britain[M]. Oxford University Press, 2004.

② 徐定安、谢贤能、马继雄、崔国华、倪韶阳：《"从像到人"的侦查新模式——视频监控的实战应用》，载郝宏奎：《侦查论坛（第六卷）》，中国人民公安大学出版社2007 年版，第 141 页。

位、重点场所的视频监控网络和重要道路上的治安卡口监视系统和省、市、县（区）三级联网的视频监控中心，实现全省视频监控系统"资源共享，互联互控"、"一点布控，全网响应"的目标。①

截至 2009 年上半年，江苏省苏州市公安机关累计"自建社会治安监控摄像机 11000 个，其中 2008 年新增数为 2227 个，占总数的 25.1%。目前，苏州市主要路口、城市主要出入通道及省、市际卡口电子监控系统全部安装到位，镇级路面治安监控中心全部建成，全市主要卡口、主干道路口、重点目标全部实现视频实时监控，卡口实现互联互通，进一步织密了空中监控网。除了自建的治安监控系统，警方还积极整合社会资源，开展群防群治，充分利用党政机关、企事业单位、金融网点、学校、医院、市场、娱乐场所和住宅小区等场所部位建设的各类监控系统，与公安机关自建的治安监控系统互为补充，资源共享，为精确打击和有效预防犯罪提供了强有力的技术支撑和保障。据不完全统计，目前全市社会面监控摄像机数量累计达到 16 万余个。这些遍布全市各个角落的'天眼'织成了一张严密的网络，在实战中发挥出巨大的威力"②。

监控系统的建成使传统的平面防控提升为现代的立体防控，并与网格化巡逻机制衔接，人机互动，大大提高了公安机关控制社会治安局势的能力，成效非常明显。据统计，2005 年，浙江省义乌市监控区发刑事案件 5702 起，比 2004 年同期下降 15.6%。2006 年，巡区内刑事案件同比下降 23%，其中街面"两抢"、盗窃机动车案件分别下降 35% 和 52%；监控区域内刑事案件下降 24%；街面"两抢"、盗窃机动车案件分别比去年下降 13% 和 30.8%。2006 年，在侦破"2·27"特大拎包案过程中，通过倒查监控录像，准

---

① 麦爱玲：《智能监控促和谐　天眼视频保平安》，载《人民公安报》2009 年 4 月 24 日，第 6 版。

② 缪丹：《江苏苏州：16 万只"天眼"织密治安防控网》，载《人民公安报》2009 年 7 月 27 日，第 5 版。

确锁定了涉案的六名外国籍犯罪嫌疑人，为侦破此案找到了突破口。又如"4·21"杀人抛尸案，记录犯罪嫌疑人抛尸过程的 5 个监控探头，为迅速准确地锁定侦查范围提供了关键依据，使该案在十几小时内顺利告破。

（四）提高侦查人员的职责度

许多侦查错误都与侦查人员的职责体制存在密切的关联。警察责任（police accountability）具有多重含义。总体上，应当包括以下几个方面：对法律负责（遵守法律）；对公众负责（警务公开化并反应迅速）；对中央政府负责（恪尽职守并有效地管理财政）。[1]

现代国家往往对警察的责任管理方式无法形成明确的认识。理论上，可以通过多种机制强化警察的责任，从而确保警察能够对履行职责的行为负责，尤其是那些涉及正当程序、人权与公民自由的情形。同时，警察机构应当负责确保社区安全，实现正义并提供安全服务。警察个体的职责与警察组织的职责存在着密切的关联。[2]警察的内部责任与外部责任存在较大的差异。理论上，警察组织内部的责任主要是通过内部管理来实现的，如警察组织的政策、报告系统、道德准则、文化氛围、评估机制、纪律管制与审查体制等。外部的责任管理主要通过警察投诉系统、压力群体以及新闻媒体来实现的。

赋予警察相应的职责并非一件难事，然而，规定警察不作为的义务则完全是另一码事。具体来说，"如果警察决定不履行特定的法律义务，那么，这个决定几乎永远都不会遭到质疑，因为在这种情况下并不存在相应的记录，并且，唯一的目击者就是警察和嫌疑

---

① Damian Warburton, Drawing the thin blue line, the police journal, volume 77(2004), p.136.

② Eugene McLaughlin,the new policing,sage publications,2007,chapter 7,police govern-ance,p.172.

**侦查错误论**

人"。① 沃丁顿教授（Waddington）对这种情况所能导致的后果作了说明：如果警察出于谨慎行为的考虑而选择仅对法律负责，那么他们对任何事情都不会尽到责任，因为他们做出的决定中的大多数都不会被提交到法庭上。

在警察包括侦查人员的职责度方面，英国的经验可资借鉴。早在 20 世纪 70 年代，罗伯特·马克爵士（Robert Mark）就曾经指出：英国警察遵守法治原则，他们代表整个社会的利益，而不是单纯的国家机器，这一事实使得英国警察成为世界上拥有最小的权力但最负责任也最受欢迎的警察。②

英国主要通过以下几项机制来确保警察的职责度。

第一，通过指控来确保警察的职责度。尽管警察的不法行为可能明显属于民事违法行为。但是，警察局长仍然需要对其工作人员的侵权行为承担责任。不过，对警察的惩罚性赔偿金的限额为50000 英镑。同时，《警察和刑事证据法》第 76 条和第 80 条授权法官排除那些可能影响程序公正的不适当的控诉证据，由此创造了一种法律手段，可以据此追究警察的责任，

第二，通过公众投诉强化警察职责度。为了改变警察投诉机制主要由警方负责的局面，许多官员倡导建立"完全独立的警察投诉机制"。已有的警察投诉局（PCA）已经被独立的警察投诉委员会（IPCC）所取代。独立的警察投诉委员会的存在使得警务辅助人员认识到：没有人会来"拯救"他们，在没有投诉出现的情况下，独立的警察投诉委员会运作的独立性也客观地证实了警察们的清白。独立的警察投诉委员会是独立自治的机构，不接受内政部或警察局长的指导，这意味着它的存在有助于增强公众的信心。

第三，通过财政控制来强化警察职责度。中央政府负责提供警

---

① Reiner, Police Accountability: Principles, Patterns and Practices, 11, n2.

② Robert Mark, Policing a Perplexed Society(London: Allen and Unwin, 1977), p.56.

察系统财政预算的 51%，前提是要由皇家警察监督委员会（HMIC）对这些资金的有效使用进行核实。内政部可以使用财政控制手段来确保其对警务工作的影响力。最近二十年间，政府对警务财政的使用又附加了新的条件——强调警务资源的使用要讲究效益、效能和经济。对警察机构而言，应当做到财政资源的有效使用，但是也不能过分苛求使用的效益。对此，最有力的一个理由就是：警务工作与其他所有的工作都有着显著的不同。警务工作不属于某项产业，也不关注市场变化，对警务活动开支的使用状况给予过度的关注，很可能会对整个社会造成严重的损害。那种认为警务工作应当保持开支和收益相平衡的理念是不切实际的：警务工作的首要价值在于其能够成功地保障公民权利和预防犯罪。

已有的警察职责体制已经导致了过度的司法错误，为了确保警方妥善地管理司法错误，需要改变侦查人员的职责体制，并且强化侦查职能的独立性，实现侦查人员的角色转变，即由犯罪控制的积极拥护者转变为具有较大的职业自治性的中立的科学家。现有的侦查体制未能给侦查人员，尤其是那些职能部门的侦查人员提供足够的动力，去客观地评估与有罪证据相对应的无罪证据。只有当侦查工作实现此种转型时，我们才能最大限度地减少与侦查工作相关的各类司法错误。

（五）提高证人证言的准确性

法官（或陪审团）在审判过程中不是依据自己的第一手知识，而是依赖第二手的证词。因此，为了确保事实裁决的准确性，首先，必须确保作为事实裁决基础的证词具有可靠性。[①]

错误的辨认结论是导致侦查错误的主要原因之一。在合众国诉韦德案件（U. S. v. Wade）中，联邦最高法院指出，如果侦查机关

---

① ［美］波斯纳：《法律理论的前沿》，武欣等译，中国政法大学出版社 2002 年版，第 332 页。

**侦查错误论**

据以辨认罪犯的程序存在"不当的暗示性"（impermissively sugges-tive），未能确保公正和公平，并诱使证人选定某个犯罪嫌疑人作为罪犯，那么，这种做法就将侵犯被告所享有的正当程序权利。

为了减少由于被害人和其他证人提供的信息所导致的司法错误，学界和实务界还提出了其他一些应对措施。许多此类措施都旨在减少错误定罪的风险，但是，其中一些措施也能够减少放纵罪犯的错误，这主要是由于，错误定罪通常也即意味着真正的罪犯逍遥法外，除此之外，这些措施还能够提高公众对警方的支持度。具体而言，警方需要关注以下一些最基本的操作原则：

第一，侦查人员必须能够熟练地评估证人的作证能力，以及其所提供的信息的可信度。年幼的儿童、在犯罪发生时以及接受侦查人员询问时处于醉酒状态的证人、可能参与实施犯罪行为或者教唆嫌疑人实施犯罪行为的证人等，都属于值得怀疑的证人之列，但是，他们所提供的证言也可能是千真万确的事实。其他证人也通常对犯罪案件存在着偏见和利益关系，从而影响到其所提供的信息的准确性。所有此类信息的可靠性也依赖于证人在案发时出现在犯罪现场，能够控制自己的情绪，并且意识到所发生的事情、涉案的当事人以及每个人所实施的相关行为的细节。那些极其敏锐并且能够安抚证人、而且能够符合逻辑地收集信息的侦查人员更有能力评估证人所提供的信息的可靠性，更为重要的是，他们也有能力确定证人的辨认结论是否准确。

第二，列队辨认应当旨在确保证人能够客观地辨认出罪犯，而不是针对特定的嫌疑人构建整个案件。列队辨认程序有助于最大限度地减少各类司法错误，但是，为了确保辨认结果的准确性，列队辨认过程必须能够尽量避免警方已有的有关嫌疑人身份的理念对列队辨认的结果产生影响。证人不得在列队辨认开始之前接触监禁之中的嫌疑人，也不得事先观看嫌疑人的照片。列队辨认应当由一名中立的警官来主持，该警官不应当了解案情或者任何嫌疑人的身份。参加列队辨认的所有人，通常不少于 6 ~ 8 个人，都应当属于同一种族，并且年龄相仿，具有类似的外貌特征（身高、体重等），身着类似的衣服，所有这一切都应当符合该证人事先制作在询问笔录中所提供的信息。如果参加列队辨认的人应当做出口头陈述，那么，所有人都应当做出同样的口头陈述。列队辨认过程应当进行录像记录，以便随后在法庭上作为证据出示给法官。如果需要多名证人参加列队辨认，他们应当单独进行辨认，以便最大限度地减少信息交叉污染的可能性。许多警察机构都能够在日常工作中遵守这些工作程序，但是，在错误定罪裁决中反映出的证据表明，很多警察机构都未能遵守这些工作程序。

第三，通过推广使用各种有效的辨认技术，我们能够大幅度地减少在嫌疑人辨认过程中出现的错误。这些技术既可以用于预防犯罪，也可以用于侦破犯罪，并且通常比传统的人身搜查措施的侵犯性要小得多。随着面部识别技术（尤其是合并入录像监控系统之后）、用于眼部扫描的计量生物学系统（biometric system）、面部和手部几何学系统（geometry）、电子指纹鉴定技术、用于武器和炸弹检测的 X 光和热敏技术以及装有计算机芯片的身份证等领域的飞速进展，所有这些都给犯罪打击和反恐领域带来了新的契机，并且能够显著地减少那些具有较大的人身侵犯性并导致较多错误的劳动密集型工作，诸如街头搜查、机场搜查和交通拦截措施等。当然，许多此类技术也具有一定程度的侵犯性，但是，这些技术至少并不十分惹人注目。不管怎样，基于目的与手段的正当性，这些技术对公民隐私权的侵犯都无法被消除。当这些技术被用于发现大麻植物，而不是用于在机场发现恐怖分子时，它们的应用可能会引发更大的争议。通过全面地考察这些技术对公众安全和社会稳定、隐私和公民自由所带来的影响，我们应当减少无谓的争端，并展开审慎的讨论，从而确定我们是否应当应用这些技术。

此外，警方应当对线人进行审查，从而确保线人提供的信息具有可靠性，并确保他们提供信息的动机十分明确并且具有可信度。警方不应当向线人做出自己不想兑现的承诺，并且应当尊重每个线人，同时，警方应当对信息的来源保守秘密，以免线人遭到罪犯的报复。美国司法部长在 1981 年颁布了一系列有益的工作指南，规定了警方和检察机关对待线人的具体方法；警察机构也应当按照这些工作指南的要求制定相应的工作程序和政策。

由于被告人的供述证据具有一定的特殊性，因此，下文将专门予以论述。

（六）确保侦查讯问的合法性

讯问既是侦查工作的必经程序，也是查明案件事实的重要手段。尽管法庭科学的发展日新月异，但是，仍然面临着技术方面的限制，同时，在许多案件中，法庭科学也没有用武之地。因此，讯问作为一项重要的侦查手段，仍然具有不可替代的重要作用。

尽管在美国，侦查讯问面临着诸多的程序规则，不过，在米兰达案件的裁决中，联邦最高法院也指出，供述仍然是执法工作的重要手段，讯问仍然将在侦查工作中扮演重要的角色。如果未能获得嫌疑人的供述，许多案件都无法侦破。

不过，在讯问过程中，讯问人员经常会侵犯嫌疑人的合法权利，因此，联邦最高法院通过一系列判例确立了规制讯问工作的法律规则。如前文所述，讯问的地点和环境具有一种"内在的强制性"，为了确保供述的自愿性，有关讯问的法律规则主要关注讯问所使用的方法和策略。

之所以强调讯问工作的合法性，主要原因之一就是刑讯逼供、暴力取证问题较为突出。为了消除刑讯逼供问题，需要从制度上下功夫，站在人权保障的高度上，遏制刑讯逼供并将这一违法犯罪行为减少到最低限度。

为了有效地解决刑讯逼供问题，应当从以下方面入手：

第一，从立法上明确无罪推定、沉默权和非法证据排除规则等原则。在立法上，应当取消犯罪嫌疑人和被告人"如实回答的义务"，确立不被强迫自证其罪的规则。同时，在法律规定严禁刑讯逼供的同时，明确规定刑讯逼供获得的证据不得作为证明指控罪名成立的证据使用。

第二，实行侦查与羁押分离的制度，并且完善讯问制度。借鉴国外经验，由独立于公安机关的中立机构专门负责犯罪嫌疑人和被告人的羁押，这一机构没有责任配合侦查，而是专门负责保护犯罪嫌疑人和被告人的权利。侦查机关在讯问犯罪嫌疑人和被告人时，首先需要履行告知程序，告知其有聘请律师的权利；限制侦查人员讯问的时间，禁止夜间讯问；每次讯问必须有律师在场；逐步采用录音录像等现代科技手段对讯问过程进行监督与控制；规定违反这些程序性规定的强制后果。中国政法大学诉讼法研究中心在一些地方进行的可行性实验表明，律师在场制度具有一定的可行性，国家可以考虑在立法上予以明确规定。

第三，对于刑讯逼供案件，实行举证责任倒置制度。由于犯罪嫌疑人一旦被刑事拘留或者逮捕，就处于孤立无援和与外界隔离的状态，审讯又是在秘密和封闭的状态下进行的，因此，在刑事诉讼中，对于是否存在刑讯逼供的情形，不应由控告人举证，而是应由被控告机关，被控告人提出实施或者没有实施刑讯逼供的证据。

第四，加大对刑讯逼供犯罪的处罚力度。2006年7月25日，最高人民检察院对外公布了新修订的《最高人民检察院关于渎职侵权犯罪案件立案标准的规定》。该规定突出了对人权的保障，对试行标准中"手段残忍、影响恶劣的"侵权手段做出明确、细化的表述。例如，首次以司法解释的形式对刑讯逼供案的八种立案情形予以详细规定。根据规定，涉嫌下列八种情形之一，应予立案：以殴打、捆绑、违法使用械具等恶劣手段逼取口供的；以较长时间冻、饿、晒、烤等手段逼取口供，严重损害犯罪嫌疑人、被告人身体健康的；刑讯逼供造成犯罪嫌疑人、被告人轻伤、重伤、死亡的；刑讯逼供，情节严重，导致犯罪嫌疑人、被告人自杀、自残造成重伤、死亡，或者精神失常的；刑讯逼供，造成错案的；刑讯逼供3人次以上的；纵容、授意、指使、强迫他人刑讯逼供，具有上述情形之一的；其他刑讯逼供应予追究刑事责任的情形。

在"李久明案件"中，涉嫌对李久明进行刑讯逼供的南堡公安分局局长王建军、副局长王策等12名嫌疑人，已于2004年12月被立案侦查，并于2005年1月提起公诉。2005年5月，法院以刑讯逼供罪判处王建军、杨策有期徒刑2年，参与刑讯逼供的其他人员也分别依法得到处理。最高人民检察院也不时公布有关刑讯逼供罪的典型案例，表明最高人民检察院在治理刑讯逼供行为方面的信心。

（七）确保科学证据的科学性及合法使用

在同具有伪装的犯罪分子作斗争时，单靠侦查员的洞察力是不够的，必需把侦查工作纳入到科学的轨道上来。[①] 不过，考虑到科学证据本身的科学性问题及使用问题是导致侦查错误的重要原因，因此，为了减少侦查错误的发生，在加强取证、举证、质证、认证活动的控制与管理的同时，应当确保科学证据的科学性与合法使用。

DNA证据在刑事司法领域的应用也面临着一系列问题：第一，使用不适当的科学程序；第二，不充分的审前开示；第三，获取辩方专家的困难；第四，缺乏独立的科学研究。[②] 立足于刑事司法系统的实践，首先，除了杀人案件之外，DNA证据更多地是被应用于强奸案件，这是由于强奸案件通常存在可以进行DNA测试的生物检材。其次，警察的讯问工作通常能够获得较多的信息。通过使

---

[①] ［苏］拉·别尔金：《刑事侦察学随笔》，李瑞勤译，法律出版社1983年版，第8页。

[②] Paul Giannelli, The DNA Story: An Alternative View, Journal of C. L. R. 1998, Vol, 88, p. 380.

用 DNA 证据等科学证据，能够进一步提高讯问工作的成效。

对控方证据提出正确的质疑和挑战，这是防止司法错误的有效方法。警方需要提高法庭科学标准，以便应对辩方律师对法庭科学证据提出的质疑。对于那些新兴的法庭科学技术，需要更高的标准才能使人信服。警方应当确保现场使用的取样设备不被污染。这也是一个关键的问题。高质量的法庭科学服务才能满足刑事司法系统的需要，才能确保被害人对刑事司法系统的信任。

以 DNA 鉴定为例，为了确保 DNA 测试结论的可靠性，需要三重机制。[1]

第一，为了确保 DNA 测试结论的可靠性，需要对实验室、分析人员与单个测试进行评估。美国犯罪实验室主任——实验室认证委员会（ASCLD - LAB）负责全美实验室的认证工作。此类认证工作每 5 年展开一次。美国的犯罪实验室必须遵守联邦调查局 1998 年 10 月公布的 DNA 顾问委员会确定的国家标准。

第二，研究表明，在专业经历时间的长短与鉴定结论的正确率之间存在着联系。具备训练、专业联系和法庭经验的鉴定人员的技能更胜一筹。[2] 因此，每个分析人员都至少每两年接受一次熟练程度测试。这种熟练程度测试需要评估多个 DNA 样本，并且报告分析结果。如果未能通过测试，就需要接受进一步的培训，并且需要经过一段时间的试用期。

第三，犯罪实验室需要严格遵守 DNA 测试的标准程序，此外，检材与样本需要同时进行比对，确保检验程序的正确性。

值得指出的是，法庭科学不能取代传统的侦查工作，先进的科学也依赖于有效的侦查工作，片面重视科学而忽视侦查工作本身的

---

[1]　John Savino, Brent Turvey, Rape Investigation Handbook, Elsevier Academic Press, 2005, p. 167.

[2]　Moshe kam, ph. d. ; Gabriel fielding, m. sc. ; and Robert conn, ph. d. Writer identification by professional document examiners. j forensic sci 1997;42(5), pp. 778 - 786.

**侦查错误论**

观点是非常危险的。

同时，侦查工作与科学证据的作用之间的关系显示，虽然很多案件都已经收集了物证，但是很少对物证进行分析。然而，使用专家可能会缓解这一问题，尽管没有证据的比对标准，收集到的证据也可以由于其他原因而未能进行分析，诸如科学方法有效性的局限以及信息系统的不足等。因此，证据分析工作并不能仅仅依靠收集人员的改进而得到提高，还需要侦查人员、证据专家和其他证据处理人员的密切合作和配合。

由于 DNA 鉴定等科学证据的成本较高，因此，应当提高此类科学证据的使用成效。在英国，警察机构每年投入数百万英镑用于法庭科学，但是，只有一半的指纹与 DNA 鉴定结论被用于案件侦破工作，没有人知道其余48%的检材是否产生有价值的情报信息。这些未得出结论的检材耗费了数百万英镑，其价值值得质疑。[①] 为了最大限度地发挥 DNA 鉴定结论等科学证据的价值，应当强化数据库建设，并提高侦查人员的决策能力。

控辩双方在处理 DNA 证据的过程中都会使用一定的策略。如果犯罪嫌疑人是真正罪犯，那么，律师可能会避免进行 DNA 鉴定。不过，如果犯罪嫌疑人坚持进行 DNA 鉴定，那么，律师就只需主张进行 DNA 鉴定。不过，辩方律师很难开展独立的 DNA 鉴定，除非控方准备在审判阶段使用 DNA 证据。如果控方不准备使用 DNA 证据，一般不会给辩方使用 DNA 证据的机会。

为了遵守证据开示原则，一个较好的办法就是要求辩方专家在控方开展 DNA 测试时在场。此时，辩方专家的角色不好确定。如果辩方专家在场，并且并未针对 DNA 测试程序提出异议，控方就可能将辩方专家的沉默作为测试结果的官方认可。

---

① Claire Hyanes, Forensic evidence must be up to scrutiny, police review, april 2008, p. 10.

专家证人在司法过程中的角色因诉讼模式不同而有所差异，但简单地说，其核心职能是以所谓"科学权威"的身份使判决获得正当性。然而，作为判决正当性基础的科学结论本身也存在正当性问题，当科学的权威性受到挑战的时候，也就动摇了专家证词的权威效力。这一现象表明，专家证人无论在查明事实中居于多么重要的地位，都不能够取代法官对案件事实进行综合判断；科学权威不可能取代司法权威而成为案件的最终裁判者。①

（八）减少司法鉴定领域的观察者效应

鉴定人员不应当将结论建立在各种假定或者无关信息的基础之上，如果鉴定人员无法接触这些信息，其结论也就不会受到影响。因此，为了防止鉴定人员受到潜在的暗示、无关信息和不正当的期望和动机影响，最为简单的方法就是空白测试（blind testing）。鉴定人员必须与无关的信息相隔绝。这也意味着要控制鉴定人员与侦查人员、犯罪实验室管理人员以及同事之间的信息流通。对于物证而言，这种方法颇为有效，但是，对于生物体而言，这种方法仍存在局限。同时，为了避免那些喜欢亲临现场以获取相关信息的鉴定人员受到不当影响，应当控制其亲临现场的条件和次数。

诚然，对信息加以控制有助于避免或减少观察者效应的出现，但是，不容否认的是，在某些情况下，鉴定人员需要了解相关的案件信息以开展自己的科学检验工作。因此，对信息的控制应当保持在一定的合理限度之内。这也在一定程度上反映出"管理主义"理念在法庭科学领域的适用。

具体的讲，应当确保鉴定人员在检验工作需要的时候获得特定的信息，但信息量仅以需要为宜。同时，随着检验工作的继续进行，向其提供各个阶段需要获得的必要信息。由此，确保检验工作

---

① ［美］爱德华兹：《美国法官裁判文书自选集》，傅郁林等译，法律出版社 2003 年版，第 189 页。

**侦查错误论**

各个阶段的独立性和有效性，并不致于妨碍后续检验工作的进行。

1997年以前，FBI犯罪实验室一致采用"三步式"证据处理程序。第一步涉及证据控制中心（Evidence Control Center），由工作人员负责对提交的证据予以登记，进行证据编码，然后，提交给相关的实验室部门。第二步，该实验室部门的负责人接受该证据后，选定具体负责的鉴定人员。第三步，该鉴定人员负责证据的检验工作，以及各部门之间的协调工作。可见，各个阶段的负责人员都可以获得有关该证据的信息，尽管现在FBI的管理体制正在进行改革，但这种证据处理程序似乎并未改变。可见，为了避免或减少观察者效应，现代的法庭科学实验室的管理体制应当引入科学的信息管理模式。

以FBI的上述程序为例，改革的重点就是证据控制中心，应当将一般的工作人员替换为经验丰富、德高望重的实验室高级专家，由其作为真正的"证据控制"和"质量控制"官员。[①] 该官员应当具有所属科学领域的高级职称，并经过严格的培训，从而确保其能够筛选掉与检验工作无关的信息，尽量以客观的方式提出问题，减少不必要的暗示，同时，管理和协调部门之间证据的提交工作。该证据控制和质量控制官员不仅负责不同领域鉴定人员的协调工作，同时，也是唯一有权与送检方联系的人员。此外，他还是各个鉴定人与案件信息之间的过滤器。不仅负责决定具体检验方法的采用，也决定检验工作所需要的相关信息的范围，总之，他的首要工作就是控制检验人员对案件信息的摄取量。

简言之，良好的科学实践工作需要确保"数据收集和分析工

---

① 1997年，FBI进行了体制改革，意图设立4个"高级科学专家职位"，负责"答疑解惑、与相关的科学共同体联络以及质量控制工作。"见 Office of the Inspector General. U. S. Dep't of Justice. The FBI Laboratory: An Investigation into Laboratory Practice and Alleged Misconduct in Explosive – related and Other Cases (1997) available at http://www.usdoj.gov/oig/fbilab1/fbi11toc.htm.

作尽量客观地进行"，同时，准确地记录检验过程和结果，确保该记录能为所有关心检验工作可靠性的人员（包括刑事被告）所知悉。

鉴定人员的角色导致其经常将检验对象视为有罪证据，即使没有无关信息的干扰情况也是如此。这是由于侦查人员并不会随意提交检验对象，作为检验对象本身就意味着与犯罪存在关联。因此，检验工作伊始，鉴定人员就一直存在一种预期，认为提交检验的对象是有罪证据。此外，在其他因素，如角色效应、选择性注意效应的影响下，鉴定人员一般也会得出肯定结论。

不过，为了解决该问题，可以采取证据混杂方法（evidence lineup）。① 根据该方法，鉴定人员将面临多份样本，其中只有一份是嫌疑人的样本。在此种情况下，鉴定人员并不知晓哪份是真正的嫌疑样本，其任务是从中确定嫌疑样本。

同时，为了确保证据混杂方法的有效性，需要证据和质量控制官员负责相关的准备工作。不难发现，证据混杂方法与证人混杂辨认方法如出一辙。因此，具体的操作可以借鉴证人混杂辨认的相关程序。

与以往的检验工作不同，此种条件下的检验工作需要专家真正发挥相关领域的专业技能来消除预期带来的影响。另一方面，如果鉴定人员通过检验工作排除其他样本，正确地认定同一。那么，该结论也将更加具有证明力和说服力。同时，需要注意的是，证据混杂方法的正确适用需要证据和质量控制官员进行充分有效的准备工作。但不容否认的是，在某些情况下，如笔迹鉴定等，很难准备相关的样本笔迹。

上述方法在诸多科学领域已经得到广泛利用。但是，法庭科学

---

① 这种证据混杂方法在美国已经得到适用，但尚未推广，早在 1983 年 State v. Stokes（433 So. 12d 96，La 1983）一案中，就已经采取该方法用于牙印的检验工作。

领域可能会面临一些特殊的情况。

对于具体的检验工作而言，为了确保鉴定结论的科学性，需要了解特定的案件背景信息。这一点的确不容否认，但为了避免上述观察者效应的影响，有必要对背景信息的范围和数量加以限制，该项工作应当交由证据和质量控制官员进行，并且应当考虑到法庭科学各领域的具体要求。这也反映出法庭科学检验所需信息量在数和质方面的要求。

此外，可能有人主张，法庭科学领域出现的诸多问题多因鉴定人员自身素质过低而造成，因此，通过自身素质的提高，也能够避免各种无关信息带来的影响。这种主张的确反映出一定的实际状况，鉴定人员素质的参差不齐的确也是一个不容忽视的问题。但是，通过前文的分析，观察者效应并不仅仅是由鉴定人员的素质导致的，因此，仅仅寄希望于鉴定人员素质的提高并不能解决根本问题。

（九）均衡考虑侦查错误管理和侦查职责

强调侦查错误的管理，必然与传统的侦查职责定位存在一定的矛盾。不过，通过强调侦查错误管理和侦查职责并重，也能够反思警察机构以及警察个体的职责体制和绩效评估机制。

现在，除了侦查破案之外，警察机构需要面对另外一个工作目标：警察机构需要最大限度地减少侦查错误所造成的社会成本。这一目标应当与传统的侦查工作目标相互融合，同时，还应当将侦查错误的管理整合融入到警察职责体制之中。

显然，对侦查错误的关注并不会与传统的侦查职责相冲突，不过，对侦查错误的关注很可能与传统的侦查绩效评估标准，如犯罪率和逮捕率等，产生内在的冲突。有人可能认为，如果警察机构无所是事，就能够最大限度地减少侦查错误，不过，此种观点忽视了社会成本的因素，并且未能认识到位于司法天平另外一端的放纵罪犯错误。为了最大限度地减少与犯罪控制错误相关的社会成本，警察机构就需要对犯罪进行干预，这就需要有所作为，并且要确保侦查工作富有成效。进而，对侦查错误的关注并不需要与警务工作的目标相冲突，因为这些目标已经成为那些开展社区警务工作的警察机构的通行理念，诸如，提高公众对社区生活质量的满意度，消除公众对犯罪的恐惧，并且消除公众对警务工作的不满情绪。事实上，在警察机构的能力范围之内，对侦查错误管理工作的关注能够最大限度地提高社区的生活质量以及公众对警察的满意度。

（十）建立专门的侦查错误管理机构

国外从事司法错误研究的研究机构和专门的组织，如美国纽约州卡多佐法学院等设立的无辜者援助计划、英国的"正义"（JUSTICE）组织等，为司法错误的研究和司法错误的纠正和救济做出了重要的贡献。

反观我国，尚未成立大规模和富有实效的上述研究机构和组织，为了推进侦查错误的防治工作，有必要借鉴国外的做法，倡导在各大学和科研机构设立专门的研究机构，推进该理论的科学研究和教学工作。

与此同时，为了提高侦查部门自身对于侦查错误的重视，提高侦查制度的内省性，有必要在公安机关内部设立专门的侦查错误管理机构。之所以倡导在公安机关内部设立此类机构，一方面，是考虑我国的科研机构缺乏开展侦查错误研究的内在动力和外部条件，而公安机关具备开展侦查错误研究得天独厚的各种条件；另一方面，是考虑到侦查错误具有重要的政治和社会影响，由公安机关内部的管理机构开展侦查错误研究，有利于把握信息公开的尺度。

2005年8月1日起，全国公安机关刑事侦查部门实行办案公开制度。公安机关在立案、破案后要向群众回告，命案应每月回告侦查工作进展。在办案中应当向犯罪嫌疑人和证人告知权利义务。① 在公安机关内部设立侦查错误管理机构，客观全面地记录并分析涉及侦查错误的案件情况，这种专门化的管理机制有助于实现侦查工作的适度公开，有助于提高侦查程序的合法性。

在公安机关内部设立的侦查错误管理机构，需要承担以下几个方面的职责：第一，负责开展侦查错误情况的统计分析，通过汇总、整理各地公安机关的侦查错误信息，有助于统计出侦查错误的现状及规律，从而为侦查错误的管理提供必要的资料信息；第二，负责开展典型侦查错误的宣传与报道工作，通过此类侦查错误的宣传与报道工作，有助于充分发挥侦查错误的警示和教育作用，在这方面，最高人民检察院已经做出了有益的尝试；第三，负责针对重大的侦查错误展开调查，全面核实与侦查错误相关的信息，从而有效地开展后续的处理工作；第四，作为公安机关内部的专门机构，可以与法院和检察院等部门的对应机构展开交流，便于开展司法错误的综合分析工作，同时，也有助于明确部门间的责任问题。

不过，值得指出的是，公安机关内部的侦查错误管理机构需要保持应有的客观性和独立性，尽可能地避免受到不当的干预。因此，可以考虑在公安部设立垂直领导的专门机构，由部领导直接领导，从而充分发挥该机构的积极作用。

## 第二节 侦查错误的救济机制

"佘祥林案件"曝光之后，最高人民法院副院长万鄂湘指出，佘祥林案有一些值得今后总结和归纳的经验和教训，至少有下面三点：第一，对刑法的功能和刑事诉讼制度的作用的全面认识问题。

---

① 陈春龙：《冤假错案与国家赔偿——佘祥林案件的法理思考》，中国检察出版社2007年版，第167页。

刑法及刑诉法除了惩罚和打击犯罪、维护公共秩序和安全之外，还需要具有保护无辜和维护人权的作用。第二，用司法的手段来保护人权、保护无辜，在出现疑罪的时候，需要在疑罪从无还是疑罪从轻之间做出取舍。第三，如果出现疑罪，事实有很多疑问的情况下，到底是从民意还是从事实？这三个问题具有逻辑关联性。作为一项基本原则，无论是死刑案件还是其他任何案件，审判机关作为公平和正义的最后一道防线，必须严把事实关，确保程序公正和实体公正。

诚然，作为公平和正义的最后一道防线，法院应当秉承程序公正与实体公正的要求。不过，司法错误的存在在某种程度上也表明，刑事司法系统也存在着错误的现实可能性。只有理性的对待司法错误，并对司法错误做出合理的救济，才能重新恢复刑事司法系统的正当性。

## 一、刑事司法系统对司法错误的应对

### （一）我国的救济机制

许多司法错误都是经过常规刑事司法程序后的产物，换言之，常规的刑事司法程序未能有效地识别并避免某些司法错误。在我国，作为一种特殊救济程序，审判监督程序一直被视为司法错误的"最后一根救命稻草"。

不过，这种"从绝望中寻找希望"的救济机制尽管不失为个案寻求正义的出路，但是，其成本太高。即使在领导者或者舆论的影响下，申诉的问题得到了解决，也有违司法独立的法治原则，其消极作用显而易见。

尽管我国《宪法》第 44 条规定，公民有向国家机关提出申诉、控告，或者检举的权利，有关国家机关必须查清事实，负责处理。但是，《刑事诉讼法》只有两条（第 203 条和 204 条）规定了申诉问题，对申诉的管辖机关、申诉的处理措施和申诉的期限等均未作出进一步的规定。①

我国《刑事诉讼法》第 203 条规定，申诉人可以向法院或者检察院提出申诉，但并未规定应当向哪一级司法机关提出。在司法实践中，申诉人不服法院裁判，可以从基层人民法院逐级申诉到最高人民法院，导致重复申诉现象十分突出。同时，由于检察院与法院对该问题的管辖界限不清，也导致两部门互相推诿责任。

同时，我国《刑事诉讼法》第 204 条规定，申诉人的申诉只是司法机关提起审判监督程序的材料来源，是否启动再审程序取决于司法机关，随意性与任意性较大。此外，无论是申诉的期限还是审理申诉的期限，法律都没有作出规定。这也是造成申诉案件积压较多、重复申诉率较高的重要原因。

这种情况导致司法错误得不到有效的纠正和救济。一方面，给司法错误的被害人造成了物质和心理等方面的损害；另一方面，也增加了司法机关的负担，并且影响了司法机关的公信力和正当性。

此外，为了纠正原判事实和法律方面的错误，我国的《刑事诉讼法》还规定了审判监督程序。所谓审判监督程序，是司法机关对人民法院已经生效的刑事裁判进行审查，并将经过审查确有错误的案件提交原审法院再审或者由原审法院的上级法院提审，以纠正错误的判决或者裁定。提起审判监督程序的先决条件和理由，是发现已经发生法律效力的判决和裁定在认定事实或者适用法律上确有错误。有权提起这一程序的是最高人民法院、上级人民法院、本级人民法院院长和上级人民检察院。

在《刑事诉讼法》实施的过程中，司法实践反映出，有关审判监督程序的规定过于简单笼统，需要在立法上予以完善。根据审判实践来看，审判监督程序可以做出适当的修改：变刑事申诉为申请再审；规定再审的原则和具体程序；制定再审改判后当事人应当

---

① 甄贞：《程序的力量》，法律出版社 2002 年版，第 255 页。

获得赔偿的制度等。①

审判监督程序作为刑事诉讼的一种事后补救措施，是保障当事人权利的最后一道防线，因此，充分发挥审判监督程序的积极作用，对于实现正义具有非常重要的现实意义。

（二）国外的救济机制

与司法错误相关的问题不仅仅是它们的客观存在，而且是法律系统未能或者不愿纠正每个司法错误，并且不愿审视那些可能导致司法错误发生的程序。上诉程序通常被视为一个重要的机制，但是，诸多的因素导致其未能发现并纠正司法错误。

1. 由于被定罪者缺乏相应的经济、法律和情感资源，因此，上诉数量相对较少。

2. 许多上诉都仅仅限于法律方面的错误，诸如证据的排除与采纳问题，犯罪的定义与证明责任，而非考虑证据与侦查问题。

3. 法律限制新证据的提交过程，除非在审判当时基于合理理由无法获得该证据并且存在陪审团判决无罪的可能性。

4. 侦查人员在审前阶段的侦查决策，如选择哪个证人展开询问或者收集哪些法庭科学证据，并未进行正式的记录或者开示，因此，无法予以审查。

5. 许多审判程序都可能导致错误定罪裁决，但是，未能在上诉阶段得到纠正，诸如交叉询问有助于审查有经验的证人、法官在总结案情时的影响等。

6. 法律限制基于许多不适格的或者错误的辩护提起的上诉。

7. 上诉法院通常不愿推翻陪审团的裁决，除非能够证明上诉人是无辜者，否则，通常会认为上诉人有罪。

8. 上诉法院缺乏足够的调查能力考察事实问题。

在英国，Runciman Commission 为了克服这些上诉障碍，推动

---

① 甄贞：《程序的力量》，法律出版社 2002 年版，第 251 页。

**侦查错误论**

了一系列改革措施。不过，这些改革措施收效甚微，部分是由于过于青睐陪审团审判制度，部分是由于需要通过系统的改革改变当下的司法官员任命与培训制度，改变对刑事司法系统的狭隘看法，以便能够正视司法错误。

如果上诉制度改革无法成为纠正司法错误的有效机制，那么，当前，唯一的途径就是申请总检察长（澳大利亚新南威尔士州除外）启动审查程序，在英国，则是向国务卿提起申请。这种情况通常是由于发现了新证据，而新证据在最初审判时无法获得。是否受理此类申请属于相关部长的裁量权范畴，他们可以拒绝受理此类申请，也可以将此类申请提交相关的上诉法院重新审理，或者成立一个皇家委员会或者司法调查委员会重新审理新证据并提出建议。这种申请程序的主要问题在于，这在本质上属于一个政治性程序，由政府部长要求开展审查，具体的结果完全取决于部长的自由裁量，成功的希望在很大程度上取决于媒体与公众的支持，以及政府当时的刑事司法政策。1987 年，英国国务卿拒绝针对 Maguire 与 Guildford Four 案件启动审查程序，原因在于没有新证据对上述定罪裁决产生疑问。

1991 年，上述案件都被返回上诉法院处理，定罪裁决也随后被推翻。政府官员的不予审查界定之所以被推翻，主要是由于媒体与公众对政府施加的压力，而不是发现了任何新的证据。

这种制度的优势在于不需要受到上诉规则的限制，而且可以重新审查事实问题和侦查过程，以便查明真相。这种体制代表着纠问制程序在普通法体系之中的移植，其不足之处在于，政府官员只能提出意见，或者由上诉法院重新审理，或者申请总检察长特赦。

由于上诉及上诉后的复审程序存在缺陷，因此，需要探索新的替代方案。在澳大利亚新南威尔士州，1993Dt13A 被纳入到 1900 年 Crime Act（NSW）之中。该机制处理定罪后的上诉后续审查工作，源于上诉程序未能处理的诸多司法错误，该条款使得复审申请提交给刑事上诉法院，由法官作为一项新的上诉开展调查。该法Section 476c 规定，州长或者部长可以拒绝受理此类申请。1996 年，该条款又经过了修订，进一步完善了诉讼程序，可以直接向最高法院申请调查，避免了行政机构的参与。负责调查工作的法官享有皇家委员会的权利和豁免权，必须提交一份书面报告，可以自己将问题提交给刑事上诉法院对定罪裁决作出审查。

该模式具有一系列优点，可以排除行政机构参与复审程序，至少部分减少了该程序的政治性，确立了处理申请的成文法律规章，授予复审调查工作以纠问式的调查权力。其不利之处在于，尽管拥有相应的权力，但是，除非拥有适当的独立性资源，否则，调查工作难以取得实质性效果。此外，由于调查工作需要由法官进行，此种针对陪审团裁决与司法培训的态度也将被整合入新的系统。同时，启动复审时的诸多问题仍未能得到解决，诸如许多被定罪者难以获得持续的法律意见，也很难获得新的证据。

新南威尔士州警察局的皇家委员会指出，现有的制度为那些拥有新证据的申请人提供了申请定罪裁决复审的有效途径。不过，这种观点未能认识到，当事人需要对可疑案件展开系统的、独立的再次调查，从而发现必要的新证据。由申请人承担提供新证据的负担，使得许多缺乏必要资源的被错误定罪的人无法充分利用复审程序机制。

另外一个方法就是英国建立的独立复审机构。Runciman 委员会提议成立的刑事案件复审委员会在 1995 年 Criminal Appeal Act 通过之后成立，该委员会承担了国务卿的角色，负责受理复审申请，开展调查，并在适当的情况下将案件提交给上诉法院处理。该委员会的成绩比较良好，2001 年 3 月 31 日，在 2900 多个申请中，124个申请被提交给上诉法院处理，上诉法院已经处理完毕 63 起案件，其中，48 起案件的定罪裁决被撤销或者改判，15 个判决得到维持。

尽管这些改革使行政机关脱离了最初的复审程序，但是，复审结果仍然取决于上诉法院，因此，上诉法院必须能够受理那些存在非正义的案件。进一步的建议包括：赋予刑事案件复审委员会对法院的建议权，要求法律对偏离建议的做法提供理由；强化侦查能力，此外，有效地获得律师帮助也是一个关键问题。刑事案件复审委员会面临的最大问题就是资源有限，同时，工作量太大。

## 二、非法证据排除规则及其他救济

前文介绍了刑事司法系统对司法错误的应对，主要关注的是法院裁决之后的救济程序问题。本书关注的是侦查错误，侦查错误仅仅限于侦查阶段的各类错误。涉及侦查阶段的诸多错误，最主要的就是非法获取的证据问题，因此，侦查错误的主要救济机制就是非法证据排除规则。

有关非法证据排除规则问题，美国的相关制度最为发达，具有一定的借鉴性。此处将详细地介绍非法证据排除规则的理论与实践，随后再介绍其他一些替代性的救济措施。

（一）非法证据排除规则及例外情形

"美国社会在 20 世纪 30 年代，警察违法取证的现象非常普遍，当时主要的对策就是对有违法行为的警察给予处罚，包括内部惩戒和追究刑事责任，但是效果总是难以令人满意。正因如此，联邦最高法院才通过一系列判例确立了非法取证排除规则，以期有力遏制警察的非法取证行为。"[①]

"排除规则"在美国证据理论中是一个范围非常广泛的概念，所有的证据可采性规则，实际上都是"排除"规则。因为证据是否可采，法律上一般很难作出肯定性的规定，而只能作出限制性的规定，明确有哪些证据是不可采的、应当排除的。例如，传闻证据

---

① 张明楷、劳东燕、吴大伟等：《司法工作人员犯罪研究》，中国人民大学出版社 2008 年版，第 293 页。

规则、意见证据规则、最佳证据规则、口供任意性规则，等等，都
是排除规则。不过，构成美国证据法特色的并非这些来自普通法传
统的排除规则，而是"非法证据排除规则"。

1. 非法证据排除规则的含义。

所谓非法证据排除规则，在美国有两种理解：一种是狭义的理
解，仅仅是指违反联邦宪法第四修正案所取得的证据不得在法庭审
理中用作不利于被告人的证据；另一种是广义的理解，即执法机关
及其工作人员违法取得的一切证据都不得在审判时作为证据使用。

联邦最高法院的判决强烈建议，非法证据排除规则只能适用于
第四修正案的搜查和扣押案件。不过，违反其他宪法权利而获得的
证据，诸如宪法第五修正案禁止自证其罪的权利，也将被排除，但
是，并不是依据仅仅适用于违反宪法第四修正案的非法证据排除规
则。不过，纯粹是对行政法规而不是对宪法的违反，并不适用非法
证据排除规则。

联邦最高法院在许多判例中指出，非法证据排除规则的主要目
的是为了遏制警察的不法行为。该规则适用于联邦和各州的案件。
作为刑事证据中一种有争议的规则，非法证据排除规则对刑事案件
产生了重大的影响。有学者指出，在美国，从最高法院向下，排除
规则的实际重要性是递减的。尽管如此，在美国，非法证据排除规
则的意义比任何一个大陆法系国家都大得多。[1]

排除规则的主要作用是威慑，许多法院认为，没有它，宪法所
保证的不受无理搜查和扣押的权利将是"一纸空文"。然而，排除
规则作为一种司法制约工具也有其局限。在一些情形下，该规则作
为一种威慑是无效的。公民和警察在街上的接触多种多样，从完全
友好的愉快交谈，到引起逮捕、伤亡的敌意对抗。不仅如此，充满

---

[1] Mirjan Damaska. Evidentiary Barriers to Conviction and Two Models of Criminal Proce-
dure：A Comparative Study[J]. U. Pa. L. Rev, 1973(121),pp.506 – 589.

**侦查错误论**

敌意的对抗并不总是孤立的事件，有些对抗开始时双方的态度极为友好，但是，由于某些意外因素的介入而使局面急转直下。警察因为多种目的而引起双方接触，其中一些完全与追究犯罪的愿望无关。

如果严格而不加考虑地运用排除规则，不仅导致排除规则无法起到制约作用，而且可能导致人身伤害方面的高昂代价，并且严重阻碍预防犯罪的努力。① 因此，我们不得不做出出于均衡的考虑：警察在有理由相信自己正在对付一个有武器的危险人物时，应当允许警察为了保护自己而合理地搜查武器，不论他是否有"可能理由"基于某种罪行而逮捕这个人。警察不必绝对确定该人有武器；关键是看一个有合理审慎的人在这种情况下是否会相信，他的安全或者别人的安全正处于危险之中。

2. 非法证据排除规则的对象和范围。

非法证据排除规则起源于美国，并且被视为美国联邦最高法院创造的规则。联邦最高法院在 Boyd v. United States，116 U. S. 616 [1886] 案件中指出，强迫披露相当于犯罪证据的文件，无异于侵犯嫌疑人不受不合理搜查和扣押的宪法权利，所以，此类物品不能在诉讼中作为证据使用。然而，直到 Weeks v. United States，232U. S. 383 [1914] 案件，联邦警察非法搜集的证据才被法庭所排除。

从 1914 年到 1960 年，如果证据是由州警察非法收集的，只要这些证据不是由联邦警察或者得到他们的默许而收集的，联邦法院就采纳此类证据，这种做法就是众所周知的"银盘规则"（silver platter doctrine）。1960 年，联邦最高法院在 Elkins v. United States，364U. S. 206 [1960] 中废除了"银盘规则"。

最初，联邦最高法院裁定宪法并不要求州法院排除非法收集的

---

① ［美］博西格诺：《法律之门》，邓子滨译，华夏出版社 2002 年版，第 347 页。

证据。直到 Mapp v. Ohio 案件，联邦最高法院裁定第四修正案要求州法院排除通过非法搜查和扣押获取的证据。

非法证据排除规则适用的对象包括以下两类：第一，非法扣押的证据（illegally seized evidence），包括违禁品、犯罪赃物、犯罪工具、或者"纯粹的证据"等；第二，毒树之果。"毒树之果规则"（fruit of poisonous tree doctrine）规定，一旦第一手证据被证实是非法收集的，任何来源于此的第二手或者派生证据都不能被法庭所采纳。

3. 非法证据排除规则的例外情形。

尽管排除规则是落实宪法保障的主要手段，但是，其适用范围已经面临显著的限制。联邦最高法院的判决已经确立了非法证据排除规则的几种例外情形。具体包括善意的例外、必然发现的例外、消除污点的例外和独立来源的例外。

第一，善意的例外。多年来，联邦最高法院已经就非法证据排除规则划分出一些"善意的例外"（good faith exception）。如果错误或者失误并非警察所犯，或者警察所犯的错误或者失误是诚实合理的，那么，警察收集的证据也可以被法庭采纳。根据相关的判例，这些例外情形主要包括：错误是法官或者治安法官而不是警察所犯；错误是法院雇员所犯；令状是合法获得的，但是，警察错误而又合理、诚实地相信他提供给治安法官的信息；警察合理地相信授权其进入的人有权做出该决定；警察的行为所依据的法律事后被宣布违宪。

第二，必然发现的例外。"必然发现的例外"（inevitable discovery exception）与"毒树之果"原则存在关联；它通常仅限于收集的证据是武器或者尸体的场合。联邦最高法院裁决指出，如果警察能够证明，不管他们的违法行为怎样，只要使用合法手段，就将必然发现特定的证据，那么，该证据就是可以采纳的。联邦调查局执法公报中的一篇文章针对"必然发现的例外"这一原则指出，

**侦查错误论**

根据必然发现原则，即使一些假设的事情已经发生，声称能够以合法的方式发现某些证据也是不充分的理由。警方必须证实特定的证据必然会被发现。"必然发现的例外"这一原则确保非法证据排除规则不会超出遏制非法行为的有限目的。

第三，消除污点的例外。"消除污点的例外"（purged taint exception）也与"毒树之果"原则存在关联。如果被告人后来的自愿行为消散了先前非法行为的污点，就可以使用这个例外原则。被告人自愿介入的行为足以打破有污点的证据和非法的警察行为之间的因果关系链条，使得证据又具有了可采性。不过，值得指出的是，被告人的介入行为必须是有目的的，能够打破非法行为和结果之间的因果关系。

第四，独立来源的例外。"独立来源的例外"（independent source exception）是指，如果警察能够证明证据是从与非法搜查或者扣押无关的独立来源而获得的，那么，该证据可以被法庭所采纳。

除了上述四种例外情形之外，以下程序也不适用非法证据排除规则。第一，由于联邦最高法院声称，第四修正案仅仅针对政府官员的行为，因此，只要警察没有鼓励或者参与非法的私人侦查，检察官就能够采用秘密的个人非法搜集的证据。第二，一个正在接受大陪审团询问的人不能因为问题是基于非法收集的证据而拒绝回答。第三，一些初级法院允许初审法院在定罪后的量刑阶段考虑非法收集的证据。不过，如果州法律禁止采纳相关的证据，该证据也不能被采纳。第四，如果搜查行为仅仅违反部门规章而不是宪法，那么，相关的证据可以被法庭所采纳。第五，非法证据排除规则仅仅适用于刑事诉讼，而不适用于民事诉讼或者行政诉讼。第六，非法证据排除规则也不适用于州的撤销假释听证会。

非法证据排除规则只是警察不法行为的后果之一。它在刑事案件中的作用对被告人至关重要，但它很可能对警察没有直接的影响。除了得到高度关注的案件之外，警察个人不会遭受不利的后果。不过，对于警察而言，可能面临以下后果：第一，根据州或者联邦法律提起的刑事起诉；第二，针对警察提起的涉及损害赔偿的民事诉讼；第三，内部纪律处分。

（二）非法证据排除规则面临的理论争议和实践挑战

通常认为，刑事法院可以对警察行为进行有效的制约，确保侦查行为符合宪法的规定。不过，理论与实践、现实与感觉之间往往存在一定的差异。法院对警察行为的影响通常被夸大。实际上，非法证据排除规则并不能禁止警察的某些行为。

即使警察关心相关的证据材料是否被采纳为证据，其行为也不会受到法院的影响，因此，认为联邦最高法院的相关束缚（hand-cuff）警察的观点，并未获得经验证据的支持。这些裁决对警方打击犯罪的能力也仅仅产生了较小的影响。如果警察认为嫌疑人的权利过多，就可能不遵守法律，从而实现所谓的"街头正义"，而警察管理者也可能有意无意地鼓励这种做法。

联邦最高法院首席大法官博格在任期间，提倡废除非法证据排除规则，认为该规则"在概念上是贫瘠的，在实践中是无效的"。其他大法官也表达了不满情绪，希望予以废除或者修改。不过，完全废除该规则的机会非常渺茫。

1. 非法证据排除规则面临的理论争议。

许多学者都笼统地将美国的刑事诉讼称为宪法刑事诉讼。不过，Akhil Reed Amar 教授指出，我们必须区分宪法性刑事诉讼程序与一般的刑事诉讼程序。并不是所有的刑事程序规则都能够或者应当被宪法化。[①]

立足于宪法刑事诉讼的基本原理，Amar 教授指出，所谓的非法排除规则，并不存在于宪法之中。非法证据排除规则由于为有罪

--------

① ［美］博西格诺：《法律之门》，邓子滨译，华夏出版社 2002 年版，第 376 页。

## 侦查错误论

的被告人创造了巨大的利益，而对于被错误搜查的无辜者没有给予直接的救济，因此，作为一个宪法性规则是错误的。[①] 查明真相和保护无辜，这是各国刑事诉讼制度公认的基本价值。一项程序制度如果不能有效地区别有罪者和无辜者，必将面临制度合法性的争议。

许多研究非法证据排除规则的学者都试图从侵权法领域获得灵感。的确，侵权法和证据规则都试图阻止不正当的行为，不过，两者有着非常不同的问题解决方式。在侵权法之下，有罪的人从来不会仅仅因为他是有罪的而获得更大的利益；但是，非法排除规则却正是因为一个人是有罪的，而奖赏有罪的人，并且仅仅针对有罪的人。这确实是采取伤害无辜者的方式来奖赏有罪的人，宪法性刑事程序必须清楚这些类似的"颠倒是非"的规则。[②]

经常有学者主张，非法证据排除规则不能真正地奖赏有罪的人，如果政府遵守宪法第四修正案，没有非法搜查或者通过强迫手段获取证言，那么，政府将无法获得相关的证据，因此，对上述证据的排除也不会给有罪的被告人带来利益，而仅仅是恢复了以前的状况。

Amar 教授指出，这种主张忽视了"因果关系的缺口"，包括发现上述证据的任何可能方式。因为警察在实施搜查时，可能会认为该案属于司法认可的令状要求的例外，如果法院后来意见不一致，并且排除了带血的刀子，那么，确实就将给予嫌疑人巨大的利益。由于警察在搜查之前能够轻易获得令状，所以，违法性对于证据可采性来说不是一个排除原因。因此，第四修正案的核心既不是令状

---

① ［美］阿玛尔：《宪法与刑事诉讼》，房保国译，中国政法大学出版社 2006 年版，第 282 页。

② 同①，第 290 页。

也不是可能理由，而是合理性。①

基于联邦最高法院的裁决，之所以认同严格的证据排除规则，从而排除可靠的证据，主要是由于排除规则能够作为强有力的威慑性救济手段。通过严厉地惩罚违法行为而促使警察遵守宪法，这个威慑原理（deterrence）遭到了严重的误解。诚如许多案件所显示的，我们并不希望警察在拦截或者逮捕某人的时候保持极度的审慎，我们希望警察维持公共秩序，并且在产生合理怀疑时开展调查工作。我们也希望他们在具备可能的理由时开展逮捕工作。当犯罪性质十分严重时，情况尤为如此。如果警察未能快速开展拦截与逮捕工作，罪犯将会逃离犯罪现场，犯罪也将难以及时侦破，因为罪犯的身份可能无法查明，或者丧失了重要的证据。如果警方在实施拦截之后允许嫌疑人离开现场，那么，事后收集犯罪证据并且排除合理怀疑地证明犯罪事实的可能性将会大大地降低。

排除规则所具有的最令人不安的效果在于，这个严厉的规则有时可能直接导致无辜者遭到惩罚。在适用排除规则的案件中，真正的受害者是谁？开展侦查工作的警察将会继续开展本职工作，同时，并不会在职业生涯中留下任何污点，同时，没有迹象表明，警察会更加礼貌地对待嫌疑人。如果警察严格按照法官的指示行事，没有人会认为警察的工作存在失误。检察官也将会受理其他案件。事实上，此类案件中，真正的输家是案件的被害人，他们的隐私权与安全感遭到罪犯的严重侵犯，并且罪犯并不会因为自己所实施的犯罪行为而遭到刑事处罚。

如果犯罪的性质十分严重，诸如杀人、人身伤害或者强奸案件等，即使是偶尔适用排除规则，也足以损害公众对于刑事司法系统的信任与尊重。尽管此类案件可能并不十分常见，但是，如果刑事

---

① ［美］阿玛尔：《宪法与刑事诉讼》，房保国译，中国政法大学出版社 2006 年版，第 296 页。

**侦查错误论**

司法系统过于关注警察所犯的相对较小的错误，而非被告人对被害人造成的严重后果，那么，只需少许排除证据的案件，就足以减少对刑事司法系统的信心。

2. 非法证据排除规则面临的实践挑战。

排除规则的批评者指出，排除规则对警方不当行为的受害者——嫌疑人有利，只有有罪者才能得到排除规则的帮助，因为排除规则导致有罪证据被排除。实际上，排除规则与司法令状以及第四修正案密切相关，既影响法官的行为，又影响警察的行为。

在几乎所有的事后裁决体制之中，决策者都必须在知晓行为的始末之后确定该行为是否适当，由于事后裁决存在着一个时机的问题，法官很难在警察发现被告人藏匿的毒品后认定警方在没有可能的理由下相信被告人藏有毒品。

由于可能理由涉及对事先概率的判断，此种判断必然是推测性的。如果警方的怀疑得到了证实，而被告人又因为自己的犯罪行为而寻求救济，那么，即使是诚实的法官也可能发现自己的判断受到了影响。

除了法官可能存在偏见之外，警察也可能存在偏见。由于警察与犯罪嫌疑人之间存在着对抗性关系，因此，对于外人而言，警察与犯罪嫌疑人的可靠程度不同，这也使得警察可能作伪证。除非存在客观的证据表明警察在说谎，并且被告人更加可靠，否则，警方的伪证很可能被法官所采纳。因此，针对被告人的怀疑很可能导致警方作伪证。由于排除规则对于警察和被告人存在着直接的影响，警方作伪证的风险非常大。

William Stuntz 教授指出，如果法官能够在知晓警察是否发现证据以及嫌疑人是否是罪犯之前决定是否颁发司法令状，就能够消除司法偏见。这种事先审查机制显得更为有效。[①] 同样，法官在警察

---

① William Stuntz. Warrants and Fourth Amendment Remedies[J]. VA. L. REV, 1991 (3),p. 881.

确定能够发现证据之前做出决定，也将导致警方难以作伪证，因为警方无法随意地编造相关的事实与情况。

避免警方伪造证据的另外一个途径就是要求检察官预防警察的欺诈行为，并且避免在审判过程中依赖警察提供的伪证。美国律师协会的职业行为模范规则（model rules of professional conduct）与专业职责模范规则（model code of professional responsibility）规定，如果相关的材料能够避免被告人被冤枉，任何律师都不得明知而故意提供虚假的证言，或者拒绝公开相关的事实材料。此外，检察官必须及时地公开自己所知晓的所有证据或者信息，只要这些信息能够否定被告人的罪行或者减轻刑罚。美国律师协会起诉职能刑事司法标准（Criminal Justice Standards on the Prosecution Function）第3-1.1（c）条规定，检察官的职责是实现正义，而不仅仅是实现定罪裁决。这一理念体现为其他几项侦查标准。第3-1.1（a）条规定，检察官有责任侦查涉嫌的违法行为，如果其他侦查机构的侦查工作并不充分。第3-1.1（b）条规定，检察官不得明知而故意使用非法手段获得证据，或者要求、指使或鼓励其他人使用非法手段。第3-3.11（a）、（b）条规定，如果检察官有意地拒绝在适当的时候向辩方公开可能否定被告人罪行或者减轻刑罚的证据，或者有意地拒绝收集那些可能有助于辩方而又不利于指控的证据，这是一种违背职业要求的行为。

（三）其他救济途径

除了非法证据排除规则之外，对于警方违反宪法和其他法律规则的行为，还可以寻求以下救济途径：针对违法警察的刑事指控、针对警察和政府的侵权诉讼、警察机构针对违法警察的行政惩罚、针对违法警察所处警察局或者市政当局的强制令等。① 不过，在很

---

① Christopher Slobogin. Criminal Procedure：Regulation of Police Investigation［M］. Matthew Bender & Company,Inc. , 2002,p.552.

**侦查错误论**

多案件中，很难确定能够寻求救济，也很难确定哪种救济是最为适当的救济。

在司法实践之中，涉及警察责任的案件分为联邦法律规定的责任以及州法律规定的责任，并且进一步分为民事责任、刑事责任以及行政处分。尽管存在上述不同的法律救济方式，但是，原告通常诉诸联邦法和州侵权法中规定的民事责任，因为可以通过民事诉讼获得金钱赔偿，而且民事诉讼与刑事诉讼相比较，由于证明标准较低，原告容易在民事诉讼中胜诉。[①]

|  | 联邦法律 | 州法律 |
|---|---|---|
| 民事责任 | 1.《美国法典》第 42 章第 1983 条——剥夺公民权利的民事诉讼；<br>2.《美国法典》第 42 章第 1985 条——共谋侵犯公民权利；<br>3.《美国法典》第 42 章第 1981 条——法律规定的平等权利。 | 州侵权法。 |
| 刑事责任 | 1.《美国法典》第 18 章第 242 条——剥夺公民权利而承担的刑事责任；<br>2.《美国法典》第 18 章第 241 条——共谋侵犯公民权利而承担的刑事责任；<br>3.《美国法典》第 18 章第 245 条——对受联邦保护的行为的干涉。 | 1. 州刑事法中针对政府官员犯罪的条款；<br>  a. 官员滥用权力；<br>  b. 官员不当行为；<br>  c. 侵犯囚犯的公民权利。<br>2. 州刑事法中针对一般犯罪的条款，如非法故意接触他人身体、企图非法接触他人身体、非法监禁、严重身体伤害以及谋杀。 |
| 行政处分 | 联邦政府机构的规则或者规范性文件，这些规则因为部门不同而不同。 | 州政府机构的规则或者规范性文件，这些规则因为部门的不同而不同。 |

① ［美］罗纳尔多·V.戴尔卡门：《美国刑事诉讼——法律和实践》，张鸿巍等译，武汉大学出版社 2006 年版，第 460 页。

1. 刑事追诉。

针对警察的违法行为提起刑事追诉这一问题，联邦和各州的法律均作出了相应的规定。例如，对于联邦执法人员而言，如果共谋侵犯嫌疑人的宪法权利，就可以根据 18U. S. C. §241 之规定提起刑事追诉；如果超越了搜查令状的权限，就可以根据 18U. S. C. §2234 之规定提起刑事追诉；如果恶意地在不具备可能理由的情况下获得搜查令状，就可以根据 18U. S. C. §2235 之规定提起刑事追诉；如果并非在逮捕之后附随开展搜查或者未经同意开展搜查，就可以根据 18U. S. C. §2236 之规定提起刑事追诉。如果各州执法人员违背该州法律剥夺了嫌疑人的宪法权利，也可以根据联邦法律对其提起刑事追诉。类似的，许多州也针对错误逮捕和侵权行为规定了刑事惩罚措施。不过，在司法实践之中，针对警察的刑事追诉很少发生。例如，有学者对 1960 – 1970 年间的 1500 起警察杀害市民的案件进行了调查，结果发现，只有 3 起案件最终提起了刑事指控。[①]

通过启动刑事程序追究警察责任的做法，如 Rodney King 案件，并非一个理性的责任机制。研究表明，刑事司法系统并非一个控制专业人员行使裁量权的有效机制。如同医生滥用权力一样，对于警察滥用裁量权的行为，检察官通常会袖手旁观。

职业不当行为的同行裁决是一个非常有效的威慑与制裁机制，警察等执业人员更加担心失去自己的职业。他们知道同行更加清楚自己的所作所为，职业纪律惩戒措施并不会提供刑事程序性保护措施，还遵循较低的证明标准，还允许进行不利推论。

但是，这种同行监督程序往往存在缺陷。官僚利益通常会凌驾于客观的事实调查之上。警察机构对警察行为的调查是一个粉饰的过程，而不是为了查明真相，这种做法也导致警察的责任无法得到

① Kobler. Police Homicide in a Democracy[J]. J. Soc Isues. 1975(31), p. 163.

追究。刑法对待专业人士与普通人士的态度存在差异，刑事司法系统仅仅重视打击那些事发之前就已经声名狼藉的专业人士。

2. 民事诉讼。

由于刑事处罚对于职业犯罪显得有些无能为力，因此，对于此类犯罪，更好的办法是由被害人提起民事诉讼。职业人士违背行为准则的行为只有导致严重的后果时才会引起关注。那些受到伤害的被害人可以通过民事诉讼获得赔偿。

事实上，即使在民事诉讼中，相关的证据能够表明当事人触犯了刑法，检察官通常也不会受理。例如，Rodney King 被警察殴打一案，涉案的警察并未受到刑事处罚。首先，职业人士比业余的陪审团更有能力处理行业内的违法者；其次，由被害人提起民事诉讼比刑事诉讼更有助于在职业犯罪领域实现正义。

因为在现代社会，通常难以在不法行为与适当的强硬做法之间做出明确的区分。刑事法院也很难排除合理怀疑地证明警察的执业行为是犯罪行为而非适当的防卫行为。检察官通常不愿意起诉警察，因为他们是刑事诉讼领域的合作者，检察官通常在其他替代方案比提起公诉成本更高时才会起诉警察。因此，如果在涉及职业不法行为的案件中实现正义，我们最好避免诉诸刑事司法系统，而是寻求其他责任追究机制。

针对警察违法行为提起的民事诉讼具有多种类型，具体取决于涉案的警察是州警察还是联邦警察，诉讼的对象是警察个人还是政府。当事人可以基于侵犯、错误监禁或者其他普通法侵权原则，在州法院针对违法的州警察提起民事诉讼。当事人也可以基于42U. S. C. §1983，在联邦或者州法院提起诉讼。由于法院对该项法律作出了限制性的规定，因此，很少得到适用。①

---

① ［美］罗纳尔多·V. 戴尔卡门：《美国刑事诉讼——法律和实践》，张鸿巍等译，武汉大学出版社 2006 年版，第 477 页。

不过，直到 1961 年，联邦最高法院在 Monroe v Pape，365 U. S. 167（1961）案件的裁决中才将之成为诉讼的主要理由。自从该案之后，1983 条款就成为比普通法诉讼更为流行的理由，这在很大程度上是由于传统上认为联邦法院更加同情涉案的警察。联邦最高法院采用了更广义的解释，此后，被害人在联邦法院提起警察责任诉讼才变得较为容易。

直到 1971 年的 Bivens v. Six Unknown Named Agent，403 U. S. 388（1971）案件，才确立了针对联邦执法人员的侵权诉讼。联邦最高法院在该案中首次指出，联邦执法人员侵犯嫌疑人宪法权利的行为可以成为民事诉讼的理由。

就警察责任而言，第 1983 条案件（又称"公民权利案件"）被界定为非刑事诉讼，归入联邦法律之下，原告从警察、其上司或警察部门寻求赔偿，因为被告人以法律的名义行事，侵犯了原告的宪法权利或者联邦法规定的权利。公民权利案件与州侵权法规定的案件并不是相互排斥的。事实上，原告通常会在同一个诉讼中同时提出公民权利诉讼请求和州侵权法规定的诉讼请求。

原告之所以如此普遍地引用 1983 条款，是因为此类案件通常在联邦法院提起，联邦法院的证据开示规则更为自由，而且如果原告胜诉，还可以根据 1976 年《律师费用法》获得律师费的补偿。

依据第 1983 条提起诉讼必须证明两项要件：第一，被告人以法律的名义行事；第二，被告人的行为侵犯了宪法或者联邦法所保护的权利。警察在民事责任案件中最常使用的抗辩事由，包括"善意"抗辩和可能理由抗辩。联邦最高法院指出，所谓善意抗辩理由，是指除非警察侵犯了一项通情达理的人所知晓的、已经明确确立的宪法或者联邦权利，否则，警察不承担民事责任。

在最为常见的警察责任诉讼中，依据州侵权法提起的诉讼列为第二位（联邦第 1983 条诉讼排在第一位）。州侵权案件分为两类：故意侵权行为和过失侵权行为。故意侵权行为，是指警察故意造成他人身体伤害或者精神压迫。由于故意这种心理要素很难证明，因此，法官和陪审团通常根据案件事实推定故意的存在。常见的故意侵权行为包括：非法逮捕和非法拘禁、殴打和意图殴打、过度使用非致命性武力、过度使用致命性武力、非法致死、造成精神上或者感情上的伤害。

过失侵权行为，是指违反了普通法或者成文法所规定的、对于可预见的会因自己的行为而遭受伤害的第三人合理行事的义务。常见的过失侵权行为包括：未能保护公众成员、使用警察交通工具的过失、未能对电话请求及时反应、未能逮捕醉酒司机。

过失侵权的一般规则：警察对于未能保护某一个公众成员的安全通常不承担法律责任。这是基于公共职责原则。根据该原则，政府的职责是针对一般公众，而不是特定的个体。因此，即使警察在其职权范围内未能阻止犯罪的发生，他也不对受害者因第三人的行为而遭受的伤害承担责任。

在州侵权案件中，警察享有一些抗辩事由，其中最为常见的就是职务豁免。成功的职务豁免抗辩需要满足三个要素：第一，其行为属于自由裁量的范围，而不是强制性的；第二，警察的行为是善意的；第三，警察在其职责范围内行事。

3. 行政处分。

针对警察的违法行为，第三类救济措施就是警察机构或者相关组织施加的纪律惩戒。有些学者指出，充分的行政救济措施能够为排除规则提供补充。法官 Carl McGowan 指出：[①]

法官可能向警察指出，如果你能够确保通过纪律惩戒警察的违法行为，我们就不再需要通过间接的排除规则来进行威慑。这种做法更加可行，因为警察机构直接施加的内部惩戒措施比间接的排除

---

① Carl McGowan. Rule Making and The Police[J]. Michigan Law Review. 1972(70), p. 659.

规则更加富有成效。

对于不同类型的警察机构而言，存在不同的行政处分模式：①第一，警长模式（police commissioner model），市政府任命警察局长负责推行警察机构的部门政策；第二，巡视官模式（ombudsman model），在该模式下，由警察机构内部开展调查、裁决和纪律惩戒，不过，由警察机构之外的官员审查警察机构惩戒过程；第三，公众参与模式（civilian input model），在该模式下，由中立的机构受理并调查当事人的投诉，同时，允许警察机构确定适当的惩戒措施；第四，公众监督模式（civilian monitor model），由独立的机构调查当事人的投诉，并且推荐相应的惩戒措施；第五，公众惩罚模式（civilian punishment model），由其他机构调查当事人的投诉，并且做出相应的惩戒。

许多学者指出，上述纪律惩戒模式过于依赖警察机构自身。即使在严重案件中，警察机构也不会对违法的警察施加富有成效的纪律惩戒措施。实际上，外部审查模式源于市民的抗议，因为警长模式并不对当事人负责。同时，没有哪个城市采用了公众惩罚模式，许多地区都依赖警长模式、公众参与模式或者公众监督模式。

警察机构之所以抵制外部的审查，主要担心外人干涉警察机构的内务，或者担心警察的士气受到影响。无论采用何种行政惩戒模式，只有少部分的案件得到了有效的处理。

### 三、司法错误被害人的补偿

"哪里有损害，那里就有赔（补）偿。"司法错误的赔（补）偿就是这一原理在刑事司法侵权领域的具体应用。在我国，司法错误的赔（补）偿又称司法赔偿，司法赔偿是国家赔偿制度的重要

---

① Wayne Kerstetter. Who Disciplines the Police? Who Should? Police Leadership in America[M]. Praeger, 1985,pp. 149 - 161.

组成部分。

被害人的赔偿问题比较复杂。在英国，传统的赔偿方式或者是由被害人寻求民事救济，这不仅非常困难而且成本很高；或者是从政府处获得补偿费用（ex gratia），不过，这种补偿费用完全属于政府的裁量权范畴，没有任何固定的标准，并且通常是秘密做出决定。在英国，只有不到 10% 的案件成功获得补偿费用，其中，许多案件仅仅获得较少的补偿，此外，这种补偿通常会延迟给付，而且数量不均。例如，高级警官 Harry Blackburn 未被定罪也未入狱，其获得的补偿为 100 万英镑；Lindy Chamberlain 被监禁 3 年半之久，也获得了 100 万英镑的补偿；Tim Anderson 及其同伙入狱达 7 年半之久，每人仅仅获得了 10 万英镑的补偿。

1988 年，英国引入了成文法补偿项目，但是，申请人必须向国务卿提出申请，所申请的案件不能是通过正常上诉而被推翻的案件，同时，针对该法的司法解释十分狭隘。尽管该项目的补偿数额要高于政府的补偿费用，但是，仍然无法与错误定罪的民事赔偿相比拟。此外，目前尚未存在针对错误定罪裁决的恢复项目。

在司法赔偿的归责原则上，我国《国家赔偿法》仅仅确立了违法责任原则、严格责任原则和过错原则，不同的原则适用于不同的行为和情形。[①] 由于各方面的条件限制，我国的国家赔偿只是抚慰性的，即只能在全部损失的范围内尽可能地给被害人赔偿，不能给予全部赔偿，更谈不上惩罚性赔偿了。总体上，《国家赔偿法》既要使受害者的损害得到适当弥补，也要兼顾国家经济、财政和其他现实状况，基本上采取抚慰性标准。[②]

与我国确立的司法侵权规则原则相适应，我国的冤狱赔偿范围

---

① 甄贞：《程序的力量》，法律出版社 2002 年版，第 167 页。

② 陈春龙：《冤假错案与国家赔偿——佘祥林案件的法理思考》，中国检察出版社 2007 年版，第 69 页。

也存在一定的不合理之处，如侵犯公民人身自由的赔偿中，被害人由于人身自由受到限制，失去了创造财富的机会和条件，必然给其带来巨大的财产损失，既有直接损失，又有间接损失，而且还往往伴随巨大的精神痛苦。但事实上，我国目前并不赔偿被害人的精神损害，就是间接损失甚至于直接损失的赔偿都十分有限。我国《国家赔偿法》第 26 条规定，侵犯公民人身自由的，每日的赔偿金按照国家上年度职工日平均工资计算。这种赔偿金计算方式存在诸多的不合理之处。

当前国家赔偿中司法赔偿的基本趋势是，人民法院赔偿委员会"受理赔偿案件的数量与实际情况相差甚远"。[①] 例如，1997 年至 2006 年 9 年间，全国各级法院共判决宣告无罪 41038 人，每年平均约 4000 人，而每年受理的赔偿案件却只有几十件。除了思想观念和理论不足之外，立法规定也较为粗糙，缺乏实施规则。不过，关键的问题仍然是法律实施层面的困难，由于赔偿案件常常历时数年甚至十数年之久，事实难以认定，责任难以划分，程序适用混乱，案件审理难度很大，即使作出了赔偿决定，也很难得到有效执行。此外，现行的赔偿经费支付方式也在相当程度上阻碍了司法赔偿的实施。[②]

2003 年，孙孝文因为非法持有枪支罪被判刑并入狱，2004 年，被异地审判当庭宣告无罪，554 天的冤狱使孙孝文蒙受了巨大的损失。孙孝文粗略的计算了一下自己所受损失：五台山工地因他入狱停工，几年里价值五六十万元的设备丢失一空；涞水六顺变电站停工，损失三四十万元；涞水河口学校教学楼停工，损失二十万元；北京某部营区改造，当时已签订了意向书，因他的入狱，前期投入

---

① 《人民法院报》2001 年 3 月 25 日。

② 陈春龙：《冤假错案与国家赔偿——佘祥林案件的法理思考》，中国检察出版社 2007 年版，第 54 页。

**侦查错误论**

全部泡汤。他的精神创伤更加难以用金钱计算了，仅仅两次挂牌子游街和刚刚宣判无罪，就又被投入看守所的情形，就能让他记一辈子，什么时候想起来，什么时候脑皮子发紧。[①]

孙孝文最后得到了 25000 元国家赔偿金，赔偿金要比他实际的损失少得多。可是在这起案件中，国家受到的损失有没有人计算呢？在缉捕孙孝文时动用警力的开支，警车多次去外地，汽油费、路桥费、办案民警的勤务费等；公捕、公判大会的会务开支，押解孙孝文长时间游街的费用；几次开庭的长途押解费用；还有那些不必要的开支，当然，这些肯定不会出在办案人员个人身上。知情人说，涞水是个国家级贫困县，如果能把有限的司法资源和钱都用在该用的地方，而不是用来制造冤假错案，肯定有助于社会的文明进步、经济的快速发展和人民的安居乐业。

在论述基于司法错误导致的对被害人的赔（补）偿时，我国台湾地区学者的研究观点对我们当下的现状是否也有启迪呢？"当冤狱是司法人员玩忽职守造成时，'国家'在赔偿冤狱者后应向失职的司法人员追偿。……因为'国家'的钱往往不被当作钱，只有要求司法人员对其怠职过失，从自己的口袋里掏钱赔偿时，才能警其注意，认真执法。否则，无辜人民在司法人员轻视忽视态度下受司法冤缠，家破人亡，名誉尽毁的悲剧将会一再发生。"[②]

---

① 张亦嵘：《错案平反获得国家赔偿但噩梦还未结束，一个普通人 554 天冤狱带来的启示》，载《法制日报》2007 年 1 月 16 日，第 8 版。
② 陈长文、罗智强：《法律人，你为什么不争气——法律伦理与理想的重建》，法律出版社 2007 年版，第 82 页。

# 第七章　通过侦查制度改革
# 　　　提高侦查能力

前文有关侦查错误的研究，大量参考了英美国家对侦查错误的研究成果，尽管我国与英美的政体与刑事司法制度存在较大的差异，但是，不容否认，各国的侦查制度大多旨在解决类似的问题，而且，涉及侦查错误问题，各国也都面临类似的情况，因此，在探讨我国为了减少侦查错误而开展的制度改革之前，有必要简要分析英美侦查制度的改革近况，这种比较研究既有方法论上的必要性，又有实践上的重要性。

## 第一节　英美侦查制度改革介绍

### 一、美国的侦查制度改革

美国的司法制度是一个主张"宁可错放十个罪犯也不误判一个无辜"的司法制度（德肖维茨），[①] 在美国人看来，与政府的不法行为相比，放纵罪犯的罪恶要小得多。为此，美国的司法制度非常重视程序正义，强调犯罪嫌疑人的权利保护，并将由此可能错误放纵罪犯的后果视为司法制度"必须付出的代价"。不过，美国也并非不重视犯罪控制工作，而是试图在犯罪控制与正当程序之间寻求适当的平衡。

---

① 王达人、曾粤兴：《正义的诉求》，法律出版社 2003 年版，第 6 页。

**侦查错误论**

兰德公司与警察行政研究论坛的研究表明，侦查人员的侦查绩效并不突出。在传统的侦查模式下，侦查人员在巡警开展初步侦查工作之后针对已经发生的犯罪开展深入侦查。在通常情况下，侦查人员会再次询问被害人或者证人，收集证据，勘查犯罪现场，讯问嫌疑人，逮捕嫌疑人，并且准备案件材料。

不过，侦查人员的待遇与社会地位通常高于巡警。这在很大程度上与侦查人员的神话（detective mystique）密切相关，即侦查工作是一项高尚的、刺激的并且危险的工作，如同影视作品所刻画的那样。然而，实际上，侦查人员需要投入大量的时间填写各种报告，并且从事询问被害人等日常工作。

Herman Goldstein 指出：有关侦查工作的神话，部分上源于这样一种印象：侦查人员拥有超常的资质与技能，犯罪侦查是一项真正的科学工作，侦查人员的工作比巡警重要得多。所有的侦查工作都非常刺激，优秀的侦探能够侦破任何一起犯罪。但是，在实际的侦查工作中，侦查人员实际侦破的刑事案件仅仅是所有案件的一部分而已，因为在很多案件中，没有物证，没有犯罪行为人的特征描述，没有证人，甚至连被害人都经常不与警方合作。①

（一）提高侦查绩效的改革举措

基于兰德公司的研究成果，警察管理者开始重新审视侦查工作的规律。首先，犯罪能够被侦破，最为重要的决定因素不是侦查人员的工作质量，而是巡警在犯罪现场询问被害人与证人获得的信息。其次，从统计资料来看，侦查人员侦破犯罪的成效并不突出。侦查人员之所以侦破较多的暴力犯罪和较少的财产犯罪，是由于侦查人员在严重犯罪中投入了更多的精力，同时，也是由于暴力犯罪拥有更多的被害人或者证人。此外，并非所有的犯罪都被报告给警方，如果所有的犯罪都报告给警方，警方的破案率就显得更为低

---

① John Dempsey, Linda Forst, An Introduction to Policing, Thomson Learning, Inc. 2008.

下。最后，巡警而非侦查人员负责绝大多数案件的逮捕工作，而且通常是在犯罪现场执行逮捕。

为了提高被动式侦查工作的绩效。替代性的战略包括提高已发案件与再犯的侦查能力。这些改革措施旨在集中侦查资源侦破那些更有可能被侦破的案件。

第一，提高已发案件的侦查能力。刑事司法标准与目标全国委员会建议，在侦查过程中增加巡警的参与。每个警察机构都指派巡警开展系统的初步侦查。通过制定书面规章确保侦查工作的方式，有助于实现组织的目标。侦查专家应当集中针对那些严重犯罪或者复杂犯罪开展侦查。

第二，强调侦查管理。基于执法协助局（LEAA）的建议，侦查部门开始重视侦查管理工作。其一，扩大巡警承担的侦查职责范围。其二，使用新的方法管理侦查工作，包括破案因素（solvability factors）、案件审查、案件优化、检警合作等。基于侦查管理的理念，巡警负责原本由侦查人员负责的深入侦查工作，包括确定并询问被害人与证人，收集物证，准备初步侦查报告，该报告中应当表明，该案是否应当被交付继续侦查，或者由于缺乏证据而予以搁置。

侦查管理的另外一项创新就是使用一套管理系统，按照破案因素对案件进行分类管理。侦查人员仅仅关注那些很有可能侦破的案件。尽管各个部门的做法各不相同，但是，一线监督者通常能够决定是否开展深入侦查。

多年以来，警察部门使用侦查管理方法之后，非常强调在侦查报告中突出破案要素的重要性。为此，需要针对侦查人员与巡警展开培训，促使他们了解侦查管理的哲学理念与具体方法。这种改革极大地改变了传统意义上对侦查工作的期望。同时，负责实际办案工作的警察也应当向市民说明特定的案件应当做出何种处理。由于许多案件，尤其是财产犯罪案件，很少存在或者很难获得重要的证

**侦查错误论**

据，因此，针对此类案件开展深入侦查的可能性很小。在某些情况下，由于上级的关注、政治压力或者基于公共安全方面的考虑，侦查人员也可能不再考虑破案因素，从而针对那些并未符合破案要素指标的案件开展侦查。由于此类案件非常重要或者非常必要，因此，无论其破案因素多少，都需要开展深入侦查。

侦查管理系统使得侦查人员可以控制自己的工作负担，从而以更为系统和有序的方式开展侦查工作。尽管侦查工作已经取得一定的改进和完善，但是，侦破率仍然并不理想。在侦查方法不断改进，侦查绩效不断提高的情况下，警察机构开始派遣侦查人员开展主动性侦查工作。

第三，强调教育培训。侦查人员的教育与培训一直是提高侦查绩效的有效方法。专业化的侦查工作需要专业化的培训。侦查人员通常需要在开展侦查实践工作之前接受专业的培训。非正式的培训是指由经验丰富的侦查人员向年轻的侦查人员传授经验，不过，某些机构也推行了正式的培训项目，从而提高队伍的整体水平。

（二）控制警察不法行为的改革举措

警察行为是否合乎道德要求，这是警务工作的核心问题，因为这是警务工作的基本属性。警务工作是一种强制性的社会控制工作，使用武力是确保人们遵守法律的传统方法。由于警务工作具有内在的强制性，因此，警务行为合乎道德就成为自由社会警务工作的前提条件。[①]

在英国，早在1829年伦敦都市警察建立之初，就基于相应的警察标准制定了道德法典。而在美国，直到1928年，警察系统才制定了道德法典，即《执法道德法典》（Law Enforcement Code of

---

① M. L. Dantzker, Policing and Misconduct, Pearson Education, Inc. 2002 Chapter 1, Thomas Barker, Ethical Police Behavior.

Ethics）。①

原则上，所有违反道德的行为都将违反组织规则或者警察标准。不过，某些行为显得更为严重，如贪污受贿等腐败行为以及滥用权力等情形，这些行为性质十分严重，可能受到刑事处罚或者民事处罚。相比之下，一般性的违反道德行为则仅仅涉及部门的纪律处罚，此类行为包括值班时饮酒、吸食毒品、接受回扣等。

1931 年，美国政府成立了 Wickersham commission，这是美国第一个考察刑事司法系统的总统委员会，该委员会出版了十数卷研究报告，其中有两卷涉及非法执法问题，改革家 Ernest Jerome Hopkins 指出，美国警察立足于犯罪控制的战争理论（war theory of crime control）使用严刑逼供等非法的方法控制犯罪，同时，警方还通过作伪证来实现定罪裁决。Wickersham 委员会指出，如果警方在针对违法者的斗争中使用了法律所禁止的手段，就将沦落为类似两个犯罪黑帮之间的火拼。

为了控制警察的不法行为，需要关注两个维度的问题。第一是个体层面的问题，即所谓的"烂苹果"理论。该理论主张，那些实施不法行为的警察是警察机构中的不良分子，只要将此类不良分子清除出警察队伍，就可以消除警察的不法行为。第二是组织层面的问题，即所谓的"腐败的组织"理论。该理论主张，警察不法行为并非仅仅是警察个体的问题，还与警察组织的结构、文化存在密切关联，因此，仅仅将那些所谓的不良分子清除出警察队伍并非治本之道，只有进行系统的结构改革和文化重建，才能有效地遏制警察的不法行为。

基于"烂苹果"理论，警察机构需要提高警察的招募和选拔标准，并且开展针对性的教育和培训。基于"腐败的组织"理论，应当制定严格的组织政策，通过制度化的程序规范明确职责体系，

---

① www. theiacp. org/pubinfo/pubs/codofethic. htm.

**侦查错误论**

系统地调查投诉与可疑的情形，并且开展外部监督审查。

为了控制警方的不道德行为，通常可以采用以下几种机制：

第一，自我控制。通过自我的道德评判抑制不道德行为。

第二，同行控制。不道德行为与同行文化存在价值冲突，因此，通过同行的制约与监督，可以控制不道德行为。不过值得指出的是，警察行业内部存在着"沉默法则"（blue wall of silence），这种沉默法则导致同事之间对外部的调查保持沉默。

第三，内部监督控制。内部的监督控制有助于减少不道德行为，但是，一旦一线控制失效，或者害怕内部的腐败被公开化，这种内部监督机制就会转而成为调查工作的阻碍。

第四，早期预警系统，详见前文的专门论述。

第五，行政调查。警察机构内部可以针对警察的不道德行为展开调查，不过，由于官僚利益以及警察文化的影响，这种以惩罚为导向的调查往往收效甚微。

第六，外部的责任机制。民间成立的审查委员会有助于控制警察的不道德行为，但是，缺乏足够的调查能力，此种外部责任机制很难发挥实际的作用。

（三）完善侦查程序的改革举措

改判无罪裁决能够以"后见之明"的方式考察错误定罪的原因。在审判阶段，主要有四类证据导致错误定罪裁决，包括证人辨认结论、法庭科学证据、线人的证言以及嫌疑人的供述。[①]

尽管正当程序并不要求每一个步骤都不计成本地消除针对无辜者定罪的可能性，但是，研究表明，讯问的录音录像、规范化的目击证人辨认程序、法庭科学实验室的审查监督等制度，能够在不减少正确定罪率的同时减少重大司法错误的产生。

---

① Brandon Garrett, Judging Innocent, Columbia Law Review, vol 108, 2008 Jan, pp. 55 – 146.

警察与检察官都在考虑如何在审前阶段采取相关措施减少错误的发生。大量警察机构都开始采用讯问时的录音录像制度，并且通过立法予以保障。在美国，目前已有 6 个辖区通过立法要求针对某些案件的讯问工作进行录像记录，5 个州的高等法院要求或者督促针对讯问进行电子记录。

同时，有关目击证人辨认措施的改革措施也正在展开，犯罪实验室的独立审查机构也开始运作，不过，线人却尚未得到有效的规范管理。

## 二、英国的侦查制度改革

在过去的 20 年间，英国为了提高侦查工作的成效和侦查制度的合法性，采取了诸多的改革措施。下文将以伦敦警察机构为例，介绍英国侦查制度的改革举措。

伦敦警察局开展了一系列的制度改革，具体体现在以下几个方面：法律责任制度，管理或者财政责任制度，警务风格与战略重点以及组织结构。①

### （一）法律责任制度改革

研究表明，在 20 世纪 70 年代与 80 年代早期，警察组织是一个充满矛盾的组织，拥有准军事化的命令控制结构，而实际上，基层警务工作又存在较大的自由裁量权。一般认为，从那以后，警务工作的法律与行政框架已经成为警务工作的关键决定因素。这种制度性转变已经体现在实际警务工作之中，而不仅仅是学界探讨的对象。尽管巡警仍然行使大量不受监督的裁量权，但是，他们比 20 年前更加富有责任感。

在英格兰与威尔士，这种制度转变的关键原因是 1984 年出台

---

① Alister Herry and David Smith, Transformation of Policing, Ashgate Publishing Limited, 2007. Chapter 8, Mike Hough, Policing London, 20 years on.

的《警察与刑事证据法》。该法源于 1981 年 Brixton 暴乱之后公布的 Scarman 报告。该法的关键性规定包括：在警察机构内部引入了羁押部门与羁押法官；进一步规范了警察局内对待犯罪嫌疑人的程序；引入了普通访客制度，监督警察局的日常行为；扩展了伦敦警察拦截与搜查犯罪嫌疑人的权力，但是，需要对每次搜查进行书面记录；对警察内的拘留行为进行全程记录；投诉处理程序实现了独立化；广泛向地方小区咨询警务工作的意见。

1986 年之后，政府对警察的自由裁量权进一步施加了限制，由新设立的皇家检察官办公室负责起诉工作。警察与刑事证据法以及皇家检察官办公室增加了警察工作的职责度，促使警务工作接受独立的审查。

（二）管理制度改革

警察机构的行政或者管理责任制度不断完善。尽管刑事司法系统试图避免 20 世纪 80 年代政府推动的第一次公共部门管理制度改革，不过，在 90 年代，这种改革已经在警察机构内部大力推行。

英国政府在过去 20 年间推动了公共部门的现代化，引入了新公共管理理念。从 1979 年起，保守党政府开始通过现代管理方法与自上而下的财政压力，强调公共部门的工作绩效，具体的方案包括：财政削减，在公共部门推行私人机构的管理方法，增加服务提供者的选择权等。1997 年以来，新工党进一步扩展与深化了诸如此类的改革举措，此前的保守党政府试图通过绩效管理体制来提高职责度，这种管理体制关注定量的绩效指针与指定的工作目标，并且重视竞争的理念。

在英国，警察制度现代化的第一步就是 1994 年颁布了《警察与地方法院法》，该法将权力由警察当局转移到国务卿，由内政部负责制定全国警务规划，并且参考诸多的绩效指标。同时，各地警察机构还需要根据各地的实际情况制定地方警务规划。这种新型绩效管理体制为许多警察机构所采用。同时，基于纽约市的 Compstat 模式，英国的高级管理者开始要求地方警察领导本人负责绩效工作，并且设定了相应的绩效指标，如犯罪率与破案率等。

（三）警务风格与战略重点变迁

在 Brixton 暴乱之后，有关警务工作的争论焦点在于如何均衡考虑维持秩序与执行法律。1960 年，皇家警察委员会指出，警察的核心任务在于维持秩序。不过，如果不能有力地打击犯罪，也将导致社会失序。在 20 世纪 80 年代中期，伦敦警察局认为，工作重点应当是维持秩序。

不过，自从 80 年代末期以来，关注绩效管理的管理制度开始得到推行。有关警察功能的界定发生了一些变化。在 1993 年的警务改革白皮书中，开始将打击犯罪作为警务工作的重点。同时，政府认为，如果警务资源得到有效的应用，能够显著地减少犯罪。

由于当前的警务管理重视使用统计指针显示战略重点、目标与绩效管理，因此，警察机构开始制定更为详尽的警务规划，制定正式的组织目标，并且针对工作绩效进行定量分析，这也导致警察机构开始重视打击犯罪的目标。之所以如此，主要是由于打击犯罪这一领域的工作成果至少可以进行量化处理，同时，这种数据也可以清楚地表明警察如何应对公众面临的特定的威胁。

（四）组织机构的改革

这些领域的改革体现为警察与外部组织之间的关系，以及警察机构内部的组织。主要的改革领域包括：警务工作的资金来源，制定全新的规划，由中央政府向不同的警察力量配置资金。不过，近年来，通过招标等形式，各地警察机构可以基于特定的目的增加政府的资金配置，此外，1994 年警察与地方法院法引入了警察当局的新宪法，改革了地方警察机构的职责体制。20 多年前由中级和基层警察从事的工作现在已开始由文职官员负责，而某些警察职责也分散给其他机构。

此外，自从 1998 年以来，伦敦警察机构重整了所属辖区的边界，此前，在伦敦的每个市区，都有 2～3 个基层警察部门。1998 年犯罪与社会秩序法改变了这些基层警察部门的合作关系。目前，伦敦有 32 个地方警察领导负责该地的警务工作，其管辖的人口规模接近某些人口较少的省的人口规模。

# 第二节 我国侦查制度改革前瞻

尽管英美等国侦查制度改革对我国具有重要的启示，不过，在借鉴外国侦查制度改革举措之前，有必要注意以下几个方法论层面的问题。

第一，任何制度都并非尽善尽美。在研究英美侦查制度对我国的启示时，应当认识到，侦查制度包括许多具体的制度安排，某些制度安排对于我国的侦查制度具有积极的借鉴意义，某些制度安排也可能导致消极或者负面的后果，不能一概肯定或者一概否定，应当采取批判扬弃的态度。同时，即使某些制度安排由于传统或者整体等原因暂时无法借鉴，但是，与其他不涉及上述问题的制度安排一样，这些制度安排仍然值得认真对待。

第二，各国的侦查制度都需要妥善地处理公正和效率、权力和权利等矛盾的关系。不过，由于各国的政治、文化和法律传统不同，对于上述问题的侧重点也不同。通常情况下，一国的侦查制度都是能较好地处理矛盾的一方，而未能妥善处理矛盾的另一方。因此，在借鉴英美侦查制度的过程中，应当立足于我国现实存在的问题，有针对性地吸纳有益的成分。

第三，审慎对待制度移植的可能后果。尽管我们可以对两国的侦查制度进行比较研究，但是，实际上，我们无法试验这两种可供选择的制度结构。因此，这种比较实际上只能是一种虚拟比较。在一种制度范围内，人们在某一时间只能面对一种制度结构；对各种可供选择的制度结构只能去想象，不能去"品尝"。有鉴于此，即使是那些最坚定地坚持制度进化论的人，也不会过分地依赖于国际间的制度迁移来保证制度效率。

第四，妥善处理好制度与文化之间的关系。一位智者曾经指出，保守地说，对一个社会的成功起决定作用的是文化，而不是政治。开明地说，政治可以改变文化，使文化免于沉沦。① 如果谈及制度与文化的关系，似乎可以认为，当文化较为先进时，文化可以影响制度的构建；当制度比较先进时，制度可以改变文化。

不过总体看来，文化是制度得以存在和正常运作的基础，文化的变革可能带来制度的变革。但是，这并不是文化可以主动地创造制度，而是说文化对制度的产生与发展存在重要的影响，同时，制度也可以改变文化。②

本书关注的是侦查错误问题，而就侦查制度改革而言，其立足点不仅仅在于侦查错误的管理，而更加在于侦查制度的综合实力。不过，尽管此处有关侦查制度改革的研究并未局限于侦查错误，不过，在详述各种制度改革措施的过程中，均考虑到侦查错误的管理问题。

接下来，笔者首先讨论我国侦查制度改革的总体目标及面临的问题，然后，笔者基于侦查制度的分析框架，分别从侦查主体、法律和管理等层面介绍我国侦查制度的改革方向和改革重点。

### 一、侦查制度改革的总体目标及制度环境

但凡改革，首先必须明确改革的目标和方向。侦查制度改革也是如此。只有明确了侦查制度改革的总体目标，才能据以提出侦查

---

① ［美］亨廷顿、哈里森主编：《文化的重要作用》，程克雄译，新华出版社2002年版，第3页。

② 杨光斌：《制度的形式和国家的兴衰》，北京大学出版社2005年版，第112页。

制度改革的具体方案。

（一）侦查制度改革的总体目标：通过制度改革提高侦查能力

为了构建科学、合理的刑事侦查制度，必须认真地分析中国刑事侦查制度现存问题以及改革所面临的制约因素。有学者指出，现行的侦查制度仍然是一种以职权主义甚至是超职权主义诉讼理念为基础的制度设计，它与改革后的、吸纳了当事人主义诉讼对抗制因素的起诉和庭审制度之间存在着观念上的"软冲突"和机制上的"硬冲突"。另一方面，现行的侦查制度在设计上是以传统的"重权力、轻权利"、"重打击、轻保护"等落后的司法观念为指导的，因而存在重大的制度缺陷。①

就中国侦查制度改革而言，有学者指出，中国侦查工作应当并且正在朝着信息化、专门化、职业化、精确化、多元化、人性化、法制化、整体化、理性化、科学化的方向健步迈进。这种发展演进的轨迹，显示出中国的侦查工作正在走向成熟，正在迈向可持续发展的科学道路。② 可以说，这种全面的归纳总结能够反映出我国刑事侦查制度改革所应遵循的基本理念。如果将上述诸多方面的要素整合起来，也可以将侦查制度改革的目标视为提高侦查整体战斗力。③

笔者认为，侦查制度改革的总体目标，就在于提高侦查能力。传统上，通常将侦查能力视为一个实践层面的范畴，主要是指侦查机关的侦查破案能力。本文认为，侦查能力是一个内涵非常丰富的概念，不仅包含结果层面的侦查破案能力，还应当包括侦查破案的及时性和成本、侦查程序的正当性等因素。

---

① 谢佑平、万毅：《刑事侦查制度原理》，中国人民公安大学出版社2003年版，第12页。

② 郝宏奎：《中国社会转型期侦查工作的演进轨迹》，载郝宏奎主编：《侦查论坛（第四卷）》，中国人民公安大学出版社2005年版，第10页。

③ 郝宏奎：《刑侦改革的考量》，载《人民公安》2007年第10期，第36页。

　　为了更好地理解"侦查制度改革的总体目标在于提高侦查能力"这一命题，首先需要准确地界定侦查能力的含义。

　　所谓侦查能力，就是指侦查主体提出、运用和完善科学的侦查理论、方针和政策，基于法定的侦查程序，依托现代的管理理念和方法，综合运用各种先进的侦查手段和措施，依法、高效地开展侦查活动并完成侦查任务的能力。

　　侦查能力具有四个方面的衡量标准。第一，侦查破案的能力，这是从结果层面对侦查能力的评估。只有案件最终侦破，查获了犯罪嫌疑人，查明了犯罪事实，收集了可以证明犯罪事实的证据，侦查才实现了预期的目标。第二，侦查程序的法治化程度，这是从程序层面对侦查能力的评估。只有遵守了正当程序的要求，才能实现侦查的合法性，侦查结果才具有法律效力。第三，侦查过程的经济性，这是从管理层面对侦查能力的评估。侦查过程应当重视成本收益分析，不能盲目投入，应当重视科学的管理理念与方法，并且综合运用各种先进的侦查手段和措施。第四，侦查理论、方针和政策的科学性。只有秉承科学的侦查理论、方针和政策，才能够提升侦查工作的整体水平，并且积极推动理论与实践的互动。

　　有关侦查能力的上述界定也体现出侦查能力与侦查制度的密切关联。基于前文提出的侦查制度模型，侦查制度研究首先需要重视侦查制度环境和侦查制度的历史发展，就侦查制度本身而言，又包括侦查主体、侦查程序和侦查管理制度等具体的制度安排。第一，侦查能力与理论、方针和政策密切相关，基于侦查制度环境和侦查制度的历史发展，通过提出、运用和完善科学的侦查理论、方针和政策，可以提高侦查能力。第二，侦查能力与侦查主体密切相关，通过完善侦查主体制度，可以提高侦查能力。第三，侦查能力与侦查程序密切相关，通过遵守法定的侦查程序，可以提高侦查能力。第四，侦查能力与侦查管理密切相关，通过优化侦查管理制度，可以提高侦查能力。

（二）侦查制度改革的制度环境

就侦查制度改革而言，根本的立足点仍然在于侦查的各项制度安排。各项制度安排的改革方案要想取得预期的成效，必须从实际情况出发，立足于现实存在的问题。马克思曾经说过："每个时代总有属于它自己的问题，问题就是时代的声音。"① 从具体的问题出发，才能确保制度改革的方案具有针对性和科学性。不过，制度改革方案仅有针对性和科学性尚不足够，还必须具有可行性。为了确保制度改革方案具有可行性，就必须要考察侦查制度改革的制度环境。

自1978年以来，中国的警察系统就持续进行改革。整个改革涉及的领域非常广泛，不仅包括警察与政党的关系和职责体制，而且包括警察预算分配和内部组织。其中，警察权的滥用问题成为改革的重点。② 这些改革措施取得了一定的成效，不过，对于侦查制度改革而言，仍然面临着若干根本性问题，这些问题与具体的制度安排关联不大，主要与制度环境有关。

就侦查制度的社会环境，有学者指出，政治稳定依然是当前中国压倒一切的重要任务；实质公平仍然是现实的价值标准；权利制度架构的本土化特征明显；政治架构和官僚科层制传统下的警察制度仍然缺乏足够资源支持侦查职业化模式。③

归结起来，在我国，讨论侦查制度的制度环境问题，主要涉及以下三个方面：政治制度环境、刑事司法制度环境和公安工作环境。

1. 政治制度环境。

公安机关人民警察的政治控制是我国的一个重要特征，公安机

---

① 《马克思恩格斯全集》（第40卷），人民出版社1995年版，第289～290页。

② Fu Hualing. Zhou Yongkang and the Recent Police Reform in China[J]. The Australian and New Zealand Journal of Criminology, 2005(3), pp. 241－253.

③ 韩德明：《刑事侦查制度结构分析及其改革要略》，载《中国人民公安大学学报》2005年第4期，第48页。

关是我国的政治性组织，并且接受党的绝对领导。在过去 30 年间，警察制度经历了重要的改革。首先，在坚持党的绝对领导的前提下，警察队伍的职业化和自治程度不断提高。警察的性质和功能逐渐由专政工具转变为执法和社会服务。将警察视为党的专政工具的传统理念得到了重新的认识，目前，公认的理念是，在日益多元化的社会中，警察的角色也应当多元化。

尽管警察逐步取得了一定程度的自治性，不过，政治建警仍然是一项指导原则，公安机关处于党的绝对领导之下。党负责公安机关领导层的任命，确定警务工作的重点和工作宗旨。如果犯罪和失序被视为影响社会稳定和政党合法性的威胁，警察就需要采取各种措施应对上述挑战。中国警察制度的改革主要面临着以下两个方面的压力。一方面，过去 30 年间持续进行的社会和经济改革给政治和法律系统带来了巨大的压力。尽管政治和法律制度已经经历了较大规模的改革，但是，仍然无法完全适应社会经济的现实需要。社会经济的进步也要求刑事司法系统实现职业化、组织自治和程序正义，同时，公众的权利意识也在逐渐增强。另一方面，中国作为一个社会主义国家，坚持共产党的领导。在国内和国际形势日益复杂的今天，警察在维护社会秩序和政治稳定方面扮演着关键性角色。

在上述制度环境之下，中国的警察改革主要是由警察机构主导，并且基本上是一个政治性过程，不仅直接涉及社会稳定，而且涉及政治合法性问题。因此，在中国，警察制度的改革需要得到高层的支持，因为公共安全是一个非常敏感的问题，尤其是涉及稳定的问题。

近年来的侦查制度改革之所以难以有效展开，主要是由于警察（侦查）制度的改革具有较大的敏感性，在政治因素的影响下，侦查的职业化在现有的政治框架之下难以彻底展开。因此，有学者指出，在我国，"侦查制度基本上是按照政治形势需要和政治目的的实现而进行机构设置和制度安排的，侦查制度基本上是一个政治性架构"①。

此外，由于我国实行中央集权制的警察管理体制，警察制度领域的许多重大决策都是曰中央做出，然后，中央提出的改革政策需要在地方层面逐步贯彻实施。这就涉及中央决策与地方执行的问题。由于地方党委负责警察的任命，地方警察的财政也来自地方政府。因此，为了顺利推行中央的改革政策，需要得到地方党委和政府的有力支持。

2. 司法制度环境。

由于侦查属于刑事司法系统的重要组成部分，因此，侦查制度的改革不可避免地要涉及与刑事司法改革的关系问题。有学者指出，我国目前存在两个刑事司法系统。一个是规范化的（regularised）刑事司法系统，一个是任意性的（arbitrary）刑事司法系统。②

经过近年来的刑事司法改革，我国正在塑造一个规范化的警察和刑事司法系统，并且按照法律程序和职责分工正常运作。尽管这个系统仍然存在一些弊端，但是，已经实现了一定的组织自治和职业化。警察权的行使不断规范化，警察也需要向宪法和法律系统负责。与此同时，随着经济的不断发展，中产阶级的产生以及社会活力的增加，公众的权利意识和诉求不断增强。国家组织和国际公约的压力，包括世贸组织和公民权利与政治权利国际公约等，也对中国警察制度的规范化和民主化产生了积极的影响。

不过，与此同时，中国还存在一个任意性的警察和刑事司法系统，各级地方组织也经常对常规的刑事司法过程施加各种影响。此时，刑事司法系统，尤其是警察，很容易丧失组织自治性，并且受

---

① 韩德明：《刑事侦查制度结构分析及其改革要略》，载《中国人民公安大学学报》2005 年第 4 期，第 50 页。

② Fu Hualing. Zhou Yongkang and the Recent Police Reform in China[J]. The Australian and New Zealand Journal of Criminology, 2005(3), pp. 241 - 253.

到地方行政因素的影响。

我国的司法改革正在进行之中，各项具体的制度改革仍然有待深入。在此种背景之下，侦查制度的改革可以在很大程度上顺应司法制度改革的潮流。不过，由于现行的刑事司法系统也面临着诸多的问题，如司法权力地方化、司法活动行政化等，[①] 因此，这种不稳定或者动态的制度环境，也给侦查制度改革提供了较大的发展空间。

3. 公安工作环境。

在公安机关内部，侦查工作历来备受重视。前任公安部部长周永康同志指出，对刑警要高看一眼、厚爱一分。现任公安部部长孟建柱强调，破案是硬道理。群众看公安，首先看破案。刑侦部门作为公安机关打击犯罪的主力军，既要破大案，又要多破案。刑侦工作急难险重，特别是广大基层刑警工作任务重、压力大、风险大。因此，要做好刑侦工作的后勤保障。

在公安部近期召开的全国公安机关深化刑侦改革座谈会上，孟建柱部长强调，打击犯罪工作是公安机关的主业。在当前刑事犯罪高发期，各级公安机关要始终把打击犯罪工作摆在突出位置，以全面总结十年刑侦改革成功经验为新起点，从解决人民群众最关心、反映最强烈的突出刑事犯罪问题入手，以与时俱进、开拓创新的精神不断加强刑侦工作。[②]

除了政治上的高度重视之外，公安部还非常重视侦查领域的各项制度建设。除了继续全面推进刑侦"三基"工程建设之外，还大力加强刑侦基层力量建设、刑事科学技术建设、刑侦信息化建设。同时，公安机关非常重视刑侦部门的人才队伍建设，要求不断

---

① 陈文兴：《司法公正与制度选择》，中国人民公安大学出版社 2006 年版，第 1 ~ 4 页。

② http：//www. mps. gov. cn/cenweb/brjlCenweb/jsp/common/article. jsp？infoid = ABC00000000000042241&category = 700710009.

发现和培养刑侦专家和破案能手，着力提高队伍的专业素质，努力打造一支"政治强、业务精、作风硬、执法严、特别能战斗"的刑侦队伍。

可见，在公安部和地方各级公安机关的推动下，侦查领域的改革正处于稳步进展之中。公安部高层的高度重视能够在很大程度上减轻侦查制度改革的外部压力，并且创造一个有利的内部环境。

步入转型期的公安机关也在面临着各种机遇和挑战。处于政治制度环境、司法制度环境和公安工作环境互相作用的制度环境之下，侦查制度改革既面临一定的压力，又得到较大的支持，这种压力与激励并存的制度环境比较有利于侦查制度改革顺利开展。

## 二、侦查制度改革的方向和重点

就具体的制度安排而言，本文提出了"主体——法律——管理"三位一体的分析框架。具体言之：

第一，主体是任何制度的核心元素，如果没有侦查主体，侦查制度就无从谈起。有关侦查主体的制度包括侦查体制和侦查人事制度两个方面。

第二，法律是侦查制度的又一构成要素，作为一项执法工作，侦查工作应当遵守相关的法律规定，并且接受相关主体的法律规制。抽象地，侦查工作需要遵守刑事实体法、刑事程序法和刑事证据法的三重约束；具体地，又主要包括讯问制度、搜查和扣押制度、线人制度等法律制度。

第三，管理也是侦查制度的重要组成部分。侦查主体在相关法律的规范之下，并不一定能够实现预期的侦查目的。在前两个因素不变的前提下，通过优化侦查的管理，也能够显著提高侦查能力。涉及侦查管理的制度，主要包括战略管理制度、绩效管理制度、组织管理制度和过程管理制度。

本文基于侦查制度的研究框架，从侦查体制、侦查人事制度、侦查管理制度和侦查法律制度以及侦查理论研究等层面，讨论我国侦查制度改革的方向和重点。

（一）通过侦查体制改革理顺侦查权力关系

我们通常所说的侦查体制主要是侦查的内部体制。在当前的制度环境之下，有必要关注侦查的外部体制。侦查的外部体制主要是指在政治框架之下侦查权力与其他权力之间的关系。

目前，在我国，公安机关的政治地位得到了提高。这也体现在公安部与最高人民法院和最高人民检察院最高领导的政治地位上。从地方层面来看，公安厅（局）长是该级党委或者政府的核心成员，以便更好地打击犯罪并且有效地应对各种威胁。公安机关的这种强势地位对公检法三机关的力量均衡产生了深远的影响。龙宗智教授指出，新旧刑诉法，均强调侦查的独立性，肯定作为平等主体的侦查、起诉、审判机关之间的相互配合与制约，同时，考虑到我国刑事司法的背景要素和内部结构，在新刑事诉讼法实施之后，侦查结论为审判机关认同的可能性仍然很大。[①]

在此种政治环境之下，在确保警察领导在地方党委中的重要地位之后，警察机构开始强化等级制组织结构。通过强化警察力量的纵向控制，能够虚弱地方对警察的横向控制。第一，地方警察的招募工作开始由省级警察机构控制，取消了地方政府或者地方警察机构的招募权力；第二，由"以块为主"的体制逐渐转变为"以条为主"的体制，由分散化管理转变为集中化管理，减少机关工作人员，实行警力下沉，通过"三基建设"强化警察的集中化控制。这些改革举措也在一定程度上推进了侦查的职业化。

就侦查的内部体制而言，在我国，由于不承认私人侦探的侦查主体地位，侦查体制主要涉及以下两个关系：横向的侦查体制，即

---

① 左卫民、龙宗智：《继承与发展：刑事侦查制度述评》，载《现代法学》1996年第6期，第38~40页。

**侦查错误论**

警察系统的侦查机关与其他部门侦查机关的关系；纵向的侦查体制，即中央侦查机关与地方侦查机关的关系。

1. 横向侦查体制：实现侦查权法定化。

作为刑事司法系统的起始环节，一方面，侦查活动决定着后续刑事司法活动是否进行及其运作效果，另一方面，相应的侦查措施又直接关系到犯罪嫌疑人的各项人身权利，被视为"国家对内权力中最具武力强制性的权力"。[①] 鉴于侦查具有如此的重要性和影响性，因此，现代侦查的基本原则之一就是强调侦查权的法定化。侦查权的授予不能轻率为之，而是应当由刑事诉讼法加以明确规定。

根据我国《刑事诉讼法》第 4 条、第 18 条以及第 225 条之规定，我国的侦查机关包括：公安机关、国家安全机关、人民检察院、军队保卫部门和监狱。以上是现行《刑事诉讼法》规定的法定侦查主体。

除此之外，在司法实践之中，人民法院也在行使着一定程度的侦查权。《刑事诉讼法》第 153 条规定："在法庭调查过程中，合议庭对于证据有疑问的，可以宣布休庭，对证据进行调查核实。人民法院调查核实证据，可以进行勘验、检查、扣押、鉴定和查询、冻结。"很显然，法院庭外调查权中的六项手段均包含在侦查权的具体内容之中。除了上述司法机关之外，根据《中国共产党纪律检查机关案件检查工作条例》以及《中华人民共和国行政监察法》的有关规定，党的纪律检查部门与监察机关也拥有对特定案件的侦查权。

可见，在我国的侦查实践中，实际上拥有侦查权的机关（部门）包括公安机关、国家安全机关、人民检察院、军队保卫部门、监狱、人民法院、监察机关和党的纪律检查部门。

---

① 张步文：《侦查权论》，西南政法大学 2004 年度博士论文，第 24 页。

　　为了确保我国侦查体制的合法性，应当保证侦查权的集中统一行使，防止侦查权的泛化。上述所谓的法外侦查主体，并不具有法定的侦查权力，不能以存在侦查需要为由越位行使侦查权。邹明理教授就此指出："如果凡是有侦查需要的部门在立法上都赋予其侦查权，则银行、税务、工商、环保等部门都可通过立法确认其侦查权，这岂不是成了'全民皆警'、'全民皆侦'了！"[1] 具体地，就法院而言，应当恪守审判中立的要求，不应主动实施本应由侦查机关实施的侦查行为；即使确实存在上述必要，也应当由侦查机关实施调查。就纪检监察部门而言，其所采取的调查措施不应超过一定的限度，如果调查的事项涉及刑事案件，应当统一由法定侦查机关开展侦查，不能越位开展侦查。

　　除了上述法外侦查主体之外，我国的横向侦查体制还涉及检察机关的侦查权问题。"中国司法机构之间权力重新配置的核心问题是重新审视检察机关的职能与功用。"[2] 近年来，有关检察机关侦查权问题的讨论非常热烈，不过，基于不同的出发点和立论依据，学界仍然未能就此问题形成一致意见。

　　我国《刑事诉讼法》第18条第2款规定："贪污贿赂犯罪，国家工作人员的渎职犯罪，国家机关工作人员利用职权实施的非法拘禁、刑讯逼供、报复陷害、非法搜查的侵犯公民人身权利的犯罪以及侵犯公民民主权利的犯罪，由人民检察院立案侦查……"

　　我国宪法将检察机关确定为法律监督机关。孙谦副检察长指出，这是由我国的政治体制和司法制度决定的，符合中国国情。这是我国解决权力监督与制约的一种独特的制度设计，是具有中国特

---

① 邹明理：《侦查立法若干问题研究》，载郝宏奎主编：《侦查论坛》（第一卷），中国人民公安大学出版社2002年版，第232页。

② 顾培东：《中国司法改革的宏观思考》，载《法学研究》2000年第3期，第10页。

## 侦查错误论

色的一种体制。① 作为法律监督机关，检察机关需要负责针对侦查活动进行监督，如果由检察机关负责上述案件的侦查，就涉及"侦查者"与"监督者"角色冲突的问题。尽管在检察机关内部分为侦查部门和审查起诉等部门，但是，由于同处一个机构内部，不可避免地涉及部门利益问题。因此，无论是从程序正义的角度还是从运行效果的角度，这种制度实践都不甚妥当。

由于我国目前的刑事诉讼改革以对抗制和庭审中心主义为主导方向，因此，美国的经验可资借鉴。美国的检察官制度是英美法系最发达的，检察官不能直接指挥警方的侦查，不过，检察官对于案件的处理决定对警察具有重要的影响。② 这种检警关系既保证了警方侦查过程的独立性，又保证了检察官对侦查行为的影响性。在我国，为了对检警关系做出适当的定位，一方面需要考虑检察机关具有的宪法赋予的法律监督职能，一方面又要考虑到侦查与起诉的相对独立性，因此，从学养、思维方式以及心理层面来讲，检察机关不宜负责案件的侦查工作，③ 而是应当履行好侦查监督和公诉的职责。

同时，对于检察机关目前负责侦查的贪污贿赂案件，以及纪检监察部门调查的与官员腐败相关的案件，可以考虑有些学者的建议，成立一个独立的反贪污贿赂机构，专门负责侦查贪污贿赂案件，有效地打击腐败犯罪。④

---

① 检察机关的法律监督地位是由我国政治体制和司法制度决定的，载 2008 年 03 月 16 日《检察日报》，http://www.spp.gov.cn/site2006/2008 - 03 - 16/0005417313.html。

② 孙长永：《侦查程序与人权：比较法考察》，中国方正出版社 2000 年版，第 20 页。

③ 龙宗智：《评"检警一体化"兼论我国的检警关系》，载《法学研究》2000 年第 2 期，第 57 页。

④ 谭世贵：《刑事司法改革若干问题探讨》，载《中国法学》2000 年第 6 期，第 2 页。

2. 纵向侦查体制：发挥中央与地方"两个积极性"。

与美国分散性和地方化的警察体制不同，我国实行的是集中化的警察体制。全国公安机关从上至下分为四个等级，即公安部、省（市、自治区）公安厅、地（市、州）公安局、县（市、区）公安局，上级公安机关与下级公安机关存在着隶属关系。中央与地方各级公安机关的关系也是一个矛盾，可能存在"一管就死、一放就乱"的现象。为了解决这个矛盾，应当重视发挥中央与地方的"两个积极性"，即在巩固中央统一领导的前提下，给地方更多的积极性，让地方办更多的事情，从而发挥中央与地方的"两个积极性"。①

《2004－2008 年全国公安队伍正规化建设纲要》指出，应当按照明确职能、明晰责权的原则，规范公安机关的事权划分，理顺上下级公安机关工作的领导和指挥关系，形成结构合理、运转高效的组织体系。

一方面，对于公安部的宏观决策或者战略，由于其具有一般性的特点，地方各级公安机关应当予以贯彻实施。例如，对于公安部推行的各项刑侦改革举措，由于其是适应法律要求和现实需要，因此，地方各级公安机关应当予以贯彻实施。

另一方面，由于各地都面临着特殊的犯罪情势，因此，为了发挥地方公安机关的积极性，可以允许其在本辖区范围内推行相应的改革举措。例如，各项特殊性警务战略。这方面，美国警察机构的做法值得借鉴，美国的各项警务改革战略通常都事先在地方试验，在经验成熟之后再推行全国。

同时，就机构建制而言，为了适应打击新型犯罪的需要，公安系统新设立网络监控、反恐、有组织犯罪侦查、缉毒等专门侦查业务机构。此类机构建制模式比较适应公安部和省级公安机关的需

---

① 毛泽东：《论十大关系》，1956 年 4 月 25 日。

求，而对于市县公安机关，由于资源有限，如果严格按照公安部和省级公安机关的建制设立相应的专业侦查业务机构，就可能导致"专业分工过细、警力资源不足"等问题，也不便于管理。对此问题，周永康同志在全国第二十次公安会议上明确提出，需要通过有效整合警力，调整机构设置，切实解决分工过细，警力分散等问题。

目前，我国正在逐步深化行政管理体制改革。公安体制的改革也是重要的一环。此次改革的目标之一就是理顺部门职责关系，探索实施职能有机统一的大部门体制。可见，机构的设置及职责安排主要是为了适应现实需要，提高工作的成效。

总之，对于中央与地方各级公安机关的关系，可以和应当统一要求的，就统一要求；不可以和不应当统一要求的，就不能强求统一。各级公安机关之间的关系，也是如此，并且应当统筹兼顾，顾全大局。这样既可以避免美国分散化与地方化侦查体制面临的管理不善问题，又可以充分发挥中央与地方的积极性。

除了公安部隶属的公安机关之外，我国的公安机关还存在行业公安系统，即铁道部、交通部、林业局、海关等部门的公安机关。各类行业公安机关主要负责本行业领域涉及的案件侦查工作，基于专业分工的需要，可以保留上述行业公安机关的侦查部门。在美国，除了警察系统之外，海关、烟酒火器与爆炸物管理局等执法机构也设立了专业侦查部门。因此，我国可以继续延续上述两套公安系统，以便适应侦查专业化的需要。

（二）通过侦查人事改革推动侦查职业化

2004 年，中共中央办公厅下发了《公开选拔党政领导干部工作暂行规定》等六个文件，从整体上不断推进干部人事制度改革。根据此次改革精神，《2004 - 2008 年全国公安队伍正规化建设纲要》指出，深化公安人事制度改革，努力形成人尽其才、能上能下、充满活力的用人机制；建立健全科学的选拔任用机制，全面推行领导职位竞争上岗、民警岗位定期轮换制度；实行科学的人员分类管理制度，积极探索建立文职雇员制度；研究制定公安机关吸收优秀专业人才的政策。

侦查人事制度的改革，关键在于推动职业化。人事制度改革是侦查职业化的重要一环。同时，美国的经验表明，警察的职业化是推动其他改革措施的关键所在。自从 1997 年实行刑侦改革以来，全国公安机关坚持不懈地加强刑警队伍建设。不过，目前，公安机关缺乏保障侦查岗位稳定性的有效措施，对侦查人员转岗缺乏规范的限制性规定。侦查队伍专业素质不高、稳定性不强的问题较为突出。[①]

1. 提高侦查人员的选任标准。

目前，我国公安机关录用人民警察，主要从公安警察院校毕业生中录用，不足部分从国家统一招考人员中录用。同时，公安机关录用人民警察还需要遵守一系列体检项目和标准。《2004－2008 年全国公安队伍正规化建设纲要》规定了"凡进必考"和"公开、平等、竞争、择优"的原则，由省级公安机关和录用主管部门统一考录公安民警。

由于侦查工作与普通警务工作相比具有一定的特殊性，因此，侦查人员的选任应当比普通警察更为严格。基于美国的经验，侦查人员应当从具备一定警务工作经验的警察之中选拔。通过侦查人员任职资格考试，可以提高侦查人员招录的最低标准，提高侦查人员的职业认同感，确保侦查队伍的稳定性。同时，侦查管理人员的选任更应严格标准，原则上应当由熟悉侦查业务的侦查专家担任，同时，侦查管理人员的选拔应当落实竞争机制，从而提高侦查管理工作的专业化水平。

---

① 郝宏奎：《中国社会转型期侦查工作的演进轨迹》，载郝宏奎主编：《侦查论坛（第四卷）》，中国人民公安大学出版社 2005 年版，第 24 页。

**侦查错误论**

如果说全面推进警察职业化的时机尚不成熟，那么，可以首先推进侦查的职业化，并以之为契机和样板逐步推进其他警种的职业化。

2. 实行侦查人员分类管理制度。

为了提高侦查工作的专业化水平，需要实行侦查人员分类管理制度。借鉴美国的经验，可以将侦查人员分为普通侦查人员、侦查专家、侦查管理人员、情报资讯分析人员、技术人员以及文职人员等，从而实行不同的选任、培训和管理制度。

目前，我国对于侦查管理人员的重视不够，尚未建立专业的情报分析人员和文职人员队伍，技术人员的流失现象非常严重，面对这些问题，应当探索行之有效的解决方案。对于侦查管理人员，应当更加重视专业素质的要求，原则上从侦查专家队伍中选拔，但是，也不应凡是专家均从事管理工作，中青年侦查专家应当从事业务工作，德高望重的侦查专家则可以从事管理工作。对于情报资讯分析人员，应当尽快扩大队伍建设，加强业务培训，提高情报资讯分析人员的业务能力，从而充分发挥情报资讯工作在现代侦查中的强势作用。此外，还应当重视文职人员队伍建设，提高文职人员的档案管理能力和资料汇集能力，从而加强基础工作建设，并且充分发挥数据库和犯罪手法档案等的积极作用。

3. 强化侦查人员的培训工作。

由于侦查工作是一项实践性很强的工作，需要具备相应的法律意识、程序意识、证据意识、诉讼意识和工作责任意识。目前，由于各种原因，侦查人员的综合素质仍然不能满足现实的需要，侦查工作的法治化和科学化水平不高。因此，在当前的情况下，侦查人员的培训工作显得非常重要。

为了强化侦查人员的培训工作，需要深入贯彻《公安机关人民警察训练条令》的要求，继续完善岗位培训、专业培训、远程电视讲座、旁听庭审、案例讲评、讲教训等工作制度。市（地）

级以上公安机关政工部门原则上设立专门的训练管理机构，主管训练工作。公安部依托公安大学建立高级警官训练中心，省级公安机关依托本地公安院校建立中级警官训练中心，市（地）级公安机关建立初级警官训练中心。除了培训设施之外，还需要整合侦查教育资源，加强训练基地建设，健全完善训练网络。

继续贯彻"民警上岗和首任必训、职务和警衔晋升必训、基层和一线民警每年实战必训制度"，制定"三个必训"的训练时间、内容、要求和考核标准。同时，培训工作还应当满足侦查管理人员和普通侦查人员的实际工作需要，科学安排培训的规划。坚持岗位练兵与集中强化训练相结合，市、县级公安机关要采取"战训合一"的模式，开展集中强化训练，做到以练促战。在侦查人员的培训工作中，应当强化科技知识和法律知识的更新。

为了确保培训取得预期效果，应当建立训练激励机制，将侦查人员参加训练的情况纳入考评内容，与评先创优、晋职晋衔挂钩。此外，还需要建立训练经费保障机制，把训练经费列入年度公安业务经费预算，并逐年增加。通过培训工作的正规化、系统化，可以有效地提高侦查人员培训工作的实际水平。

4. 提高侦查人员的职业待遇。

为了提高侦查职业化水平，确保侦查队伍的稳定性，还应当提高侦查人员的职业待遇。在美国，侦查人员的工资水平要高于普通警察，且高于一般政府机构的公务员。鉴于侦查工作本身更加具有危险性，对侦查人员的个人素质要求较高，侦查人员的职业待遇，包括工资、休假和福利待遇等，应当优于普通的警察。同时，由于各地的经济发展水平不同，可以按照当地的整体工资水平，科学确定侦查人员的工作标准。此外，为了解决我国目前侦查技术人员流失严重的问题，应当提高技术人员的职业待遇。

同时，为了避免职务晋升给侦查队伍的稳定性带来太多的冲击，可以借鉴美国警察的工资制度，即每个职位级别都有一个最低起点工资。如果晋升到较高职位，不管原来的工资有多高，都得重新按该职位的起点工资起算，然后按照工作年限规定逐级递增。这样，既可以保证职务不能晋升时工资不会相差太多，又可以保证晋升后的工作积极性。

（三）通过侦查程序改革实现侦查正当化

由于警察管理层一直认为，警察滥用权力主要是基于个体原因，即某些警察的教育背景、个性特征和素质较低。公安部于2003年提出了"五条禁令"，并将之视为纠正警察不法行为的有效方法。不过，仅仅将某些违反禁令的警察清除出警察队伍，只能起到短期的效果。目前，学界普遍认识到，侦查实践领域存在的违反法律程序、侵犯当事人权利等现象，不仅仅是个人原因导致的，更主要地是源于侦查程序本身存在的问题。

论及侦查程序改革，主要涉及侦查的正当性问题。正当性（或称合法性，legitimacy）是政治理论的核心问题之一，涉及政府权威的来源和限度问题。马克·摩尔（Mark Moore）曾经指出，"如果刑事司法系统在公众的心目中丧失了正当性，那么，这种情况将对刑事司法系统的运作带来灾难性的后果"。① 可见，侦查的正当性（合法性）问题，直接关系到公众对于侦查的态度。如果侦查丧失了正当性，就可能丧失在公众心目中的可信度，最终导致无法有效地控制犯罪。而只有得到公众的认可和支持，侦查工作才能有效展开，侦查结果才能得到社会的认可。

1996年《刑事诉讼法》修订之后，传统的侦查构造基本未动，侦查机关垄断侦查程序，缺乏对抗因素，缺乏司法制约，使得对抗制特点的审判模式与审前程序的职权主义甚至超职权主义存在明显

---

① Mark Moore. The Legitimation of Ciminal Justice Policies and Practices[C]. Perspectives on Crime and Justice Lecture Series. National Institute of Justice. 1997, pp. 47 – 74.

冲突。① 因此，社会各界均对此次刑事诉讼法再修改寄予厚望。除了诸多专家提出的刑事诉讼法修改建议稿之外，学界和实务界还专门针对侦查讯问、律师在场、刑讯逼供等问题展开了深入的讨论。侦查程序无疑将成为此次刑事诉讼法的重点和难点。

1. 侦查程序改革应当坚持理念与国情的统一。

任何改革都应当基于一定的宗旨或者理念，侦查程序改革也是如此。就此次《刑事诉讼法》的修改，学者们也纷纷提出了改革的基本理念。刑事诉讼法学界也积极献计献策，并且先后推出了几部重要的建议稿。其中影响最大的有三个：由西南政法大学徐静村教授主持的《中国刑事诉讼法（第二修正案）学者拟制稿》、由中国人民大学陈卫东教授主持的《模范刑事诉讼法典》和由中国政法大学陈光中教授主持的《中华人民共和国刑事诉讼法再修改专家建议稿》。这些建议稿对于刑事诉讼法的修改无疑具有重大的借鉴价值，不过，一些建议稿的程序设计距离我国现实国情还很远，特别是在涉及权力配置的一些基本制度上，还要与整个司法改革和宪法的修正完善相结合。②

总体上，学界提出的诸多理念都是建立在一系列矛盾关系基础之上的。陈光中教授指出，《刑事诉讼法》的修改应当以下列相互联系的四大基本理念作为指导思想：一是惩罚犯罪与保障人权相结合；二是实体公正与程序公正并重；三是客观真实与法律真实相结合；四是公正优先兼顾效率。③ 这种矛盾关系型的改革原则无疑体现出改革需要顾及的对立要求。作为刑事程序法的一个重要组成部

---

① 龙宗智：《徘徊于传统与现代之间——论中国刑事诉讼法的再修改》，载《政法论坛》，2004 年第 5 期，第 82 页。

② 秦绪东：《刑事诉讼法修改的学者愿景》，载《21 世纪经济报道》，2005 年 5 月 8 日。

③ 陈光中：《刑事诉讼法再修改之基本理念——兼及若干基本原则之修改》，载《政法论坛》，2004 年第 3 期，第 3~7 页。

**侦查错误论**

分，侦查程序法的修改也应当遵循上述基本理念。

不过，与学界对先进理念的关注不同，实务界更加关注国情问题。实务部门的人士提出，完善侦查程序需要关注两个关键问题，一是提高侦查能力，二是加强人权保障。在我国当前的国情下，应当着重从提高侦查能力方面去完善侦查程序，在此基础上强化人权保障。同时，立法时应当把成本核算作为立法和执法的关键问题予以解决。①

不难发现，与侦查程序关联最为紧密的就是公正与效率的关系问题。学界提出的前述四大理念包括三个并重（或者结合），只有一个优先考虑的问题，就是强调公正优先兼顾效率。

郝宏奎教授就此指出，随着近年来公民权利意识的不断提升，侦查法治的呼声日渐升高，而我国侦查活动的人权保障水平相对较低，因此，在侦查程序改革进程中，应当将强化人权保障作为优先考虑的改革目标，将打击犯罪、提高破案效率作为次要的改革目标。② 因此，强调人权保障优先的改革思路体现了时代的要求，符合侦查法治的大趋势。同时，就实体公正与程序公正的关系而言，由于传统的侦查理念并未给予程序公正足够的重视，因此，侦查程序改革应当强调程序公正理念。

当然，这并不意味着此后的侦查程序改革仍然要坚持公正优于效率，上述各项矛盾本身具有互动的关系，具体的倾向性应当视当时的国情和综合情况而定。

由于侦查程序立法需要坚持理念与国情的统一，这就涉及一个立法技术层面的问题。由于侦查立法建议很多，内容争论较大，很多问题难以达成共识，需要通盘考虑，从而达到相对合理。邹明理

---

① 柯良栋：《关于完善侦查程序的几点思考》，载郝宏奎主编：《侦查论坛（第六卷）》，中国人民公安大学出版社 2007 年版，第 177 页。

② 郝宏奎：《论侦查程序改革中如何体现保障人权与打击犯罪并重》，载郝宏奎主编：《侦查论坛（第六卷）》，中国人民公安大学出版社 2007 年版，第 198 页。

教授指出，侦查立法必须要有侦查理论与实践工作者参加，从不同程度反映真实情况，提出修订建议。只有立法工作者与专业工作者互补不足，才能使修订的内容达到法理上准确，实践上可行。[①] 这种观点也在很大程度上反映了侦查理论界参与侦查立法的积极性和呼声。

2. 侦查程序法应当坚持原则与例外的统一。

侦查程序法表现为一系列有关侦查活动的法律原则，侦查人员需要根据这些原则开展侦查活动。不过，任何原则都存在其效力的边界，换言之，原则可能存在例外情形。侦查程序法应当妥善处理好原则与例外的关系。

目前，学界有关侦查程序法的立法建议主要围绕相关原则的确立问题，很少考虑原则的例外情形。实际上，对于侦查行为，尤其是强制措施而言，侦查人员通常会面临各种例外情形，从而导致其无法遵守相应原则的严格要求。

例如，尽管美国警方的搜查和扣押行为需要遵守司法令状的要求，不过，联邦最高法院通过判例认定警察在一些例外情形下不需要获得司法令状，具体包括紧急情况、现场抓捕、逮捕后的搜查、可视范围内物品的扣押、搜查车辆、清查式搜查、同意搜查、边界搜查、公海搜查、需要严格管束的商业机构的搜查等。[②] 在美国的司法实践中，无证搜查在整个搜查中占有较大的比例。

上述例外情形体现为不同的形态。其共同点就是，某种紧急情况使得获取搜查证的要求变得不现实、无效用、危险或者没有必要。

---

① 邹明理：《侦查学界应当积极参与刑事诉讼法侦查部分立法修订内容的研究》，载郝宏奎主编：《侦查论坛（第六卷）》，中国人民公安大学出版社 2007 年版，第 189 页。

② Craig M. Bradley. Two Models of the Fourth Amendment. MICH L. REV. 1985(83). 1468. Scalia 法官指出，自从 Bradley 发表该论文之后，联邦最高法院增加了两种例外情形：流动住房的搜查以及政府雇员的搜查。

**侦查错误论**

这些情况包括：对警察的身体伤害、对证据的破坏、紧急追捕、对第三人的危险、以及醉酒后驾驶等。① 例如，在 1973 年，联邦最高法院在 Cupp v. Murphy，412U. S. 291（1973）案件中指出，如果证据在获得搜查证之前即将消失，那么，未经同意或者正式的逮捕而提取手指甲中的碎屑，这种做法并不违反联邦宪法第四修正案。

可见，在侦查程序立法过程中，应当处理好原则与例外之间的关系。有学者可能担心例外变成了原则，实际上，一方面，由于例外情形的存在需要警方予以证明，另一方面，只有警方明确了例外情形，才能在更好地遵守原则的同时，有效地履行法定的职责，因此，例外情形的存在具有其必要性。

随着社会情势的发展，警方可能基于实践的客观需要突破或者修改既定的原则，从而确定新的例外情形。这就需要一个确定例外情形的机制，在美国，这项工作由联邦最高法院来完成，而在我国，则缺乏这样一个灵活的机制，接下来，本文接着讨论如何在我国确立这样一个机制。

3. 侦查程序改革应当坚持精密性和灵活性的统一。

目前的侦查程序立法面临的一个突出问题就是，需要进一步实现侦查立法的精密化，一方面确立现代侦查原则，另一方面，需要将这些原则加以细化，落实为可以操作的规则，以便具有可操作性，从而避免滥用权力或者不当裁量的空间。

学界大多希望在此次刑事诉讼法修改过程中进一步实现侦查立法的精密性，完善相关的法律规定。例如，龙宗智教授指出，此次侦查程序立法主要涉及以下部分的内容：修改刑事诉讼法第 12 条，确立无罪推定原则，考虑沉默权问题，完善讯问制度，改革强制措施，完善律师制度和证据制度，实现窃听和诱惑侦查等侦查取证手

---

① ［美］罗纳尔多·V. 戴尔卡门：《美国刑事诉讼——法律和实践》，张鸿巍等译，武汉大学出版社 2006 年版，第 243～257 页。

段的法定化。① 可见，侦查立法的系统化和具体化是一个大趋势，也是立法的主要目的之一。

不过，法律规则的精密化必然带来另外一个问题，即缺乏灵活性。法律一旦规定之后，就需要予以贯彻实施。法律规则越是精密，就越显得僵化，缺乏灵活裁量的空间，而且无法适应情势的变化。诚如卡多佐所言："法律必须确定，却不能静止不变。"② 在美国，一方面，不断实现法律规则的精密化，另一方面，通过联邦最高法院确立的判例修正或者完善已有的法律规则，从而实现法律规则的灵活性。因此，通过联邦最高法院制定判例来确保法律规则灵活性的机制，使得美国有效地解决了法律规则的精密化与灵活性之间存在的矛盾。

在我国，最高人民法院制定的《人民法院第二个五年改革纲要》指出："规范和完善案例指导制度。最高人民法院要制定关于案例指导的规定，规范指导性案例的编选标准、公布方式、指导规则等。高级人民法院可以发布适用于本地区的参考案例，但所选案例不得与最高人民法院公布的指导性案例相抵触。"案例指导制度尚未推行开来，其实行效果仍然有待实践检验，不过，这种制度创新可以在某种程度上提高最高人民法院在解释和适用法律过程中的灵活性。尽管案例指导制度的主要目的在于实现法律适用的统一，不过，如果最高人民法院（包括高级人民法院）能够熟练运用案例指导制度，也可以通过相应的判例弥补法律规则精密化所导致的僵化，从而提高法律规则的灵活性。

4. 侦查程序改革应当实现授权与限权的统一。

此次侦查程序改革主要涉及侦查权的范围问题。应当认识到，

---

① 龙宗智：《徘徊于传统与现代之间——论中国刑事诉讼法的再修改》，载《政法论坛》，2004 年第 5 期，第 82 页。

② ［美］卡多佐：《法律的成长：法律科学的悖论》，董炯等译，中国法制出版社2002 年版，第 1 页。

## 侦查错误论

侦查程序改革应当实现授权与限权的统一。邹明理教授指出，侦查程序立法应当区分应当增加的内容和不应取消与增加的内容两部分。[①] 所谓应当增加的内容包括秘密侦查措施和技术侦查措施等内容，不应取消与增加的内容包括侦查机关的鉴定权等内容。

从现行的《刑事诉讼法》来看，有关侦查权的内容有待进一步规范。一方面，许多必要的侦查措施没有进行规定。龙宗智教授指出，就侦查活动的法治化问题，现行的刑事诉讼法并未规范侦查的一切领域，相当一部分侦查行为并未纳入立法视野，如电子监听等。同时，即或纳入法律调整领域的，有关一些侦查行为的规定也较为简单粗糙，如搜查等。可见，非制度化侦查仍然存在于我国的刑事司法之中。[②] 这些措施俨然成了法外侦查措施，使得侦查工作面临不必要的法律问题。

另一方面，逮捕等强制侦查措施的法律监督仍然有待完善，侦查讯问尤其需要加以规范。刑诉法学界在关于修改《刑事诉讼法》和相关问题的研讨中，几乎一致主张建立对侦查行为的司法审查制度，以期通过司法权对侦查权的制衡，解决我国侦查实务中普遍存在的滥用权力、随意侵犯基本人权的种种问题。孙长永教授进而指出，司法审查的权力不应当由检察院行使，而只能由法院的法官行使。同时，对侦查行为的司法审查应当针对所有的侦查行为，而不应当局限于强制侦查。[③] 无论由检察院还是法院担任司法审查的主体，侦查行为的司法监督体制都必将不断予以完善。

---

① 邹明理：《侦查学界应当积极参与刑事诉讼法侦查部分立法修订内容的研究》，载郝宏奎主编：《侦查论坛（第六卷）》，中国人民公安大学出版社 2007 年版，第 188 页。

② 左卫民、龙宗智：《继承与发展：刑事侦查制度述评》，载《现代法学》1996 年第 6 期，第 40 页。

③ 孙长永：《通过中立的司法权力制约侦查权力——建立侦查行为司法审查制度之管见》，载《环球法律评论》2006 年第 5 期，第 537 页。

通过此次侦查程序改革，一方面，需要将那些必要的侦查措施纳入到法律体系之中，实现侦查措施的法定化；另一方面，也需要进一步规范侦查措施尤其是强制措施的法律监督，实现侦查活动的法治化。

（四）通过侦查管理改革提高侦查绩效

就我国侦查制度改革而言，权利保障和正当程序固然是当下的主要趋势，但是，与此同时，还需要均衡公正与效率的关系问题。片面地强调公正与片面地强调效率都失之偏颇，除了确保破案率不至于下降到公众可以承受的最低限度以下这一制度改革底线之外，① 还应当通过管理制度的改革不断提高侦查工作的绩效。

我国属于发展中国家，也是从计划经济体制向市场经济体制转轨的国家，如何改善公共行政的质量，实行行政现代化，这是摆在中国人面前的现实问题。② 我国的侦查实务界此前很少关注侦查的绩效问题，因此，常常提出"不计一切代价破案"等口号，实际上，侦查工作与其他社会活动的一样，也应当重视绩效问题。诚如理查德·波斯纳所言：公正在法律中的第二种含义是指效率……只要稍作反思，我们就会毫不惊奇地发现：在一个资源稀缺的世界，浪费是不道德的行为。"③ 为了提高侦查工作的效率和效益，应当重视侦查的管理。通过强化管理制度改革，可以提高侦查绩效。

目前，我国侦查管理领域研究尚不发达，研究成果较多的是情报档案资料管理、侦查活动的指挥与协调以及侦查体制管理三方面，有关案件侦查的微观指导研究较少，这也是破案率不高的原因

---

① 郝宏奎：《论侦查程序改革中如何体现保障人权与打击犯罪并重》，载郝宏奎主编：《侦查论坛（第六卷）》，中国人民公安大学出版社 2007 年版，第 203 页。

② 毛寿龙：《西方公共行政学名著提要》，江西人民出版社 2006 年版，第 432 页。

③ ［美］理查德·A. 波斯纳：《法律的经济分析》，蒋兆康译，中国大百科全书出版社 1997 年版，第 31~32 页。

**侦查错误论**

之一。① 具体到侦查领域 利用现代管理理论建立和完善侦查管理制度，需要关注以下几个方面的问题：侦查战略管理、侦查绩效管理、侦查组织管理与侦查过程管理。

1. 提倡侦查战略管理。

侦查战略管理属于宏观管理的范畴。近年来，我国大力推行社区警务战略，提倡地方警务创新。党的十七大报告还专门提到了社区警务战略和农村警务战略。不过，我国侦查领域的战略管理比较薄弱，尚未形成科学的战略管理模式。在这方面，美国的经验，尤其是联邦调查局的战略管理经验，值得借鉴。

当下比较典型的"三基"工程建设，即"抓基层、打基础、苦练基本功"，下沉警力，推进基层警务制度改革，使得警务工作正由"被动警务"变为"主动警务"，由"全时警务"变为"实效警务"。通过"三基"工程建设，基层警察的工作能力大幅提高。不过，由于该项战略仅仅为期3年，此外，有些地方的改革未能完全落到实处，因此，此类战略的方式方法仍然有待进一步完善。

就当前的侦查战略而言，值得一提的是"命案必破"战略。从2004年年初，公安部开始部署全国公安机关开展侦破命案专项行动，要求各地公安机关要以侦破命案为龙头，带动和促进公安机关提高侦破能力和打击犯罪的水平。2007年，我国初步实现"全国命案发案数下降、命案逃犯数下降、命案破案率上升"的"两降一升"目标。

除了强化侦破命案工作之外，我国公安机关始终保持对各类刑事犯罪的严打高压态势，推行"打黑除恶"专项战略，努力实现"黑恶必除、除恶务尽"的工作目标；加大对侵财犯罪的打击力

① 邹明理：《侦查理论与实践研究的回顾与展望》，载郝宏奎主编：《侦查论坛（第二卷）》，中国人民公安大学出版社2003年版，第9页。

度，重点打击街头抢劫抢夺、入室盗窃和盗抢机动车犯罪，坚决遏制"两抢一盗"犯罪的多发势头，切实维护社会治安大局稳定。

可见，我国目前的侦查战略主要采取"类案战略"模式，这种关注类案的战略模式可以有效地强化某类案件的侦查工作，不过，在推行的过程中还需要注意以下问题：第一，类案战略的提出应当以当前的犯罪态势预测为依据，确保类案战略具有科学性和可行性；第二，类案战略的推行应当避免诱发其他问题，如侵权或者违法问题，应当确保侦查工作的法治化；第三，类案战略不应被视为最终目的，而是应当以类案战略为基础，推行各项基础战略和辅助战略，完善侦查战略体系。

2. 推动侦查绩效管理。

目前，我国的侦查破案率已经达到较高水平。2006 年，全国 8 类命案破案率达 91.40%，全国有 25 个省（区、市）破案率超过 90%，其中破案率最高的江苏省达 95.38%，像北京这样的国际大都市破案率也达到 89.40%。① 在破案率水平较高的前提下，应当关注侦查绩效的管理问题。

我国学者近年来对警察绩效评估问题比较重视，对警察绩效评估主体的多元化问题、警务绩效的模糊综合评价方法等问题进行了较为深入的探讨。不过，由于侦查工作与普通警务工作存在较大的差异，因此，应当探索行之有效的侦查绩效评估方法。

除了侦查绩效评估之外，我国侦查的预算管理仍然有待完善。警察预算不足一直被视为绩效低下的一个制度原因。由于政府仅仅提供基本的工资，警务工作的其他费用都需要由警察机构自己解决。因此，警察机构不得不通过其他途径扩展经费来源。由于地方警察机构的预算和经费来源仍然主要依赖于地方政府，地方政府得

---

① 全国八类命案破案率达 91.40% 实现"两降一升"目标。http://www. china. com. cn/law/txt/2007 – 02/06/content_7769060. htm。

**侦查错误论**

以从财政上控制警务工作并且要求警察从事大量非警务工作，诸如执行各项政策和征收税费等。这就导致原本比较稀缺的警察资源无法集中投入到犯罪控制工作上来，同时，还导致警察与社区的关系比较紧张。[①]

在侦查领域，由于侦查工作缺乏足够的资金支持，许多警察机构仅仅关注商业犯罪和经济犯罪的侦查，此类案件中的被害人可以为侦查工作提供一定的经济支持。由于警察对于某些案件具有较高的执法积极性，也导致任意性地错误拘留公民，试图收取罚款或者获得政府奖励。

这种严重依赖预算外资金来源的情况不仅导致警察选择性执法，而且产生了腐败的制度空间，最终导致警察的职业化、专业化和警务工作的法治化难以步入正轨。由于许多地方政府在目前乃至以后较长的一段时期内都可能面临着财政资源不足的问题，因此，上述问题仍将持续存在一段时日。

由于政府禁止警察从事营利性的经营活动或者受雇于任何个人或者组织。如果警察无法通过上述方法获得额外资金来源，将会面临无法有效开展警务工作的局面。因此，警察机构必须得到充分的政府预算支持，至少应当拥有预算的建议权。

3. 优化侦查组织管理。

在侦查组织管理领域，我国已经进行了有益的探索。目前，我国已经确立了责任区刑警队组织模式、"一长双责制"模式和"各警种、各部门整体联动"模式等组织模式，并取得了一定的成效。

1997年刑侦改革方案中，公安部决定建立责任区刑警队，由刑侦部门承担起破案和办案的主要职责，派出所主要负责管理、防范，一打一防，力争步入打防良性循环。十年来，全国公安机关刑

---

① Fu Hualing. Zhou Yongkang and the Recent Police Reform in China[J]. The Australian and New Zealand Journal of Criminology, 2005(3), p. 248.

侦部门自上而下实行了队建制，逐步建立了以责任区刑警队为基础的刑侦部门整体作战体系，刑侦专业化建设不断加强，刑侦部门逐渐成为侦查破案办案的主力军。目前，全国建有 5625 个责任区刑警队，驻扎刑警近 6 万名。① 与刑侦改革前刑警队驻在机关相比，目前的责任区刑警队更加接近群众，基础工作更为坚实，侦查能力大幅提高。在安徽、河南、江苏、上海、河北、山东等刑侦改革比较深入的地方，责任区刑警队警力已占刑侦部门警力的 50% 以上，责任区刑警队的破案数已占公安机关破案总数的 60% 以上，成为名符其实的侦查破案主力军。②

在命案侦查领域，之所以初步实现"两降一升"的奋斗目标，在很大程度上得益于"一长双责"制和"各警种、各部门整体联动"模式。各地公安机关按照公安部《侦破命案工作机制》的要求，贯彻落实侦破命案的"一长双责"制，即"公安局长领导下的专案组长和技术组长负责制"，市、县两级公安局长对本地侦破命案工作负领导责任。只要发生命案，县级公安机关主要领导都要到现场，直接组织指挥侦破。与此同时，各级刑侦部门充分发挥侦破命案主力军的作用，各警种、各部门充分发挥自身职能优势，实行责任捆绑、协同作战，提升了公安机关整体战斗力。

从警种协作的角度讲，在命案侦破专项行动中，公安部在全国公安机关推行了专案侦查中的"一长双责制"和"各警种、各部门整体联动制度"，推动了专案侦查组织指挥和参与主体模式的变革。③ 与传统的专案侦查模式相比，此种侦查模式比较适应现代社会情势的需要，体现了现代侦查工作的特点，可以作为一种新型专

---

① http://www.mps.gov.cn/cenweb/brjlCenweb/jsp/common/article.jsp? infoid = ABC00000000000042244&category = 700710009.

② http://www.mps.gov.cn/cenweb/brjlCenweb/jsp/common/article.jsp? infoid = ABC00000000000042244&category = 700710009.

③ 郝宏奎：《刑侦改革的考量》，载《人民公安》2007 年第 10 期，第 36 页。

**侦查错误论**

案侦查模式予以推广适用。

为了适应新时期犯罪情势的变化，侦查机关应当因地制宜地探索行之有效的新型侦查组织模式，最大限度地利用已有的侦查资源和其他各种社会资源，通过优化侦查组织管理提高侦查绩效。

4. 完善侦查过程管理。

由于侦查工作具有一些不同于其他警务工作的特殊性，因此，各国的侦查过程管理都不是十分发达。不过，美国已经认识到侦查过程管理的重要性，并且探索一些侦查过程管理模式，值得我们予以借鉴。

侦查过程管理主要包含以下四个方面的内容：侦查的启动、案件的审查、深入侦查的管理以及侦查过程的监督。通过侦查过程管理，一方面可以根据案件信息的累积来确定后续的侦查投入与决策；另一方面可以对整个侦查过程的质量进行监督，从而提高侦查的绩效。

首先，应当加强侦查启动环节的管理，我国在侦查之前规定了一个立案环节，如果达到了立案的标准，就应当依据法律规定立案并开展侦查。在决定是否立案这一问题上，检察院拥有一定的监督权，不过，这种侦查监督由于种种原因仅能发挥有限的作用，因此，还有待进一步完善。其次，对于那些破案可能性较小的案件，不应盲目投入大量的侦查资源，而是应当通过综合评估来确定是否需要进行后续的侦查。同时，对于整个深入侦查工作，除应当强调侦查资源的配置以及侦查过程的监督和审查外，还应当积极探索侦查方案的相应框架，避免侦查工作的盲目性，提高侦查的经济性。最后，案件监督系统应监督整个侦查过程，这种案件监督系统，一方面可以强化侦查人员的职责观念，推进侦查的职业化；另一方面可以形成侦查绩效的反馈信息，以便为完善侦查管理制度提供相应的资料和信息。

此外，鉴于我国现场勘查和犯罪实验室管理等方面仍然面临一些问题，应当进一步强调现场勘查的规范化，实现犯罪实验室的标准化管理。

### 三、通过侦查制度研究为制度改革提供理论支撑

（一）我国学者有关侦查理论的研究进路

在制度构建的过程中，知识分子具有特殊的影响力，原因在于"他们是思想的承载者，思想对于制度的选择具有相当重要的影响"[①]。一般来说，公众的评价多是情感性的，而学者的评价则多是思想性的，具有相当的理性成分，因此，思想对于制度的塑造和影响不可忽视。

近年来，我国学界开始关注侦查领域的研究，相关的专著和学术论文纷至沓来。总体看来，有关侦查理论的理论研究，大体可以分为三个领域的学者，即侦查理论研究者、侦查实务工作者以及刑事诉讼法学者，这三个领域学者的研究方法和研究重点各不相同。侦查理论研究者比较重视提升侦查研究的理论水平，比较强调侦查工作的特点和规律；侦查实务工作者大多直接立足于侦查实践工作，非常注重侦查理论研究的实战效果；而刑事诉讼法学者则主要从侦查法治和程序正义的视角反思侦查工作存在的问题和弊端。

就上述整个侦查理论研究的谱系而言，涉及重视中国侦查实践的一端，侦查实务工作者基本上立足于中国的国情和现状来研究侦查实践问题，比较排斥国外侦查的理论成果和实践经验，这种务实的态度当然非常重要，但是，如果视角过于狭小，难免产生"敝帚自珍"之嫌；涉及重视先进诉讼理念的一端，刑事诉讼法学者则主要基于国外的诉讼理念和正义观念来检讨中国问题，未能认识到国外的理论与实践之间亦有一定的差距，以"先进的理念"来

---

① 邓丽兰：《域外观念与本土政制变迁》，中国人民大学出版社 2003 年版，第 4 页。

**侦查错误论**

反思"落后的实践",自然顿觉问题丛生,除非按照国外模式彻底改革,否则便无出路,这种忧患的意识固然非常必要,但是,如果态度过于激进,忽视理论与实践之间的自然张力,所提出的改革方案也将是"于事无补";而位于其间的侦查理论研究者,则充分体验到上述"理论反对实践"的深层意味,一方面需要密切关注侦查实践,另一方面也要消化吸收先进的诉讼理念,质言之,就是整合中国的侦查实践和国外先进的诉讼理念所提出的要求。

可以说,侦查实务界和刑事诉讼法学界构成了侦查理论研究的两极,一方强调现实的"问题",一方强调理想的"主义"。而位于"问题"和"主义"之间的侦查理论研究者,则需要兼顾上述两个方面的因素。由于适格的侦查理论研究者熟悉侦查的基本理论,了解侦查实践面临的现实问题,认同先进的刑事诉讼理念,因此,他们最有资格也最适合为侦查立法献计献策。正是有鉴于此,邹明理教授强烈呼吁:"侦查学界应当积极参与刑事诉讼法侦查部分立法修订内容的研究!"①

(二)侦查理论研究方法的创新

目前,国内已有学者专门针对刑事庭审制度、检察制度等进行了专门性的理论研究,并且取得了相当丰硕的成果。反观侦查领域,鲜有学者针对侦查制度展开系统、全面的研究。侦查理论研究仍然囿于传统的理论体系和研究方法,不仅未能为侦查实践领域提供应有的指导,而且还有"理论滞后于实践"之嫌。

时下,学人经常追问自己对理论研究所作的贡献,如果侦查理论界想要做出"自己的贡献",那么,有关侦查制度的研究就值得认真对待。

---

① 邹明理:《侦查学界应当积极参与刑事诉讼法侦查部分立法修订内容的研究》,载郝宏奎主编:《侦查论坛(第六卷)》,中国人民公安大学出版社 2007 年版,第 183 ~ 199 页。

为了创新侦查学的理论，提高侦查学的理论研究水平，首先，需要实现侦查学研究方法的创新。现代中国侦查实践领域面临着诸多的问题，是各项改革实验的理想场所，也是理论研究的理想对象，但是，为何未能产生大量优秀的研究成果？究其原因，主要在于侦查理论研究的方法较为陈旧。适格的侦查理论研究者应当掌握科学的研究方法。

通过研究美国侦查制度，借鉴美国学界的理论研究成果，中国侦查学界应当关注以下两个研究方法：一是制度研究方法，二是实证研究方法。

就制度研究方法而言，我们应当强化问题意识，关注侦查实践领域面临的诸多问题，尤其是那些重大的、本质性的问题。不过，问题只是研究的开始，研究的落脚点应当立足于制度的优化与完善。

制度是一个复杂的范畴，既包括法律上规定的制度，又包括法律上没有规定，但存在于实际过程中的制度（法外制度）；既涉及各类制度的现状，又涉及它们的形成和沿革，也涉及某些制度（体制）的改革趋势。①

本文属于典型的域外制度研究，为了深入地了解国外先进的诉讼理念，我们需要了解在这些诉讼理念的指导下建构起来的制度，还需要了解这些制度的文化基础以及这些制度的实践运作。因为理念、制度与实践之间并非总是一一对应的关系。例如，有学者指出"美国宪法关于刑事诉讼中权利保障的一些原则性规定是一回事，实际执行又是另一回事。"本文之所以研究美国侦查制度，就是力图以美国侦查制度为研究对象，考察美国的侦查理念、制度与实践之间的复杂互动关系，从而为中国侦查制度的构建提供域外的有益参考。

---

① 浦兴祖：《当代中国政治制度》，上海人民出版社1990年版，前言部分。

**侦查错误论**

就实证研究方法而言，我国法学界和社会学界的许多学者已经给予了较大的关注，刑事诉讼法领域的专家学者也开始尝试利用实证研究方法研究侦查讯问领域的相关问题。不过，侦查理论学界似乎未能充分使用实证研究方法。

通过实证研究，一方面可以了解本领域实践工作中面临的问题，另一方面又可以了解现行制度的运作情况。所谓"没有调查，就没有发言权"（毛泽东语），只有充分开展实证调研，才能为理论研究提供坚实的基础，确保理论研究有的放矢，提高研究成果的可信度和说服力。

不过，在实证研究过程中，也需要注意一些问题。例如，调查数据的代表性、统计结果的准确性等。

当然，除了以上两种研究方法之外，还需要关注其他重要的研究方法。例如，比较研究方法等。只不过，在目前的中国侦查学界，上述两种研究方法的推广相对而言显得更加重要。

# 主要参考资料

（一）中文著作：

1. 王达人、曾粤兴：《正义的诉求》，法律出版社 2003 年版。

2. 王大中：《透视流动人口中的犯罪现象》，中国人民公安大学出版社 2006 年版。

3. 文援朝：《超越错误——医错哲学及其应用研究》，中南工业大学出版社 1997 年版。

4. 文清源：《错误论》，辽宁人民出版社 1995 年版。

5. 荣开明：《人怎样少犯错误》，湖北人民出版社 1983 年版。

6. 刘永富：《论真假》，西安交通大学出版社 2002 年版。

7. 金岳霖：《知识论》，商务印书馆 2003 年版。

8. 戴煌：《胡耀邦与平反冤假错案》，中国工人出版社 2004 年版。

9. 刘斌：《20 世纪末平反冤假错案案例纪实》，珠海出版社 2000 年版。

10. 陈春龙：《冤假错案与国家赔偿——佘祥林案的法理思考》，中国检察出版社 2007 年版。

11. 崔利波，祝恩民：《中国古代典型冤案》，国家行政学院出版社 2006 年版。

12. 张军：《刑事错案研究》，群众出版社 1990 年版。

13. 江平：《中国司法大辞典》，吉林人民出版社 1991 年版。

14．杨立新：《错案赔偿实务》，法律出版社 1997 年版。

15．任惠华：《刑事案件侦查》，法律出版社 2001 年版。

16．江礼华、［加］杨诚：《外国刑事诉讼制度探微》，法律出版社 2000 年版。

17．程味秋主编：《外国刑事诉讼法概论》，中国政法大学出版社 1994 年版。

18．张成敏：《案史：西方经典与逻辑》，中国检察出版社 2002 年版。

19．李昌钰：《刑事侦查中的物证》，公安部科技信息研究所 1994 年版。

20．甄贞：《程序的力量》，法律出版社 2002 年版。

21．陈卫东：《刑事诉讼法实施问题调研报告》，中国方正出版社 2001 年版。

22．孟祥才等：《临床诊断逻辑》，第二军医大学出版社 2004 年版。

23．李幼平：《循证医学》，高等教育出版社 2003 年版。

24．杨光斌：《制度的形式和国家的兴衰》，北京大学出版社 2002 年版。

25．谢佑平、万毅：《刑事侦查制度原理》，中国人民公安大学出版社 2003 年版。

26．陈文兴：《司法公正与制度选择》，中国人民公安大学出版社 2006 年版。

27．孙长永：《侦查程序与人权：比较法考察》，中国方正出版社 2000 年版。

28．邓丽兰：《域外观念与本土政制变迁》，中国人民大学出版社 2003 年版。

29．毛寿龙：《西方公共行政学名著提要》，江西人民出版社 2006 年版。

30. 浦兴祖：《当代中国政治制度》，上海人民出版社 1990 年版。

（二）英文译著：

31. ［英］洛克：《人类理解论》，关文运译，商务印书馆 1997 年版。

32. ［美］布莱恩·福斯特：《司法错误论》，刘静坤译，中国人民公安大学出版社 2007 年版。

33. ［美］迈克尔·贝勒斯：《法律的原则——一个规范的分析》，张文显等译，中国大百科全书出版社 1996 年版。

34. ［美］理查德·波斯纳：《证据法的经济分析》徐昕，徐昀译，中国民主法制出版社 2001 年版。

35. ［法］勒内·弗洛里奥：《错案》，赵淑美等译，法律出版社 1984 年版。

36. ［德］克劳思·罗科信：《刑事诉讼法》，吴丽琪译，法律出版社 2003 年版。

37. 《美国联邦刑事诉讼规则和证据规则》，卞建林译，中国政法大学出版社 1996 年版。

38. ［美］劳伦斯·弗里德曼：《法律制度——从社会科学角度观察》，李琼英等译，中国政法大学出版社 2002 年版。

39. ［德］施奈德：《犯罪学》，吴鑫涛等译，中国人民公安大学出版社 1990 年版。

40. ［意］贝卡利亚：《犯罪与刑罚》，中国大百科全书出版社 1993 年版。

41. ［美］丹尼尔·贝尔：《资本主义的文化矛盾》，江苏人民出版社 2005 年版。

42. ［奥］恩斯特·马赫：《认识与谬误》，洪佩郁译，东方出版社 2005 年版。

43. ［美］巴里·谢克等：《清白的罪犯》，黄维智译，中国检察出版社 2005 年版。

44．［法］皮埃尔·贝勒马尔，雅克·安托万：《国际刑警档案》，腾涛等译，群众出版社 1987 年版。

45．"人的安全网络"组织编写：《人权教育手册》，李保东译，三联书店 2005 年版。

46．［美］理查德·法森，拉尔夫·凯斯：《错拾良机》，孙大莱译，浙江教育出版社 2005 年版。

47．［澳］罗伯特·希斯：《危机管理》，王成等译，中信出版社 2000 年版。

48．［英］波普尔：《猜想与反驳》，周昌忠等译，上海译文出版社 2001 年版。

49．［美］波斯纳：《法律理论的前沿》，武欣等译，中国政法大学出版社 2002 年版。

50．［英］丹宁勋爵：《法律的正当程序》，刘庸安等译，法律出版社 1999 年版。

51．［英］彼得·斯坦，约翰·香德：《西方社会的法律价值》，王献平译，中国法制出版社 2000 年版。

52．［德］柯武刚，史漫飞：《制度经济学：社会政策与公共政策》，韩朝华译，商务印书馆 2000 年版。

53．［苏］拉·别尔金：《刑事侦察学随笔》，李瑞勤译，法律出版社 1983 年版。

54．［美］爱德华兹：《美国法官裁判文书自选集》，傅郁林等译，法律出版社 2003 年版。

55．［美］阿玛尔：《宪法与刑事诉讼》，房保国译，中国政法大学出版社 2006 年版。

56．［美］罗纳尔多·V. 戴尔卡门：《美国刑事诉讼——法律和实践》，张鸿巍等译，武汉大学出版社 2006 年版。

57．［美］亨廷顿，哈里森主编：《文化的重要作用》，程克雄译，新华出版社 2002 年版。

58．［美］卡多佐：《法律的成长：法律科学的悖论》，董炯等译，中国法制出版社 2002 年版。

59．［美］理查德·A. 波斯纳：《法律的经济分析》，蒋兆康译，中国大百科全书出版社 1997 年版。

（三）中文论文：

60．陈伟祺：《大陆公安体制与刑事侦查》，台北大学法律学研究所学期报告，2005 年 4 月 20 日。

61．郝宏奎：《刑侦改革的考量》，载《人民公安》2007 年第 10 期，第 35 页。

62．杨宗辉：《侦查错误初论》，载《侦查论丛》（第一卷），法律出版社 2003 年版，第 339 页。

63．许永俊：《必须区分冤案和错案》，载《新京报》2005 年 6 月 20 日。

64．山西省高级人民法院：《坚持错案追究制度，保障审判方式改革的健康发展》，载《经济审判资料选读》（第 2 辑），人民法院出版社 1996 年 6 月。

65．王晨光：《法律运行中的不确定性与"错案追究制"的误区》，载《法学》1997 年第 3 期，第 4 页。

66．廖永安：《关于错案责任追究制度的反思》，载《江苏社会科学》1999 年第 3 期，第 43 页。

67．陈玉敏：《刑事诉讼错案界定及其防治新论》，载《社会公共安全研究》2002 年第 4 期，第 68 页。

68．周永坤：《错案追究制与法制国家建设》，载《法学》1997 年第 9 期，第 40 页。

69．金汉标：《"错案"的界定》，载《法学》1997 年第 9 期，第 56 页。

70．陈永全：《什么是错案》，载《检察实践》1999 年第 6 期，第 61 页。

71．于伟：《错案标准的界定》，载《法学》1997 年第 9 期，第 23 页。

72．陈学权：《刑事错案的三重标准》，载《法学杂志》2005 年第 4 期，第 32 页。

73．佐林列沃涅兹：《克服潜在错误的侦查方法论》，格罗德诺 1994 年俄文版，第 19 页，转引自：杨宗辉：《侦查错误初论》，《侦查论丛》（第一卷），法律出版社 2003 年版，第 342 页。

74．郭建安，周勇：《论犯罪耗费》，载《中国刑事法杂志》2001 年第 5 期，第 82 页。

75．刘品新：《当代英美刑事错案的实证研究》，载《国家检察官学院学报》2007 年第 1 期，第 15 页。

76．萨缪尔·格罗斯等：《美国的无罪裁决——从 1989 年到 2003 年》，刘静坤译，载《中国刑事法杂志》2006 年第 6 期。

77．龚德云：《佘祥林冤案背后亟待法制建构的正当侦查程序》，载《湖南公安高等专科学校学报》2005 年第 4 期。

78．毛立新：《佘祥林冤案中的侦查错误剖析》，载《江西公安专科学校学报》2005 年第 6 期。

79．于一夫：《佘祥林冤案检讨》，载《南方周末》2005 年 4 月 14 日。

80．方鹏：《死刑错案的理性分析——对媒体报道的 33 起死刑错案的实证考察》，载陈兴良主编：《刑事法评论》，第 18 卷，北京大学出版社 2006 年，第 26 页。

81．陈永生：《我国刑事误判问题透视——以 20 起震惊全国的刑事冤案为样本的分析》，载《中国法学》2007 年第 3 期，第 45 页。

82．何家弘、何然 《刑事错案中的证据问题——实证研究与经济分析》，载《政法论坛》2008 年第 2 期，第 3 页。

83. 聂昭伟：《侦查阶段死刑错案的原因及对策——以当前已知的 33 个死刑错案为样本》，载《山东警察学院学报》2007 年第 3 期。

84. 冀祥德、朱晶晶：《错案：缘于何止于何》，载《法律与生活》2005 年第 8 期，第 23 页。

85. 何家弘主编：《三人堂与群言录》，载《证据学论坛（第 11 卷）》，中国政法大学出版社 2006 年版，第 440 页。

86. 陈兴良：《刑事法治的司法理念》，载《高级警官培训讲堂录》，中国人民公安大学出版社 2004 年版，第 235 页。

87. 陈士渠：《浅析刑事错案的纠正》，载《人民公安报》2006 年 12 月 1 日。

88. 李佳玟：《鉴定报告与传闻例外》，载《政大法学评论》2008 年第 101 期，第 210 页。

89. 苏力：《法律与科技问题的法理重构》，载《中国社会科学》1999 年第 5 期，第 120 页。

90. 阮国平：《"破案"概念的审视与重构》，载《中国人民公安大学学报》2004 年第 4 期，第 24 页。

91. 何家弘：《强化证据意识，转变执法观念》，载《高级警官培训讲堂录》，中国人民公安大学出版社 2004 年版，第 279 页。

92. 徐定安、谢贤能、马继雄、崔国华、倪韶阳：《"从像到人"的侦查新模式——视频监控的实战应用》，载郝宏奎主编：《侦查论坛（第六卷）》，中国人民公安大学出版社 2007 年版，第 141 页。

93. 郝宏奎：《中国社会转型期侦查工作的演进轨迹》，载郝宏奎主编：《侦查论坛（第四卷）》，中国人民公安大学出版社 2005 年版。

94. 郝宏奎：《刑侦改革的考量》，载《人民公安》2007 年第

10 期，第 36 页。

95．韩德明：《刑事侦查制度结构分析及其改革要略》，载《中国人民公安大学学报》2005 年版第 4 期，第 48 页。

96．左卫民，龙宗智：《继承与发展：刑事侦查制度述评》，载《现代法学》1996 年第 6 期，第 38 页。

97．邹明理：《侦查立法若干问题研究》，载郝宏奎主编：《侦查论坛（第一卷)》，中国人民公安大学出版社 2002 年版，第 232 页。

98．顾培东：《中国司法改革的宏观思考》，载《法学研究》2000 年第 3 期，第 10 页。

99．龙宗智：《评"检警一体化"兼论我国的检警关系》，载《法学研究》2000 年第 2 期，第 57 页。

100．崔敏：《司法改革若干构想》，载《中国人民公安大学学报》1999 年第 1 期，第 12 页。

101．李光文：《谈英美警察教育对我国公安教育的启示》，载《公安教育》2003 年第 5 期，第 27 页。

102．龙宗智：《徘徊于传统与现代之间——论中国刑事诉讼法的再修改》，载《政法论坛》2004 年第 5 期，第 82 页。

103．秦绪东：《刑事诉讼法修改的学者愿景》，载《21 世纪经济报道》2005 年 5 月 8 日。

104．陈光中：《刑事诉讼法再修改之基本理念——兼及若干基本原则之修改》，载《政法论坛》2004 年第 3 期，第 3 页。

105．柯良栋：《关于完善侦查程序的几点思考》，载郝宏奎主编：《侦查论坛（第六卷)》，中国人民公安大学出版社 2007 年，第 177 页。

106．郝宏奎：《论侦查程序改革中如何体现保障人权与打击犯罪并重》，载郝宏奎主编：《侦查论坛（第六卷)》，中国人民公安大学出版社 2007 年，第 198 页。

107．邹明理：《侦查学界应当积极参与刑事诉讼法侦查部分立法修订内容的研究》，载郝宏奎主编：《侦查论坛（第六卷）》，中国人民公安大学出版社 2007 年，第 189 页。

108．左卫民，龙宗智：《继承与发展：刑事侦查制度述评》，载《现代法学》1996 年第 6 期，第 40 页。

109．孙长永：《通过中立的司法权力制约侦查权力——建立侦查行为司法审查制度之管见》，载《环球法律评论》2006 年第 5 期，第 537 页。

110．邹明理：《侦查理论与实践研究的回顾与展望》，载郝宏奎主编：《侦查论坛（第二卷）》，中国人民公安大学出版社 2003 年版，第 9 页。

111．王庆锋：《论警察绩效评估主体的多元化问题》，载《中国人民公安大学学报》2007 年第 1 期，第 111 页。

112．杨卫平等：《警务绩效的模糊综合评价方法研》，载《计算机技术与发展》2007 年第 6 期，第 228 页。

（四）英文论著：

113. Mark Moore. The Legitimation of Ciminal Justice Policies and Practices. Perspectives on Crime and Justice Lecture Series. National Institute of Justice. 1997, pp. 47 – 74.

114. Robert Joseph Ramsey, False Positives in the Criminal Justice Process – An Analysis of Factors Associated with Wrongful Conviction of the Innocent, Ph. D dissertation, University of Cincinnati, 2003, 1, p. 27.

115. Michael Naughton, Redefining miscarriages of justice: a revived human rights approach to unearth subjugated discourses of wrongful criminal conviction, British Journal of Criminology, 2005, 2, pp. 165 – 182.

116. Tim Prenzleer, Janet Pansley, Police Reform – Building Integrity, Hawkins Press, 2002, Chapter two, Miscarriage of Justice, pp. 24 – 39.

# 侦查错误论

117. Walker, C. (1993) 'Introduction', Walker, C. & Starmer, K. (1993) (Editors) Justice in Error, London: Blackstone Press Limited.

118. Green, A. (1995) 'Fitting up: an analysis of the manufacture of wrongful convictions' unpublished Phd thesis Keele University.